7 **DEINE REISE**

 17 **INSIDER GUIDES**
21 **Central London**
25 Westminster & St James's
35 Hyde Park & South Kensington
43 Oxford Street & Mayfair
51 Paddington & Marylebone
59 Soho
69 Chinatown & Leicester Square
77 Covent Garden & The Strand
87 Bloomsbury & Kings Cross
95 The City & Barbican
103 South Bank & Bankside

113 **West London**
117 Chelsea & Fulham
125 Kensington & Earls Court
133 Notting Hill
141 Hammersmith & Chiswick
149 Richmond, Kew & Wimbledon

North London
Camden Town & Regent's Park
Islington & Stoke Newington
Hampstead & Highgate
Hackney & Stratford

East London
197 Spitalfields & Brick Lane
205 Whitechapel & Wapping
213 Shoreditch & Bethnal Green
221 Isle of Dogs

229 **South London**
233 Elephant and Castle & Kennington
241 Brixton
249 Peckham
257 Greenwich

 265 **SEHENSWÜRDIGKEITEN**

 279 **AKTIVITÄTEN**

 289 **BESTENLISTEN**

 317 **BUDGET TIPPS**

LONDON

HALLO LONDON-FANS

London ist so aufregend und vielseitig: In kaum einer anderen Stadt sind Geschichte und Moderne so nah beieinander und es gibt ständig Neues zu entdecken. Jeder kennt die weltberühmten Wahrzeichen Big Ben, Tower Bridge oder London Eye. Doch den Londoner Lifestyle, den verspürt man erst so richtig bei den vielen Pubs, Cafés, Restaurants und Märkten. Zu jedem Stadtteil verraten wir euch unsere persönlichen Highlights – natürlich mit den besten Aktivitäten und Tipps, die ihr unbedingt erleben müsst.

Seit vielen Jahren reisen wir immer wieder in die Metropole, um neue Spots zu entdecken und auszuprobieren. Aus unserer eigenen Liebe zu London möchten wir euch durch diesen Reiseführer ermöglichen, die charmante Atmosphäre der Stadt genauso aufzusaugen, wie wir es getan haben und nach wie vor mit jedem neuen Besuch tun. Dank der vielen beschaulichen Ecken und Parks hat man nie das Gefühl, vom Großstadttrubel erschlagen zu werden. Egal, ob ihr Action oder Entspannung sucht – in London werdet ihr definitiv fündig!

Übrigens: Unsere kostenlose Loving London-App erleichtert eure Reiseplanung enorm! Wie sie funktioniert, erfahrt ihr auf der nächsten Seite.

Wir wünschen euch viel Spaß beim Lesen und eine unvergessliche Zeit in London! — Matthias, Laura und Isabelle

Täglich Neues aus London bekommst du von uns auch bei Facebook, Instagram & YouTube!
› *lovinglondon.de*

SO FUNKTIONIERT DER REISEPLANER MYLDN

Wir wollen, dass eure Reiseplanung für London ganz leicht wird: Dazu haben wir myLDN erstellt, womit ihr schnell und einfach eure Touren und Attraktionen hinzufügen und sortieren könnt. Als Orientierungshilfe zeigen wir euch, mit wie viel Zeit ihr pro Spot rechnen solltet, sodass euer Tagesablauf vor Ort immer noch entspannt ist.

Damit ihr ohne großen Zeitaufwand die Spots aus dem Reiseführer in euren Reiseplan bekommt, gibt es auf jeder Seite einen Barcode und eine individuelle URL. Je nachdem, was euch lieber ist, könnt ihr diesen Barcode mit eurem Smartphone abscannen oder ihr gebt die URL auf eurem Computer oder Tablet im Browser ein. Schon werden euch alle Orte, die auf den entsprechenden Seiten genannt werden, in einer Übersicht angezeigt. Jetzt könnt ihr sie mit einem Klick bzw. Touch zu eurem Plan hinzufügen.

Fertig!

SO EINFACH FUNKTIONIERT MYLDN:

1 Abscannen vom Code oder Eingabe am Computer

2 Es werden alle Spots dieser Seite angezeigt

3 Ihr entscheidet, welche davon auf euren Reiseplan kommen sollen

HIER ERKLÄREN WIR EUCH PER VIDEO ALLE FUNKTIONEN:

▶ lovinglondon.de/myldn

 MEHR ÜBER DIESE SPOTS ERFAHREN:

 LLDN.DE/**10001**

DEINE REISE

Damit eure Reise in die Stadt von William Shakespeare, der Queen, der Pubs und Fish & Chips zu einem einzigartigen Erlebnis wird, zeigen wir euch auf den folgenden Seiten alles, was ihr für eure Reiseplanung wissen müsst. Etwa zu welcher Zeit ihr wann was erleben könnt und wie ihr euch am besten in der Stadt von A nach B bewegt.

DAMIT IHR NICHTS WICHTIGES VERGESST, HABEN WIR EUCH EINE PACKLISTE ALS PDF-DATEI ZUM AUSDRUCKEN ZUSAMMENGESTELLT:

lovinglondon.de/packliste

DAS PERFEKTE LONDON-ERLEBNIS BEGINNT MIT DER REISEPLANUNG

Planung ist alles! Auch wenn es manchmal mehr Spaß macht, sich einfach treiben zu lassen – ein paar grundsätzliche Sachen solltet ihr euch vorher überlegen. Der Reiseführer, den ihr in den Händen haltet, soll euch bei der Planung eurer Streifzüge durch London unterstützen.

VON MATTHIAS

Nehmt am besten sowohl Personalausweis als auch Reisepass mit. So spart ihr euch Zeit bei der Einreise und seid auf der sicheren Seite, wenn eines der Dokumente verloren gehen sollte.

CHECKLISTE

- ✓ Vorfreude und Reiseplanung mit dem Loving London-Reiseführer genießen.

- ○ Loving London-App zum Reiseführer herunterladen. ›*lovinglondon.de/app*

- ○ Wenn ihr nach London fliegt, um dort viele Sehenswürdigkeiten anzuschauen und Sightseeing zu machen, könnt ihr bei vorheriger Planung bares Geld sparen. Warum? Viele Tickets gibt es online viel günstiger zu kaufen und mit dem richtigen London-Rabattpass könnt ihr bis zu 56 % auf die regulären (Eintritts-)Preise sparen. ›*Budget Tipps ab Seite 317*

- ○ Tickets bzw. Voucher eurer Touren und Attraktionen: Teilweise reicht zwar auch das E-Ticket auf dem Smartphone, aber um sicherzugehen, solltet ihr eine ausgedruckte Kopie mitnehmen.

- ○ Oyster Cards oder Travelcards: Ihr könnt sie sogar vorab online kaufen und spart euch die Zeit, wenn ihr in London seid. Pro Person ab 11 Jahren braucht ihr eine!

- ○ Gültigen biometrischen Reisepass und Personalausweis: Vor Ort kann der Reisepass im Hotelsafe bleiben und nur der Perso kommt mit auf Tour.

- ○ Kredit- bzw. EC-Karte: Prüft auch, was ihr für ein Limit damit im Ausland habt – viele Kreditinstitute haben Beschränkungen zum Schutz vor Missbrauch im Ausland.

- ○ Europäische Krankenversicherungskarte und ggfs. Dokumente eurer Auslandskrankenversicherung nicht vergessen.

- ○ Reisedokumente wie Hotel- und Flugbuchungen sowie Transfer- bzw. Mietwagen-Bestätigung einpacken.

- ○ Reise-Adapter für UK – unbedingt nötig, da die Steckdosen in Großbritannien eine andere Form haben.

- ○ Wir bezahlen so gut wie alles in London mit der Kreditkarte, aber als Ergänzung zur Karte könnt ihr auch vorab Pfund in bar umtauschen. Mit 100 £ pro Person fürs verlängerte Wochenende seid ihr gut dabei. Bedenkt dabei die Gebühren, sowohl für Kartenzahlung als auch Geldwechsel.

- ○ Reise-Apotheke: Schaut nach, ob ihr alle Medikamente für eure Reise zusammen habt. Das können Kopfschmerztabletten, Tabletten gegen Reiseübelkeit, Halsschmerzen und so weiter sein. Nehmt ihr sonstige Medikamente, solltet ihr die natürlich auch nicht vergessen.

- ○ Turnschuhe – egal wie sie aussehen, nehmt euch bequeme Schuhe für die Sightseeing-Walks mit.

- ○ Schicke Schuhe – in vielen Bars und Restaurants, die etwas gehobener sind, kommt ihr mit Turnschuhen nicht am Eingang vorbei.

- ○ Ladekabel und externen Akku für euer Smartphone, das ihr dank kostenlosem EU-Roaming auch in London ohne Zusatzkosten nutzen könnt.

- ○ Eine zusätzliche Navigations-App wie Google Maps. Die gibt euch die beste Route zum nächsten Punkt auf eurer Liste, auch für die öffentlichen Verkehrsmittel.

- ○ Eine aufgeladene Kamera – denn nichts ist ärgerlicher, als eine rot-blinkende Kamera auf der Foto-Safari. Und natürlich Ladekabel, Speicherkarte(n) und den Zusatz-Akku.

FEIERTAGE

In Großbritannien heißen gesetzliche Feiertage Bank Holidays. Sie sind den deutschen Feiertagen sehr ähnlich, der Ostermontag z. B. ist arbeitsfrei und viele Geschäfte bleiben geschlossen. Auch die jährlich stattfindenden inoffiziellen Feiertage und Feste sollten beim Sightseeing berücksichtigt werden, denn dann ist viel los in der Stadt.

JANUAR

New Year's Day · *1. Januar*
In London startet das neue Jahr mit Pauken und Trompeten: Die London New Year's Day Parade (LNYDP) führt durch die Innenstadt, vorbei am Trafalgar Square zum Big Ben. Vom Straßenrand ist der Festumzug schön anzusehen und ein Highlight am sonst ruhigen Neujahrstag. An dem gesetzlichen Feiertag bleiben Attraktionen und Museen geschlossen und der öffentliche Verkehr ist eingeschränkt. Eine gute Planung ist an diesem Tag daher sehr wichtig.

Chinese New Year · *im Januar*
Der Beginn des neuen chinesischen Kalenderjahres wird in London mit einer großen Parade gefeiert. Der größte Festumzug außerhalb Asiens zentriert sich im Gebiet um Chinatown und Trafalgar Square mit Drachentänzen und verkleideten Artisten. Dazu bieten Verkaufsstände traditionelle Leckereien an.

FEBRUAR

Valentinstag · *14. Februar*
Am romantischsten Tag des Jahres zeigt London sich von seiner besten Seite. Bootsfahrten auf der Themse bei Sonnenuntergang, Dinner bei atemberaubender Kulisse oder wie wäre es mit Sterne beobachten im Greenwich Observatory? Langweilig wird es jedenfalls nicht.

MÄRZ

St Patrick's Day · *17. März*
An diesem Tag wird St Patrick, dem ersten christlichen Missionar in Irland gedacht. Ihr werdet ein »grünes Wunder« erleben. Die Stadt ist am St Patrick's Day hübsch grün dekoriert und zwischen Piccadilly und Trafalgar Square findet die alljährliche Parade statt. So könnt ihr die irische Kultur mit traditionellen Gesängen, Tänzen und Speisen kennenlernen. Vor allem in den Irish Pubs wird feuchtfröhlich gefeiert.

Good Friday · *im März/April*
Der Karfreitag vor Ostern ist ein Feiertag, den die Londoner gerne draußen in den wunderschönen Parks verbringen. Viele Museen und Attraktionen sind auch über die Osterfeiertage geöffnet und gut besucht. Unter Umständen mit verkürzten Öffnungszeiten, diese deshalb unbedingt vorher checken. Auch der öffentliche Verkehr ist, wie an allen Feiertagen in London, eingeschränkt.

Easter Monday · *im März/April*
Nach dem ruhigen Ostersonntag, an dem alles geschlossen bleibt, öffnen am Ostermontag einige Museen und Geschäfte ihre Türen, jedoch mit verkürzten Öffnungszeiten. Shopping ist deshalb nicht überall möglich. Das Angebot an Sonderveranstaltungen, besonders für Familien, ist jedoch groß. Öffentliche Verkehrsmittel fahren eingeschränkt. Eine gute Planung macht sich an diesem Tag bezahlt.

APRIL

London Marathon · *im April*
Wenn Tausende ambitionierte Läufer aus aller Welt ihre sportliche Leistung messen, dann sind die jubelnden Zuschauer nicht weit. Vor allem wegen der schönen Strecke, die entlang der bekanntesten Sehenswürdigkeiten führt. Der London Marathon gehört zu den World Marathon Majors und ist aus dem Londoner Veranstaltungsprogramm nicht mehr wegzudenken.

London Games Festival · *im April*
Hier treffen sich Spielbegeisterte und Spieleentwickler zum gemeinsamen Spielen und Austausch. Viele Veranstaltungen rund um Computerspiele begleiten das Festival, das sich in den letzten Jahren in London etabliert hat. Das krönende Highlight am letzten Tag des Festivals ist die sehenswerte Cosplay Parade durch die Straßen Londons .

MAI
Early May Bank Holiday
erster Montag im Mai
Am May Day wird der Beginn des Frühlings gefeiert. Aktivitäten mit der Familie in der Natur oder besondere Veranstaltungen von Museen und Street Markets stehen auf der Tagesordnung. In den Parks blühen zu dieser Zeit bereits die Blumen. Trotz des Feiertages sind die meisten Restaurants und Museen geöffnet.

Spring Bank Holiday
letzter Montag im Mai
Der Frühling wird in Großbritannien ausgiebig gefeiert. Ähnlich wie am vorausgehenden May Day laden viele Sonderveranstaltungen und Straßenfeste zum Genießen und Feiern ein. Auch hier gilt: Der öffentliche Verkehr fährt eingeschränkt und Öffnungszeiten können abweichen. Rechtzeitige Planung zahlt sich aus.

JUNI
Trooping the Colour · *9. Juni*
Zum Geburtstag von Queen Elizabeth II. findet jedes Jahr eine Militärparade statt. Tausende Soldaten laufen auf dem Horse Guards Parade Platz auf, um der Königin zu salutieren. Reitende Truppen begleiten die Königin dann in einer Kutsche zurück zum Buckingham Palace, von wo aus die königliche Familie den Überflug der Royal Air Force beobachtet. Ein wirklich sehenswertes Event.

Pride London · *im Juni/Juli*
Jedes Jahr zeigt London sich von seiner bunten Seite, wenn Tausende Mitglieder der LGBT-Gemeinschaft (Lesbian, Gay, Bisexual und Transgender) und interessierte Zuschauer an der Parade von der Baker Street zum Trafalgar Square teilhaben. Auf den begleitenden Events und Konzerten in der Stadt wird die Vielfalt ausgiebig gefeiert.

JULI
Wimbledon Championchips · *im Juli*
Im Juli dreht sich alles um Tennis. Fans aus der ganzen Welt reisen an, um das Turnier auf dem historischen Platz zu sehen, auf dem sich die besten Tennisspieler der Welt messen. Die traditionsreichen Wimbledon Championships werden nach strengen Regeln ausgetragen, die auf das erste Turnier im Jahr 1877 zurückgehen.

AUGUST
Summer Bank Holiday
letzter Montag im August
Diesen Feiertag verbringen die meisten Londoner mit der Familie. Viele Attraktionen und Museen sind geöffnet, eventuell mit verkürzten Öffnungszeiten. Der Feiertag liegt in den langen englischen Sommer-Schulferien, die von Ende Juli bis Anfang September andauern.

Notting Hill Carnival
letztes Wochenende im August
Auf dem größten Straßenfest Europas kommen Menschen aller Kulturen zusammen, um gemeinsam ein Zeichen gegen Rassismus und Unterdrückung zu setzen. Mit bunten Kostümen, Musik und Tänzen feiert das mitreißende Straßenfest seinen Höhepunkt auf der tosenden Parade am Summer Bank Holiday.

SEPTEMBER
Totally Thames · *im September*
Wie der Name schon sagt, steht auf diesem Festival die Themse im Mittelpunkt. Live-Musik, Schwimmen, Regattas und das Great River Race mit über 300 historischen Booten sind bei Einheimischen und Touristen gleichermaßen beliebt.

OKTOBER

Halloween · *31. Oktober*
Halloween ist in Großbritannien etwas ganz Besonderes. In der Heimat von Jack the Ripper und Sherlock Holmes wird die Nacht auf gruseligen Partys ausgiebig gefeiert. Ein großes Angebot von furchteinflößenden Events und Touren entführt auch Touristen auf die dunkle Seite der Stadt.

NOVEMBER

Bonfire Night · *5. November*
Die Nacht ist auch bekannt als Guy Fawkes Night. Der gescheiterte Versuch von Guy Fawkes im Jahre 1605, das britische Parlament in die Luft zu sprengen, wird jedes Jahr gefeiert. Fackelzüge in der Nacht und große Feuerwerke überall in und um London erhellen den Himmel.

DEZEMBER

Christmas Day · *25. Dezember*
In Großbritannien bringt der Weihnachtsmann die Geschenke in der Nacht vom 24. auf den 25. Dezember. Am Morgen danach folgt die Bescherung – Präsente liegen unter dem Weihnachtsbaum und die aufgehängten Socken am Kamin sind gefüllt mit leckeren Süßigkeiten. An diesem Tag findet auch das große Weihnachtsessen statt, traditionell mit gefülltem Truthahn. In der Stadt herrscht angenehme Ruhe – der öffentliche Nahverkehr fährt nicht und auch alle Geschäfte und Museen und viele Restaurants sind geschlossen.

Boxing Day · *26. Dezember*
Früher holten sich Arbeiter »Geschenkboxen« als Belohnung von ihren Arbeitgebern ab, heute läutet der Boxing Day den Beginn des Winterschlussverkaufs ein. Vor allem in den Shopping-Gegenden locken jetzt große Rabatte und Sonderangebote die Schnäppchenjäger an. Die meisten Museen, Attraktionen und Restaurants sind noch geschlossen und der öffentliche Verkehr fährt an diesem Tag nur eingeschränkt. Unternehmungen sollten deshalb rechtzeitig geplant werden.

Silvester · *31. Dezember*
Zum Jahreswechsel ist in der Stadt richtig viel los. Wer zu Mitternacht in die Stadt fahren möchte, sollte viel Zeit einplanen. Um den Big Ben zum neuen Jahr läuten zu hören und das spektakuläre Feuerwerk an der Themse zu erleben, benötigt ihr Tickets. Von 23:40–4:30 Uhr sind U-Bahn, Overground, Bus und Tram kostenlos. An Neujahr fährt der öffentliche Verkehr nur eingeschränkt und Geschäfte und Museen bleiben geschlossen.

VON MATTHIAS

Möchtet ihr zu diesen Events nach London kommen, solltet ihr das langfristig planen. Denn dann ist natürlich besonders viel los und die Preise für Hotels und Flüge werden schnell in die Höhe schießen. Aber es lohnt sich, ein Spektakel wie z. B. Trooping the Colour hautnah zu erleben.

UNTERWEGS IN DER STADT

Black Cabs

Die traditionellen Black Cabs dürfen im Londoner Stadtbild nicht fehlen. In den offiziellen Taxis finden bis zu fünf Personen Platz. Steigt einfach am Taxistand ein oder winkt eines von der Straße heran – wenn das gelbe Taxi-Zeichen am Cab angeschaltet ist, ist das Taxi frei. Bedenkt beim Einsteigen: Traditionell sitzen die Fahrgäste hinten.

Die Cabs könnt ihr auch gegen eine Gebühr telefonisch bestellen. Die Kosten für eine Fahrt werden üblicherweise über ein Taxameter im Cab berechnet. Seit einigen Jahren müssen in allen Taxis Kreditkarten akzeptiert werden, natürlich könnt ihr aber auch bar bezahlen. Die Fahrer erwarten in der Regel ein Trinkgeld, am besten ihr rundet auf ganze Pfund auf.

Eine günstige Alternative sind sogenannte Minicabs. Das sind Fahrer, die nur auf Bestellung fahren dürfen. Sie eignen sich eher für geplante Fahrten zu einem Ausflug oder zum Flughafen, für spontane Kurzstrecken in der Stadt sind sie eher ungeeignet.

Tube

Das am meisten genutzte Fortbewegungsmittel ist die berühmte Londoner Underground, auch Tube genannt. Sie verbindet den gesamten Londoner Raum mit insgesamt 12 Linien, die jeweils durch ihre eigenen Farben gekennzeichnet sind. Das Tolle ist, dass ihr nie lange auf die nächste Underground warten müsst, diese kommt so gut wie alle drei Minuten. Es gibt verschiedene Tickets für die Tube, bei Touristen beliebt sind die Oyster Card und die Travelcard. Die Eingänge zur Tube erkennt ihr am traditionellen Logo der Underground: ein roter Kreis mit einem horizontalen blauen Balken darüber.

Die Oyster Card

Sie funktioniert wie eine Prepaid-Karte, mit der ihr fast alle öffentlichen Verkehrsmittel nutzen könnt: Tube, Overground, Bus, Tram, Emirates Air Way und nahezu alle Rail Lines in den Zonen 1–9. Dazu gehören auch Gatwick Express und Thameslink. Aufpassen müsst ihr, wenn ihr die »Pay as you go Area«, in der die Oyster Card gilt, verlasst. Die Karte muss bei Fahrtantritt und -ende über einen Scanner gezogen werden – und ihr zahlt automatisch immer den günstigsten Tarif. Außerdem gibt es einen täglichen Maximalbetrag, das heißt Fahrten darüber hinaus sind kostenlos. Ihr könnt die Oyster Card vor eurer Reise online bestellen oder am Automaten an jeder Underground Station kaufen und dort auch wieder zurückgeben und euch das restliche Geld auszahlen lassen.

VON ISABELLE

Am besten kauft ihr euch online eine Visitor Oyster Card, die direkt schon über das passende Guthaben verfügt. Pro Tag solltet ihr je nach Zonen etwa 8–12 £ rechnen. So müsst ihr euch vor Ort keine Gedanken über die Kosten für die Verkehrsmittel machen.

Die **Travelcard** ist ein Ticket für beliebig viele Fahrten in einer bestimmten Zone. Sie ist für eine einzelne Fahrt, einen Tag oder für 7 Tage erhältlich. Je nachdem, wo euer Hotel liegt.

Overground

Die Straßenbahn-ähnliche Overground verläuft vorwiegend oberirdisch und ist nach der Tube das zweitwichtigste Transportmittel. Das Streckennetz ist in das Eisenbahnnetz von National Rail eingebunden und bietet Anschluss an Underground, TfL Rail, DLR und Tramlink.

Genau wie die Underground könnt ihr die Overground mit dem orangefarbenen Logo mit Oyster Card und Travelcard nutzen.

Bus

Für viele Reisende gehört eine Fahrt im roten Doppeldeckerbus durch die Londoner City zum Sightseeing dazu. Vor allem in der Innenstadt seht ihr während einer Busfahrt – im Gegensatz zur Tube – viele Attraktionen. Wichtig zu wissen: Im Bus könnt ihr nicht wie in Deutschland mit Bargeld bezahlen. Tickets müsst ihr vor Fahrtantritt am Automaten kaufen oder ihr nutzt die Oyster Card. Eine Busfahrt ist im Vergleich zur Underground preiswert und kostet euch 1,50 £.

Vielleicht kommt für euch auch eine Hop-on Hop-off-Tour infrage. Die Busse fahren auf gesonderten Linien, die die Sehenswürdigkeiten in der City ansteuern. Ihr könnt ein- und aussteigen, wann und wo ihr wollt. Eine Hop-on Hop-off-Bustour könnt ihr bequem online buchen.

Tram

Obwohl London schon 1861 das weltweit größte Tram-Netz besaß, verschwanden die Trams zwischenzeitlich vollständig aus dem Straßenbild und es wurde auf Busse gesetzt. Heute ist die grüne Linie Tramlink nur noch im Süden Londons unterwegs. Zwischen Wimbledon und Beckenham Junction bedient sie vor allem den Ortsteil Croydon und ist an mehreren Haltestellen der Tube angeschlossen. Tramlink gehört zur »Pay as you go Area«.

Bahn

In London gibt es viele verschiedene Bahngesellschaften, die unterschiedliche Strecken bedienen. Mit Oyster Card und Travelcard kann die fahrerlose Hoch- und Untergrundbahn **DLR (Docklands Light Railway)** genutzt werden. Das Netz erstreckt sich von den Haltestellen Bank und Tower Gateway nach Osten über Stratford, Beckton, Greenwich, Lewisham, London City Airport und Woolwich Arsenal. Vor allem, wenn ihr Greenwich besuchen wollt, könnt ihr dafür gut den DLR nehmen.

TfL Rail (Transport for London) ist eine S-Bahn-ähnliche Bahnstrecke mit 14 Haltestellen, die von der Liverpool Street Station in Londons Zentrum hinaus in Richtung Nordosten nach Brentwood führt. Die dunkelblaue Strecke kann mit Oyster Card und Travelcard genutzt werden.

Emirates Air Line

Die Luftseilbahn, die zwischen den Haltestellen Greenwich Peninsula und Royal Docks die Themse überquert, ist ca. 1.000 Meter lang. Sie wurde 2012 zu den Olympischen Sommerspielen eröffnet. Über die Themse zu schweben ist eine tolle Abwechslung und ihr könnt auch die Oyster Card nutzen.

Santander Cycles

Für alle, die gerne sportlich mit dem Fahrrad unterwegs sind, gibt es das öffentliche Fahrradverleihsystem Santander Cycles. Zum Ausleihen benötigt ihr eine Kreditkarte, mit der ihr an der Ausleihstation den Code bekommt, um das Fahrrad zu entriegeln. Der Code wird ausgedruckt und besteht aus 5 Zahlen. Wenn der Code richtig eingegeben wird, blinkt kurze Zeit danach ein grünes Licht und ihr könnt das Fahrrad aus dem Ständer ziehen. Fahrt wohin ihr wollt und gebt das Rad an einer von über 350 Stationen zurück. Der Betrag wird dann automatisch von eurer Kreditkarte abgebucht. Ein Bike für 24 Stunden auszuleihen, kostet 2 £ Grundgebühr. Die ersten 30 Minuten sind frei, jede weitere 30 Minuten kosten 2 £. Bei langen Fahrten empfehlen wir, das Fahrrad vor Ablauf der ersten halben Stunde zurückzugeben, fünf Minuten zu warten und wieder neu zu entleihen, anstatt es über einen längeren Zeitraum zu entleihen. Achtet beim Fahrradfahren auf jeden Fall auf den Linksverkehr. Allgemein sind die Radwege gut ausgebaut und oft gibt es an frequentierten Straßen auch Fahrradampeln.

Vom Flughafen in die Stadt kommen

London hat im näheren Umkreis fünf Flughäfen: Heathrow, Gatwick, Stansted, Luton und den City Airport – wobei für Reisende aus Deutschland wohl vor allem die ersten drei Flughäfen relevant sind. Während Heathrow hauptsächlich von großen Airlines wie Lufthansa und British Airways angeflogen wird, sind Gatwick, Stansted und Luton die Ziele der Billigfluglinien.

Um von den Flughäfen in die Innenstadt zu kommen, habt ihr verschiedene Möglichkeiten, von Expresszügen über Busse bis hin zu privaten Auto-Transfers. In der Regel empfehlen wir euch den Zug zu nehmen, da ihr damit unabhängig von Staus auf dem Weg zum Flughafen seid. Mehr Infos zu den verschiedenen Transfer-Möglichkeiten findet ihr auf unserer Website:
› *lovinglondon.de/transfers*

Angaben im Reiseführer

Damit ihr wisst, wie ihr zu den Spots kommt, schreiben wir zu jedem Spot nicht nur die Adresse, sondern auch die Verkehrsmittel dazu. Das bedeuten die jeweiligen Symbole:

- ⊖ London Underground
- ⊖ London Overground
- ⊖ London Buses
- ⊖ Docklands Light Railway
- ⇌ National Rail

Eine Übersichtskarte findet ihr auf
› *Seite 324–325*.

Flughafen	Zug	Tube*	Bus	Taxi	Privater Transfer
Heathrow	15 Min. 22 £ (Heathrow Express)	60 Min. 5,70 £	ca. 60 Min. 7,50 £	ca. 50 Min. 45–60 £	ca. 50 Min. 150 £
Stansted	50 Min. 17 £ (Stansted Express)	–	ca. 75 Min. 15 £	ca. 75 Min. 50–60 £	ca. 75 Min. ab 70 £
Gatwick	30 Min. 17,80 £ (Gatwick Express)	ca. 60 Min. 19,80 £ (Thameslink)	ca. 70 Min. 8 £	ca. 60 Min. 60–100 £	ca. 60 Min. ab 87 £
Luton	21 Min. 19,20 £ (East Midlands Trains)	35 Min. 19,20 £ (Thameslink)	ca. 65 Min. 23,60 £	ca. 70 Min. 80–100 £	ca. 70 Min. 170 £
London City	–	20 Min. 4,50 £ (DLR)	ca. 70 Min. 3,30 £	ca. 30 Min. 35–30 £	ca. 30 Min. 115 £

*Preise beziehen sich auf Einzelfahrten. Mit der Oyster Card kann es günstiger werden.

INSIDER GUIDES

London ist eine unglaublich vielseitige Stadt.
Um euch die Orientierung zu erleichtern, haben wir die
britische Metropole in fünf Bezirke eingeteilt: Central, North,
South, West und East London. All diese Bezirke besitzen ihre
ganz eigenen, charakteristischen Viertel. Wir haben
die besten Insider-Spots, die imposantesten Sehenswürdigkeiten sowie die angesagtesten Bars und Restaurants
der Stadt ausfindig gemacht. Auf den nächsten Seiten
erfahrt ihr, was ihr unbedingt entdecken müsst.

**NUR EIN PAAR KLICKS TRENNEN EUCH
VON EUREM INDIVIDUELLEN REISEPLAN:**

lovinglondon.de/reiseplan

INSIDER GUIDES

Die besten Insider Spots

Hier seht ihr die Karte von London mit unseren Bezirks-Einteilungen. Die Besonderheiten jedes einzelnen Bezirks und seiner Stadtteile erfahrt ihr in den nächsten Kapiteln.

Insider Guides

Central London	21
West London	113
North London	157
East London	193
South London	229

WEST LONDON

CENTRAL
LONDON

Central London – das pulsierende Herz der britischen Hauptstadt, wo Geschichte und Moderne miteinander verschmelzen. Hier bilden die berühmtesten Sehenswürdigkeiten die Skyline und zahlreiche historische Gebäude, königliche Parks sowie endlos lange Shoppingmeilen machen diese Ecke von London so besonders.

Stadtteile

25 Westminster & St James's
35 Hyde Park & South Kensington
43 Oxford Street & Mayfair
51 Paddington & Marylebone
59 Soho
69 Chinatown & Leicester Square
77 Covent Garden & The Strand
87 Bloomsbury & Kings Cross
95 The City & Barbican
103 South Bank & Bankside

LOVING LONDON

DAS SOLLTEST DU AUF KEINEN FALL VERPASSEN

- ○ 01 Die Skyline vom London Eye fotografieren
- ○ 02 Besuch eines Theaters im Londoner West End
- ○ 03 Auf dem Borough Market etwas Leckeres essen
- ○ 04 Die Tower Bridge bei Sonnenuntergang überqueren
- ○ 05 Wachablösung am Buckingham Palace
- ○ 06 Bootsfahrt auf der Themse
- ○ 07 After-Work-Bier in einem Pub trinken
- ○ 08 Shopping durch Soho, Mayfair und South Kensington
- ○ 09 Tower of London und die Kronjuwelen bestaunen
- ○ 10 Cocktail in einer Rooftop Bar genießen

NOTIERE DEINE PERSÖNLICHEN HIGHLIGHTS

WESTMINSTER & ST JAMES'S

Wo die Geschichte bewahrt und die Zukunft geplant wird

Das historische Viertel beeindruckt durch prunkvolle Bauwerke und wunderschön gepflegte Parks – kein Wunder, ist hier doch die königliche Familie zu Hause. Im Zentrum steht die Westminster Abbey, die den UNESCO Weltkulturerbestätten angehört, das britische Parlament sitzt in einem mächtigen Palast direkt an der Themse, dem Palace of Westminster und ganz in der Nähe befindet sich der geschichtsträchtige Buckingham Palace. Auch das Wahrzeichen der Stadt ist hier zu finden: der Big Ben.

INSIDER GUIDES

1 ⸢Trafalgar Square⸥
Der größte Platz in London, der Schauplatz für viele Events und Märkte ist. Hier steht die bekannte Nelson-Säule.
- Trafalgar Sq
- Bakerloo, Northern · Charing Cross

2 ⸢Big Ben & Houses of Parliament⸥
Der Big Ben gibt in London die Zeit an und in den Houses of Parliament tagt das britische Parlament. Zusammen bilden sie das Wahrzeichen der Stadt.
- Palace of Westminster
- Circle, District, Jubilee · Westminster

3 ⸢Westminster Abbey⸥
In der majestätische Kirche finden die königlichen Feierlichkeiten statt, schon Queen Elizabeth II. wurde hier gekrönt.
- 20 Deans Yd
- Circle, District, Jubilee · Westminster

4 ⸢Buckingham Palace⸥
Der königliche Palast ist seit 1837 die offizielle Residenz der britischen Monarchie. Er wird traditionell von den Guards bewacht.
- Buckingham Palace
- Circle, District · St James's Pk

5 ⸢St James's Park⸥
Der königliche Park ist wunderschön gepflegt und bietet eine brillante Aussicht auf die umliegenden Sehenswürdigkeiten.
- St James's Pk
- Circle, District · St James's Pk

MEHR ÜBER DIESE SPOTS ERFAHREN: LLDN.DE/10002

WESTMINSTER & ST JAMES'S

VON MATTHIAS

Wenn ihr im St James's Park seid, geht unbedingt auf die Blue Bridge. Von dieser Brücke aus habt ihr einen tollen Blick auf das London Eye und den Buckingham Palace.

BEGIB DICH AUF ENTDECKUNGSTOUR!

Sights
- 01 · Trafalgar Square
- 02 · Big Ben & Houses of Parliament
- 03 · Westminster Abbey
- 04 · Buckingham Palace
- 05 · St James's Park
- 06 · National Gallery
- 07 · National Portrait Gallery
- 08 · Churchill War Rooms
- 09 · Tate Britain
- 10 · Banqueting House
- 11 · The Queen's Gallery
- 12 · Royal Mews
- 13 · Boyds Grill & Wine Bar
- 14 · The Cinnamon Club
- 15 · Shoryu Ramen
- 16 · Regency Cafe
- 17 · Sherlock Holmes Pub
- 18 · Cask & Glass
- 19 · The Clarence Whitehall
- 20 · The Speaker
- 21 · Rivoli Bar (Ritz Hotel)
- 22 · The American Bar
- 23 · The Rooftop St James

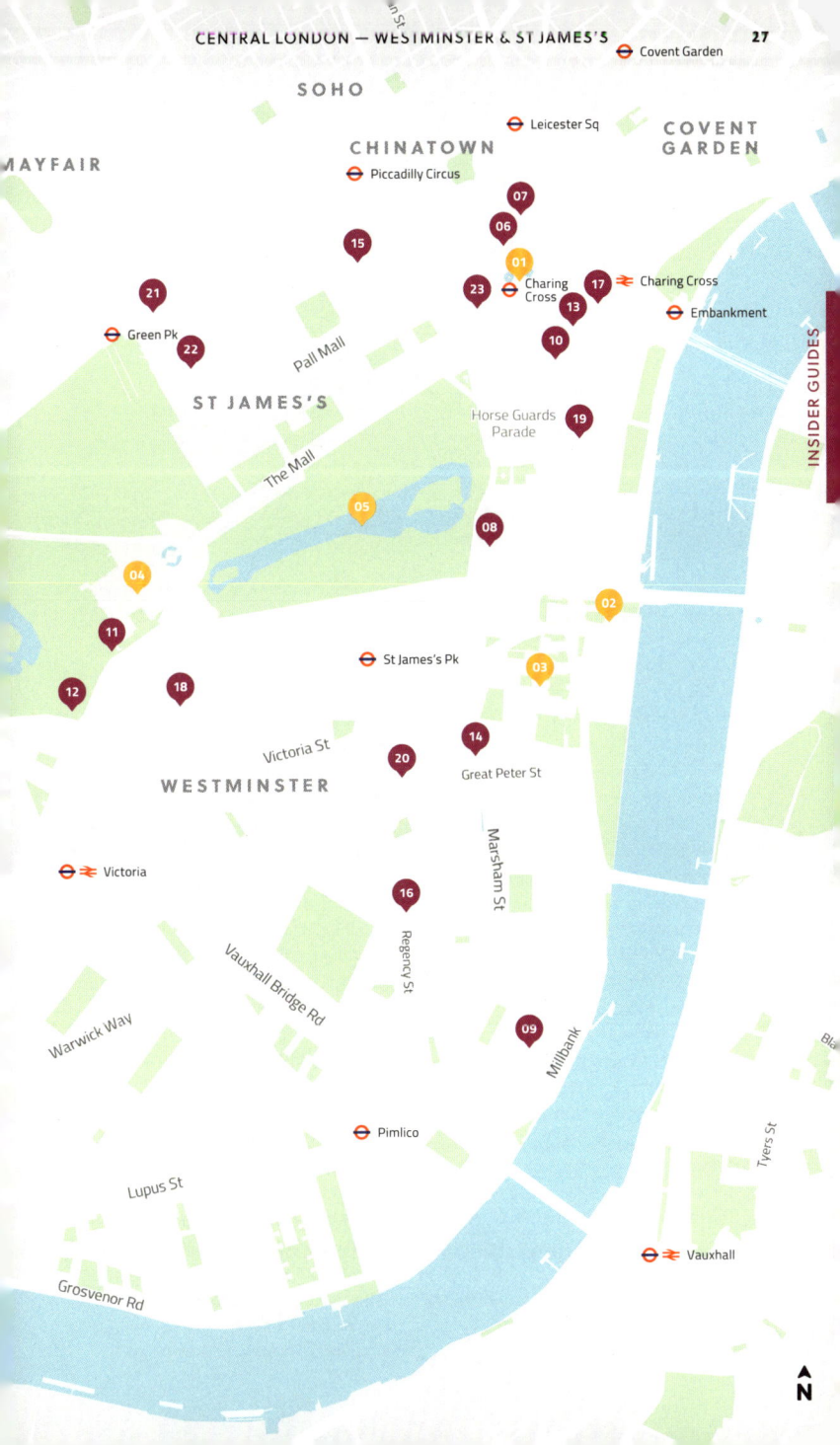

CENTRAL LONDON — WESTMINSTER & ST JAMES'S

27

- Covent Garden
- Leicester Sq
- Piccadilly Circus
- 07
- 06
- 15
- 01 Charing Cross
- 23
- 17 Charing Cross
- 13
- Embankment
- 21
- Green Pk
- 22
- Pall Mall
- 10
- ST JAMES'S
- Horse Guards Parade
- 19
- The Mall
- 05
- 08
- 04
- 02
- 11
- 03
- 12
- St James's Pk
- 18
- 14
- 20
- Victoria St
- Great Peter St
- WESTMINSTER
- Marsham St
- Victoria
- 16
- Vauxhall Bridge Rd
- Regency St
- Warwick Way
- 09
- Millbank
- Pimlico
- Lupus St
- Tyers St
- Vauxhall
- Grosvenor Rd

SOHO
CHINATOWN
COVENT GARDEN
MAYFAIR

INSIDER GUIDES

N

SIGHT-SEEING

Eine Reise durch Westminster und St James's ist wie eine Reise durch die Zeit. Starten wir am belebten [Trafalgar Square], wo sich die [National Gallery] befindet. In diesem Museum könnt ihr über 650 Jahre Kunstgeschichte bestaunen.

Nur zehn Gehminuten vom Trafalgar Square entfernt findet ihr den eindrucksvollen [St James's Palace]. Bis 1837 war es die Residenz der Monarchen. Heute wohnen Angehörige der Königsfamilie dort. Zum Palast gehörte auch das [Lancaster House], das heute gerne als Filmkulisse genutzt wird, wie zum Beispiel für den Film »The King's Speech«. Ein weiteres historisches Highlight ist das [Banqueting House], welches sich nahe dem St James's Palace befindet. Es ist der einzige erhaltene Teil des majestätischen Whitehall Palastes, der 1698 niederbrannte. Besonders toll sind hier die militärischen Paraden am [Horse Guards Parade] Platz anzusehen. Solltet ihr keine Gelegenheit haben, euch diese anzuschauen, könnt ihr euch im [Household Cavalry Museum] bestens darüber informieren.

Aktuelle Geschichte wird in der [10 Downing Street] geschrieben. Hier wohnt traditionell der Premierminister des Vereinigten Königreichs. Die Tür des Hauses könnte euch bekannt vorkommen – ihr seht sie manchmal in den Nachrichten.

Der Mittelpunkt von Westminster ist die [Westminster Abbey]. Ein Besuch dieser imposanten Kirche ist ein absolutes Muss. Ebenso einzigartig ist der [Palace of Westminster], der sich nur fünf Minuten von der Kirche entfernt befindet. Teil des Palastes ist der berühmte Uhrturm [Big Ben]. Er ist das Wahrzeichen von London und zusammen mit dem neugotischen Palace of Westminster dominieren sie das Stadtbild an der Themse. Am Abend schimmert der beleuchtete Palast königlich golden und die Lichter funkeln und glitzern wunderschön. Wir können euch einen abendlichen Spaziergang hier entlang nur empfehlen.

Königlich weiter geht es mit dem [Buckingham Palace]. Wenn ihr euch auch mal wie die Queen fühlen wollt, könnt ihr euch die royalen Gemächer, die königlichen Stallungen [The Royal Mews] anschauen und durch die tollen Gärten spazieren. Die Kunstsammlung [The Queen's Gallery] ist ebenfalls ziemlich eindrucksvoll. Herrlich entspannen könnt ihr im [St James's Park] oder im etwas größeren [Green Park] auf der anderen Seite.

MUSEEN

06 [National Gallery]
Die berühmte Kunstsammlung startete im Jahr 1824 mit nur 38 Gemälden, heute sind dort über 2.500 Exponate europäischer Künstler ausgestellt. Werke von Cézanne, Goya, Monet oder Van Gogh sind stilvoll in dem mehrfach erweiterten Gebäude arrangiert, das mit seiner imposanten Erscheinung den Trafalgar Square dominiert. Der Eintritt in die Dauerausstellung ist kostenlos.
- Trafalgar Sq
- Bakerloo, Northern · Charing Cross

07 [National Portrait Gallery]
Etwas unscheinbar neben der großen National Gallery findet ihr in dieser Ausstellung vorwiegend Portraits. Besonders Kunstliebhaber kommen hier auf ihre Kosten. Der Fokus der Sammlung liegt nicht auf namhaften Künstlern, sondern auf der Bedeutung der Gemälde und Fotografien. Das bekannteste ausgestellte Portrait ist das Chandos-Porträt des William Shakespeare.
- St Martin's Pl
- Bakerloo, Northern · Charing Cross

Buckingham Palace

08 [Churchill War Rooms]
Steigt hinab in die geheime Kommandozentrale der Briten aus dem zweiten Weltkrieg und verschafft euch selbst einen Eindruck von der Zeit des Krieges. Von hier aus bestand auch die direkte Telefonverbindung zwischen Churchill und dem US-Präsidenten Franklin Roosevelt.
- Clive Steps, King Charles St
- Circle, District, Jubilee · Westminster

09 [Tate Britain]
Auch bekannt als Tate Gallery, beherbergt das Museum die größte Sammlung britischer Kunst vom 16. Jahrhundert bis heute. Nicht zu verwechseln mit dem Tate Modern, in dem ausschließlich moderne Kunst zu sehen ist. In dem beeindruckenden neoklassizistischen Gebäude sind Gemälde, Drucke und Skulpturen ausgestellt, die sich Kunstinteressierte auf jeden Fall ansehen sollten.
- Millbank
- Victoria · Pimlico

10 [Banqueting House]
Es ist das letzte erhaltene Gebäude des Palace of Whitehall, der 1698 niederbrannte. Davor war der Palast seit 1530 Sitz des britischen Monarchen. Das Banqueting House war als eines der ersten Gebäude prägend für den Architekturstil des Palladianismus, aber ist vor allem als Hinrichtungsort von König Karl I. bekannt.
- Banqueting House
- Bakerloo, Northern · Charing Cross

Westminster Abbey

MEHR ÜBER DIESE SPOTS ERFAHREN: LLDN.DE/10003

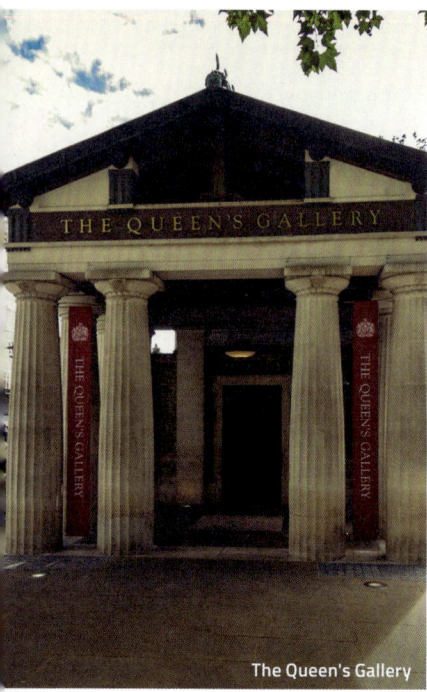

The Queen's Gallery

11 ⌈The Queen's Gallery⌉
Hinter den Mauern des Buckingham Palace verbirgt sich diese Sammlung von Gemälden, Plastiken, Zeichnungen und königlichen Insignien. Wechselnde und dauerhafte Ausstellungen veranschaulichen die königliche Geschichte Englands anhand der Kunst.
 Buckingham Palace Rd
 Circle, District · *St James's Pk*

12 ⌈Royal Mews⌉
In den historischen Stallungen stehen die königlichen Kutschen und Karossen der vergangenen Zeit. Auch einige Pferde sind noch dort untergebracht. Bestaunt die gläserne Kutsche für Bräute des Königshauses und die goldene Staatskutsche, die ausschließlich Krönungszeremonien vorbehalten ist – und dem 50. Thronjubiläum von Queen Elizabeth II.
 Buckingham Palace Rd
 Circle, District, Victoria · *Victoria*

RESTAURANTS & CAFÉS

RESTAURANTS
13 ⌈Boyds Grill & Wine Bar⌉ · ££
Das historische Restaurant mit viktorianischem Interieur serviert euch die feinsten regionalen Zutaten, kombiniert mit internationalen Kochtechniken und erlesenen Weinen. Die optimale Anlaufstelle nach einem Museum- und Sightseeing-Tag in Westminster.
 8 Northumberland Ave
 Bakerloo, Northern · *Sharing Cross*

14 ⌈The Cinnamon Club⌉ · £££
Es erwartet euch ein exklusiver Ausflug in die Welt der feinen indischen Küche. Außergewöhnliche moderne Gerichte mit Gemüse, Fisch und Fleisch stehen auf der Karte. Bei einem majestätischen und zugleich gemütlichen Ambiente inmitten einer Bibliothek könnt ihr es euch schmecken lassen.
 The Old Westminster Library
 Circle, District · *St James's Pk*

15 ⌈Shoryu Ramen⌉ · ££
Seit 2014 wird das japanische Restaurant im Michelin Guide empfohlen. Es ist auf Hakata Tonkotsu Ramen spezialisiert, eine Spezialität aus der Stadt Fukuoka auf der südlichen Insel Kyushu. Es ist eine reichhaltige Schweinefleischsuppe mit dünnen Ramen-Nudeln. Perfekt für alle, die mal etwas Neues ausprobieren wollen.
 9 Regent St
 Bakerloo, Piccadilly · *Piccadilly Circus*

CAFÉS
16 ⌈Regency Cafe⌉ · £
Das kleine, aber sehr gute Bistro im Art-Deco-Stil serviert typisch englisches Essen. An den Wänden hängen Fotos von Tottenhams Fußballspielern. Eröffnet wurde es 1946 und 2013 zum fünftbesten Restaurant in London gewählt.
 17–19 Regency St
 Circle, District · *St James's Pk*

PUBS

› **INSIDER TIPP**

VON ISABELLE
Klein, aber fein ist der Pub Cask & Glass. Der traditionelle Pub ist wirklich toll und befindet sich ganz in der Nähe vom Buckingham Palace. Ein Besuch eignet sich daher hervorragend nach einer Sightseeingtour.

17 [Sherlock Holmes Pub] · ££
Wer die Geschichten des berühmten Meisterdetektivs Sherlock Holmes kennt und mag, wird sich in diesem urig eingerichteten Pub wohlfühlen. Mit einem mystischen Flair könnt ihr hier ein kaltes Bier in rustikaler Atmosphäre genießen. Hier gibt es auch eine großartige Nachbildung von Sherlocks und Watsons Arbeitsraum.
- 10 Northumberland St
- Bakerloo, Northern · Charing Cross

18 [Cask & Glass] · £
Der wohl kleinste Pub Londons ist auch bekannt als »The Queen's Local« und liegt gleich um die Ecke vom Buckingham Palace. Genießt draußen unter der Markise ein Bier von Großbritanniens ältester Brauerei »Shepherd Neame« und lasst die Hektik der Stadt an euch vorbeiziehen.
- 39–41 Palace St
- Circle, District · St James's Pk

19 [The Clarence Whitehall] · £££
Es ist die edelste Bar von Whitehall, äußerst elegant und in der Tat äußerst fein und traditionell. Britische Gastfreundschaft wird hier groß geschrieben und ihr werdet verwöhnt mit herzhaftem traditionellen Essen und erfrischenden Getränken.
- 53 Whitehall
- Bakerloo, Northern · Charing Cross

20 [The Speaker] · ££
In dem Old Style Pub geht es, wie der Name schon sagt, ums Sprechen. Kein Radio, kein TV, völlig pur könnt ihr hier relaxen oder socializen. Neben zahlreichen Bieren könnt ihr aus leckeren selbstgemachten Bagels wählen.
- 46 Great Peter St
- Circle, District · St James's Pk

Cask & Glass Pub

MEHR ÜBER DIESE SPOTS ERFAHREN:  LLDN.DE/10004

VON MATTHIAS
Für die Rivoli Bar gilt, wie auch für das Ritz Hotel an sich, ein Dresscode. Ihr müsst euch zwar etwas schicker anziehen, aber dadurch wird auch die Atmosphäre ganz besonders.

BARS & ROOFTOP BARS

BARS
21 ⌜Rivoli Bar (Ritz Hotel)⌝ · £££
Dieser Bar wird nachgesagt, man bekäme dort den besten Martini der Welt! Die Qualität der Getränke und Speisen sowie das Ambiente der Räumlichkeiten bewegen sich auf allerhöchstem Niveau. Perfekt für einen Abend, der in Erinnerung bleiben soll.
♡ *The Ritz London, 150 Piccadilly*
⊖ **Jubilee, Piccadilly, Victoria** · *Green Pk*

22 ⌜The American Bar⌝ · £££
Für Breakfast, Lunch und Dinner und auch einfach für einen entspannten Drink ist die Bar des Hotels Strafford eine top Wahl. Besonders schön ist der Innenhof, der in den warmen Monaten in einer üppigen Blütenpracht erstrahlt.
♡ *16 St James's Pl*
⊖ **Jubilee, Piccadilly, Victoria** · *Green Pk*

ROOFTOP BARS
23 ⌜The Rooftop St James⌝ · ££
Ihr wollt einen unvergesslichen Blick über London und dabei einen Cocktail schlürfen? Das ist in der Rooftop Bar am Trafalgar Square möglich. Reserviert auf jeden Fall vorher einen Tisch auf der Dachterrasse.
♡ *7th Floor, 2 Spring Gardens*
⊖ **Bakerloo, Northern** · *Charing Cross*

Shoppen bei Fortnum & Mason

The Rooftop St James

Piccadilly Arcade

 ## SHOPPING

Im Traditions-Kaufhaus ⌈**Fortnum & Mason**⌉ findet ihr exquisite Angebote von Delikatessen über Mode bis hin zu Kosmetik. Ebenso könnt ihr einzigartige Souvenirs für die Lieben daheim kaufen und euch nach dem Shopping einen Afternoon Tea mit Klaviermusik gönnen. In der ⌈**Piccadilly Arcade** · *zw. Piccadilly & Jermyn St*⌉ trifft Mayfair auf St James's. Die hochpreisige Einkaufspassage mit tiefen Glasfronten, dunklen Holzrahmen und schöner Beleuchtung ist ein Genuss für die Augen. Verkauft werden Schmuck und maßgeschneiderte Kleidung. Handgefertigte Hüte für besondere Anlässe gibt es bei ⌈**Lock & Co. Hatters** · *6 St James's St*⌉. Der älteste Hutladen der Welt fertigt Hüte der allerbesten Qualität und beliefert unter anderem die britischen Thronfolger. Die Einzelstücke sind hochpreisig, dafür werdet ihr aber fachkundig beraten. ⌈**Paxton & Whitfield** · *93 Jermyn St*⌉ ist der Käseladen Nummer eins in London und lange kein Geheimtipp mehr. Ein Ausflug lohnt sich, auch wegen der tollen Architektur. Laut dem Schild über der Tür werden dort schon seit 1797 Käsespezialitäten verkauft. Ob wohl auch Charles Dickens seinen Käse hier kaufte? Für das ultimative Shopping-Erlebnis bieten sich die Regent Street und Oxford Street an. Hier findet ihr neben hochpreisigen Geschäften auch günstige.

WESTMINSTER & ST JAMES'S HAT DIR GEFALLEN? DANN SCHAU AUCH HIER VORBEI:

 Hyde Park & South Kensington

 Chelsea & Fulham

MEHR ÜBER DIESE SPOTS ERFAHREN: LLDN.DE/10005

HYDE PARK & SOUTH KENSINGTON

Auf einen Spaziergang durch das viktorianische London

Die Umgebung rund um den Hyde Park sowie das kleine Viertel South Kensington gehören zu den wohlhabendsten Vierteln Londons. Die Architektur im viktorianischen Stil mit den imposanten Gebäuden, die schönen Parkanlagen und die schicken Boutiquen laden zum Schlendern und Entspannen ein. Wer es lebendiger mag, der sollte in das bunte Treiben der Exhibition Road eintauchen. Hier findet sich ein Museum sprichwörtlich direkt neben dem anderen – darunter das bekannte Natural History Museum.

3 [Speakers' Corner]
Hier versammeln sich seit Jahrhunderten die Bürger Londons, um den verschiedensten Rednern zu lauschen und angeregt zu diskutieren.
🚇 *Central · Marble Arch*

4 [Harrods]
Das Harrods ist wohl eines der bekanntesten Einkaufszentren. Auf sieben Etagen gibt es alles zu kaufen, was das Shopping-Herz begehrt.
📍 *87–135 Brompton Rd*
🚇 *Piccadilly · Knightsbridge*

1 [Hyde Park]
Der wunderschöne Hyde Park ist mit einer Größe von unglaublichen 142 Hektar einer der größten Stadtparks dieser Welt.
🚇 *Piccadilly · Hyde Park Corner*

2 [Kensington Gardens]
Der königliche Park grenzt unmittelbar an den Hyde Park und ist ziemlich idyllisch.
🚇 *Central · Queensway*

5 [Natural History Museum]
Im naturhistorischen Museum können Besucher mithilfe kreativer und teils interaktiver Ausstellungen die Geschichte der Erde nachvollziehen.
📍 *Cromwell Rd*
🚇 *Circle, District, Piccadilly · Gloucester Rd*

MEHR ÜBER DIESE SPOTS ERFAHREN: LLDN.DE/10006

HYDE PARK & SOUTH KENSINGTON

VON LAURA

Ich liebe es, durch South Kensington zu spazieren. Die imposanten viktorianischen Häuser am Queen's Gate und die vielen kleinen romantischen Mews sind äußerst eindrucksvoll. Nehmt euch Zeit, um den Charme des Stadtviertels auf euch wirken zu lassen.

BEGIB DICH AUF ENTDECKUNGSTOUR!

Sights
- 01 · Hyde Park
- 02 · Kensington Gardens
- 03 · Speaker's Corner
- 04 · Harrods
- 05 · Natural History Museum
- 06 · Science Museum
- 07 · Victoria & Albert Museum
- 08 · Bar Boulud
- 09 · Tombo
- 10 · Rocca
- 11 · Brompton Food Market
- 12 · Mari Vanna
- 13 · L'ETO
- 14 · Maitre Choix
- 15 · The Grenadier
- 16 · The Star Tavern
- 17 · The Hereford Arms
- 18 · K Bar
- 19 · Barts

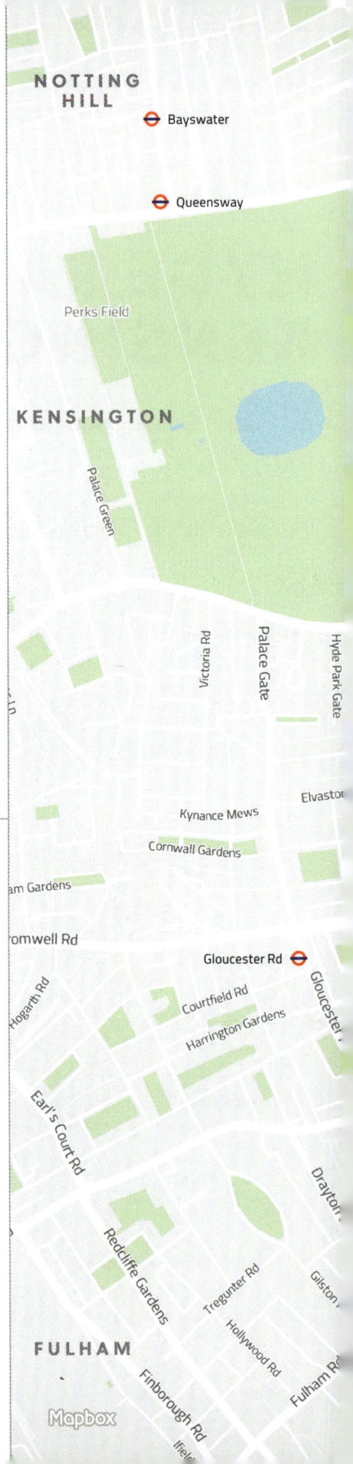

CENTRAL LONDON — HYDE PARK & SOUTH KENSINGTON

PADDINGTON

Lancaster Gate

N Carnage Dr

Ablion St

N Row

Upper Brook St

MAYFAIR

South St

HYDE PARK

Serpentine Rd

W Carnage Dr

Old Football Pitches

S Carriage Dr

Kensington Rd

Knightsbridge

Hyde Park Corner

Knightsbridge

Wilton Pl

Kinnerton St

Hallkin St

Chapel St

Chester St

Exhibition Rd

Princes Gardens

Consort Rd

Cheval Pl

Brompton Rd

Hans Rd

Pavilion Rd

Sloane St

Lowndes St

SOUTH KENSINGTON

Pont St

Cadogan Sq

Cadogan Place South Garden

Eaton Sq

Eaton Sq

Elizabeth St

S Eaton Pl

Natural History Museum

Victoria and Albert Museum

Walton St

Milner St

South Kensington

Pelham St

Onslow Sq

Pelham Cr

Inxworth Pl

Sloane Ave

Cadogan St

Draycott Ave

Draycott Pl

Sloane Sq

Pond Pl

Elystan Pl

Cale St

Jubilee Pl

Smith St

Radnor Walk

Smith Ter

Chelsea Barracks

Elm Pl

S Parade

Chelsea Sq

Old Church St

Sydney St

King's Rd

Oakley St

Flood St

Royal Hospital Rd

CHELSEA

Embankment

INSIDER GUIDES

N

SIGHT-SEEING

In South Kensington und Hyde Park wird es majestätisch: Der Geist von Queen Victoria ist hier überall zu spüren. Der viktorianische Baustil (nach der Queen benannt) ist in South Kensington besonders ausgeprägt. Das schicke Wohnviertel mit seinen kleinen Geschäften und den vielen Parkanlagen lädt zum Bummeln und Entspannen ein. Hier befindet sich auch das nach der Queen benannte Kunst- und Design Museum [Victoria & Albert]. In diesem Museum könnt ihr einzigartige Objekte aus den Bereichen Fotografie, Bildhauerei und vieles mehr bestaunen.

Weitere tolle Museen sind das [Science Museum] und das [Natural History Museum]. Diese befinden sich alle auf einer Ecke und bieten jeweils tolle Ausstellungen in den Bereichen der Wissenschaft. Nur wenige Minuten entfernt, auf dem Campus des Imperial College London, befindet sich der [Queen's Tower]. Der Tower ist 87 Meter hoch und besticht durch seine kupferbeschichtete Kuppel.

Wer seinen Abschluss am Imperial College geschafft hat, darf an der traditionellen Abschlussfeier in der imposanten [Royal Albert Hall] teilnehmen. Zudem finden hier auch klassische Konzerte, Pop-Konzerte oder aber auch Boxkämpfe statt.

Ein etwas außergewöhnliches Gebäude ist das [Thin House]. Aus dem richtigen Blickwinkel betrachtet, ist es unglaublich schmal – es ist lediglich einen Meter breit. Das Gebäude ist mittlerweile zu einer richtigen Touristenattraktion geworden.

Nicht nur Naturliebhaber werden sich am [Hyde Park] erfreuen. Der Serpentine See, der traumhafte Rosengarten, der [Prinzessin Diana Gedenkbrunnen] und der Marmorbogen [Marble Arch] sind absolute Highlights des Parks. Im Sommer eignen sich die Grünflächen hervorragend für ein Picknick. Direkt an den Hyde Park grenzt ein weiterer königlicher Garten: [Kensington Gardens]. Das Kunstmuseum [Serpentine Gallery] ist hier absolut empfehlenswert. Der Kensington Palace Green am [Kensington Palace] eignet sich ebenfalls bestens für einen Spaziergang in königlicher Umgebung. Den Palast könnt ihr auch besichtigen.

Sightseeing macht hungrig – die [Bar Boulud] im Hotel Mandarin Oriental ist einer unserer Lieblinge. Hier gibt es leckere französische Küche. Ein toller Pub darf natürlich auch nicht fehlen – um die Ecke befindet sich [The Grenadier].

Alle Shopping-Liebhaber müssen in jedem Falle dem weltberühmten [Harrods] einen Besuch abstatten. Wenn ihr allerdings keine Fans von Einkaufszentren seid, dann könnt ihr die [Brompton Road] rauf- und runterlaufen – hier findet ihr ein Geschäft neben dem anderen.

MUSEEN

⭐ [Natural History Museum]
Das architektonisch beeindruckende naturhistorische Museum ist eines der größten der Welt. Die Dinosaurier-Ausstellung mit einem echten T-Rex-Skelett ist eine der Hauptattraktionen. Eignet sich hervorragend für die ganze Familie.
○ Cromwell Rd
⊖ Circle, District, Piccadilly · Gloucester Rd

06 [Science Museum]
Wenn ihr euch für Forschung und Technik interessiert, seid ihr hier richtig: Es werden u. a. die Bereiche Astronomie, Meteorologie, Elektronik und Luftfahrt behandelt. Interaktive Stationen veranschaulichen die Sachverhalte.
○ Exhibition Rd
⊖ Circle, District, Piccadilly · South Kensington

07 [Victoria & Albert Museum]
Das V & A ist das weltweit führende Museum für Kunst und Design. Es beherbergt eine tolle Sammlung von unterschiedlichen Kunst- und Design-Artefakten. Über 2,3 Millionen Objekte könnt ihr hier bestaunen.
○ Cromwell Rd
⊖ Circle, District, Piccadilly · South Kensington

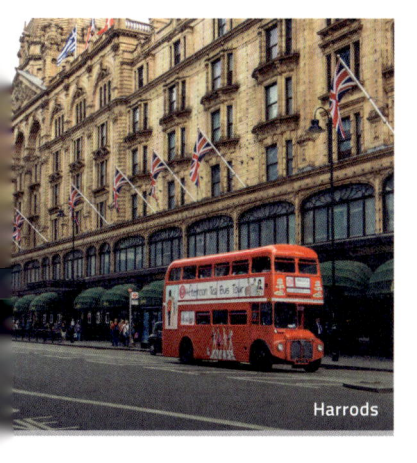

Harrods

RESTAURANTS & CAFÉS

RESTAURANTS

09 [Bar Boulud] · ££
Eines der besten Restaurants Londons – eröffnet vom Sternekoch Daniel Boulud – befindet sich im Luxushotel Mandarin Oriental. Die saisonale, rustikale französische Küche wird garantiert jeden Gaumen zufriedenstellen. Im Verhältnis zur exklusiven Location halten sich die Preise absolut im Rahmen.
○ 66 Knightsbridge
⊖ Piccadilly · Knightsbridge

10 [Tombo] · £
Tombo ist Londons erste authentische Matcha-Bar. Neben Getränken und Desserts mit Matcha gibt es auch leckeres Sushi. Ob zum Mittagessen, zum Tee oder zum Abendessen – das Tombo ist immer eine gute Wahl.
○ 29 Thurloe Pl
⊖ Circle, District, Piccadilly · South Kensington

11 [Rocca] · £
Ein stadtbekannter Italiener mit, wie soll es auch anders sein, italienischer Küche. Die Lasagne schmeckt hier besonders gut und das hausgemachte Eis ist ein absoluter Gaumenschmaus.
○ 73 Old Brompton Rd
⊖ Circle, District, Piccadilly · South Kensington

12 [Brompton Food Market] · £
Der Brompton Food Market ist Deli, Café und Lebensmittelgeschäft. Die Speisekarte wechselt je nach Saison und Verfügbarkeit der Produkte. Es gibt auch einen kleinen versteckten Garten, wo ihr gemütlich sitzen und entspannen könnt.
○ 33 Thurloe Pl
⊖ Circle, District, Piccadilly · South Kensington

MEHR ÜBER DIESE SPOTS ERFAHREN: LLDN.DE/10007

13 [Mari Vanna] · ££
Nicht weit vom Einkaufszentrum Harrods entfernt befindet sich das russische Restaurant. Natürlich steht hier die traditionelle Suppe Borschtsch auf der Speisekarte. Die Atmosphäre ist super entspannt und an dekorativen Stilelementen wurde eindeutig nicht gespart.
- 116 Knightsbridge
- Piccadilly · Knightsbridge

CAFÉS
14 [L'ETO] · ££
Im L'ETO wird alles mit frischen Zutaten zubereitet und das schmeckt man auch. Es gibt reichlich gesundes Essen, aber auch sehr leckere, frischgebackene Kuchen. In jedem Falle ist das L'ETO eine gute Wahl.
- 243 Brompton Rd
- Circle, District, Piccadilly · South Kensington

15 [Maitre Choix] · £££
Hier erwartet euch das Beste, was eine Konditorei in London zu bieten hat. Die Köstlichkeiten werden von einem 3-Michelin-Sterne-Konditor liebevoll zubereitet. Als exklusives Mitbringsel eignen sich die Pralinen.
- 15 Harrington Rd
- Circle, District, Piccadilly · South Kensington

L'ETO

PUBS

16 [The Grenadier] · ££
Angeblich geschahen in dem Gebäude des Pubs mehrere Morde und viele abergläubische Londoner behaupten heute noch, dass es von den Geistern der Toten heimgesucht wird. Wer keine Angst vor Geistern hat und einen kultigen, historischen Pub besuchen möchte, ist hier auf jeden Fall richtig.
- 18 Wilton Row
- Piccadilly · Hyde Park Corner

17 [The Star Tavern] · £
In den 50er- und 60er-Jahren gingen hier sowohl Wohlhabende als auch höchst Kriminelle ein und aus. Heute ist The Star Tavern ein ausschließlich freundlicher und geselliger Ort. Das typisch britische Essen und die Drinks sind sehr lecker.
- 6 Belgrave Mews W
- Piccadilly · Knightsbridge

18 [The Hereford Arms] · £
Der Pub in dem schicken Gebäude besticht durch sein wirklich tolles Essen und das sehr freundliche Personal. Die Fish & Chips sind besonders gut. Die Londoner treffen sich in diesem Pub auch gerne zum Afterwork, daher kann es dann auch ziemlich voll werden.
- 127 Gloucester Rd
- Circle, District & Piccadilly · Gloucester Rd

INSIDER TIPP

VON ISABELLE

Im Untergeschoss von Harrods gibt es eine Gedenkstätte für Lady Di und Dodi Al Fayed, die zur Pilgerstätte für viele Fans der Prinzessin geworden ist.

CENTRAL LONDON — HYDE PARK & SOUTH KENSINGTON

L'ETO

SHOPPING

Die beste Shopping-Area in South Kensington ist Knightsbridge. Hier befinden sich tolle Kaufhäuser und charmante Boutiquen. Das wohl bekannteste Kaufhaus befindet sich in der **Brompton Road**: Das [**Harrods** · *87–135 Brompton Rd*]. Hier findet ihr auf sieben Etagen unter anderem kulinarische Spezialitäten, Luxusmarken, Düfte, Mode, Spielzeug und vieles mehr. In der obersten Etage gibt es auch ein tolles Restaurant. Die ausgefallene Architektur des Harrods rundet das Shopping-Erlebnis ab. In der Brompton Road findet ihr neben dem Harrods eine große Bandbreite an bekannten Modemarken wie beispielsweise Lacoste, Tommy Hilfiger, Zara, COS, Zara, Topshop, Channel, Nespresso, Mulberry und Emporio Armani. Luxus-Boutiquen findet ihr in der **Sloane Street**. Dort erwarten euch Stores wie Gucci, Moncler, Versace und Dior.

Für Freunde des ausgefallenen Designs gibt es in der Gegend noch zwei ganz besondere Geschäfte: zum einen das Luxus-Kaufhaus [**Harvey Nichols** · *109–125 Knightsbridge*] und zum anderen der [**Conran Shop** · *81 Fulham Rd*]. Hier gibt es einzigartige Designermöbel.

BARS

19 [**K Bar**] · £££
Eine exklusive Cocktail- und Weinbar im Stile eines »Gentleman Clubs«. Hier gibt es nicht nur eine exklusive Auswahl an Drinks, sondern auch einzigartige Cocktails. Die Bar ist ziemlich schick und das Publikum besteht meist aus der sogenannten »Upper Class«.
○ 109–113 Queen's Gate
⊖ *Circle, District, Piccadilly* · *South Kensington*

20 [**Barts**] · ££
Die Speakeasy-Bar wurde in den 20er-Jahren angeblich von amerikanischen Gangstern geführt und nur, wer das geheime Passwort kannte, durfte hinein. Heute gibt es hier die leckersten Cocktails, Biere und eine umfangreiche Sushi-Karte. Das Barts veranstaltet zudem regelmäßig Events, die meist die legendäre, kriminelle Vergangenheit zum Thema haben.
○ Sloane Ave
⊖ *Circle, District, Piccadilly* · *South Kensington*

HYDE PARK & SOUTH KENSINGTON HAT DIR GEFALLEN? DANN SCHAU AUCH HIER VORBEI:

Paddington & Marylebone

Chelsea & Fulham

MEHR ÜBER DIESE SPOTS ERFAHREN: LLDN.DE/10008

CENTRAL LONDON — OXFORD STREET & MAYFAIR

CENTRAL LONDON

OXFORD STREET & MAYFAIR

Exklusivität mit historischem Flair

Zwischen Hyde Park und Soho liegen das luxuriöse Viertel Mayfair und die pulsierenden Straßen Oxford und Regent Street. Im Geburtsviertel von Queen Elizabeth II. geht Shopping-Liebhabern das Herz auf: Exquisite Boutiquen bieten Einzelstücke namhafter Designer an und aufwendig dekorierte Kaufhäuser stellen edle Luxusgüter aus, während gemütliche Cafés zum Afternoon Tea einladen. Bei einem Galeriebesuch könnt ihr die Architektur auf euch wirken lassen oder die vielen internationalen Botschaften entdecken.

INSIDER GUIDES

TOP 5 SIGHTS

1 [Piccadilly Circus]
Der bekannte Platz mit den großen Werbetafeln ist zentraler Ausgangspunkt für Shopping und Sightseeing.
○ *Piccadilly Circus*
⊖ *Bakerloo, Piccadilly · Piccadilly Circus*

2 [Regent Street]
Das Shopping-Paradies bietet nicht nur eine große Auswahl an Läden, sondern auch eine bildhübsche Kulisse.
○ *Regent St*
⊖ *Bakerloo, Central, Victoria · Oxford Circus*

3 [Oxford Street]
Sie ist eine der umsatzstärksten Straßen Europas. Große Kaufhäuser und kleine Boutiquen laden zum Shoppen und zum Verweilen bei einer Tasse Afternoon Tea ein.
○ *Oxford St*
⊖ *Bakerloo, Central, Victoria · Oxford Circus*

4 [Burlington Arcade]
In der wunderschönen Einkaufsstraße mit Arkaden aus dem Jahr 1819 ist die Zeit stehengeblieben. Angeboten werden Schmuck, Mode und Kosmetik.
○ *51 Piccadilly*
⊖ *Bakerloo, Piccadilly · Piccadilly Circus*

5 [Royal Academy of Arts]
Als Museum und Kunstschule vermittelt die Academy Wissen und Wertschätzung der visuellen Künste.
○ *Burlington House, Piccadilly*
⊖ *Jubilee, Piccadilly, Victoria · Green Pk*

MEHR ÜBER DIESE SPOTS ERFAHREN: LLDN.DE/10009

OXFORD STREET & MAYFAIR

INSIDER TIPP

VON MATTHIAS
Einer meiner Lieblingsorte sind die Brown Hart Gardens – eine erhöhte grüne Terrasse mitten in Mayfair mit einem Sitzbereich im Freien, Café und einer Freilichtbühne.

BEGIB DICH AUF ENTDECKUNGSTOUR!

Sights
- 01 · Piccadilly Circus
- 02 · Regent Street
- 03 · Oxford Street
- 04 · Burlington Arcade
- 05 · Royal Academy of Arts
- 06 · Faraday Museum
- 07 · Handel & Hendrix in London
- 08 · ROKA Mayfair
- 09 · StreetXO
- 10 · COYA Mayfair
- 11 · Gymkhana
- 12 · Taylor St Baristas
- 13 · Everbean
- 14 · Ye Grapes
- 15 · The Punchbowl
- 16 · The Argyll Arms
- 17 · Mr. Fogg's Residence
- 18 · Connaught Bar
- 19 · Ralph's Coffee & Bar

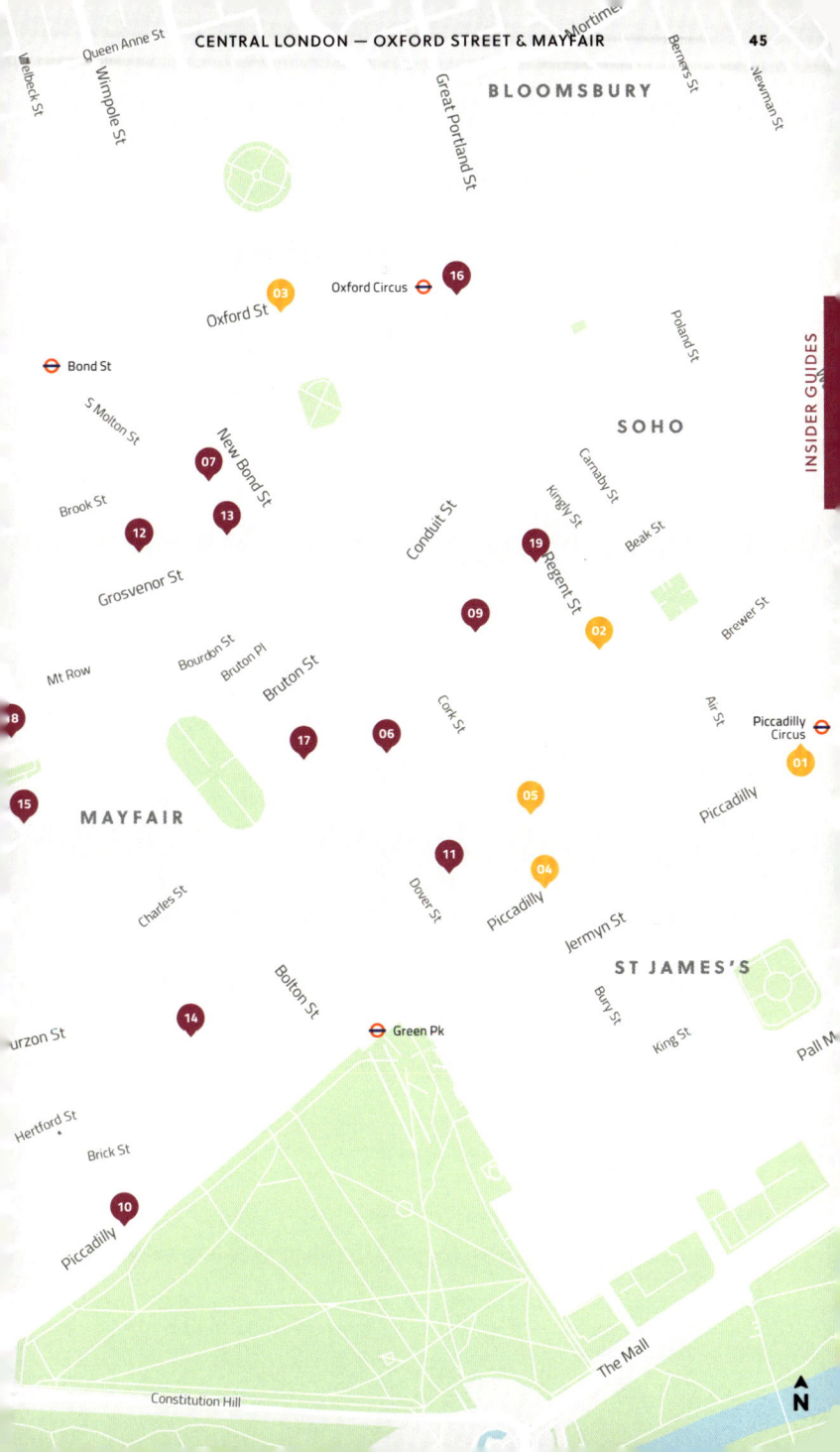

CENTRAL LONDON — OXFORD STREET & MAYFAIR

45

BLOOMSBURY

SOHO

MAYFAIR

ST JAMES'S

INSIDER GUIDES

N

> **SIGHT-SEEING**

Willkommen im Zentrum von London. Wer kennt ihn nicht, den berühmten [Piccadilly Circus] mit seinen leuchtenden Werbetafeln. Er ist der Knotenpunkt der bedeutendsten Straßen – Regent Street, Piccadilly, Coventry Street und Shaftesbury Avenue. Dementsprechend ist hier immer was los. Architektonisch hat der Platz auch etwas zu bieten – die [Shaftesbury Memorial Fountain]. Wundert euch nicht, die meisten Londoner nennen die Statue über dem Gedenkbrunnen Eros. Es ist allerdings nicht der Liebesbote, sondern der christliche Engel der Barmherzigkeit.

Einen Katzensprung entfernt befindet sich das [Criterion Theatre]. Alle Räume des imposanten Theaters – außer der Ticketschalter – liegen unterirdisch. Ein weiteres kulturelles Highlight bietet euch das Burlington House, in dem sich die [Royal Academy of Arts] befindet. Die Kunstinstitution ist gleichzeitig ein Museum und eine Kunstschule für Malerei, Bildhauerei und Architektur.

Oxford Street & Mayfair sind die Stadtteile, welche euch die besten Shoppingmöglichkeiten bieten. Die [Burlington Arcade] nahe dem Piccadilly Circus ist eine sehr schicke überdachte Einkaufspassage. Sie existiert schon seit dem Jahr 1819. Vom Piccadilly Circus aus führt euch das Shopping-Paradies [Regent Street] geradewegs auf die berühmte [Oxford Street] zu. In westlicher Richtung reicht die Oxford Street bis zum [Marble Arch] am Eingang des Hyde Parks.

Shopping und Mode hat in dieser Gegend Geschichte – man sagt, die Wiege der modernen Schneiderei liegt in der Savile Row. Die gleichnamige Marke fertigt dort seit 1938 Kleidung nach Maß an. Prince Charles lässt hier unter anderem seine Anzüge anfertigen.

Eine der am besten erhaltenen Straßen in Londons Zentrum mit Luxusboutiquen und Gebäuden im viktorianischen Stil ist die [Mount Street]. Die am schönsten erhaltenen Fassaden findet ihr am Carlos Place, auf den die Mount Street zuläuft. Das Highlight sind die gepflegten [Mount Street Gardens], die versteckt zwischen den Gebäuden liegen und sich gut für eine kleine Pause eignen. Senkrecht zur Mount Street verläuft die Audley Street, in der ebenso Boutiquen, Antiquitätengeschäfte und Kunstgalerien zu finden sind.

Gegensätzlicher könnten die beiden Musiker nicht sein: Jimi Hendrix und Georg Friedrich Händel. Aber eines haben sie gemeinsam, sie wohnten beide in der Brook Street. Im [Museum Handel & Hendrix] könnt ihr alles Wissenswerte über die beiden erfahren.

MUSEEN

⭐ ⌈Royal Academy of Arts⌉
Im monumentalen Burlington House verbirgt sich das Museum für bildende Künste. In Dauer- und Wanderausstellungen sind klassische und moderne Werke zu sehen.
- *Burlington House, Piccadilly*
- *Jubilee, Piccadilly, Victoria · Green Pk*

06 ⌈Faraday Museum⌉
Das wissenschaftliche Museum zeigt die wichtigsten und einflussreichsten Entdeckungen seit 1799. Es ist ein Geheimtipp für Familien, denn das nachgebaute Labor von Faraday ist besonders für Kinder spannend. Die Instrumente, Schriften und kuriose Experimente können kostenlos erforscht werden.
- *Albemarle St*
- *Jubilee, Piccadilly, Victoria · Green Pk*

07 ⌈Handel & Hendrix in London⌉
In der 25 Brook Street komponierte Georg Friedrich Händel 36 Jahre lang seine bedeutenden Werke. Die Dinge, die ihn umgaben und inspirierten, könnt ihr hier entdecken. Ein Teil der Ausstellung ist Jimi Hendrix gewidmet, der später ebenfalls dort wohnte.
- *25 Brook St*
- *Central, Jubilee · Bond St*

Criterion Theatre

Royal Academy of Arts

RESTAURANTS & CAFÉS

RESTAURANTS
08 ⌈ROKA Mayfair⌉ · £££
Das preisgekrönte Restaurant bringt seine eigene Interpretation von Robatayaki-Essen aus Japan nach Mayfair. Die Technik zur Zubereitung von Gegrilltem wird in dem stilvoll eingerichteten Restaurant vorgeführt und das Ergebnis könnt ihr direkt probieren.
- *30 North Audley St*
- *Central, Jubilee · Bond St*

09 ⌈StreetXO⌉ · £££
Im StreetXO ist nichts so wie es scheint, dafür sorgt der berühmte spanische Küchenchef David Muñoz. Er nimmt euch mit auf eine Reise durch die neue spanische Küche, fusioniert mit den besten internationalen Gerichten. Das einzigartige Erlebnis ist eine Show für alle Sinne!
- *15 Old Burlington St*
- *Bakerloo, Central, Victoria · Oxford Circus*

10 ⌈COYA Mayfair⌉ · £££
Hier wird die lateinamerikanische Kultur aus Peru gelebt und gekocht. Die authentisch edle Einrichtung erzeugt peruanische Urlaubsstimmung. Das Essen ist kreativ angerichtet und schmeckt vorzüglich. Reserviert euch vorab einen Tisch.
- *118 Piccadilly*
- *Piccadilly · Hyde Park Corner*

MEHR ÜBER DIESE SPOTS ERFAHREN: LLDN.DE/**10010**

11 [Gymkhana] · £££

Das Gymkhana ist eines der besten indischen Restaurants Londons. Seit 2014 mit einem Michelin-Stern ausgezeichnet, befindet sich dort auch eine Bar, deren Cocktails euch direkt nach Neu-Delhi versetzen.

◯ *42 Albemarle St*
⊖ *Jubilee, Piccadilly, Victoria · Green Pk*

CAFÉS

12 [Taylor St Baristas] · £

In einer ruhigen Seitenstraße bekommt ihr preisgekrönten Kaffee und schmackhaften Kuchen in gemütlicher Atmosphäre. Der Spot hat bereits mehrfach den »Best Coffee in Mayfair« Award gewonnen. Auch Tee, Frühstück und Mittagsangebote stehen zur Auswahl.

◯ *22 Brook's Mews*
⊖ *Central, Jubilee · Bond St*

13 [Everbean] · £

Für eine kurze Pause mit leckerem Kaffee und süßen englischen Backwaren seid ihr im Everbean richtig. In der modernen Caféhaus-Atmosphäre könnt ihr innehalten und relaxen – auch mit einer Tasse guten Tee.

◯ *30 Avery Row*
⊖ *Central, Jubilee · Bond St*

PUBS

14 [Ye Grapes] · ££

Die Kneipe befindet sich auf dem historischen Shepherd Market und ist eine der wenigen traditionellen Pubs in dieser Gegend, in der vorwiegend exklusive Geschäfte zu finden sind. Es erwartet euch eine tolle Auswahl an Bieren zu vernünftigen Preisen.

◯ *16 Shepherd Market*
⊖ *Jubilee, Piccadilly, Victoria · Green Pk*

15 [The Punchbowl] · £££

Der exquisite Pub serviert modern angerichtete englische Klassiker in edlem Ambiente. Eine umfangreiche Weinkarte und leckere Snacks und Desserts versüßen euch den Abend.

◯ *41 Farm St*
⊖ *Jubilee, Piccadilly, Victoria · Green Pk*

16 [The Argyll Arms] · ££

Eine gute Option, wenn ihr einen authentischen Pub in der Nähe der Oxford Street besuchen wollt. Gutes Bier, schmackhaftes Essen und eine tolle Stimmung an jedem Tag. Probiert die Fish & Chips aus, wenn ihr da seid.

◯ *18 Argyll St*
⊖ *Bakerloo, Central, Victoria · Oxford Circus*

Burlington Arcade

OXFORD STREET & MAYFAIR HAT DIR GEFALLEN? DANN SCHAU AUCH HIER VORBEI:

Westminster & St James's
Soho

CENTRAL LONDON — OXFORD STREET & MAYFAIR

Ye Grapes am Shepherd Market

BARS

BARS

17 [Mr. Fogg's Residence] · ££
Geschmückt mit Objekten, die Mr. Fogg aus Jule Vernes »In 80 Tagen um die Welt« von seinen Reisen mitbrachte, werden hier authentische Cocktails aus der ganzen Welt serviert.
- 15 Bruton Ln
- Jubilee, Piccadilly, Victoria · Green Pk

18 [Connaught Bar] · £££
Die traditionelle Bar überrascht mit originellen und köstlichen Kreationen. Sie befindet sich im gleichnamigen Hotel und bietet exklusive Cocktails in eleganter Umgebung an. Ein passender Ausklang für eindrucksvolle Tage.
- Connaught, Carlos Pl
- Central, Jubilee · Bond St

19 [Ralph's Coffee & Bar] · £££
Das Café von Modeschöpfer Ralph Lauren bietet eine stilvolle britische Atmosphäre. Es werden Kaffee, Cocktails und Snacks serviert.
- 173 Regent St
- Bakerloo, Central, Victoria · Oxford Circus

SHOPPING

Das Kaufhaus [Selfridges · 400 Oxford St] ist eines der größten und vor allem schönsten in der Oxford Street. Besonders zu Weihnachten verzaubert es einen mit leuchtendem Glanz. Exklusive Marken, Kosmetik und Mode sind hier zu finden. Auch die Kaufhäuser [Marks & Spencer · 173 Oxford St] und [John Lewis · 300 Oxford St] mit dem schönen Dachgarten sind einen Besuch wert. Im Flagship-Store [Nike Town · 236 Oxford St] wartet eine riesige Auswahl an Produkten mit dem Swoosh auf euch, die ihr dort sogar personalisieren lassen könnt. Entlang der Oxford Street finden sich zahlreiche trendige Modegeschäfte, z. B. [Topshop · 214 Oxford St], die zum Shoppen einladen. Vor allem für Kinder ist [Hamleys · 188–196 Regent St] in der Regent Street ein schönes Ziel. In dem siebenstöckigen Spielzeuggeschäft findet ihr alles, was ihr euch vorstellen könnt. Auch große Spielkinder finden hier ihr Glück. Der Flagship-Store von [Apple · 235 Regent St] ist Anlaufstelle für Technik-Interessierte. Eine der teuersten Einkaufsstraßen von London ist die sogenannte [Bond Street]. Der Straßenname existiert an sich nicht, sie besteht aus New Bond Street und Old Bond Street. Cartier, Tiffany's, Hermès und Alexander McQueen haben sich hier niedergelassen. In der ebenfalls höherpreisigen [Burlington Arcade · 51 Piccadilly], könnt ihr wunderbar unter den Arkaden schlendern und euch dabei von den alten luxuriösen Shops inspirieren lassen.

New Bond Street

INSIDER GUIDES

MEHR ÜBER DIESE SPOTS ERFAHREN: LLDN.DE/10011

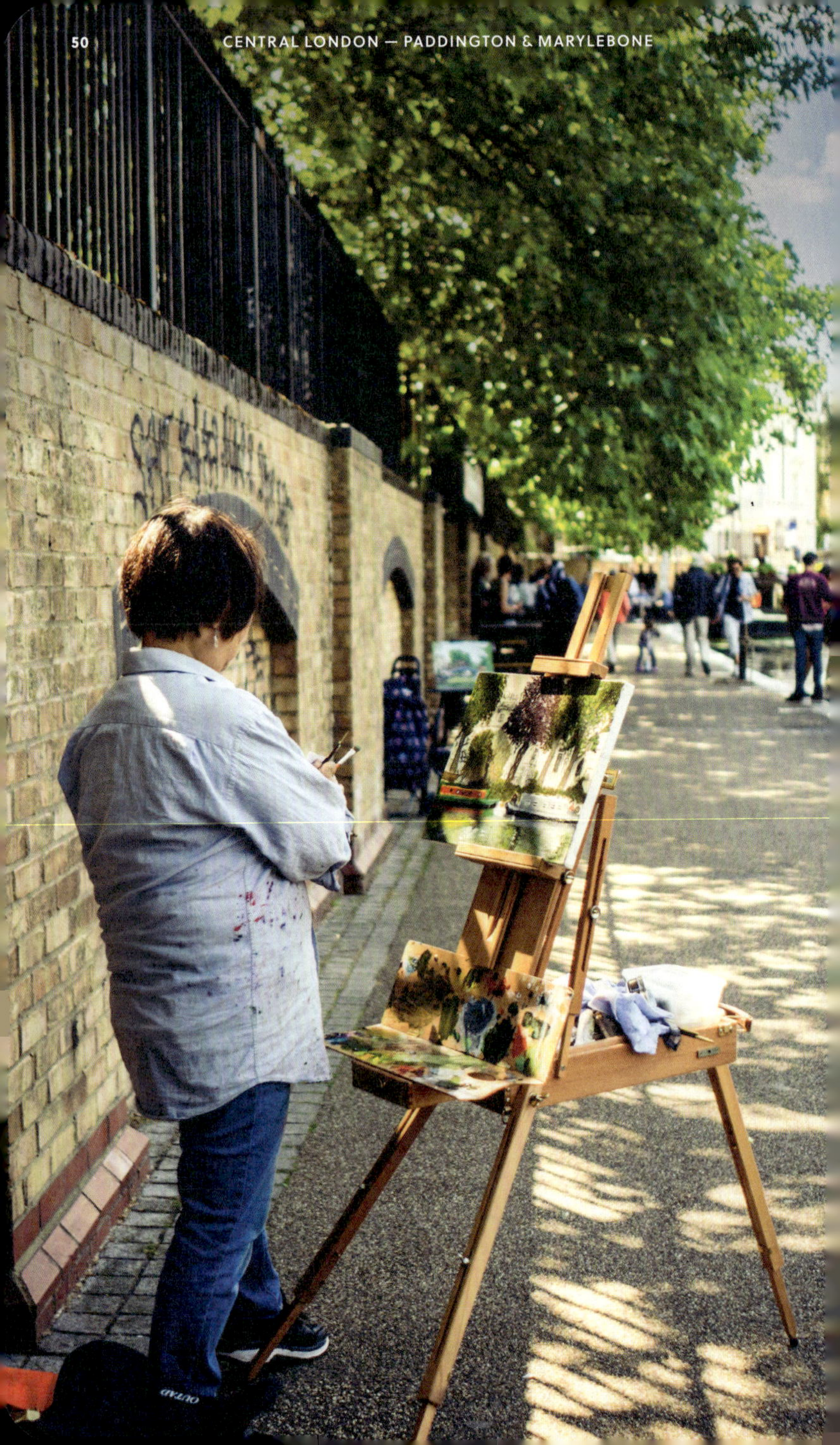

PADDINGTON & MARYLEBONE

Hier spaziert Sherlock Holmes durch Klein-Venedig und trifft Paddington Bär

Die beliebten Wohnviertel zeichnen sich durch ihre viktorianischen Gebäude und romantischen Gassen aus und werden entlang der Kanäle auch »Klein-Venedig« genannt. Neben dem hektischen Treiben der Innenstadt, findet ihr hier angenehme Ruhe. Viele tolle Cafés und Restaurants am Wasser laden zum gemütlichen Ausruhen ein. Kulturell gibt es auch so einiges zu entdecken – denn hier ist auch die Heimat des berühmten britischen Detektivs: Sherlock Holmes.

TOP 5 SIGHTS

1 [Baker Street]
Bei Baker Street denkt man unweigerlich an Sherlock Holmes. Zu Ehren seines Autors trägt das Hudson Haus die Nummer 221B – wie in den Romanen.
- *221B Baker St*
- *Bakerloo, Circle, Hammersmith & City, Jubilee, Metropolitan · Baker St*

2 [The Sherlock Holmes Museum]
Highlight des Museums ist das berühmte Arbeitszimmer, das sich Sherlock und Dr. Watson teilten.
- *221B Baker St*
- *Bakerloo, Circle, Hammersmith & City, Jubilee, Metropolitan · Baker St*

3 [Paddington Station]
Paddington ist die sechste der meistfrequentierten Station von London und quasi der Beginn der faszinierenden Geschichten des Paddington Bears.
- *Praed St*
- *Bakerloo, Circle, Hammersmith & City, District · Paddington*

4 [Paddington Basin]
Die Gegend rund um den Kanal ist ziemlich modern und innovativ. Hier gibt es viele Geschäfte und Cafés.
- *Paddington Basin*
- *Bakerloo · Edgware Rd*

5 [Little Venice]
Ein gepflegter Weg entlang des Regent's Kanals, an dem viele farbenfrohe Boote im venezianischen Stil entzücken.
- *30 Warwick Ave*
- *Bakerloo · Warwick Ave*

MEHR ÜBER DIESE SPOTS ERFAHREN: LLDN.DE/**10012**

PADDINGTON & MARYLEBONE

> **INSIDER TIPP**

VON ISABELLE

Orte am Wasser versprühen so viel Charme. Little Venice ist daher einer meiner Lieblingsplätze – im Waterside Café könnt ihr wunderbar frühstücken und die Aussicht aufs Wasser genießen.

BEGIB DICH AUF ENTDECKUNGSTOUR!

Sights
- 01 · Baker Street
- 02 · The Sherlock Holmes Museum
- 03 · Paddington Station
- 04 · Paddington Basin
- 05 · Little Venice
- 06 · Madame Tussauds
- 07 · Wallace Collection
- 08 · Dinings
- 09 · Orrery
- 10 · The Grazing Goat
- 11 · The Monocle Café
- 12 · Daisy Green
- 13 · Darcie & May Green
- 14 · Waterside Cafe
- 15 · The Victoria
- 16 · The Volunteer
- 17 · The Larrik
- 18 · Artesian Bar
- 19 · Purl
- 20 · Seymour's Parlour

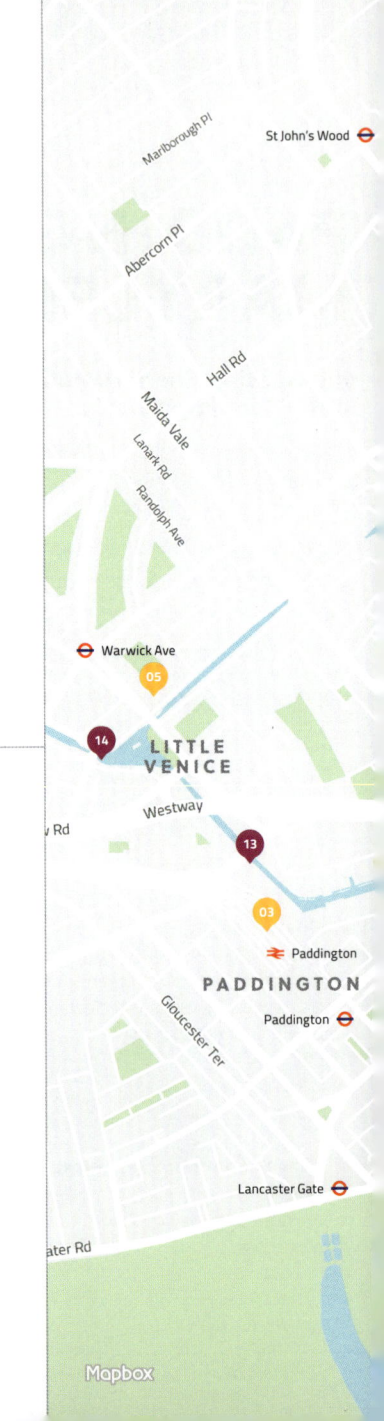

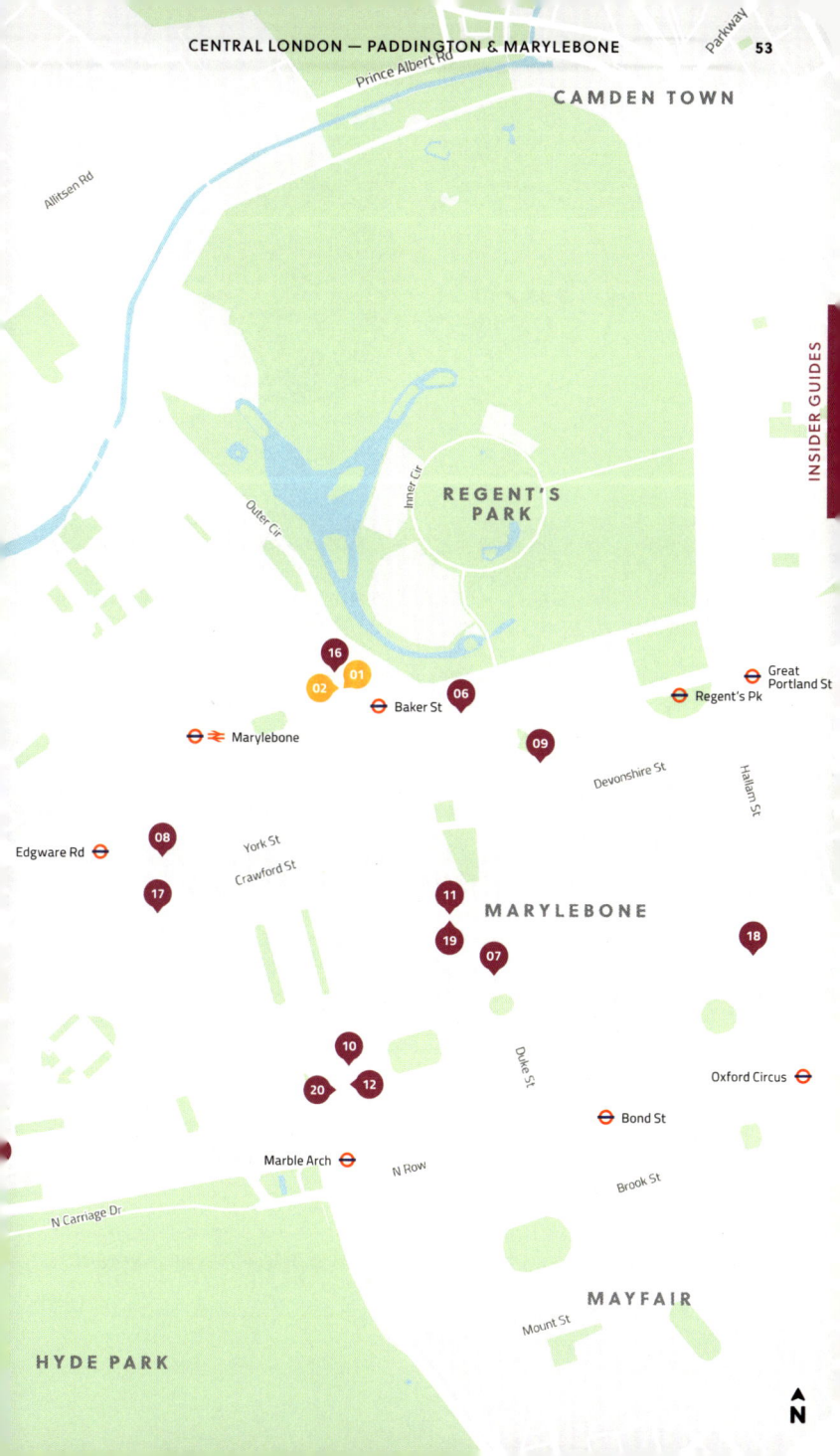

CENTRAL LONDON — PADDINGTON & MARYLEBONE

53

INSIDER GUIDES

CAMDEN TOWN

REGENT'S PARK

MAYFAIR

HYDE PARK

- Great Portland St
- Regent's Pk
- Baker St
- Marylebone
- Edgware Rd
- Oxford Circus
- Bond St
- Marble Arch

› SIGHTSEEING

Raus aus dem Trubel der Stadt, hinein ins schicke Marylebone. Der Stadtteil ist für seine dekadenten Gebäude, piekfeinen Straßen und romantischen Gassen mit Cafés, Restaurants und Pubs bekannt. Bei einem ausgiebigen Spaziergang durch die Straßen könnt ihr das süße Leben Londons förmlich spüren und auch schmecken. Etwa im [Daisy Green]: Die hausgemachten Speisen sind frisch und lecker, das märchenhafte Ambiente macht den Aufenthalt perfekt.

Es gibt aber noch mehr als nur Kulinarisches zu entdecken: Allen Beatles-Fans ist ein Besuch des [John Lennon Hauses] zu empfehlen. Hinter diesen Wänden schrieb er seine Songs. Nicht weit entfernt wohnte gleich eine weitere berühmte Persönlichkeit: Sherlock Holmes, geschaffen von Sir Arthur Conan Doyle, soll von der Baker Street aus seine Fälle aufgeklärt haben. Das bekannte Hudson-Haus trägt, wie in den Romanen, die fiktive Hausnummer 221B. Zwischen 237 und 241 Baker Street befindet sich das [Sherlock Holmes Museum]. Für alle Fans ein absolutes Muss. Nur fünf Gehminuten weiter befindet sich noch ein Highlight: In [Madame Tussauds] Wachsfigurenkabinett könnt ihr viele Promis aus nächster Nähe bewundern – übrigens auch Benedict Cumberbatch, der den Sherlock in der gleichnamigen Serie spielte.

Eine Besonderheit von London sind die vielen Kirchen, die sich scheinbar zwischen die Wohnhäuser gequetscht haben – so auch die [St James's Roman Church]. Sie ist nicht weit von der [Marylebone High Street] entfernt, einer der beliebtesten Londoner Shoppingstraßen mit tollen Boutiquen und Cafés.

Einfach mal die Seele baumeln lassen – das könnt ihr unter anderem in [Little Venice], nördlich von Paddington. Es ist der Anfangsteil des Regent's Canals, wo ihr viele farbenfrohe Boote im venezianischen Stil findet. Teilweise gibt es auf ihnen sogar niedliche Cafés. Am [Paddington Basin] hingegen stehen moderne Häuser mit vielen kleinen Geschäften und Restaurants.

Ganz in der Nähe dieses ruhigen Ortes befindet sich die [Paddington Station]. Sie ist nicht nur eine der am stärksten frequentierten Stationen Londons, sondern quasi der Beginn der Geschichten des [Paddington Bears]. Eine Statue des Bären findet ihr an Gleis 1.

Direkt um die Ecke befindet sich zudem das St Mary's Hospital mit dem [Alexander Fleming Museum]. Hier gibt es eine interessante Ausstellung über die medizinische und wissenschaftliche Entwicklung des Penicillins bzw. dessen Entdecker.

CENTRAL LONDON — PADDINGTON & MARYLEBONE

MUSEEN

06 [Madame Tussauds]
Das Wachsfigurenkabinett von Madame Tussauds ist besonders für Familien mit Kindern ein großer Spaß. Bewundern könnt ihr u. a. die Royal Family, die Marvel Superhelden und einige der besten Schauspieler der Welt.
- Marylebone Rd
- Bakerloo, Circle, Hammersmith & City, Jubilee, Metropolitan · Baker St

⭐ [The Sherlock Holmes Museum]
Für alle Sherlock-Fans ein absolutes Muss. Es erwartet euch ein spannender Gang durch Mrs. Hudsons Haus, bei dem ihr viele Dinge über den großartigen Detektiv kennenlernt, die ihr so sicherlich noch nicht gehört habt.
- 221B Baker St
- Bakerloo, Circle, Hammersmith & City, Jubilee, Metropolitan · Baker St

07 [Wallace Collection]
Im schicken Anwesen von Sir Wallace findet ihr Kunstwerke aus dem 18. und 19. Jahrhundert. Ein Besuch ist wie eine Reise zurück in die Zeit der britischen Aristokratie. Werke von Künstlern wie Tizian, Rubens und Rembrandt sind hier zu bewundern.
- Hertford House, Manchester Sq
- Central, Jubilee · Bond St

RESTAURANTS / CAFÉS

RESTAURANTS
08 [Dinings] · ££
Im Dinings wird traditionelles japanisches Essen serviert, gemischt mit feinster europäischer Küche entstehen einzigartige Kreationen. Die Qualität ist ausgezeichnet und vor allem das Sushi einfach nur köstlich.
- 22 Harcourt St
- Circle, District, Hammersmith · Edgware Rd

09 [Orrery] · £££
Das Orrery in Marylebone eignet sich perfekt für einen eleganten Abend. Hier gibt es französische Küche, mittags und abends könnt ihr zwischen verschiedenen Menüs auswählen. Bei gutem Wetter könnt ihr auch auf der schicken Terrasse sitzen.
- 55 Marylebone High St
- Bakerloo · Regent's Pk

10 [The Grazing Goat] · ££
The Grazing Goat ist ein moderner Pub. Neben britischen Gerichten wie Fish & Chips gibt es leckere Cocktails. Darüber befindet sich das gleichnamige Hotel, das ebenso empfehlenswert ist.
- 6 New Quebec S
- Central · Marble Arch

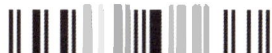

Sherlock Holmes Museum

MEHR ÜBER DIESE SPOTS ERFAHREN: LLDN.DE/10013

CENTRAL LONDON — PADDINGTON & MARYLEBONE

The Monocle Café · ££
Die Auswahl an Kaffeespezialitäten, Sandwiches und Gebäck lässt kaum Wünsche offen. Die stylische und kunstvoll verarbeitete Holztheke verleiht dem Café eine warme Atmosphäre. Der Name rührt übrigens von der Nachbarschaft zum Sitz des Monocle Magazins.
- 18 Chiltern St
- Bakerloo, Circle, Hammersmith & City, Jubilee, Metropolitan · Baker St

12 Daisy Green · ££
In dem kleinen süßen Café sind so gut wie alle Speisen selbstgemacht. Das hausgemachte Müsli mit frischen Beeren, Kokosnuss-Flakes, Chia-Samen und griechischem Joghurt ist ein absoluter Traum.
- 20 Seymour St
- Central · Marble Arch

13 Darcie & May Green · ££
Das Darcie & May Green ist ebenfalls von den Machern des Daisy Green und befindet sich auf einem kunterbunten Boot. Hier esst und trinkt ihr bei bestem Blick auf den Grand Union Canal.
- Grand Union Canal, Sheldon Sq
- Bakerloo · Edgware Rd

14 Waterside Cafe · £
Das kleine Café befindet sich auch auf einem Boot im idyllischen Little Venice. Ihr könnt lecker frühstücken oder nur eine Tasse Kaffee trinken bei traumhafter Aussicht direkt aufs Wasser. Falls ihr nicht auf dem Boot sitzen möchtet, geht das auch draußen am Steg.
- Warwick Cre
- Bakerloo · Warwick Ave

PUBS

15 The Victoria · ££
London Pride, Frontier, Sierra Nevada, Montana Red, Guinness und noch mehr leckere Biere gibt es in diesem Pub in Paddington. Innen ist alles klassisch, ganz im britischen Stil eingerichtet. Der Pub wurde übrigens zweimal zur Kneipe des Jahres (2007 und 2009) in London ernannt.
- 10A Strathearn Pl
- Bakerloo, Circle, Hammersmith & City, District · Paddington

16 The Volunteer · £
Nur wenige Schritte von der berühmten 221B Baker Street entfernt, befindet sich der perfekte Ort für entspanntes Beisammensein mit Freunden oder Familie. Die Desserts sind hier besonders lecker.
- 245–247 Baker St
- Bakerloo, Circle, Hammersmith & City, Jubilee, Metropolitan · Baker St

17 The Larrik · ££
Im The Larrik erhaltet ihr eine tolle Auswahl an verschiedenen Bieren und eine umfangreiche Weinkarte. Das Essen ist wirklich empfehlenswert, alles schmeckt frisch und die Atmosphäre ist locker und entspannt.
- 32 Crawford Pl
- Circle, Hammersmith & City, District · Edgware Rd

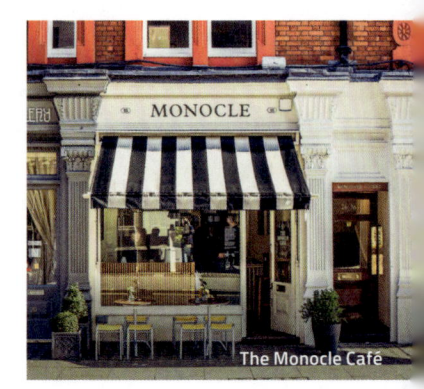

The Monocle Café

CENTRAL LONDON — PADDINGTON & MARYLEBONE

🍸 BARS

18 [Artesian Bar] · £££
Diese Bar ist ein einzigartiges Highlight: Der Raum mit seinen hohen Decken und funkelnden Kronleuchtern ist traumhaft schön. Die Cocktails sind echte Geschmackserlebnisse, probiert mal den You discovered Passion. Für den kleinen Hunger gibt es leckere Snacks.
○ 1C Portland Pl
⊖ Bakerloo, Central, Victoria · Oxford Circus

19 [Purl] · ££
Wenn ihr Lust auf richtig gute Cocktails habt, dann seid ihr im Purl genau richtig. In einem Keller im 30er-Jahre-Stil, mixen euch die Barkeeper eure Drinks. Jeden Mittwoch-Abend wird hier live Jazz-Musik gespielt.
○ 50–54 Blandford St
⊖ Central, Jubilee · Bond Street

20 [Seymour's Parlour] · ££
Im Zetter Townhouse befindet sich die etwas andere Hotelbar. Sie ist mit Antiquitäten und Gemälden dekoriert und ihr sitzt auf Vintage-Möbeln. Die ganze Bar ist sehr gemütlich und die Drinks fantastisch. Es gibt hier übrigens auch den klassischen Afternoon Tea.
○ 28–30 Seymour St
⊖ Central · Marble Arch

🛍️ SHOPPING

Nur ein paar Hundert Meter lang, aber als Shoppingstraße sehr beliebt, ist die Marylebone High Street. Hier findet ihr viele einzigartige Geschäfte und Boutiquen. Der [Conran Shop · 55 Marylebone High St] ist besonders hervorzuheben. In diesem Geschäft gibt es pure Kunst für Zuhause zu kaufen – von Designmöbeln bis hin zu einzigartigen Dekorationsartikeln über verschiedene Accessoires.

Wenn ihr das Viertel authentisch kennenlernen möchtet, lauft am besten sonntags den [Marylebone Farmers Market · Cramer Street Car Pk] entlang. Hier gibt es frisches Obst, Gemüse und Brot zu kaufen. Wenn ihr absolute Fans von Käse seid, dann solltet ihr unbedingt in die [La Fromagerie · 2–6 Moxon St]. Dort gibt es Käse, soweit das Auge reicht und ihr könnt auch gleich super frühstücken.

Absolut empfehlenswert ist der [Alfies Antiquitätenmarkt · 3–25 Church St]. Es ist ein toller Vintage-Markt, der sich in einem alten Lagerhaus zwischen Paddington und Marylebone befindet. Hier gibt es außergewöhnliche antike Gegenstände zu kaufen sowie Möbel und Dekoartikel. Toll ist dort auch das Café [Rooftop Kitchen]. Hier könnt ihr einen tollen Ausblick auf die Dächer Londons genießen und dabei einen leckeren Kaffee trinken.

INSIDER GUIDES

Alfies Antique Market

PADDINGTON & MARYLEBONE
HAT DIR GEFALLEN? DANN SCHAU
AUCH HIER VORBEI:

Notting Hill

Camden Town & Regent's Park

MEHR ÜBER DIESE SPOTS ERFAHREN: LLDN.DE/10014

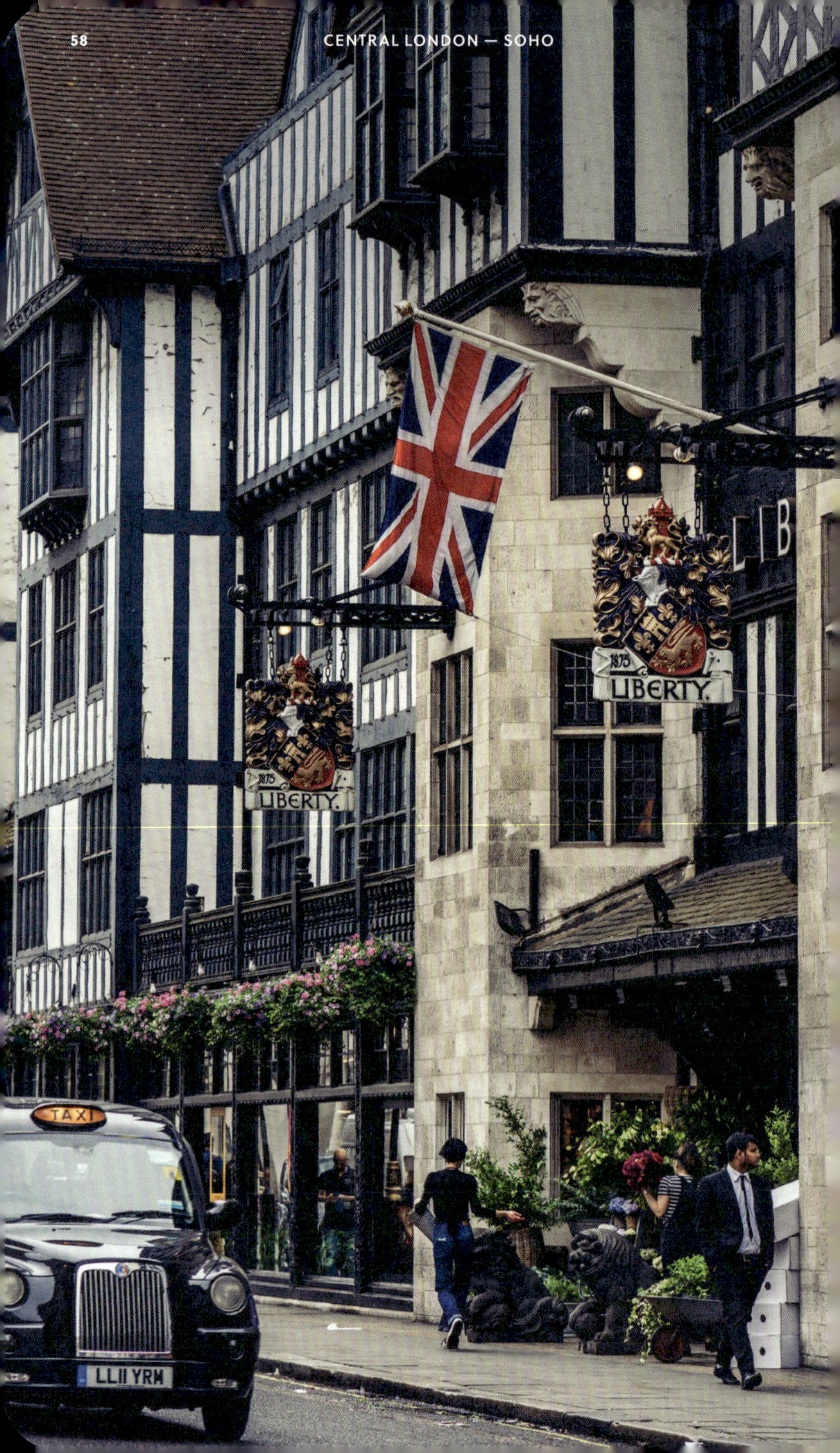
1875
LIBERTY.
1875
LIBERTY.
TAXI
LL11 YRM

SOHO

Bunt, lebensfroh, trendy

Kunterbunt, lebendig und multikulti – das ist Soho! Hier wird kulturelle Offenheit gelebt. Das beliebte Viertel ist der Vergnügungs-Magnet in Londons Zentrum und hält alle Gegensätze zusammen! Wer hier durchschlendert, dem bieten sich einzigartige Einkaufsmöglichkeiten sowie ein Potpourri an unterschiedlichen Restaurants, Bars und Cafés, das seinesgleichen sucht. Am Abend öffnen die vielen Theater ihre Türen und das ursprüngliche Rotlichtviertel verwandelt sich zu einem lebendigen Ort für Feierwütige.

TOP SIGHTS 5

1 [Carnaby Street]
Die bekannte Einkaufsstraße ist besonders zur Weihnachtszeit ein echter Hingucker!
○ Carnaby St
⊖ Bakerloo, Central, Victoria · Oxford Circus

2 [Soho Theatre]
Mit den neuesten Theaterstücken, Comedy, Kabarett und einer lebhaften Bar der aufregendste Veranstaltungsort der Londoner Kulturszene.
○ 21 Dean St
⊖ Central, Northern · Tottenham Court Rd

3 [Kingly Court]
Die kleine Einkaufspassage bietet tolle Geschäfte, Restaurants und einen eigenen Innenhof.
○ Kingly St
⊖ Bakerloo, Piccadilly · Piccadilly Circus

4 [Dean Street]
Die Straße der großen Persönlichkeiten, wie etwa Charles Dickens oder Karl Marx, führt von der Oxford Street bis zur Shaftesbury Avenue.
○ Dean St
⊖ Central, Northern · Tottenham Court Rd

5 [Liberty]
Das angesagte Kaufhaus für exklusives Interieur und Mode, von den innovativsten Designern Londons.
○ Regent St
⊖ Bakerloo, Central, Victoria · Oxford Circus

MEHR ÜBER DIESE SPOTS ERFAHREN: LLDN.DE/10015

SOHO

INSIDER TIPP

VON LAURA

Soho ist der ideale Ort für einen schönen Theaterabend und einen Drink danach in einer der vielen Bars. Mein Favorit ist die Swift Bar.

BEGIB DICH AUF ENTDECKUNGSTOUR!

Sights
- 01 · Carnaby Street
- 02 · Soho Theatre
- 03 · Kingly Court
- 04 · Dean Street
- 05 · Liberty
- 06 · The Photographers Gallery
- 07 · House of MinaLima
- 08 · Social Eating House
- 09 · Ceviche Soho
- 10 · Temper
- 11 · 10 Greek Street
- 12 · Mother Mash
- 13 · Patty & Bun
- 14 · Tap Coffee Soho
- 15 · Rapha Cycle Club
- 16 · The Lyric
- 17 · The French House
- 18 · Coach & Horses
- 19 · The Queens Head
- 20 · Swift
- 21 · Bar Termini
- 22 · Blind Pig
- 23 · Cahoots
- 24 · Aqua Spirit

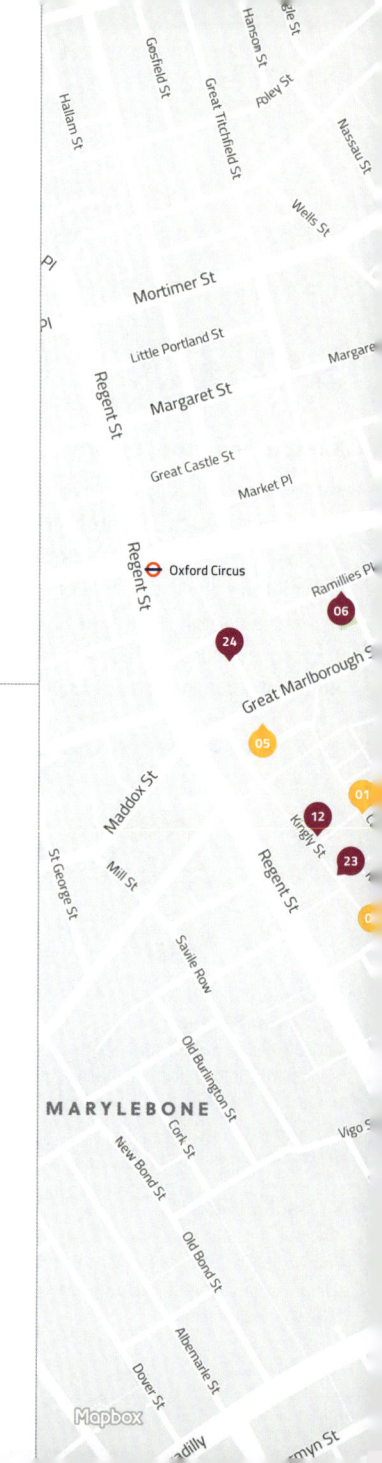

CENTRAL LONDON — SOHO

BLOOMSBURY

SOHO

COVENT GARDEN

CHINATOWN

WESTMINSTER

JAMES'S

- Tottenham Court Rd ⊖
- Leicester Sq ⊖
- Piccadilly Circus ⊖

Streets & locations:
Tottenham, Scala, ...tfield St, Goodge St, Rathbone St, Percy St, Berners Mews, Rathbone Pl, Gresse St, Berners St, Newman St, Oxford St, Noel St, D'Arblay St, Poland St, Dean St, Soho St, Frith St, Greek St, Bucknall St, Stacey St, New Compton St, Monmouth St, Neal St, Earlham St, Wardour St, Berwick St, Hopkins St, Peter St, Romilly St, Shaftesbury Ave, Tower St, West St, Mercer St, Long Acre, Floral, Garrick St, New Row, Bedfordbury, ...eak St, Lewington St, Bridle Ln, Great Windmill St, Lisle St, Charing Cross Rd, St. Martin's Ln, May's Ct, Brewer St, Denman St, Rupert St, Bear St, Cecil Ct, Glasshouse St, Coventry St, Air St, Piccadilly, Haymarket, Oxendon St, William..., Pall Mall E, Trafalgar Sq, Strand, Cockspur St, St Jam...

Numbered markers: 02, 04, 07, 08, 09, 10, 11, 13, 14, 15, 16, 17, 18, 19, 20, 21, 22

INSIDER GUIDES

N ↑

SIGHT-SEEING

Soho hat kulturell viel zu bieten. Kulinarisch könnt ihr euch dort nahezu einmal um die Welt futtern. Vor allem die [**Dean Street**] ist vollgepackt mit spitzenmäßigen Restaurants. Genießt das beste Indian Curry der Stadt, asiatische Spezialitäten in Chinatown oder ganz traditionell Fish & Chips (auch in vegan!).

In Soho bekommt ihr aber auch richtig was zu sehen: Das Viertel ist für seine Vielzahl an unterschiedlichen Musicals und Shows bekannt. Hier findet ihr wie am Broadway von New York die meisten Theater der Stadt. Im [**Soho Theatre**] werden die neuesten Stücke präsentiert und das [**St Martins Theatre**] zeigt seit über 64 Jahren »The Mousetrap« von Agatha Christie. Genau so lange wird das Geheimnis um das Ende des Stücks geheimgehalten.

Tagsüber ist Soho ein Paradies für alle Schnäppchenjäger und Fashionistas! In gut sortierten Plattenläden, Vintage-Läden und Einkaufsstraßen findet ihr einfach alles! Mit der Mod-Bewegung in den 60er-Jahren erlebte die [**Carnaby Street**] ihre Blütezeit und ist bis heute eine der bekanntesten Shopping-Streets Londons. Besonders wegen ihrer atemberaubenden Weihnachtsbeleuchtung und alternativer Boutiquen ist sie bekannt.

Der unscheinbare Innenhof [**Kingly Court**] versteckt sich zwischen den Gebäuden der Carnaby Street und ist wirklich schwer zu finden. Die Suche lohnt sich aber: Auf drei Etagen findet ihr tolle Stores und gemütliche Pubs im Innenhof. Das geschichtsträchtige [**Liberty**] im Tudor-Revival-Stil ist ein Kaufhaus für Mode und Einrichtungsgegenstände und wahrlich kein gewöhnliches Einrichtungsgeschäft. Hier findet ihr nur die hochwertigste Mode und Stoffe innovativer Designer.

Besucht angesagte Galerien und die historischen Ecken der Stadt. Englands erste unabhängige Fotogalerie ist [**The Photographers' Gallery**] in Soho. In der Dean Street haben sich zudem so viele Begebenheiten mit bekannten Persönlichkeiten abgespielt, sodass sich die Straße selbst zu einer wahren Sehenswürdigkeit entwickelt hat. So war z. B. das Französische Haus in der Dean Street während des Zweiten Weltkriegs das inoffizielle Hauptquartier von Charles de Gaulle.

Der [**Soho Square**] ist ein erstaunlich ruhiger Platz im Nordosten von Soho. Hier lebten große Persönlichkeiten. Am 32 Soho Square war z. B. das Haus von Joseph Banks. Nachdem er mit James Cook um die Welt reiste, schuf er dort eine Art Treffpunkt für Wissenschaftler.

Es gehört irgendwie zu Soho dazu, hat aber so viel zu bieten, dass es eine eigene Kategorie füllt (> *ab Seite 69*): [**Chinatown**]! Das bekannte Eingangstor in der Gerrard Street ist ein beliebtes Urlaubsfotomotiv.

The Photographers' Gallery

🏛 MUSEEN

06 ⌈The Photographers' Gallery⌉
Englands erste unabhängige Fotogalerie ist die The Photographers' Gallery in Soho. Dort findet auch die alljährliche Verleihung des Photography Prize statt, einer der renommiertesten Foto-Awards Europas.
- 16–18 Ramillies St
- Bakerloo, Central, Victoria · Oxford Circus

07 ⌈House of MinaLima⌉
Auf vier Etagen gibt es fantastische Designarbeiten zu bestaunen. Miraphora Mina und Eduardo Lima zeigen unter anderem eine Ausstellung mit dem Titel »The Graphic Art of the Harry Potter Films«. Grafikarbeiten aus den Harry Potter-Filmen, wie zum Beispiel der Tagesprophet oder die Hogwarts-Lehrbücher, können hier bestaunt werden.
- 26 Greek St
- Northern, Piccadilly · Leicester Sq

🍽 RESTAURANTS & CAFÉS

RESTAURANTS

08 ⌈Social Eating House⌉ · £££
Originelle Kreationen zeitgenössischen Einflusses: Hier könnt ihr die besten Aromen der Küchen aus aller Welt in einer außergewöhnlichen Atmosphäre genießen. Übrigens wurde dem Restaurant schon sechs Monate nach Eröffnung ein Michelin-Stern verliehen.
- 58 Poland St
- Central, Northern · Tottenham Court Rd

09 ⌈Ceviche Soho⌉ · ££
Im Ceviche stehen peruanische Köstlichkeiten auf der Speisekarte. Neben dem Leibgericht Ceviche gibt es hier auch gegrilltes Fleisch, Spieße und vieles mehr. Die Drinks sind auch sehr lecker. Probiert unbedingt den Pisco Sour.
- 17 Frith St
- Central, Northern · Tottenham Court Rd

Ceviche

INSIDER GUIDES

MEHR ÜBER DIESE SPOTS ERFAHREN: LLDN.DE/10016

10 ⌞Temper⌟ · £££
Barbecue mit südamerikanischen Einflüssen. Das Konzept dieses Restaurants ist simpel und gut: Alles wird auf dem Grill in einer offenen Küche zubereitet und alle Produkte stammen von regionalen Händlern. Hier gibt's Tacos, Brathähnchen, Steak und vieles mehr.
◌ *25 Broadwick St*
⊖ *Bakerloo, Piccadilly* · *Piccadilly Circus*

11 ⌞10 Greek Street⌟ · £££
Hier wird Altbekanntes mit Neuem vermischt: Das Restaurant 10 Greek Street bietet euch leckere mediterrane Küche mit einem ständig wechselnden saisonalen Menü von hervorragender Qualität. Das Interieur besteht aus rustikalen und modernen Stilelementen.
◌ *10 Greek St*
⊖ *Central, Northern* · *Tottenham Court Rd*

12 ⌞Mother Mash⌟ · £
Wärmende Hausmannskost in einem bodenständigen Restaurant. Wie der Name schon verrät, gibt es hier Kartoffelpüree, welches mit traditioneller englischer Bratensoße und Würstchen oder alternativ mit einer Pastete serviert wird.
◌ *26 Ganton St*
⊖ *Bakerloo, Central, Victoria* · *Oxford Circus*

13 ⌞Patty & Bun⌟ · £
Gestartet als Pop-up-Restaurant, zählt Patty & Bun mittlerweile gut ein halbes Dutzend Filialen in ganz London. Kein Wunder, findet sich die kleine Kette doch in zahlreichen Listen der »Besten Burger der Welt« wieder. Probiert unbedingt den Smokey Robinson Burger!
◌ *18 Old Compton St*
⊖ *Central, Northern* · *Tottenham Court Rd*

CAFÉS
14 ⌞Tap Coffee Soho⌟ · ££
Hier wird guter Kaffee ernst genommen! Genießen könnt ihr den in einem einladenden, lichtdurchfluteten Raum inmitten von Soho.
◌ *193 Wardour St*
⊖ *Central, Northern* · *Tottenham Court Rd*

Mother Mash

15 ⌞Rapha Cycle Club⌟ · ££
Die Clubhaus-Cafés Rapha sind inspirierende Treffpunkte für Rennradfahrer auf der ganzen Welt. Der Cycle Club serviert tollen Kaffee und leichte Snacks in einem stylischen Café voller historischer Poster und Sammlungen.
◌ *85 Brewer St*
⊖ *Bakerloo, Piccadilly* · *Piccadilly Circus*

PUBS

16 ⌈The Lyric⌉ · £££
The Lyric ist ein wunderschöner kleiner viktorianischer Pub im Zentrum von London, der mehr bietet als erwartet: eine exzellente Auswahl an Bieren, erlesene Weine und Spirituosen sowie frisch zubereitete Speisen.
◊ *37 Great Windmill St*
⊖ *Bakerloo, Piccadilly · Piccadilly Circus*

17 ⌈The French House⌉ · £££
Das French House ist ein fabelhafter, kleiner Pub mit einer großen Geschichte: Charles de Gaulle hat es während des Zweiten Weltkriegs als Büro genutzt. Der Pub ist voller Bilder – und Smartphones sind übrigens nicht erlaubt. So konzentriert sich jeder ausschließlich auf sein Gegenüber.
◊ *49 Dean St*
⊖ *Northern, Piccadilly · Leicester Sq*

18 ⌈Coach & Horses⌉ · ££
Londons erster 100 % vegetarischer und veganer Pub, in dem ihr sogar vegane Fish & Chips bekommt! Und auch das Bier könnt ihr euch hier so richtig schmecken lassen!
◊ *29 Greek St*
⊖ *Northern, Piccadilly · Leicester Sq*

19 ⌈The Queens Head⌉ · ££
Der kleine und gemütliche Pub liegt einen Steinwurf vom Piccadilly Circus entfernt. Hier bekommt ihr lokale Branntweine serviert und hausgemachtes traditionelles Pub-Essen auf den Tisch.
◊ *15 Denman St*
⊖ *Bakerloo, Piccadilly · Piccadilly Circus*

› INSIDER TIPP

VON ISABELLE

Shopping in Soho verspricht ein exklusives Einkaufserlebnis. Mit besonderem Ambiente geht das vor allem im Liberty.

Couch & Horses Pub

MEHR ÜBER DIESE SPOTS ERFAHREN: LLDN.DE/10017

BARS & ROOFTOP BARS

BARS
20 ⸢Swift⸥ · ££
Das super stylische Swift überzeugt mit zwei Bars: Die Upstairs Bar für spontane Besucher, die grandiose Cocktails wertschätzen und die Downstairs Bar, die ihr nur mit einer Reservierung betreten könnt. Hier findet ihr eine unschlagbare Auswahl an Whisky-Sorten!
- 12 Old Compton St
- *Central, Northern · Tottenham Court Rd*

21 ⸢Bar Termini⸥ · £££
Inspiriert von der Bar in Roms Termini Train Station, bekommt ihr hier von morgens bis abends ein üppiges Cocktail- und Kaffeeangebot im italienischen Stil. Diese essenzielle Bar ist wie ein kleines Stück Italien im Herzen von London.
- 7 Old Compton St
- *Northern, Piccadilly · Leicester Sq*

22 ⸢Blind Pig⸥ · ££
Das Social Eating House in London hat eine tolle versteckte Cocktailbar in der obersten Etage – The Blind Pig. Eine tolle Atmosphäre gepaart mit außergewöhnlich originellen Drinks. Hier seht und schmeckt ihr, dass die Barkeeper ihr Handwerk verstehen.
- 58 Poland St
- *Bakerloo, Central, Victoria · Oxford Circus*

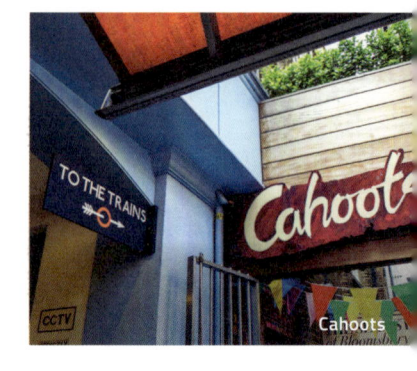

23 ⸢Cahoots⸥ · ££
Wer sich schon immer mal auf eine Zeitreise begeben wollte, sollte ins Cahoots gehen. Die Speakeasy-Bar spielt 40er-Jahre-Musik und sieht aus wie eine U-Bahn-Station! Empfangen werdet ihr von einem »Bahnmitarbeiter« der euch anschließend zur »Plattform«, der Bar, bringt.
- 13 Kingly St
- *Bakerloo, Piccadilly · Piccadilly Circus*

ROOFTOP BARS
24 ⸢Aqua Spirit⸥ · £££
Zweifellos den besten Blick über Soho habt ihr vom 5. Stock dieser Rooftop Bar! Hier findet ihr leckere Cocktails und eine unschlagbare Atmosphäre! Die Bar eignet sich besonders für einen Drink in einer dieser lauen Sommernächte, die man nie vergisst.
- 240 Regent St
- *Bakerloo, Central, Victoria · Oxford Circus*

Shopping in Soho

🛍 SHOPPING

Soho ist das Shopping-Paradies. Viele der interessantesten Boutiquen und Geschäfte findet ihr entlang der Berwick Street und der Carnaby Street.

Das exklusive Kaufhaus ⌈**Liberty** · *Regent St*⌉ verkauft Luxusprodukte wie exklusive Mode, Düfte, Schmuck, Accessoires, Möbel und Geschenke und ist für seine floralen Drucke sowie Stoffe bekannt. Hier ist für jeden Geschmack und Anlass etwas dabei! Ihr wollt lieber Kaffee und Tee kaufen? Seit der Eröffnung des ⌈**Algerian Coffee Stores** · *52 Old Compton St*⌉ im Jahr 1887, könnt ihr die hochwertigsten Sorten hier bekommen. Und das schmeckt man! Heute hat sich der Store zu einem der weltweit bekanntesten und führenden Anbieter von Fairtrade-Kaffee und Tee entwickelt. Zudem findet ihr dort regionale, köstliche und feine Süßwaren.

Mit einer der interessantesten Orte in Soho ist der traditionelle Frischwarenmarkt ⌈**Berwick Street Market** · *Berwick St*⌉. Dieser Markt, der seit 1687 an diesem Ort stattfindet, ist wesentlich kleiner als andere Märkte und es sind noch sehr wenig Touristen hier unterwegs – ein echter Geheimtipp!

Der globale Flagship-Store der schwedischen Schuh-Designermarke ⌈**Axel Arigato** · *19–23 Broadwick St*⌉ ist die richtige Anlaufstelle für alle Trendliebhaber. Ein wöchentlich neues Schuhdesign, das »Drop of the Week« wird inspiriert von moderner Musik, Kunst und Architektur – damit seid ihr immer auf dem neuesten Modestand. Ein außergewöhnliches britisches Modedesign findet ihr auch im Concept Store ⌈**Machine A** · *13 Brewer St*⌉. Es ist ein Showcase für Londons Fashion-Mode und verkauft nur die interessantesten und aktuellen Kollektionen. Hier findet ihr aufstrebende und etablierte Marken und ganz besondere Einzelstücke.

SOHO HAT DIR GEFALLEN? DANN SCHAU AUCH HIER VORBEI:

Chinatown & Leicester Square
Covent Garden & The Strand

MEHR ÜBER DIESE SPOTS ERFAHREN: LLDN.DE/**10018**

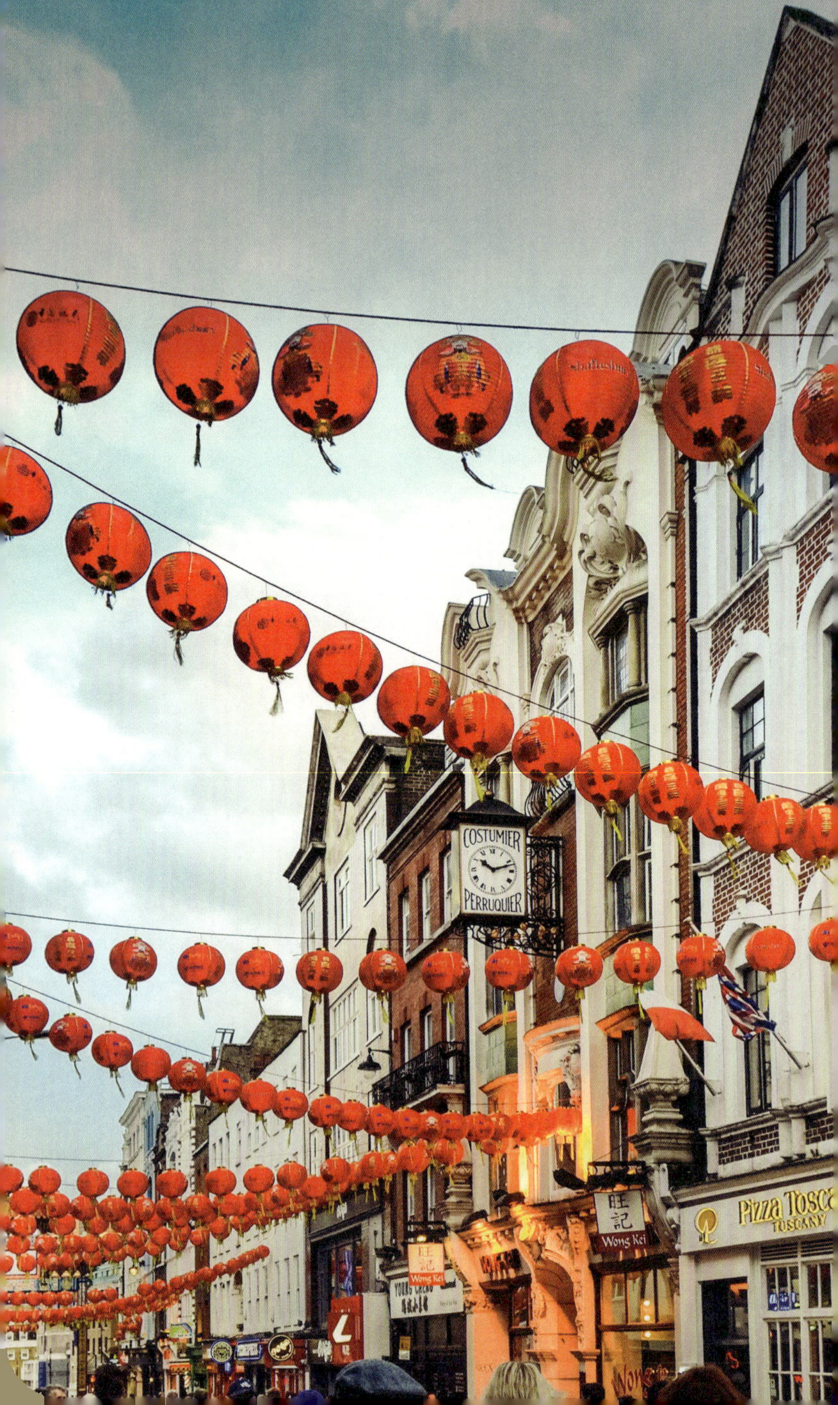
COSTUMIER
PERRUQUIER
旺記
Wong Kei
TUSCANY

CHINATOWN & LEICESTER SQUARE

Wenn Fernost um die Ecke liegt

Das Viertel mit den zweisprachigen Straßenschildern ist ein echter Geheimtipp. Prächtig verzierte Tore eröffnen hier seit den 70er-Jahren offiziell die Welt der authentischen asiatischen Küche. Hier schweben exotische Aromen durch die Straßen und die jährliche Chinese New Year Parade gehört zu den größten Neujahrsfeiern außerhalb Asiens, während in den historischen Kinos rund um den Leicester Square noch heute große Filmpremieren gefeiert werden. Und das Londoner West End liegt nur eine Straße entfernt.

TOP 5 SIGHTS

1 [Gerrard Street]
Mit zahlreichen Restaurants und den großen asiatischen Toren bildet die Gerrard Street das Herz von Chinatown.
Gerrard St
Northern, Piccadilly · Leicester Sq

2 [Leicester Square]
Der Platz im Londoner West End ist ein beliebtes Freizeitgebiet mit vielen alten Kinos.
Leicester Sq
Northern, Piccadilly · Leicester Sq

3 [Shaftesbury Avenue]
Ein Paradies für Theater-Liebhaber. Hier werden in zahlreichen Schauspielhäusern weltbekannte Stücke zum Besten gegeben.
Shaftesbury Ave
Northern, Piccadilly · Leicester Sq

4 [The Hippodrome Casino]
Das historische Schmuckstück hat eine lange Geschichte. 2012 wurde das Casino mit modernen Bars und Restaurants wiedereröffnet.
Cranbourn St, Leicester Sq
Northern, Piccadilly · Leicester Sq

5 [Schweizer Glockenspiel]
Das Glockenspiel ist am Leicester Square nicht zu überhören. Die Glocken klingeln die Melodien britischer und Schweizer Lieder.
Swiss Court
Northern, Piccadilly · Leicester Sq

MEHR ÜBER DIESE SPOTS ERFAHREN: LLDN.DE/10019

CHINATOWN & LEICESTER SQUARE

SOHO

> **INSIDER TIPP**

VON LAURA

Chinatown ist bekannt für sein hervorragendes und preiswertes Essen. In der Gerrard Street gibt es unzählige Restaurants. Lasst euch das auf keinen Fall entgehen!

BEGIB DICH AUF ENTDECKUNGSTOUR!

Sights
- 01 · Gerrard Street
- 02 · Leicester Square
- 03 · Shaftesbury Avenue
- 04 · The Hippodrome Casino
- 05 · Schweizer Glockenspiel
- 06 · Xu
- 07 · The Palomar
- 08 · Le Hanoi
- 09 · Shuang Shuang
- 10 · Kanada-Ya
- 11 · Bubblewrap Waffle
- 12 · Golden Gate Cake Shop
- 13 · De Hems
- 14 · Waxy O'Connor's
- 15 · The Blue Posts
- 16 · Experimental Cocktail Club
- 17 · Opium
- 18 · Ku Gay Bar
- 19 · The Light Lounge

ST JAMES'S

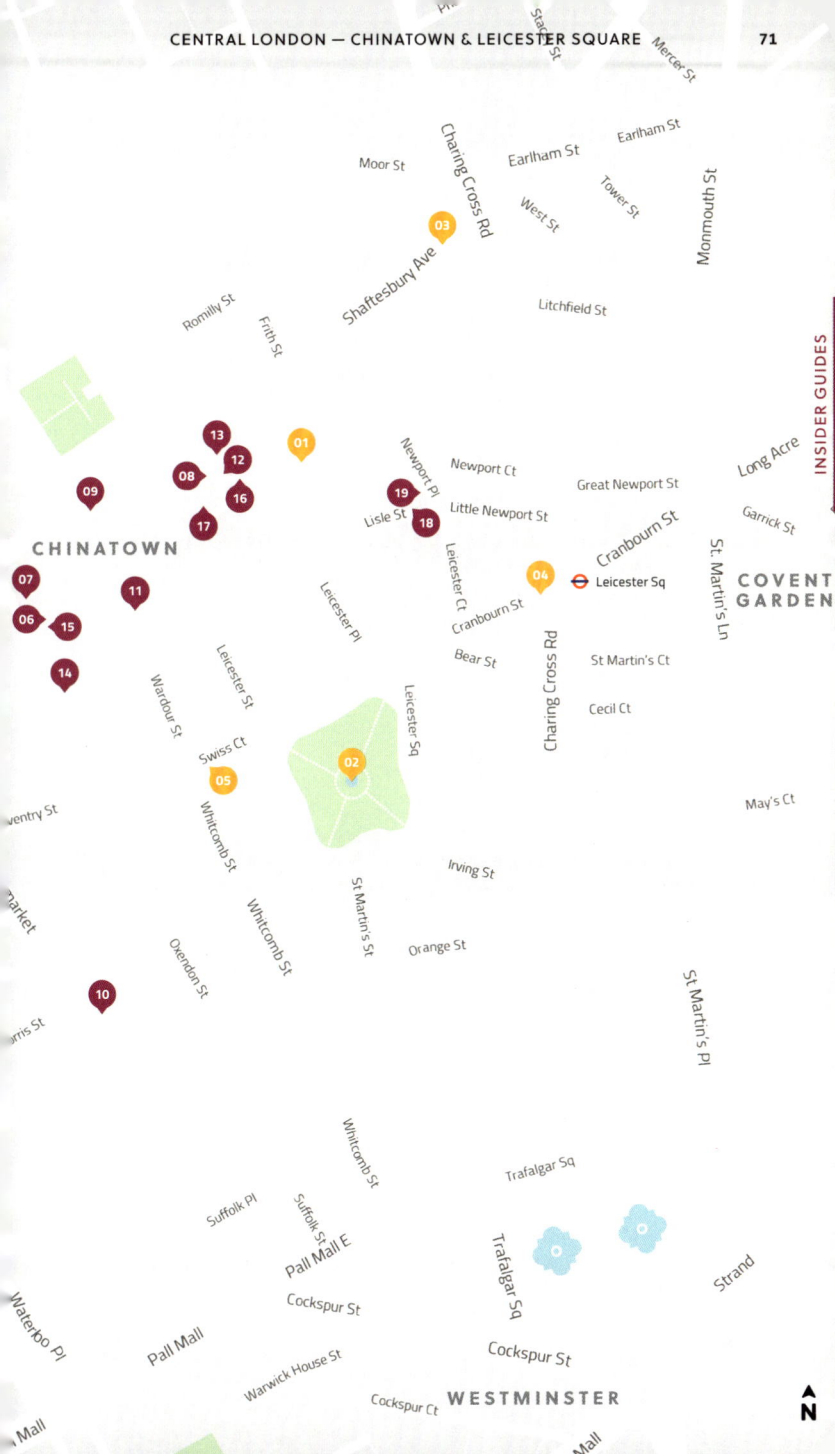

CENTRAL LONDON — CHINATOWN & LEICESTER SQUARE

71

INSIDER GUIDES

CHINATOWN

COVENT GARDEN

WESTMINSTER

N

SIGHTSEEING

Auf einem Spaziergang durch Chinatown könnt ihr so einiges entdecken und erleben. Am besten unternehmt ihr die Tour zum [Chinatown Gate] zu Fuß – so könnt ihr die Atmosphäre des Stadtteils voll und ganz genießen. Das schmuckvoll verzierte Tor im asiatischen Stil markiert den Eingang zu Chinatown, das erst in den 1970er-Jahren offiziell anerkannt wurde. Dort angekommen weisen zweisprachige Straßenschilder in englisch und chinesisch den Weg durch die Straßen.

Ziel sollte auf jeden Fall die [Gerrard Street] sein, die Straße mit der typisch chinesischen Dekoration bildet das Zentrum von Chinatown. Hier zeigen die besten Köche der asiatischen Schule, was sie drauf haben – authentische Restaurants servieren die Spezialitäten des asiatischen Kontinents. Passend dazu reihen sich zahlreiche Asia-Supermärkte ein und bieten die raren und außergewöhnlichen Zutaten zum Kauf an.

Jedes Jahr zwischen dem 21. Januar und dem 21. Februar findet die große [Chinese New Year Parade] statt. Das mehrtägige unterhaltsame Neujahrsfest bringt Tausende Teilnehmer und Zuschauer zusammen, um den Beginn des neuen chinesischen Kalenderjahres zu feiern. An der bunten Parade durch die Innenstadt solltet ihr unbedingt teilnehmen, ein aufregendes Event.

Das Londoner West End wird von den Einheimischen auch liebevoll »Theatreland« genannt, denn hier sind die meisten Londoner Theater angesiedelt. In der [Shaftesbury Avenue] finden sich besonders viele. Im Queen's Theatre zum Beispiel wird das weltbekannte Musical Les Misérables dauerhaft aufgeführt.

Entertainment wird hier groß geschrieben: Am südlichen Ende liegt der [Leicester Square], ein beliebter Freizeitort der jungen Londoner. Der Platz ist umgeben von historischen Kinos. Im riesigen Odeon Cinema werden noch heute Filmpremieren gefeiert. Zwei Skulpturen von Repräsentanten der Darstellenden Künste sind auf dem Platz aufgestellt: William Shakespeare und Charlie Chaplin. Regelmäßig ertönt das [Schweizer Glockenspiel], und erinnert an das vergangene Schweizer Kulturzentrum.

Für Freunde des Amusements ist noch mehr geboten: In dem im Jahr 2012 wiedereröffneten [Hippodrome Casino] könnt ihr nicht nur zocken, auch Shows und Kabarett stehen auf dem Veranstaltungsplan. In dem geschichtsträchtigen Gebäude sind mehrere Bars und Restaurant untergebracht, um einen schönen Tag gemütlich ausklingen zu lassen.

CENTRAL LONDON — CHINATOWN & LEICESTER SQUARE

🍴 RESTAURANTS & CAFÉS

RESTAURANTS

06 ⌞Xu⌟ · ££
Hier werden traditionell taiwanesische Speisen serviert. Der Look des edlen Restaurants ist von den Taipei Social Clubs der 30er-Jahre inspiriert. Wenn ihr Whisky-Liebhaber seid, werft einen Blick auf die Spirituosenkarte, um das Essen mit einem Glas eurer Wahl perfekt abzurunden.
- 📍 *30 Rupert St*
- 🚇 *Bakerloo, Piccadilly · Piccadilly Circus*

Wardour Street

07 ⌞The Palomar⌟ · ££
Das Restaurant im Herzen von Theatreland bietet moderne Gerichte aus dem heutigen Jerusalem an. Ein Besuch dort ist ein echtes Erlebnis, denn für die leckeren Gerichte werden Zutaten aus Südspanien, Nordafrika und Levante verwendet.
- 📍 *34 Rupert St*
- 🚇 *Bakerloo, Piccadilly · Piccadilly Circus*

08 ⌞Le Hanoi⌟ · £
Die Spezialität von Le Hanoi ist die traditionell vietnamesische Pho-Suppe. Ihr könnt aus über zehn verschiedenen Varianten der Suppe mit Reisnudeln wählen, die in über 16 Stunden Zubereitungszeit perfektioniert wurden.
- 📍 *4 Macclesfield St*
- 🚇 *Northern, Piccadilly · Leicester Sq*

09 ⌞Shuang Shuang⌟ · £
Unserer Meinung nach eines der besten »Hot Pot-Restaurants« in London. Ihr wählt Brühe, Saucen und Zutaten selbst aus und das Essen wird zum Event. Wenn ihr nicht alles beim Namen kennt, hilft euch die Bedienung gerne weiter. Ein Besuch lohnt sich auf jeden Fall!
- 📍 *64 Shaftesbury Ave*
- 🚇 *Bakerloo, Piccadilly · Piccadilly Circus*

10 ⌞Kanada-Ya⌟ · ££
Kanada-Ya gibt es dreimal in London, es ist spezialisiert auf authentisches Tonkotsu Ramen. Die leckeren Nudelsuppen sind verfeinert mit Pilzen und Frühlingszwiebeln und sehen nicht nur toll aus, sondern schmecken auch himmlisch.
- 📍 *3 Panton St*
- 🚇 *Bakerloo, Piccadilly · Piccadilly Circus*

CAFÉS

11 ⌞Bubblewrap Waffle⌟ · £
Die mit Eis, Oreo-Keksen und anderen Leckereien gefüllten Waffeln solltet ihr euch nicht entgehen lassen. Dieser gastronomische Trend ist nicht ohne Grund so beliebt geworden und ein perfekter Snack zum Schlendern durch Chinatown.
- 📍 *24 Wardour St*
- 🚇 *Bakerloo, Piccadilly · Piccadilly Circus*

12 ⌞Golden Gate Cake Shop⌟ · £
Für eine Pause zwischendurch eignet sich der Golden Gate Cake Shop. Hier gibt es nicht nur chinesisches Brot und bunte Backwaren, sondern auch super leckere herzhafte Snacks.
- 📍 *13 Macclesfield St*
- 🚇 *Northern, Piccadilly · Leicester Sq*

INSIDER GUIDES

MEHR ÜBER DIESE SPOTS ERFAHREN: LLDN.DE/**10020**

🍺 PUBS

13 ⌊De Hems⌉ · £
De Hems bezeichnet sich selbst als den einzigen authentischen holländischen Pub. Hier bekommt ihr die besten niederländischen und belgischen Biervariationen. Genießt Craft Beers, Cask Ales und eine große Weinauswahl in schöner Oranje-Atmosphäre.
- 11 Macclesfield St
- Northern, Piccadilly · Leicester Sq

14 ⌊Waxy O'Connor's⌉ · ££
Die beste Kneipe in Chinatown. Jede Bar in diesem Irish Pub hat einen einzigartigen Charakter und individuellen Style. So geht ihr bei einem Besuch auf Nummer sicher, dass euch eine große Auswahl an Bieren, herrlich duftendem Kaffee, erstklassigen Drinks und hausgemachtem Essen bereit steht.
- 14–16 Rupert St
- Bakerloo, Piccadilly · Piccadilly Circus

15 ⌊The Blue Posts⌉ · £
Der wiedereröffnete Pub mit blauer Fassade bietet eine riesige Bierauswahl. Von Craft Beer, Ciders, Cask Ales über prämierte Sorten wie World's best Pale Ale könnt ihr dort alles haben. Gleich im ersten Stock darüber befindet sich die Cocktail Lounge The Mulwray.
- 28 Rupert St
- Bakerloo, Piccadilly · Piccadilly Circus

Blue Post Pub in Chinatown

INSIDER TIPP

VON MATTHIAS

Wenn es euch um einen guten Drink geht, besucht die Mulwray Bar im 2. Stock von The Blue Post und probiert den »Forget It, Jake«. Der gefällt mir am besten. Der Eingang ist übrigens durch die Gasse neben dem Pub.

CHINATOWN & LEICESTER SQUARE HAT DIR GEFALLEN? DANN SCHAU AUCH HIER VORBEI:

Soho
Covent Garden &
The Strand

BARS

16 [Experimental Cocktail Club] · ££
Das exquisite Restaurant mit Bar befindet sich versteckt hinter einer blanken Tür ohne Markierungen. Die herzogliche Einrichtung mit dunklem Holz, wuchtigen Sesseln und einem Piano sorgt für eine mondäne Atmosphäre. Die Drinks sind hier sehr außergewöhnlich und innovativ, genauso wie das Essen.
○ *13A Gerrard St*
⊖ *Northern, Piccadilly · Leicester Sq*

17 [Opium] · ££
Der Eingang ist eine versteckte, mit Jade verzierte Tür. Habt ihr sie gefunden, genießt ihr erstklassige Cocktails und hochklassiges Dim Sum. Die Speisekarte ist in verschiedene Menüs aufgeteilt, zum Beispiel das Zodiac Menü mit dem Zodiac Cocktail, benannt nach dem chinesischen Tierkreiszeichen.
○ *15–16 Gerrard St*
⊖ *Northern, Piccadilly · Leicester Sq*

18 [Ku Gay Bar] · ££
Eine der berühmtesten Schwulenbars in London, inspiriert wurde die Einrichtung von einem berühmten 80er-Jahre-Club in Ibiza. Seit der Eröffnung in den 90er-Jahren ist die Ku Bar so erfolgreich, dass sie sogar mehrfach ausgezeichnet wurde.
○ *30 Lisle St*
⊖ *Northern, Piccadilly · Leicester Sq*

19 [The Light Lounge] · ££
Die Light Lounge macht ihrem Namen alle Ehre, denn hier könnt ihr nicht nur von Beleuchtung sprechen. Lichtinstallationen schmücken den Raum. Die exquisite Szene-Bar serviert geschmacklich hervorragende Cocktails mit verrückten Namen.
○ *1 Newport Pl*
⊖ *Northern, Piccadilly · Leicester Sq*

SHOPPING

Die beliebtesten Süßigkeiten der Welt könnt ihr im **[M&M's World** · *1 Swiss Ct*] bestaunen und genießen. Tonnen dieser kleinen Schokobällchen, ganz viel Merchandising und außergewöhnliche Inszenierungen erwarten euch. Die M&M's World ist kein normales Geschäft, sondern ein Erlebnis, das Jung und Alt begeistert. Vor allem zu besonderen Anlässen wie Valentinstag oder Weihnachten ist die Auswahl spektakulär. Im **[LEGO Store** · *3 Swiss Ct*] am Leicester Square werden Kindheitserinnerungen geweckt. Ihr seht unter anderem den drei Meter hohen Big Ben und eine original englische Telefonzelle aus Lego. Der Shop ist gleichzeitig kostenfreies Museum und meistens gut besucht. Der asiatische Supermarkt **[SeeWoo** · *18–20 Lisle St*] wurde 1975 in Chinatown gegründet. Er war der erste Supermarkt, der Pak-Choi nach UK importierte. Mittlerweile gibt es vier Filialen in London. Die große Auswahl und vor allem das lebende Seafood sind beeindruckend. Fashionistas werden vom **[Dover Street Market** · *18–22 Haymarket*] begeistert sein. Hier gibt es viele renommierte Marken von Designern aus aller Welt in einem Raum vereint. Ihr findet dort Stücke von Balenciaga, Alaïa, Calvin Klein, Comme des Garçons, Loewe, Nina Ricci, Celine, Hussein Chalayan und viele mehr.

Ku Bar am Abend

MEHR ÜBER DIESE SPOTS ERFAHREN: LLDN.DE/10021

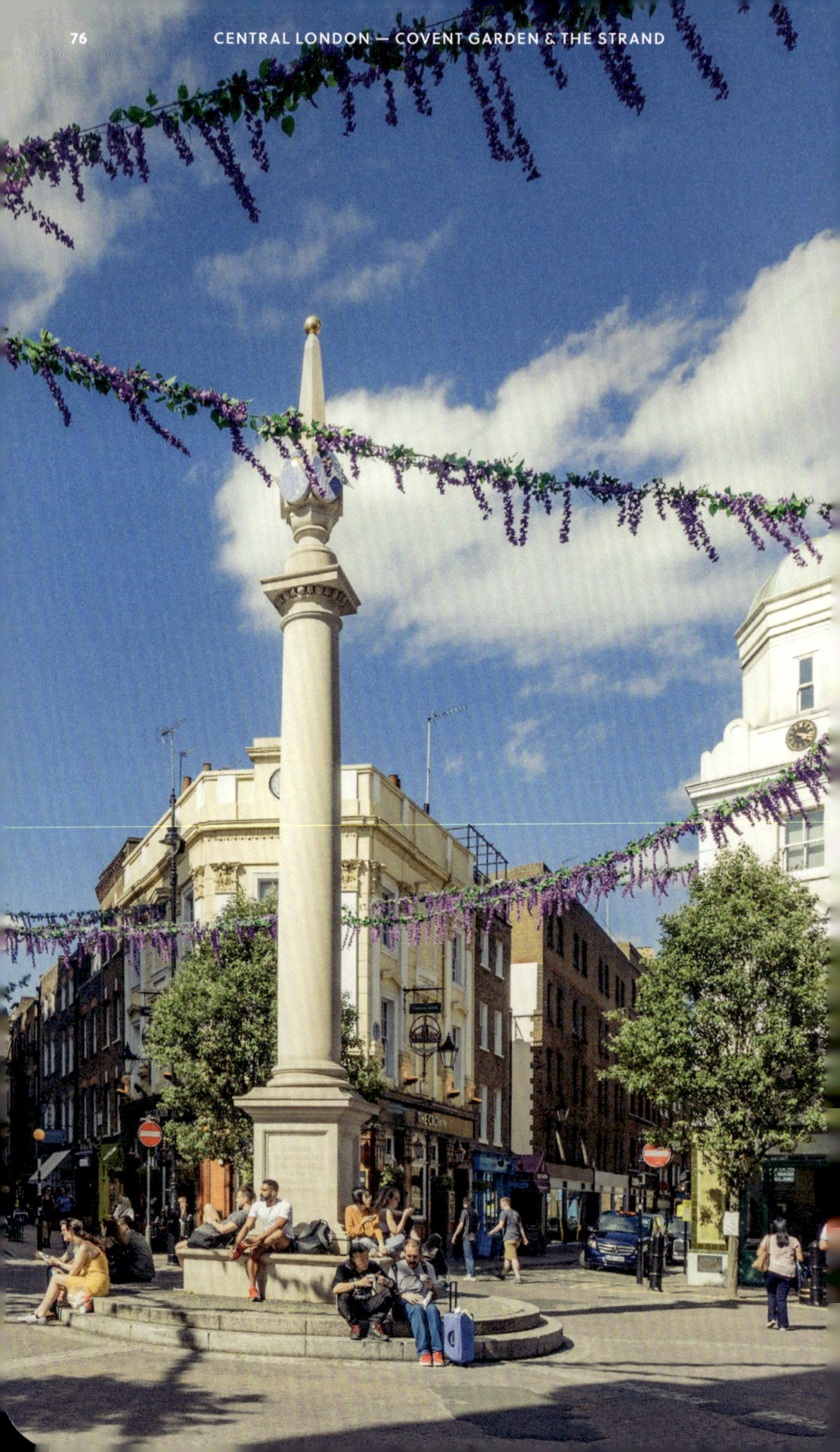
THE CROWN

CENTRAL
LONDON

COVENT GARDEN & THE STRAND

DAS Kultur- und Feinschmecker-Viertel Londons

Covent Garden befindet sich nordwestlich von »The Strand« – der bedeutenden, historischen Verbindungsstraße zwischen der City of London und der City of Westminster. Covent Garden ist vor allem wegen seiner riesigen Markthalle bekannt, die beim großen Brand von London 1666 als einzige von der verheerenden Feuersbrunst verschont blieb. Neben erstklassigen Pubs, Cafés und Restaurants sind vor allem das Royal Opera House sowie das Somerset House besondere architektonische Highlights.

INSIDER GUIDES

TOP 5 SIGHTS

1 [Seven Dials]
Die Gegend rund um den Kreisverkehr bietet viele großartige Geschäfte, Cafés und Restaurants. Sieben Straßen laufen hier zusammen.
○ *45 Seven Dials*
⊖ *Piccadilly · Covent Garden*

2 [Covent Garden Market]
Der Covent Garden Market bietet die verschiedensten Produkte, Eindrücke, Gerüche und Farben – ein toller Ort.
○ *The Market Bldg*
⊖ *Piccadilly · Covent Garden*

3 [Neal's Yard]
Der etwas versteckte, knallbunte Innenhof ist sehr eindrucksvoll. Hier gibt es charmante Geschäfte und Cafés.
○ *Neal's Yard*
⊖ *Piccadilly · Covent Garden*

4 [Royal Opera House]
Das Royal Opera House ist eines der schönsten und auch bedeutendsten Opernhäuser der Briten.
○ *Bow St*
⊖ *Piccadilly · Covent Garden*

5 [Somerset House]
Kunstausstellungen, Open-Air-Konzerte, Eislaufen und vieles mehr bietet das spektakuläre Somerset House.
○ *Strand St*
⊖ *Circle, District · Temple*

MEHR ÜBER DIESE SPOTS ERFAHREN: LLDN.DE/10022

COVENT GARDEN & THE STRAND

VON ISABELLE

Im Sommer könnt ihr im imposanten Innenhof des Somerset Houses Konzerten lauschen und im Winter sogar Schlittschuh laufen – wirklich tolle Erlebnisse.

BEGIB DICH AUF ENTDECKUNGSTOUR!

Sights
- 01 · Seven Dials
- 02 · Covent Garden Market
- 03 · Neal's Yard
- 04 · Royal Opera House
- 05 · Somerset House
- 06 · London Film Museum
- 07 · London Transport Museum
- 08 · Chez Antoinette
- 09 · Barrafina
- 10 · The Barbary
- 11 · The Flat Iron
- 12 · Balthazar
- 13 · BungaTINI
- 14 · The Espresso Room
- 15 · Coffee Island
- 16 · The Black Penny
- 17 · Lamb & Flag
- 18 · The Cross Keys
- 19 · Mr. Fogg's Tavern
- 20 · The Harp
- 21 · The Covent Garden Cocktail Club
- 22 · Freud Bar
- 23 · Radio Rooftop Bar

CENTRAL LONDON — COVENT GARDEN & THE STRAND

BLOOMSBURY

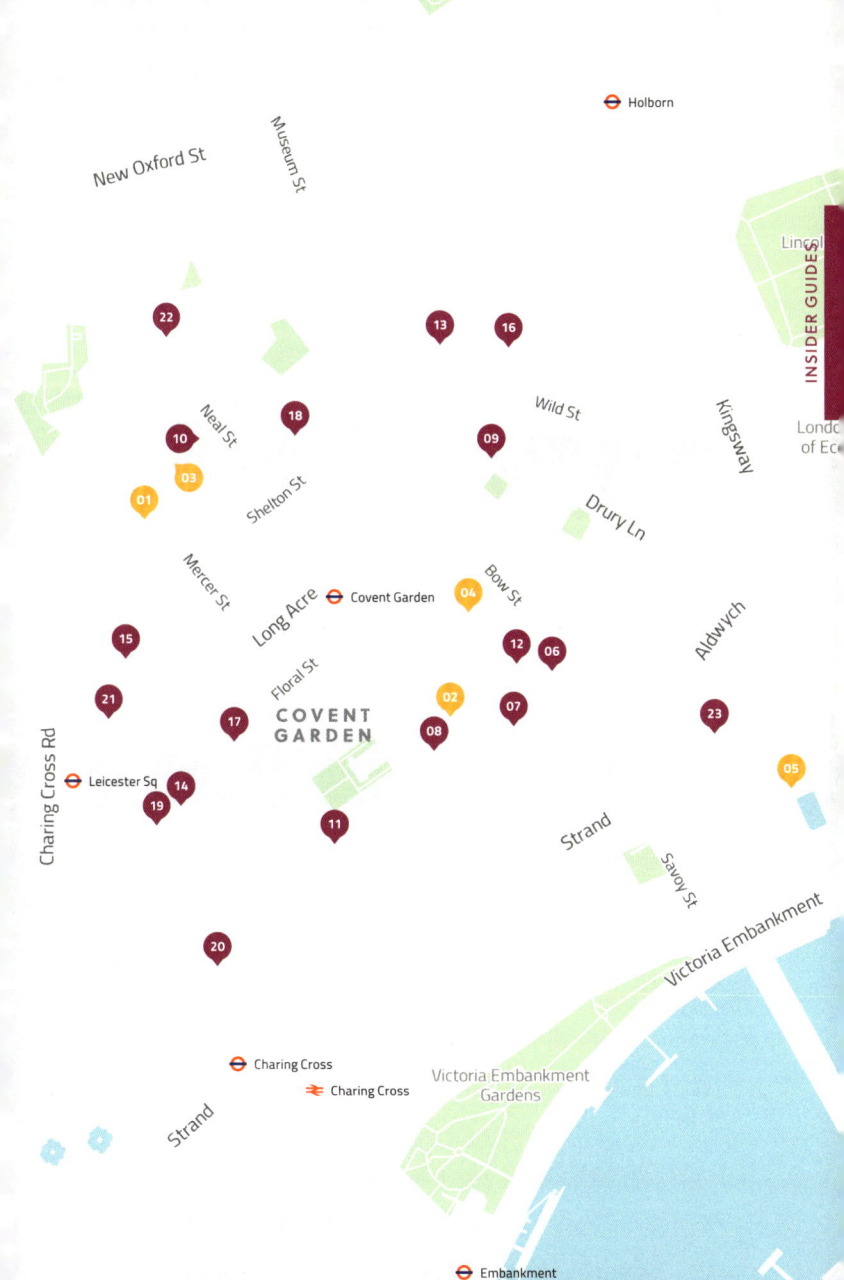

New Oxford St

Museum St

⊖ Holborn

22

Neal St

13   16

10   18

Wild St

03

01   Shelton St

09

Kingsway

Mercer St

Long Acre ⊖ Covent Garden

Bow St

Drury Ln

15

04

Floral St

12 06

21

17   **COVENT GARDEN**

02

23

Aldwych

07

08

05

⊖ Leicester Sq 14

11

Strand

19

Charing Cross Rd

Savoy St

20

Victoria Embankment

⊖ Charing Cross

⇌ Charing Cross

Victoria Embankment Gardens

Strand

⊖ Embankment

WESTMINSTER

Whitehall Pl

N

SIGHT-SEEING

Der Stadtbezirk Covent Garden ist vor allem für seine historischen Markthallen bekannt. Die vielen Farben, Gerüche und Eindrücke an diesem lebendigen Ort darf sich keiner entgehen lassen. Hier könnt ihr ausgiebig schlemmen, entlangschlendern und shoppen. Im bekannten Apple Craft Market im Inneren der Markthallen könnt ihr tollen Schmuck, Kunst und Antiquitäten kaufen.

Neben dem [**Covent Garden Market**] eignet sich der direkt um die Ecke liegende [**Jubilee Market**] ebenfalls zum Stöbern. Der überdachte Markt bietet allerlei an Souvenirs, Lebensmitteln sowie Kleidung. Es gibt aber noch viel mehr zu entdecken, zum Beispiel die [**St Paul's Church**]. Die Kirche ist mit fast 400 Jahren eines der ältesten Gebäude der Stadt. Für eine kleine Verschnaufpause eignet sich der Garten optimal.

Das [**Theatre Royal**] in der Drury Lane ist sehr empfehlenswert – auch wenn ihr euch kein Stück anschauen möchtet. Die Architektur des Gebäudes ist sehr eindrucksvoll. Nur zwei Gehminuten entfernt befindet sich das berühmte [**Royal Opera House**], Heimat des Royal Ballets, der Royal Opera und des Royal Orchestras. Und wenn ihr schon auf der Ecke seid, dann können wir euch das eindrucksvolle [**Somerset House**] in der populären Straße [**The Strand**] nur empfehlen. Das Somerset House bietet ganzjährig ein tolles Programm: Es gibt regelmäßig wechselnde Kunstausstellungen, Konzerte und die Möglichkeit, im Winter Schlittschuh zu laufen. In The Strand findet ihr viele tolle Boutiquen, Cafés und Restaurants.

Eine tolle Gegend befindet sich auch rund um den Kreisverkehr [**Seven Dials**]. Ihr könnt euch zwischen sieben Straßen entscheiden, die kleine charmante Geschäfte, nette Cafés und exklusive Restaurants bieten. Besonders schön ist der hier etwas versteckte Innenhof namens [**Neal's Yard**]. Dieser bietet euch zwischen den bunten knalligen Häusern die perfekte Fotokulisse.

Ein Stückchen weiter findet ihr das [**London Transport Museum**]. Hier gewinnt ihr einen tollen Eindruck über die Entwicklung der unterschiedlichen Londoner Transportmittel. Diese sind auch ausgestellt – so zum Beispiel auch die Dampflokomotive

MUSEEN

06 [**London Film Museum**]
Das London Film Museum bietet eine tolle Ausstellung über die britische Filmindustrie. Alle James Bond-Fans aufgepasst: Hier gibt es nicht nur originale Requisiten zu besichtigen, sondern auch die größte Sammlung der James Bond-Fahrzeuge.
♀ *45 Wellington St*
⊖ *Piccadilly · Covent Garden*

07 [**London Transport Museum**]
Alles Wissenswerte rund um die Entwicklung des öffentlichen Nahverkehrs erfahrt ihr in

diesem Museum. Die erste Pferdekutsche, der erste Pferdeomnibus, Straßenbahnwagen und U-Bahn-Züge sind hier ausgestellt. Der unverkennbare rote Bus darf natürlich auch nicht fehlen.

○ *Covent Garden Piazza*

🚇 *Piccadilly · Covent Garden*

⭐ [Somerset House]

In diesem großartigen Gebäude aus dem späten 18. Jahrhundert gibt es eine tolle Sammlung von Gemälden alter Meister und Impressionisten zu bestaunen. Der gigantische Innenhof mit wechselndem Programm, etwa Konzerte oder Schlittschuhlaufen, ist ebenso beeindruckend, wie die direkte Lage an der Themse.

○ *Somerset House, Strand*

🚇 *Circle, District · Temple*

🍽 RESTAURANTS & CAFÉS

RESTAURANTS

08 [Chez Antoinette] · ££

Das französische Bistro bietet euch wahre Köstlichkeiten, von Käseplatten und belegten Broten über Salate bis hin zu Croque Monsieur. Es schmeckt alles sehr lecker und die hausgemachten Desserts sind ein wahrer Gaumenschmaus.

○ *30 The Market Building*

🚇 *Northern, Piccadilly · Leicester Sq*

09 [Barrafina] · ££

Das Barrafina ist eine Tapas-Bar, von der es in London drei Filialen gibt. Jedes Restaurant hat eine offene Küche und ihr könnt den Köchen bei der Zubereitung zuschauen. Die Menükarte bietet euch regionale Gerichte aus ganz Spanien. Zum Essen könnt ihr euch einen der feinsten spanischen Sherrys bestellen.

○ *43 Drury Ln*

🚇 *Piccadilly · Covent Garden*

10 [The Barbary] · ££

The Barbary befindet sich im charmanten Neal's Yard und bietet eine einzigartige Zusammenstellung von Gerichten aus verschiedenen Ländern – inspiriert von den Eindrücken der früheren Seefahrer, die ferne Länder wie Marokko, Algerien und Tunesien bereisten.

○ *16 Neal's Yard*

🚇 *Piccadilly · Covent Garden*

Sommerset House

11 ⌈The Flat Iron⌉ · ££
Steak-Liebhaber aufgepasst: Hier gibt es unglaublich leckeres Fleisch. Dieses stammt ausschließlich aus dem eigenen, regionalen Farmbetrieb und von handverlesenen Öko-Bauern.
- 17/18 Henrietta St
- Northern, Piccadilly · Leicester Sq

12 ⌈Balthazar⌉ · £££
Das Balthazar befindet sich direkt gegenüber vom Royal Opera House. Hier gibt es klassische französische Gerichte. Alles hat den gewissen Bistro-Charakter: Ihr sitzt auf roten Lederbänken, die Kellner tragen weiße Schürzen und an den Wänden befinden sich große Spiegel.
- 4–6 Russell St
- Piccadilly · Covent Garden

13 ⌈BungaTINI⌉ · £
In rustikaler, stimmungsvoller Atmosphäre werden euch im BungaTINI leckere hausgemachte Pizzen serviert. Die Pizza Italy's Fun-Guy mit Pilzen, Tomaten und Trüffelöl ist ein Highlight. Die Cocktails sind auch nur zu empfehlen. Am Wochenende könnt ihr hier auch brunchen.
- 167 Drury Ln
- Piccadilly · Covent Garden

CAFÉS

14 ⌈The Espresso Room⌉ · ££
»Coffee is everything« lautet das Motto des Cafés – und das schmeckt man auch. Es gibt viele leckere Kaffeesorten aus der ganzen Welt in einem gemütlichen Ambiente.
- 24 New Row
- Northern, Piccadilly · Leicester Sq

15 ⌈Coffee Island⌉ · ££
Für alle Kaffeeliebhaber lohnt sich ein Besuch im Coffee Island allemal. Es gibt die verschiedensten Kaffeesorten aus unterschiedlichen Ländern – stets mit besonderem Bedacht auf Fairtrade und nachhaltigen Anbau. Die leckeren Snacks und die gemütliche Einrichtung runden das Kaffee-Erlebnis ab.
- 5 Upper St Martin's Ln
- Northern, Piccadilly · Leicester Sq

16 ⌈The Black Penny⌉ · ££
Hier gibt es Frühstück, Brunch und Lunch in einer einzigartigen Atmosphäre. Das Restaurant ist im Stil des 19. Jahrhunderts eingerichtet und serviert tolle Gerichte mit regionalen Zutaten. Besonders lecker sind die Baked Beans auf Sauerteigtoast mit Ricotta, Rucola und einem Ei.
- 34 Great Queen St
- Central, Piccadilly · Holborn

PUBS

17 ⌊Lamb & Flag⌉ · ££
Das Lamb & Flag ist klein, urig, traditionell und existiert sehr lange, seit 1772! Versteckt in einer kleinen Nebengasse scheint hier die Zeit stehengeblieben zu sein: Die Atmosphäre der Gründungszeit ist förmlich zu spüren. Zudem gibt es eine riesige Auswahl an lokalen Bieren vom Fass und richtig gutes Essen.
- 33 Rose St
- *Northern, Piccadilly* · Leicester Sq

18 ⌊The Cross Keys⌉ · ££
Ein Pub wie aus der Vergangenheit – ganz im Stile des viktorianischen Zeitalters eingerichtet, lädt er euch zu einem leckeren Cider ein. Der Besitzer hat offensichtlich einen Hang zur liebevollen Dekoration, denn es gibt hier eine große Zahl an Antiquitäten zu entdecken.
- 31 Endell St
- *Piccadilly* · Covent Garden

19 ⌊Mr. Fogg's Tavern⌉ · ££
Ein historisches Ambiente erwartet euch in Mr. Fogg's Tavern. Ausgewählte Biersorten, kombiniert mit dem außergewöhnlichen Interieur, machen den Pub in Covent Garden zu einem der coolsten und authentischsten dieser Art.
- 58 St Martin's Ln
- *Northern, Piccadilly* · Leicester Sq

20 ⌊The Harp⌉ · ££
Wenn ihr nach einem eher ruhigen und stilvollen Pub sucht, seid ihr im The Harp an der richtigen Adresse. Hier gibt es eine exquisite Auswahl an nationalen Bieren und Cider, sowie eine sehr schöne, traditionelle Einrichtung. Die Hotdogs sind ein absoluter Geheimtipp und super lecker!
- 47 Chandos Pl
- *Northern, Piccadilly* · Leicester Sq

INSIDER GUIDES

Lamb & Flag Pub

MEHR ÜBER DIESE SPOTS ERFAHREN: LLDN.DE/10024

BARS & ROOFTOP BARS

BARS

21 ⌈The Covent Garden Cocktail Club⌉ · £££
The Covent Garden Cocktail Club ist eine sehr stilvolle Cocktail-Lounge. Macht es euch auf den roten Ledersofas bequem und genießt euren leckeren Cocktail in einer sehr entspannten Atmosphäre.

◯ *6–7 Great Newport St*

🚇 *Northern, Piccadilly* · *Leicester Sq*

22 ⌈Freud Bar⌉ · ££
Diese Bar ist leicht zu übersehen, denn ihr erreicht sie nur über eine Treppe auf dem Bürgersteig der Shaftesbury Avenue. Sie führt euch in den Keller des Gebäudes, wo ihr von der rustikal-charmanten Freud Bar überrascht werdet. Die Stimmung ist immer großartig und die Cocktails sind sehr zu empfehlen!

◯ *198 Shaftesbury Ave*

🚇 *Central, Northern* · *Tottenham Court Rd*

ROOFTOP BARS

23 ⌈Radio Rooftop Bar⌉ · £££
Die Bar befindet sich auf dem Dach des ME London Hotels. Die Rooftop Bar besticht durch die atemberaubende Sicht über die Themse und Londons Skyline. Neben einer umfangreichen Getränkekarte gibt es auch leckere Snacks. Die Bar ist sehr gut besucht und daher ist es nicht immer einfach, einen Platz zu bekommen.

◯ *336–335 Strand*

🚇 *Circle, District* · *Temple*

Radio Rooftop Bar

SHOPPING

In Covent Garden und The Strand schlägt jedes Shopping-Herz höher. Shoppen könnt ihr unter anderem im **Covent Garden Market ·** *The Market Bldg*, in den vielen charmanten Geschäften rund um Seven Dial sowie rund um die Straße Strand. Ihr findet hier unter anderem Apple, Jo Malone, Kate Spade NY sowie Mulberry. Nicht ganz so hochpreisig sind die Geschäfte, The Body Shop, Massimo Dutti, MAC und TK Maxx.

Besonders toll ist es auch im **Jubilee Market ·** *1 Tavistock Court*. Hier könnt ihr Schmuck, Kunst, Antiquitäten und Vintage-Artikel kaufen oder aber auch leckere kleine Snacks.

Alle Abenteurer und Reisende sollten dem **Stanfords ·** *12–14 Long Acre* einen Besuch abstatten. Es ist mit der größte und beste Karten- und Reisebuchladen überhaupt. Hier findet ihr wirklich alles rund um das Thema Reisen.

Tim & Struppi-Fans sollten unbedingt in den **Tintin Shop ·** *34 Floral St*. Dieser Laden führt ein großes Sortiment an Tim & Struppi-Artikeln. Ihr bekommt neben Büchern auch Kuscheltiere, Puzzle und vieles mehr. Tolle Spielzeuge für die Kleinen gibt es im **Benjamin Pollock's Toyshop ·** *44 The Market*. Hier findet ihr ein sehr ausgefallenes Sortiment, das sicherlich auch den einen oder anderen Erwachsenen begeistern wird.

Die Käse-Feinschmecker unter euch sollten unbedingt dem Laden **Neal's Yard Dairy ·** *7 Shorts Gardens*, einen Besuch abstatten. Es gibt eine riesige Auswahl an regionalem Käse aus Großbritannien und Irland. Es ist der Himmel auf Erden.

Zum Schluss noch ein Geheimtipp: Im **Blackout 2 ·** *51 Endell St* gibt es hochwertige Vintage-Mode und Accessoires aus zweiter Hand. Die Preise sind erschwinglich und es werden nur Waren mit einer hohen Qualität angeboten.

INSIDER GUIDES

COVENT GARDEN & THE STRAND HAT DIR GEFALLEN? DANN SCHAU AUCH HIER VORBEI:

Westminster & St James's
Soho

Neal's Yard in Covent Garden

MEHR ÜBER DIESE SPOTS ERFAHREN: LLDN.DE/10025

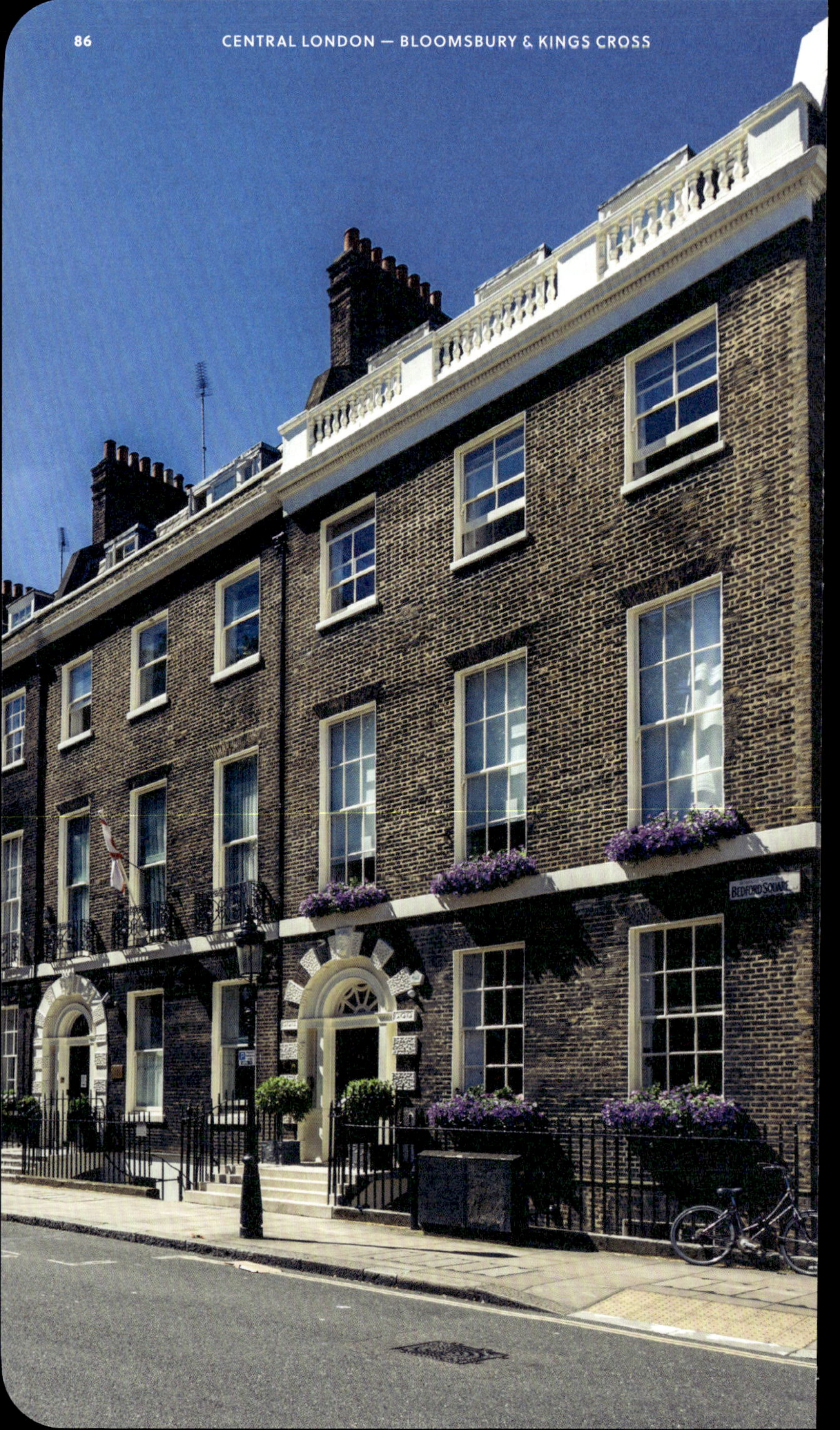
BEDFORD SQUARE

CENTRAL
LONDON

BLOOMSBURY & KINGS CROSS

... wo Literaten und Denker durch Parks spazieren

Im malerischen Bloomsbury gründete sich 1905 die Bloomsbury Group, ein Kreis von Schriftstellern, Künstlern und Intellektuellen, die sich regelmäßig trafen, um über die Welt zu philosophieren. An diese illustre Gesellschaft erinnern noch heute die kleinen Buchläden, Galerien, Ateliers und Cafés. Kings Cross ist durch seine mit Mythologie behaftete Geschichte rund um den hochfrequentierten Bahnhof zu einer beliebten Wohngegend für Künstler und Studenten geworden. Und seit Harry Potter jedem bekannt.

TOP 5 SIGHTS

1 [British Museum]
In dem weltweit bekannten British Museum gibt es mehr als zwei Millionen Jahre menschlicher Geschichte und Kultur zu entdecken.
○ *Great Russell St*
⊖ *Central, Piccadilly · Holborn*

2 [Fitzroy Tavern]
Der kultige Pub befindet sich in einem imposanten Gebäude aus dem viktorianischen Zeitalter. Seit Jahrzehnten ist dieser ein Treffpunkt für Schriftsteller und Künstler.
○ *16A Charlotte St*
⊖ *Central, Northern · Tottenham Court Rd*

3 [King's Cross Station]
Der historische Bahnhof King's Cross ist seit der Fantasy-Romanreihe von Harry Potter der wohl bekannteste in London.
○ *Euston Rd*
⊖ *Circle, Hammersmith & City, Metropolitan, Northern, Piccadilly, Victoria · King's Cross St Pancras*

4 [Wellcome Collection]
Das Museum bietet einen Einblick in die Welt der Gesundheit und stellt Zusammenhänge zwischen Wissenschaft, Medizin, Leben und Kunst dar.
○ *183 Euston Rd*
⊖ *Circle, Hammersmith & City, Metropolitan · Euston Sq*

5 [Charles Dickens Museum]
Im Charles Dickens Museum erfahrt ihr alles über das Leben des Schriftstellers. Seinen wohl bekanntesten Roman Oliver Twist schrieb er in diesem Haus.
○ *48 Doughty St*
⊖ *Piccadilly · Russell Sq*

MEHR ÜBER DIESE SPOTS ERFAHREN: LLDN.DE/10026

BLOOMSBURY & KINGS CROSS

INSIDER TIPP

VON LAURA

Besucht hier unbedingt eines der vielen Cafés und lasst die Atmosphäre des Stadtteils auf euch wirken.

BEGIB DICH AUF ENTDECKUNGSTOUR!

Sights
- 01 · The British Museum
- 02 · Fitzroy Tavern
- 03 · King's Cross Station
- 04 · Wellcome Collection
- 05 · Charles Dickens Museum
- 06 · London Canal Museum
- 07 · BAO Fitzrovia
- 08 · Berners Tavern
- 09 · Caravan King's Cross
- 10 · London Review Cake Shop
- 11 · Attendant
- 12 · The Queen's Head
- 13 · The Scottish Stores
- 14 · The Bloomsbury Club
- 15 · The Lucky Pig
- 16 · The Booking Office
- 17 · Big Chill House

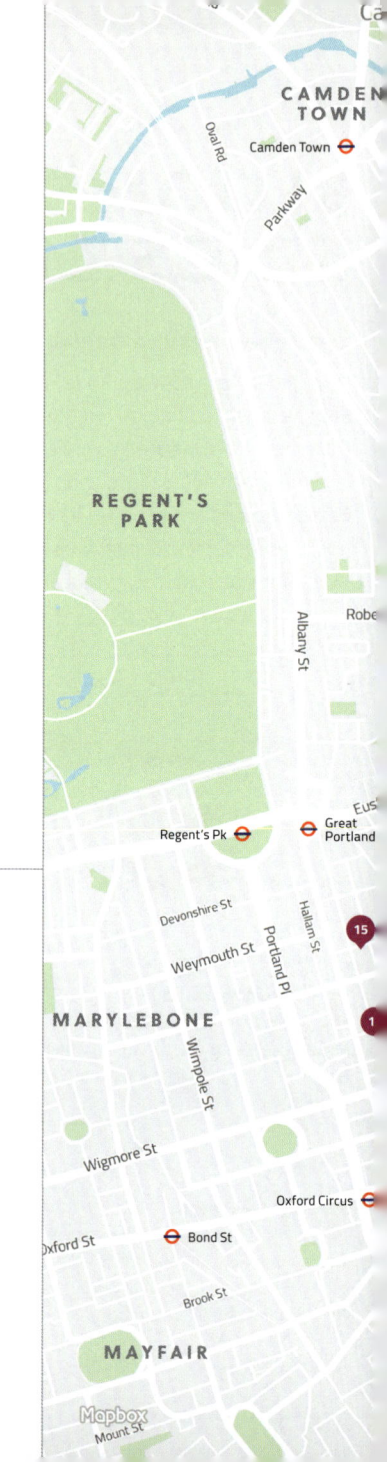

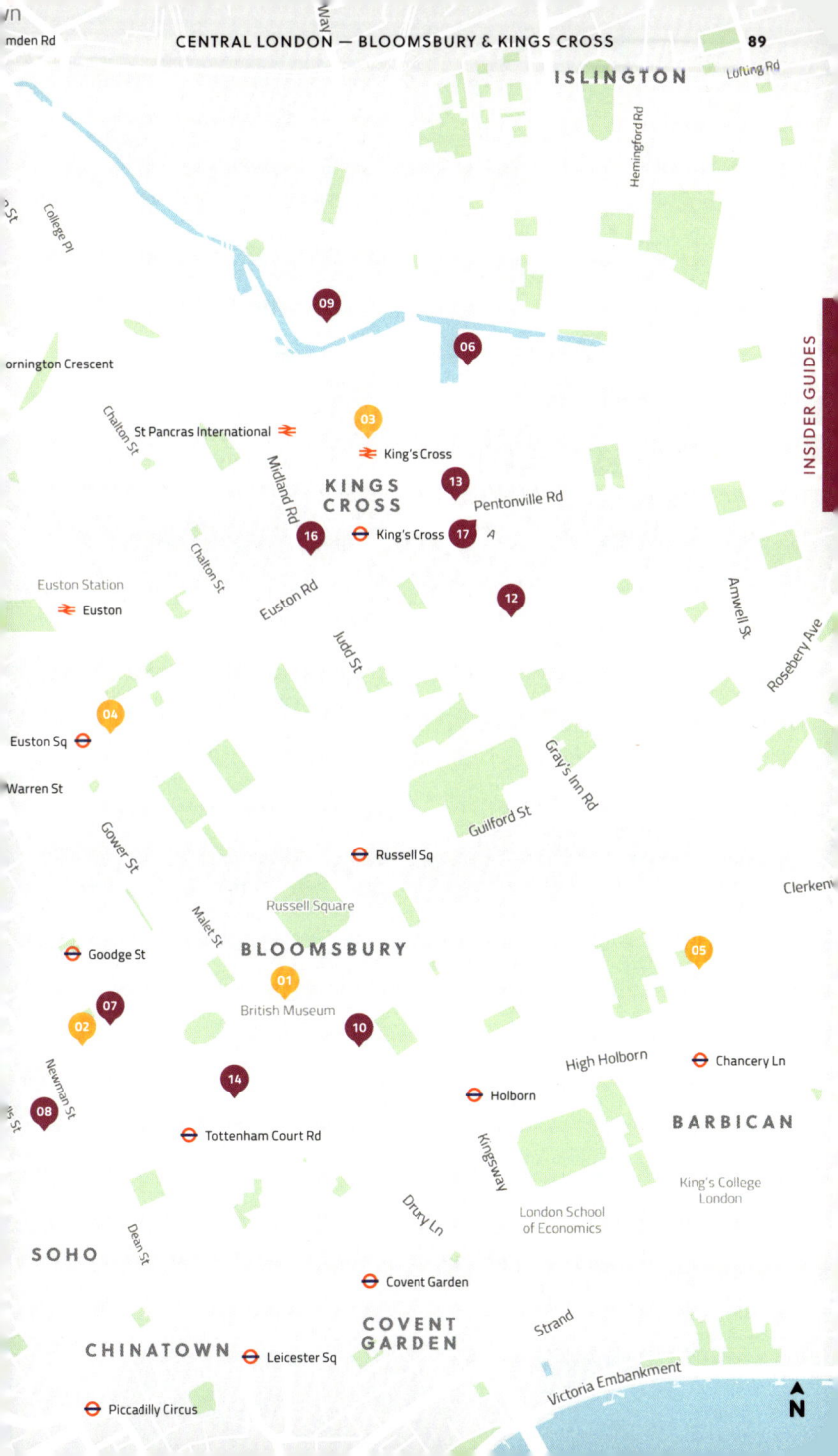

CENTRAL LONDON — BLOOMSBURY & KINGS CROSS

89

ISLINGTON

Lofting Rd

Hemingford Rd

mden Rd

College Pl

ornington Crescent

Chalton St

St Pancras International

09

06

03 King's Cross

KINGS CROSS

Midland Rd

Pentonville Rd

13

16 King's Cross **17**

Chalton St

Euston Station
Euston

Euston Rd

12

Judd St

Amwell St

Rosebery Ave

Gray's Inn Rd

Euston Sq **04**

Warren St

Guilford St

Clerkenw

Gower St

Russell Sq

Russell Square

BLOOMSBURY

Malet St

01
British Museum

05

Goodge St

07

02

10

High Holborn

Chancery Ln

Holborn

14

BARBICAN

Newman St

Kingsway

08

Tottenham Court Rd

King's College London

SOHO

Dean St

Drury Ln

London School of Economics

Covent Garden

COVENT GARDEN

CHINATOWN Leicester Sq

Strand

Piccadilly Circus

Victoria Embankment

↑N

INSIDER GUIDES

SIGHT-SEEING

Da vor allem Bloomsbury die Beherbergungsstätte vieler Künstler und Intellektueller war und ist, gibt es hier zahlreiche kulturelle Highlights und inspirierende kleine Parks zu entdecken.

Besonders schön sind der [Bloomsbury Square], der [Bedford Square] und der [Russells Square]. Diese sind sehr zentral gelegen und die ruhigen Plätze laden mit ihren quadratisch angelegten Gärten zum Entspannen ein. Die umliegenden, teils herrschaftlichen Häuser aus dem viktorianischen Zeitalter versprühen dabei einen historischen Charme.

Direkt am Russell Square gelegen, stehen übrigens auch einige der Hauptgebäude der altehrwürdigen [University of London]. Wenn ihr euch schon immer mal einen Eindruck von einer der ältesten und größten Universitäten beschaffen wolltet, dann solltet ihr einmal über den historischen Campus laufen und akademische Luft schnuppern. Das [Petrie Museum of Egyptian Archaeology] ist ein Teil der Universität und definitiv ein Besuch wert. Es beherbergt wohl die größte Sammlung altägyptischer Funde.

Ein wirklich tolles Museum ist das [British Museum]. Die Architektur, die Dimensionen des Gebäudes und die Vielfältigkeit der Exponate machen es absolut einmalig. Dem größten Geschichtenerzähler [Charles Dickens] ist ebenfalls ein Museum gewidmet. Hier erfahrt ihr alles über sein privates Leben. Unglaublich eindrucksvoll ist auch die [British Library] mit über 150 Millionen Werken.

Wenn es euch magisch nach Hogwarts zieht, dann führt euch euer Weg früher oder später an der [King's Cross Station] vorbei. Mit 26 Millionen Besuchern jährlich zählt King's Cross zu den meist frequentierten Bahnhöfen Londons. Der historische Bahnhof ist durch die Harry Potter-Saga noch bekannter geworden – vor allem ist das Gleis 9¾ allen Harry Potter-Fans ein Begriff und kann hier besucht werden.

Nicht weit vom Bahnhof entfernt befindet sich der [Granary Square]. Neben Grünflächen, Rastmöglichkeiten und einem schönen Brunnen stellen allerlei Straßenkünstler ihr Können vor. Es bringt eine Menge Spaß, den Künstlern zuzusehen.

Kaum zu übersehen ist auch der berühmte [BT Tower], im Herzen von Bloomsbury. Leider kann der imposante Fernsehturm aus Sicherheitsgründen nicht mehr besichtigt werden.

MUSEEN

⭐ [The British Museum]
Das British Museum ist nicht nur für Kunst- und Kulturliebhaber ein besonderer Ort. Es bietet Schätze aus aller Welt. Historische und archäologische Sammlungen entführen euch in ferne Zivilisationen und vergangene Kulturen.
- *Great Russell St*
- *Central, Piccadilly · Holborn*

⭐ [Wellcome Collection]

Ein wirklich tolles Museum, welches zum Nachdenken anregt. Es geht hier primär um die Gesundheit des Menschen und die Bedeutung des Lebens. Zu dem Museum gehört auch eine Bibliothek mit über 750.000 Büchern und Zeitschriften. Hier könnt ihr alles über die Medizin der Vergangenheit und Gegenwart nachlesen. Kuriositäten gibt es auch zu bestaunen: eine Ausstellung über die Entwicklung der Kloschüssel der Menschen.

○ *183 Euston Rd*
⊖ *Circle, Hammersmith & City, Metropolitan · Euston Sq*

⭐ [Charles Dickens Museum]

In diesem Gebäude schrieb Charles Dickens seine Romane. Ihr könnt hier unter anderem sein Schlafzimmer sowie Arbeitszimmer begutachten. Handgeschriebene Entwürfe seiner Romane, Porträts, Gemälde und Geschirr, welches er nutzte, können bewundert werden.

○ *48 Doughty S*
⊖ *Piccadilly · Russell Sq*

06 [London Canal Museum]

Hier erfahrt ihr alles über die Geschichte der Londoner Kanäle. Das Museum befindet sich in einem ehemaligen Eishaus. Hier lagerte einst Carlo Gatti sein importiertes Eis, welches er als erster für die britische Bevölkerung zugänglich machte. Daher erfahrt ihr in diesem Museum auch alles über den Handel mit Eis, welches über die Kanäle transportiert wurde.

○ *2–13 New Wharf Rd*
⊖ *Circle, Hammersmith & City, Metropolitan, Northern, Piccadilly, Victoria · King's Cross St Pancras*

British Museum

🍴 RESTAURANTS & CAFÉS

RESTAURANTS

07 [BAO Fitzrovia] · £

Das kleine Restaurant eignet sich für schnelle Mahlzeiten. Hier gibt es taiwanische Köstlichkeiten und die weichen fluffigen Buns (Brötchen) sind einfach nur köstlich. Diese könnt ihr nach traditioneller Art mit Fleisch, Tofu oder Gemüse bekommen.

○ *31 Windmill St*
⊖ *Northern · Goodge St*

08 [Berners Tavern] · ££

Aufgrund des prunkvollen und historischen Ambientes wurde die Berners Tavern schon mehrfach ausgezeichnet. Die Wände sind mit Hunderten von wunderschönen Gemälden besetzt und die prunkvoll verzierte Decke ist allein schon ein Besuch wert. Die exquisite britische Küche setzt dem Ganzen die Krone auf!

○ *10 Berners St*
⊖ *Central, Northern · Tottenham Court Rd*

09 [Caravan King's Cross] · £

Das Restaurant liegt direkt am schönen Granary Square und wurde in einem alten Kornspeicher aus dem viktorianischen Zeitalter gebaut. Die Küche ist offen und ihr könnt den Köchen beim Zubereiten zuschauen. Besonders schön ist es auf der Terrasse, hier habt ihr einen perfekten Blick auf den Granary Square.

○ *1 Granary Sq*
⊖ *Circle, Hammersmith & City, Metropolitan, Northern, Piccadilly, Victoria · King's Cross St Pancras*

MEHR ÜBER DIESE SPOTS ERFAHREN: LLDN.DE/10027

CAFÉS

10 [London Review Cake Shop] · £
Es erwartet euch eine moderne Version der literarischen Kaffeehäuser Großbritanniens. In stylischer, aber gemütlicher Atmosphäre gibt es hier tollen Kaffee, Tee sowie hausgemachten Kuchen. Wenn ihr Lust auf Lesen habt, stöbert in den ausgelegten Büchern und Magazinen.

- 14 Bury Pl
- *Central, Piccadilly* · *Holborn*

11 [Attendant] · ££
Das Café ist für seine ausgezeichnete Qualität der Produkte bekannt. Besonderes Highlight: Es wurde in einem ehemaligen viktorianischen Toilettenhäuschen gebaut und sitzen tut ihr tatsächlich an Tischen in Form einer Toilette. Aber keine Angst, hier ist alles absolut hygienisch.

- 27a Foley St
- *Northern* · *Goodge St*

The Attendand

PUBS

12 [The Queen's Head] · £
Der urige Pub liegt nur wenige Meter von der King's Cross Station. Es erwartet euch eine tolle Auswahl an Bieren & Whiskys sowie eine kleine Auswahl an britischen Gerichten. Ab und an wird hier auch Live Musik gespielt.

- 66 Acton St
- *Circle, Hammersmith & City, Metropolitan, Northern, Piccadilly, Victoria* · *King's Cross St Pancras*

13 [The Scottish Stores] · £
Der Pub hieß ursprünglich »The Flying Scotsman« und war in den 1980er-Jahren eines der letzten sogenannten »Stripper Pubs«. Dieses etwas anrüchige Image wurde spätestens im Zuge der Neugestaltung im Jahr 2015 beseitigt. Inzwischen erfreut sich der Pub einer hohen Beliebtheit und lockt mit seinem rustikal-charmanten Interieur Besucher aus ganz London an.

- 2–4 Caledonian Rd
- *Circle, Hammersmith & City, Metropolitan, Northern, Piccadilly, Victoria* · *King's Cross St Pancras*

⭐ [Fitzroy Tavern] · £
Die Fitzroy Tavern ist ein kultiger Pub. Damals war die Fitzroy Tavern ein beliebter Treffpunkt vieler Londoner Künstler und Intellektueller wie Jacob Epstein, Nina Hamnett und George Orwell. Seit dem Jahr 2000 ist der Pub auch der Veranstaltungsort für den Pear Shaped Comedy Club. Lustige britische Stand-up-Comedy mit guten Drinks können wir euch nur empfehlen.

- 6 Charlotte St
- *Northern* · *Goodge St*

BARS

14 [The Bloomsbury Club] · ££
Ein versteckter kleiner Garten inmitten der Stadt. Ihr sitzt hier in weichen Ledersesseln, die Bar ist stimmungsvoll beleuchtet und es gibt allerlei Cocktails. Es gibt auch einen tollen beheizten Außenbereich, der sich perfekt für lange Abende eignet. In der Bar könnt ihr zudem fast täglich Jazzmusikern lauschen.

- 16–22 Great Russell St
- *Central, Northern* · *Tottenham Court Rd*

15 [The Lucky Pig] · ££
In einer gediegenen Atmosphäre und in einem rustikal-schickem Ambiente könnte ihr die besten Drinks genießen. Unter der Woche treten hier regelmäßig Musiker auf – meistens wird angenehm ruhige Musik gespielt.

Am Wochenende legt im Lucky Pig auch ein DJ auf, der für ordentlich Stimmung sorgt.
- *5 Clipstone St*
- *Northern · Goodge St*

16 [The Booking Office] · ££–£££

In der Euston Road erwartet euch die Booking Office Bar. Diese ist ein Teil des renommierten St Pancras Renaissance Hotels. Die Bar ist ganze 29 Meter lang und bietet ein tolles Angebot an speziellen Drinks und Cocktails. Oft gibt es hier Live-Musik.
- *St Pancras Renaissance Hotel, Euston Rd*
- *Circle, Hammersmith & City, Metropolitan, Northern, Piccadilly, Victoria · King's Cross St Pancras*

17 [Big Chill House] · ££

In moderner und stylischer Atmosphäre könnt ihr im Big Chill House entspannen, feiern und trinken. Das Craft Bier schmeckt hier besonders lecker. Die beliebte Bar ist zu jeder Tageszeit gut gefüllt. Jeden Donnerstag und Samstag legen DJs auf und es wird ordentlich getanzt und gefeiert. Im Sommer könnt ihr eure Drinks auch auf der Dachterrasse genießen.
- *257–259 Pentonville Rd*
- *Circle, Hammersmith & City, Metropolitan, Northern, Piccadilly, Victoria · King's Cross St Pancras*

BLOOMSBURY & KINGS CROSS HAT DIR GEFALLEN? DANN SCHAU AUCH HIER VORBEI:

Paddington & Marylebone

Camden Town & Regent's Park

> **INSIDER TIPP**
>
> **VON LAURA**
>
> *In King's Cross befindet sich der erste und beste KERB Market. Von Mittwoch bis Freitag gibt's hier gutes und günstiges Mittagessen – das solltet ihr unbedingt (aus)probieren!*

SHOPPING

Eines der beliebtesten Shopping-Ziele in Bloomsbury ist das [Brunswick Centre 57 · *The Brunswick Shopping Centre*]. Das in den 1960er-Jahr entworfene Gebäude glänzt zwar nicht unbedingt mit äußerlicher Schönheit, doch im Inneren bietet es eine riesige Auswahl an verschiedenen Shops & Stores. Nicht weit von hier entfernt erwartet euch ein ganz spezielles Buchgeschäft: [Persephone Books · *59 Lamb's Conduit St*]. Es bietet eine exklusive Auswahl an ausschließlich weiblichen Autorinnen. Die Bücher stammen vorwiegend aus der Mitte des 20. Jahrhunderts. Weitere gute Buchläden sind das [Judd Books · *82 Marchmont St*], der [London Review Bookshop · *14–16 Bury Pl*] und der Secondhand-Shop [Skoob Books · *66 The Brunswick*].

Die wohl interessanteste Straße zum Shoppen ist die [Lamb's Conduit Street]. Hier befinden sich viele kleine Boutiquen, Galerien und Geschäfte. Ein tolle Kunstgalerie ist die [Langham Gallery · *4 Lamb's Conduit St*]. Weitere interessante Galerien in der Nähe sind die [October Gallery · *4 Old Gloucester St*], hier gibt es innovative, zeitgenössische Kunst aus der ganzen Welt zu sehen und die [The Movie Poster Art Gallery · *1 Colville Pl*]. In dieser Galerie gibt es unter anderem Vintage-Original-Filmplakate und Fotografien zu bestaunen und zu kaufen.

MEHR ÜBER DIESE SPOTS ERFAHREN: LLDN.DE/10028

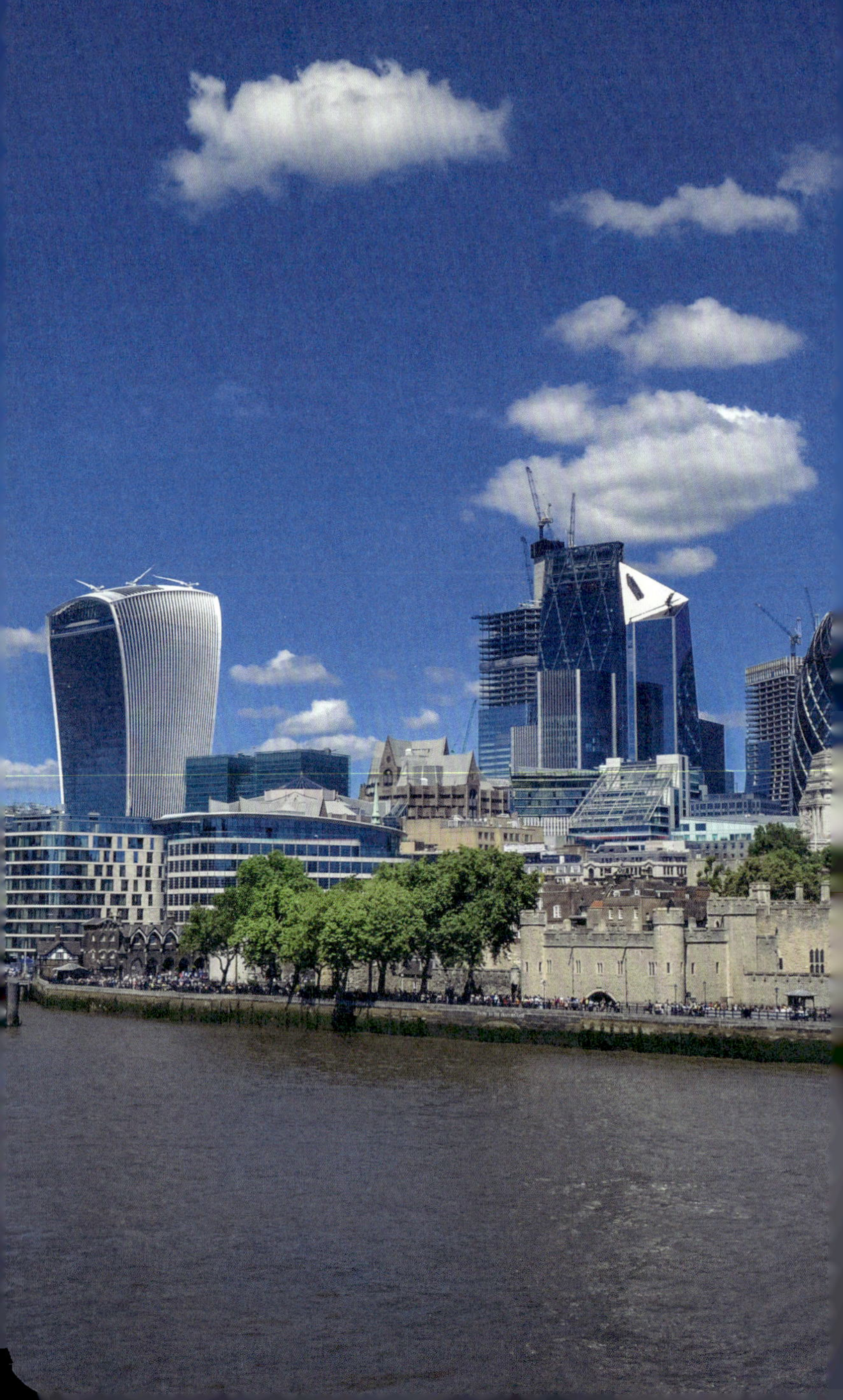

CENTRAL LONDON

THE CITY & BARBICAN

Ein Cocktail aus Geschichte und Wolkenkratzern

The City of London ist für uns einer der spannendsten Stadtteile von London, denn hier zeigt sich, warum wir die Stadt so lieben: Die nüchterne Geschäftswelt trifft auf alte, rustikale Pubs und Bars, in denen jeder mit jedem trinkt, und historische Gebäude stehen Seite an Seite mit weltbekannten Bauwerken der modernen Architektur. All dies verschmilzt in der Summe zu einer kontrastreichen Vielfalt auf engstem Raum, die ihresgleichen sucht.

TOP 5 SIGHTS

1 ⌈Tower of London⌉
Früher Heimat der Könige, heute »nur« noch für die britischen Kronjuwelen. Ein Must-See für jeden Royals-Fan.
○ *St Katharine's & Wapping*
⊖ *Circle, District · Tower Hill*

2 ⌈Sky Garden⌉
Den etwas anderen Blick bekommt ihr hier: Vom Sky Garden könnt ihr die Aussicht auf London genießen – und das ganz kostenlos!
○ *20 Fenchurch St*
⊖ *Circle, District · Monument*

3 ⌈St Paul's Cathedral⌉
Mehr als nur eine weitere Londoner Kirche. Mit ihrer imposanten Architektur thront St Paul's wortwörtlich über den anderen.
○ *St Paul's Churchyard*
⊖ *Central · St Paul's*

4 ⌈Leadenhall Market⌉
Die Markthalle aus dem 19. Jahrhundert ist nicht nur ein Shopping-Spot, sondern auch ein absoluter Hingucker.
○ *Gracechurch St*
⊖ *Circle, District · Monument*

5 ⌈Tower Bridge⌉
Neben Big Ben ist sie DAS Wahrzeichen von London – jeder sollte einmal im Leben über die Tower Bridge gelaufen sein.
○ *Tower Bridge*
⊖ *Circle, District · Tower Hill*

MEHR ÜBER DIESE SPOTS ERFAHREN: LLDN.DE/**10029**

INSIDER GUIDES

THE CITY & BARBICAN

> **INSIDER TIPP**

VON MATTHIAS

Obwohl (oder weil?) es der Business-Distrikt der Stadt ist, gibt es hier viele Pubs und schicke Restaurants. Die Afterwork-Stimmung solltet ihr mal erleben haben.

BEGIB DICH AUF ENTDECKUNGSTOUR!

Sights
- 01 · Tower of London
- 02 · Sky Garden
- 03 · St Paul's Cathedral
- 04 · Leadenhall Market
- 05 · Tower Bridge
- 06 · Museum of London
- 07 · London Mithraeum
- 08 · Sir John Soane's Museum
- 09 · Bank of England Museum
- 10 · Guildhall Art Gallery
- 11 · City Càphê
- 12 · Goodman Steak House Restaurant
- 13 · Duck & Waffle
- 14 · SUSHISAMBA
- 15 · Coq d'Argent
- 16 · Host Cafe
- 17 · Curators Coffee Studio
- 18 · Black Sheep Coffee
- 19 · Ye Olde Cheshire Cheese
- 20 · Ye Olde Mitre
- 21 · The Jerusalem Tavern
- 22 · The Alchemist
- 23 · Demon, Wise & Partners
- 24 · The Four Sisters Townhouse
- 25 · Savage Garden

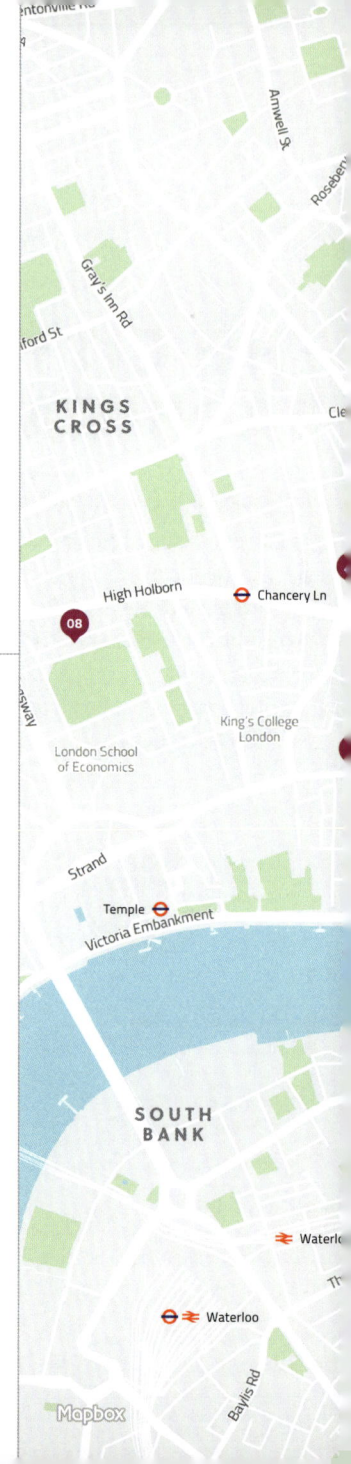

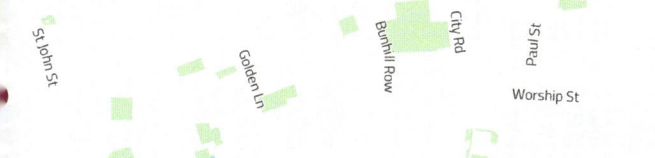

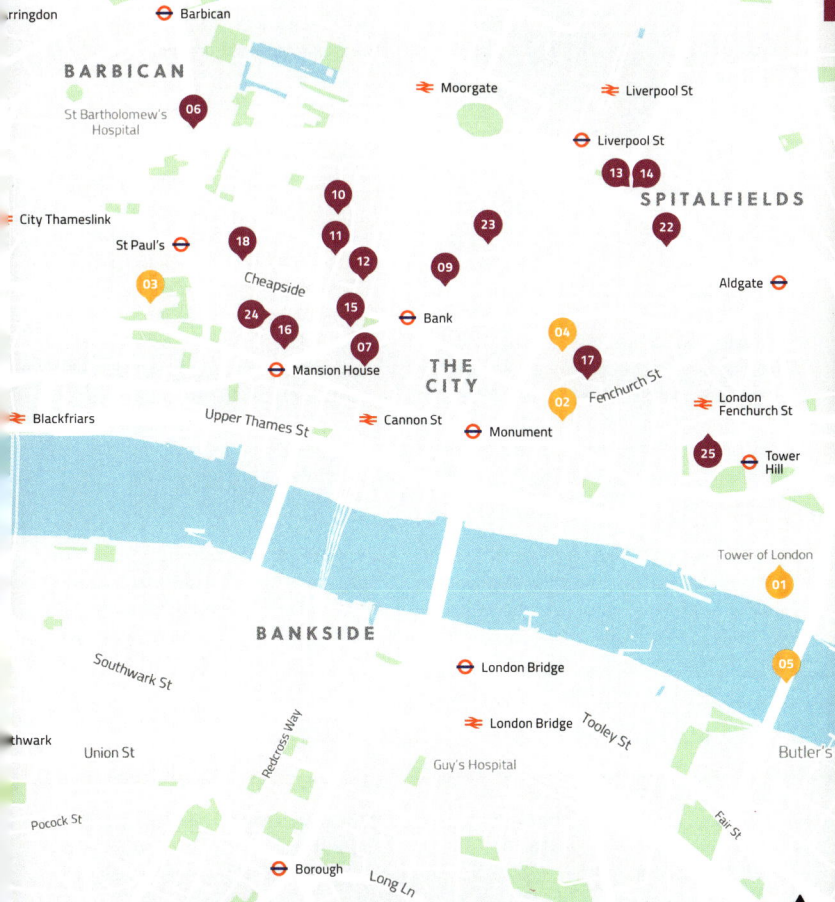

CENTRAL LONDON — THE CITY & BARBICAN

97

INSIDER GUIDES

SHOREDITCH

BARBICAN

SPITALFIELDS

THE CITY

BANKSIDE

SIGHT-SEEING

The City of London – oder Square Mile – zählt zu den bekanntesten und beliebtesten Stadtteilen Londons. Und das zu Recht: In kaum einem Viertel der Stadt erwarten euch historische Highlights quasi Tür an Tür mit moderner Architektur. Im kleinsten Bezirk der Stadt pulsiert ihr wirtschaftliches Herz und er ist definitiv einer der Hotspots Londons.

Der [Tower of London] ist eines der historischen Highlights. Erbaut im 11. Jahrhundert, ist er tief in der Geschichte Londons verwurzelt. Die Festung hat im Laufe der Zeit die verschiedensten Funktionen übernommen. Empfehlenswert sind die Ausstellungen im Tower – nicht zuletzt solltet ihr einen Blick auf die britischen Kronjuwelen werfen.

Das Gegenstück zum historisch-monumentalen Tower ist der [Sky Garden]. Die Aussichtsplattform im [Walkie Talkie] bietet euch einen grandiosen Blick über die ganze Stadt. Und das Beste? Der Eintritt ist kostenlos – muss aber vorher reserviert werden. Von hier aus könnt ihr ganz entspannt die Stadt genießen, während ihr unter Palmen sitzt.

Die [St Paul's Cathedral] ist eines der beeindruckendsten Gebäude der Stadt: Die Rundkuppel gehört zu den größten weltweit, der innere Teil ist überwältigend (schön). Und falls ihr die 500 Stufen bis zur Kuppel bezwingt, erwartet euch ein genialer Ausblick über London. Verpasst dabei aber nicht den Ausblick ins Innere der Kathedrale, den ihr von der ersten Zwischenebene auf dem Weg nach oben habt. Von der nahegelegenen [Millenium Bridge] habt ihr insbesondere nachts ein schönes Fotomotiv.

Die bekannteste Brücke der Stadt ist natürlich die [Tower Bridge]. Sie darf bei keinem Besuch fehlen und ihr solltet auf jeden Fall einmal auf ihr die Themse überqueren. Vielleicht sogar über den [Glass Floor Walkway], 42 Meter über der eigentlichen Fahrbahn. Nichts für Leute mit Höhenangst, für alle anderen aber garantiert eine tolle Erfahrung. Einen erstklassigen Eindruck von der Tower Bridge bekommt ihr auch vom Wasser aus – wenn das Wetter mitspielt, solltet ihr eine [Bootsfahrt] machen.

MUSEEN

06 [Museum of London]
Wie bewegt die Londoner Geschichte war, wurde auch uns erst nach dem Besuch des Museum of London richtig bewusst. Sie wird hier sehr anschaulich dargestellt und mit zahlreichen Exponaten untermalt.
150 London Wall
Circle, Hammersmith & City, Metropolitan · Barbican

07 [London Mithraeum]
Dass schon die Römer in London siedelten, wissen wir nicht erst seit Asterix & Obelix.

Im Mithraeum könnt ihr den Tempel zu Ehren von Mithras aus dem 3. Jahrhundert sowie viele weitere Artefakte aus der Römerzeit bestaunen.
- *12 Walbrook*
- *Circle, District · Cannon St*

08 [Sir John Soane's Museum]
Im ehemaligen Wohnhaus des Architekten John Soane könnt ihr viele Tausend Zeichnungen und Skulpturen besichtigen. Das Haus wurde seit seinem Tod im 19. Jahrhundert nicht verändert.
- *13 Lincoln's Inn Fields*
- *Central, Piccadilly · Holborn*

09 [Bank of England Museum]
Als der englische König einst noch Geld brauchte, gründete er kurzerhand die Bank of England. In ihrem Museum erfahrt ihr alles zur über 300-jährigen Geschichte der Bank sowie zur Geschichte des Geldes allgemein.
- *Bartholomew Ln*
- *Central, Northern, Waterloo & City · Bank*

10 [Guildhall Art Gallery]
Gegründet als Kunstsammlung, die einer Hauptstadt würdig sei. Heute könnt ihr in der Gallery mit ihrer beeindruckenden Great Hall einzigartige Werke bestaunen, die bis ins 19. Jahrhundert zurückgehen.
- *Guildhall Yard*
- *Central, Northern, Waterloo & City · Bank*

RESTAURANTS & CAFÉS

RESTAURANTS
11 [City Càphê] · £
Authentisches vietnamesisches Streetfood. Angefangen von der Beef Pho-Suppe bis hin zu den vietnamesischen Baguettes mit Tofu, Hähnchen oder Schwein – das ist nicht nur extrem lecker, sondern auch günstig. Achtung, Cash only!
- *17 Ironmonger Ln*
- *Central, Northern, Waterloo & City · Bank*

> INSIDER TIPP

VON ISABELLE
Besonders schön finde ich den Besuch des Sky Garden zum Sonnenuntergang. Nehmt euch dafür 1–2 Stunden Zeit, denn der Wechsel vom Tag zur Nacht sorgt für Gänsehautmomente.

12 [Goodman Steak House Restaurant] · £££
Dreimal gibt's Goodmans in London, am meisten mögen wir aber die Location in The City: Das Ambiente ist super, das Team sehr nett und die Fleischqualität richtig gut. Am liebsten essen wir den Goodman Burger, dazu die Trüffel-Chips und Knoblauch-Pilze!
- *11 Old Jewry*
- *Central, Northern, Waterloo & City · Bank*

13 [Duck & Waffle] · £££
Essen »with a view«? Das gibt's im Duck & Waffle im 40. Stock des Heron Tower. Besonders romantisch ist es abends, mit einem Cocktail den Sonnenuntergang über London zu genießen. Abends ist Smart Casual als Dresscode angesagt, reservieren dringend erforderlich!
- *Heron Tower, 110 Bishopsgate*
- *Central, Circle, Hammersmith & City, Metropolitan · Liverpool St*

Museum of London

MEHR ÜBER DIESE SPOTS ERFAHREN: LLDN.DE/10030

14 [SUSHISAMBA] · £££
Im SUSHISAMBA bekommt ihr, nur wenige Meter von The Gherkin entfernt, ausgefallenes Sushi kombiniert mit einem unglaublichen Blick über London in stylischem Ambiente. Es ist zwar etwas teurer, der Ausblick und das Essen machen es aber mehr als wett! Ebenfalls vorher reservieren.
- *Heron Tower, 110 Bishopsgate*
- *Central, Circle, Hammersmith & City, Metropolitan · Liverpool St*

15 [Coq d'Argent] · ££
Ein Restaurant zum schick Ausgehen. Etwas hochpreisiger, aber dafür bekommt ihr auch was geboten. Mit der zugehörigen Dachterrasse wirklich ein toller Restaurant-Spot.
- *1 Poultry*
- *Central, Northern, Waterloo & City · Bank*

CAFÉS

16 [Host Cafe] · £
Einen ungewöhnlicheren Ort für ein Café kann man sich wohl kaum vorstellen: Das Host Cafe wurde in einer Kirche eingerichtet. Neben gutem Kaffee könnt ihr hier auch etwas Ruhe finden.
- *St Mary Aldermary, Watling St*
- *Circle, District · Mansion House*

17 [Curators Coffee Studio] · £
Nicht weniger als den besten Kaffee wollen die Betreiber hier kuratiert haben. Wir finden: Sie leisten ganze Arbeit!
- *9A Cullum St*
- *Circle, District · Monument*

18 [Black Sheep Coffee]
Leckerer Kaffee in Hipster-Atmosphäre. Manche sagen sogar, hier gibt's den besten Kaffee der Stadt. Aber selbst uns fehlen noch ein paar Cafés, um ein abgeschlossenes Fazit geben zu können.
- *125 Wood St*
- *Central · St Paul's*

PUBS

19 [Ye Olde Cheshire Cheese] · £
Hier gingen schon Mark Twain, Sir Arthur Conan Doyle und andere Literaten ein und aus. Einen klassischeren Pub kann man sich wohl kaum vorstellen.
- *145 Fleed St*
- *Circle, District · Blackfriars*

20 [Ye Olde Mitre] · £
Hier wird die englische Pub-Kultur hochgehalten. Wenn ihr den kleinen Gang findet, trefft ihr auf einen Pub, in dem die Zeit stehengeblieben zu sein scheint. Kleiner Tipp: Wenn es im Pub zu voll ist, geht nochmal raus und auf der anderen Seite wieder rein – er ist nämlich zweigeteilt!
- *1 Ely Pl*
- *Central · Chancery Ln*

21 [The Jerusalem Tavern] · £
Auch die Geschichte der Jerusalem Tavern gründet sich schon auf das 15. Jahrhundert. Die Auswahl der lokalen Ale-Sorten ist definitiv einen Besuch wert!
- *55 Britton St*
- *Circle, Hammersmith & City, Metropolitan · Barbican*

THE CITY & BARBICAN HAT DIR GEFALLEN? DANN SCHAU AUCH HIER VORBEI:

South Bank & Bankside

Spitalfields & Brick Lane

CENTRAL LONDON — THE CITY & BARBICAN

BARS & ROOFTOP BARS

BARS

22 ⌈The Alchemist⌉ · ££
Beim Namen der Bar wird man schon hellhörig, wenn der bestellte Cocktail dann noch in einem Erlenmeyerkolben serviert wird, zuckt die Augenbraue noch mehr nach oben. Zum Glück schmecken die Drinks alles andere als chemisch. Das Industrie-Design des Alchemist macht das Ambiente schließlich perfekt.
◯ *6 Bevis Marks*
⊖ *Circle, Metropolitan · Aldgate*

23 ⌈Demon, Wise & Partners⌉ · ££
Wenn es eine gediegene Bar mit ausgezeichneten Spirituosen sein soll, seid ihr hier richtig. Die beiden Hausrezepte »Demon« und »Wise« solltet ihr unbedingt probieren. Eine Reservierung empfiehlt sich.
◯ *27a Throgmorton St*
⊖ *Central, Northern, Waterloo & City · Bank*

24 ⌈The Four Sisters Townhouse⌉ · ££
Ganz in der Nähe der St Paul's Cathedral findet ihr diesen Geheimtipp: Eine Mischung aus fancy und klassischen Cocktails wird hier abgerundet durch leckeres Essen und nettes Personal – ohne ein zu großes Loch in die Reisekasse zu reißen.
◯ *5 Groveland Ct*
⊖ *Circle, District · Mansion House*

The Royal Exchange

ROOFTOP BARS

25 ⌈Savage Garden⌉ · £££
Den Cocktail unter freiem Himmel mit Blick auf den Tower zu genießen – das bekommt ihr im Savage Garden. Der Eintritt erfolgt über die Lobby des Hilton und wird mit einer großen Auswahl an Getränken belohnt.
◯ *7 Pepys St*
⊖ *Circle, District · Tower Hill*

SHOPPING

The City ist nicht unbedingt als Shopping-Paradies bekannt, aber dennoch findet sich hier die ein oder andere interessante Shoppingmöglichkeit. Im ⌈**House of Fraser** · *68 King William St*⌉ bekommt ihr wirklich alles, von Mode über Elektrogeräte bis hin zu Gartenmöbeln.

Eine einzigartige Auswahl an Boutiquen und schicken Restaurants findet ihr in dem historischen Gebäude ⌈**The Royal Exchange** · *14–15 Royal Exchange*⌉. Tiffany & Co., Jo Malone, Paul Smith, Gucci und viele weitere Luxusmarken haben hier ihren Store. Die Kombination aus Shopping, schicker Architektur und gutem Essen und Trinken macht den Aufenthalt perfekt.

Host Cafe

MEHR ÜBER DIESE SPOTS ERFAHREN: LLDN.DE/10031

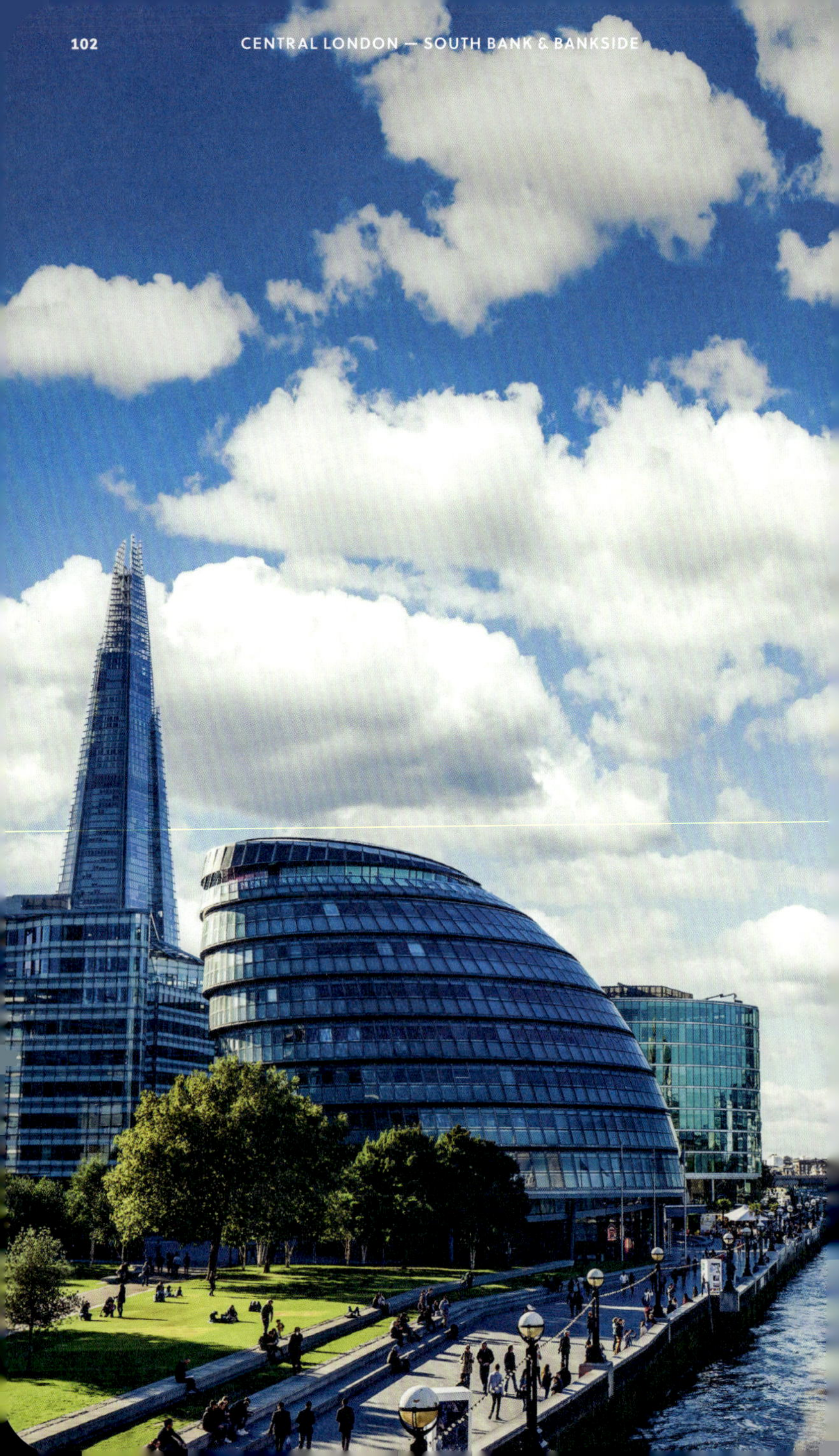

SOUTH BANK & BANKSIDE

Das Viertel feinster, kultureller Unterhaltung

Südlich der Themse liegen Top-Sehenswürdigkeiten: Das London Eye oder der uralte Lebensmittelmarkt Borough Market. Die Queen's Walk Promenade bietet die beste Aussicht auf die Skyline, vorbei an historischen Zeitzeugen und neuartigen Prachtbauten. Das kulturelle Angebot ist ebenfalls vom allerfeinsten: Moderne Kunst im Tate Modern Museum, klassische Musik in der Royal Festival Hall und mitreißendes Schauspiel im National Theatre bieten große Unterhaltung. Und das Nachtleben hat preisgekrönte Bars in petto.

TOP 5 SIGHTS ★

1 [London Eye]
Ursprünglich als saisonale Attraktion gedacht, ist das Riesenrad heute nicht mehr von der Themse wegzudenken.
- Lambeth
- Bakerloo, Jubilee, Northern, Waterloo & City · Waterloo

2 [Tate Modern]
Es ist eines der größten und meistbesuchten Museen für moderne und zeitgenössische Kunst in Europa.
- Bankside
- Jubilee · Southwark

3 [Borough Market]
Der mitunter älteste Lebensmittelmarkt Londons ist Feinschmecker-Treffpunkt Nummer eins. Cafés und Restaurants laden zum Schlemmen ein.
- 8 Southwark St
- Jubilee, Northern · London Bridge

4 [The Shard]
Das 309 Meter hohe architektonische Meisterwerk in Form einer Scherbe hat eine spektakuläre Aussichtsplattform im 69. Stock.
- 32 London Bridge St
- Jubilee, Northern · London Bridge

5 [City Hall]
Das futuristische Rathaus des Londoner Bürgermeisters liegt zentral an der Themse und sticht durch seine einzigartige Form hervor.
- The Queen's Walk
- Jubilee, Northern · London Bridge

MEHR ÜBER DIESE SPOTS ERFAHREN: LLDN.DE/**10032**

SOUTH BANK & BANKSIDE

> **INSIDER TIPP**

VON MATTHIAS

Auf dem beliebten Underbelly Festival treten von April bis September Artistik- und Unterhaltungskünstler auf. Die Location am Fuße des London Eye ist einmalig. Bei gutem Wetter solltet ihr unbedingt dorthin.

BEGIB DICH AUF ENTDECKUNGSTOUR!

Sights
- 01 · London Eye
- 02 · Tate Modern
- 03 · Borough Market
- 04 · The Shard
- 05 · City Hall
- 06 · Bankside Gallery
- 07 · White Cube
- 08 · Shakespeare's Globe
- 09 · HMS Belfast
- 10 · Flat Iron Square Market
- 11 · Padella
- 12 · OXO Tower Brasserie
- 13 · Bala Baya
- 14 · Monmouth Coffee Company
- 15 · Scooter Caffe
- 16 · Wheatsheaf Borough Market
- 17 · The Market Porter
- 18 · The Kings Arms
- 19 · Lord Nelson
- 20 · Call Me Mr. Lucky
- 21 · Nine Lives
- 22 · Elba Rooftop Bar
- 23 · GŎNG at the Shard
- 24 · Rumpus Room Rooftop Bar
- 25 · XXL London

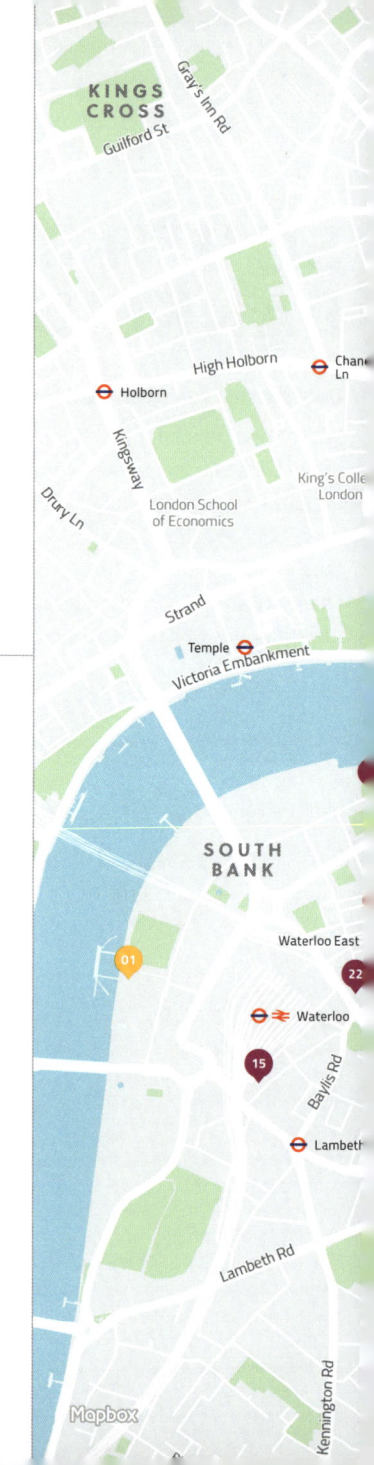

CENTRAL LONDON SOUTH BANK & BANKSIDE

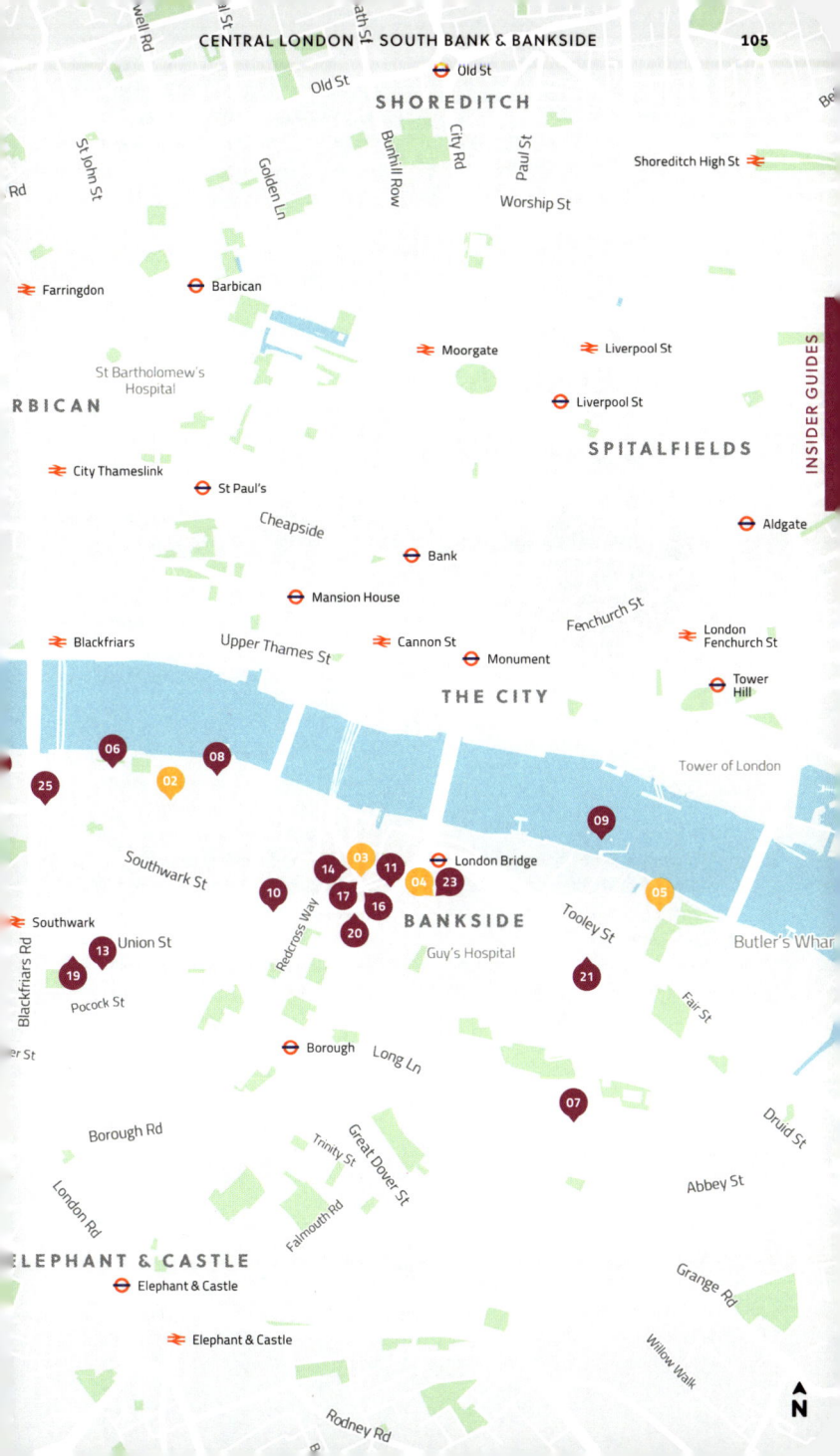

SHOREDITCH

SPITALFIELDS

THE CITY

BANKSIDE

ELEPHANT & CASTLE

INSIDER GUIDES

SIGHT-SEEING

Schon von Weitem könnt ihr es sehen – das [**London Eye**]. Es befindet sich schräg gegenüber vom Big Ben und bietet euch einen atemberaubenden Blick über London. Wer kein Freund der Höhe ist, kann direkt nebenan im [**SEA LIFE**] die spannende Unterwasserwelt kennenlernen und Haie und andere Meeresbewohner beim Schwimmen beobachten.

Nichts für schwache Nerven ist das [**London Dungeon**]. Im Gruselkabinett steigt ihr hinab ins dunkle London und erfahrt die Geschichte der Stadt auf eine spannende Art und Weise.

Neben diesen Highlights hat South Bank kulturell auch ordentlich was zu bieten. Hier befinden sich das großartige [**National Theatre**] und der 2018 renovierte [**Purcell Room**]. Hier finden hauptsächlich Konzerte und weitere Veranstaltungen statt. Wenn ihr Fans von klassischer Musik seid, solltet ihr unbedingt in die [**Royal Festival Hall**] gehen. Hier spielt das Londoner Philharmonie-Orchester. Ein aufstrebend modernes Theater mit langer Tradition ist das [**Old Vic**]. Es befindet sich in der Nähe der Waterloo Station. Tickets für das Not-for-Profit-Theatre sind schon ab 10 £ erhältlich. Wenn ihr einen Klassiker von Shakespeare sehen wollt, dann ist das Freilufttheater [**Globe Theatre**] die richtige Wahl. Es wurde dem Original von 1599 nachempfunden. Und zu guter Letzt: die [**Menier Chocolate Factory**]. Dies ist keine Schokoladenfabrik, sondern ein Theater. Hier werden mitreißende Musicals, tolle Theaterstücke und Stand-up-Comedy aufgeführt.

Kunstinteressierte aus der ganzen Welt zieht es ins [**Tate Modern**], das Museum für moderne und zeitgenössische Kunst. Auch die Ausstellungen der [**Bankside Gallery**] sind sehr beliebt.

Alle Feinschmecker werden den [**Borough Market**] lieben. Der Markt existiert bereits seit dem 13. Jahrhundert und die bunten leuchtenden Marktstände sind ein echter Hingucker und ergeben zusammen mit dem Duft frisch gebackener Brownies und verschiedener Gewürze eine tolle Atmosphäre.

Nur fünf Gehminuten vom Markt entfernt befindet sich das 309 Meter hohe architektonische Highlight [**The Shard**]. Im Bau aus Stahl und Glas befinden sich Büros, exklusive Restaurants, ein Luxushotel sowie eine Aussichtsplattform. Von hier oben habt ihr einen traumhaften Blick über die Stadt. Modernität strahlt ebenfalls das außergewöhnliche [**Rathaus (City Hall)**] des britischen Architekten Norman Foster aus. Die Form ohne Ecken ist energieeffizient und im Inneren gibt es weitere architektonische Highlights zu entdecken. Die Treppe zur Aussichtsplattform ist spektakulär. Von dort aus seht ihr schon die altbewährte [**Tower Bridge**], die hinüber zum Tower of London führt.

CENTRAL LONDON — SOUTH BANK & BANKSIDE

🏛 MUSEEN

⭐ [Tate Modern]
Das Museum behandelt komplexe Probleme der heutigen Gesellschaft, so zum Beispiel die Umwelt. Vom Balkon in der zweiten Etage erwartet euch ein besonders schöner Ausblick auf die St Paul's Cathedral und die Millennium Bridge. Es gibt viele interaktive Exponate, die auch für Kinder interessant sind. Der Eintritt in die Dauerausstellung ist frei.

○ *Bankside*
🚇 *Jubilee · Southwark*

06 [Bankside Gallery]
Die offizielle Galerie der Royal Watercolour Society und der Royal Society of Painter Printmakers stellt hauptsächlich Drucke und Werke aus Wasserfarben aus. Außerdem engagiert man sich auch für die Lehre und Förderung der Kunst auf Papier. Im Shop finden Kunstinteressierte umfangreiche Lektüre zum Thema.

○ *48 Hopton St*
🚇 *Jubilee · Southwark*

07 [White Cube]
Das Thema weißer Würfel zieht sich wie ein roter Faden durch die Architektur der Galerie für Gegenwartskunst von Jay Jopling im Stadtteil Bermondsey. Es werden wechselnde, nicht nur weiße, sondern auch bunte Ausstellungen von internationalen Künstlern gezeigt.

○ *144–152 Bermondsey St*
🚇 *Jubilee, Northern · London Bridge*

08 [Shakespeare's Globe]
Das runde Globe Theatre von 1599 war das berühmteste seiner Zeit. William Shakespeare's Werke wurden dort zum Besten gegeben. Nachdem es 1613 durch ein Feuer zerstört wurde, könnt ihr heute in dem Nachbau aus den 1990er-Jahren ein Shakespeare im Original besuchen.

○ *21 New Globe Walk*
🚇 *District, Circle · Blackfriars*

Tate Modern

09 [HMS Belfast]
Das Kriegsschiff gehört zum Imperial War Museum und liegt seit 1971 als Museumsschiff auf der Themse. Die HMS Belfast wurde unter anderem im Zweiten Weltkrieg gegen Deutschland und im Koreakrieg eingesetzt. Heute könnt ihr das Schiff von oben bis unten erkunden und einen Einblick in das Leben der Royal Navy auf See bekommen.

○ *The Queen's Walk*
🚇 *Jubilee, Northern · London Bridge*

MEHR ÜBER DIESE SPOTS ERFAHREN: LLDN.DE/10033

RESTAURANTS & CAFÉS

RESTAURANTS

10 ⌈Flat Iron Square Market⌉ · £
Der hippe Food Market entstand in Anlehnung an Manhattans High Line. Weil er unter den Schienen liegt, wird er deshalb liebevoll Low Line genannt. Trendige Food Trucks, Restaurants, moderne Musik, ein Flohmarkt und Pop-up-Stores locken vor allem junge Londoner hierher.
◌ *64 Southwark St*
⊖ **Northern** · *Borough*

11 ⌈Padella⌉ · £
Das mehrfach preisgekrönte italienische Restaurant wurde 2017 unter die 100 besten Restaurants in UK gewählt. Weil das Essen so gut ist und die Sitzplätze begrenzt, müsst ihr meistens ein bisschen anstehen.
◌ *6 Southwark St*
⊖ **Jubilee, Northern** · *London Bridge*

12 ⌈OXO Tower Brasserie⌉ · £££
Hier könnt ihr schick essen und eine super Aussicht genießen. Die Brasserie mit Bar im achten Stock hat eine große Terrasse und Panoramafenster. Hier bekommt ihr, was das Herz begehrt, auch den englischen Afternoon Tea mit süßen Köstlichkeiten.
◌ *8th floor, Oxo Tower Wharf, Bargehouse St*
⊖ **Jubilee** · *Southwark*

13 ⌈Bala Baya⌉ · ££
Ein Besuch in dem israelischen Restaurant mit Bäckerei ist ein außergewöhnliches Erlebnis. Das Essen verbindet die traditionellen Wurzeln aus Tel Aviv mit modernen Elementen. Abgerundet wird die Atmosphäre durch den Bauhaus-inspirierten Stil, der den Fokus nicht von den schmackhaften Gerichten ablenkt.
◌ *Arch 25, Old Union Yard Arches, 229 Union St*
⊖ **Jubilee** · *Southwark*

CAFÉS

14 ⌈Monmouth Coffee Company⌉ · £
Die Rösterei gehört zu den wichtigsten Kaffeehändlern Großbritanniens. Geröstet wird im nahe gelegenen Bermondsey. Lasst euch im Coffee Shop auf dem Borough Market die Aromen bei einer Tasse Kaffee um die Nase wehen. Die Röstungen könnt ihr dort auch kaufen.
◌ *2 Park St*
⊖ **Jubilee, Northern** · *London Bridge*

15 ⌈Scooter Caffe⌉ · £
Das kleine Café mit italienischem Charme liegt in einem alten Gemäuer und ist dekoriert mit vielen zusammengewürfelten Möbelstücken. Die große Leidenschaft des Besitzers sind Vespa-Roller – und so kam das Café zu seinem Namen. Lasst euch einen leckeren italienischen Kaffee aus der Retro-Espressomaschine von 1957 schmecken.
◌ *132 Lower Marsh*
⊖ **Waterloo** · *Lambeth N*

Flat Iron Square

PUBS

16 ⌈Wheatsheaf Borough Market⌉ · ££
Der hippe Pub hat viele Mottos, eines davon lautet »everything tastes better with whisky in it«. In diesem Sinne, kostet euch drinnen oder draußen durch die Biere, Cider und Weine und lasst euch dabei einen leckeren Burger schmecken. Übrigens ist der Pub Low-Carb-Gegner.
○ *6 Stoney St*
⊖ *Jubilee, Northern · London Bridge*

17 ⌈The Market Porter⌉ · ££
Der traditionelle Pub mit Restaurant hat einen authentisch rustikalen Charakter sowohl im Inneren als auch von außen. Er wurde schon oft als Kulisse eingesetzt, unter anderem im dritten Harry Potter-Film. Auf der Karte stehen englische Klassiker und die moderne europäische Küche sowie Biere, Cider und eine große Auswahl an Weinen.
○ *9 Stoney St*
⊖ *Jubilee, Northern · London Bridge*

18 ⌈The Kings Arms⌉ · ££
Allein der Weg in die architektonisch wundervolle Straße lohnt sich. Der mehrfach prämierte Pub in London ist nicht nur für die lokalen Biere und Ales bekannt, sondern auch für vorzügliches Thai Food. Die traditionelle Einrichtung sorgt für einen klassisch britischen Charakter.
○ *25 Roupell St*
⊖ *Bakerloo, Jubilee, Northern, Waterloo & City · Waterloo*

19 ⌈Lord Nelson⌉ · £
Mit großen Burgern, bezahlbaren Drinks und hausgemachten Shots kreieren die Besitzer des urigen Pubs eine Atmosphäre aus Peace, Love und Happiness. Das Preis-Leistungs-Verhältnis ist äußerst gut und Freundlichkeit wird hier groß geschrieben.
○ *243 Union St*
⊖ *Jubilee · Southwark*

› **INSIDER TIPP**

VON LAURA
Der Innenhof vom Wheatsheaf Pub ist absolut genial: Mit alten Möbeln und Autoteilen um einen herum schmeckt das Bier hier am besten.

Wheatsheaf Pub

MEHR ÜBER DIESE SPOTS ERFAHREN: LLDN.DE/**10034**

BARS & ROOFTOP BARS

BARS

20 ⌈Call Me Mr. Lucky⌉ · £

Um in die flippige Underground Bar zu kommen, werdet ihr eine Treppe hinabgeführt, vorbei an der Küche, bis ihr in den versteckten Bar-Bereich kommt. Laute Musik und gedämmtes Licht erwarten euch, dazu Kuchen, Burger und verrückte Kreationen von Drinks, die glücklich machen.

- *11 Southwark St*
- *Jubilee, Northern · London Bridge*

21 ⌈Nine Lives⌉ · ££

Das besondere an dieser Bar ist die Zero-Waste-Mission. Die spiegelt sich auch in der Einrichtung wider. Verschiedene Hölzer und Steine wurden gekonnt eingesetzt und der edle Look mit vielen Pflanzen und indirekter Beleuchtung aufgelockert. Die Cocktails schmecken hervorragend und die Musik klingt fantastisch.

- *8 Holyrood St*
- *Jubilee, Northern · London Bridge*

ROOFTOP BARS

22 ⌈Elba Rooftop Bar⌉ · ££

Benannt nach dem paradiesischen Exil von Napoleon ist diese Rooftop Bar französisch angehaucht. Ansonsten könnt ihr es euch auf der teilweise überdachten und bunt gestalteten Terrasse mit einem Cocktail gemütlich machen. Ein urbanes Feeling kommt bei der tollen Aussicht auf.

- *Rooftop Mercury House, 109–117 Waterloo Rd*
- *Bakerloo, Jubilee, Northern, Waterloo & City · Waterloo*

23 ⌈GŎNG at the Shard⌉ · £££

Die Champagner- und Cocktailbar des Sangri-La Hotels genießt einen hervorragenden Ruf. Die Aussicht im 52. Stock ist unglaublich und die exquisiten Cocktails sind mindestens genauso stilvoll gestaltet wie die Einrichtung. An einem unvergesslichen Abend oder zu einem Royal Afternoon Tea mit liebevoll kreierten Köstlichkeiten könnt ihr hier die Seele baumeln lassen.

- *The Shard, Shangri-La Hotel, 31 St Thomas St*
- *Jubilee, Northern · London Bridge*

24 ⌈Rumpus Room Rooftop Bar⌉ · ££

Im Mondrian Hotel befindet sich die stilvolle Rooftop Bar mit Blick auf die Skyline nördlich der Themse. An der Bar oder auf der Terrasse erwarten atemberaubende Cocktails, Champagner, erlesene Weine und kunstvoll angerichtete Snacks oder Burger. Unbedingt vorher reservieren.

- *20 Upper Ground*
- *Circle, District · Blackfriars*

Nine Lives

> **INSIDER TIPP**
>
> **VON ISABELLE**
>
> *In Bankside befinden sich einige der besten Rooftop Bars Londons. Ein Cocktail mit View über die City ist immer gut!*

CENTRAL LONDON — SOUTH BANK & BANKSIDE

🪩 CLUBS

25 [XXL London] · ££
Sorry Mädels, dieser Gay Club ist exklusiv für Männer. Jeder Mann ist willkommen und soll sich hier wie ein VIP fühlen. Es gibt keine Kleiderordnung, ihr müsst nur ein Mann sein. Am Wochenende und auch unter der Woche wird hier ausgiebig zu harmonischen Beats gefeiert.
- *No 1 Invicta Plaza*
- *Jubilee · Southwark*

🛍 SHOPPING

Weil es in South Bank viele Galerien und Museen gibt, könt ihr dort wunderbar Kunst erwerben. Einen schönen Druck für die eigenen vier Wände, einen Bildband oder ein kunstvolles Souvenir als Geschenk für die Lieben daheim – hier werdet ihr sicher fündig. Im **[Southbank Centre Shop** · *337–338 Belvedere Rd]* findet ihr Schönes für den Haushalt. Bücherwürmer können in unmittelbarer Nähe auf dem **[Southbank Centre Book Market** · *337–338 Belvedere Rd]* unter freiem Himmel über 500 Exemplare durchstöbern. Bei **Snowden Flood** · *12–14 Barge House St]* gibt es hochwertige, individuell designte Geschenke der gleichnamigen Designerin. Kunstvolle Drucke findet ihr in der Galerie von **[Southbank Printmakers** · *56 Upper Ground]*. Im Shop des Tate Modern bekommt ihr weiterführende Lektüre zu moderner Kunst und Kultur sowie tolle Souvenirs. In der ruhig gelegenen **[Gabriel's Wharf** · *83 Upper Ground]* befinden sich eine Reihe von kunstorientierten Shops, die Schmuck, Dekoration und einzigartige Designerstücke anbieten. Für kulinarisch Interessierte bietet sich Shopping auf dem **[Borough Market** · *8 Southwark St]* an. Auf dem ältesten Lebensmittelmarkt findet ihr internationale Köstlichkeiten. Zwischen den alten Bahnhofshallen könnt ihr in den kleinen Restaurants einzigartige Spezialitäten kosten.

INSIDER GUIDES

Gabriel's Wharf

SOUTH BANK & BANKSIDE HAT DIR GEFALLEN? DANN SCHAU AUCH HIER VORBEI:

CENTRAL LONDON
- Westminster & St James's
- The City & Barbican

Borough Market

MEHR ÜBER DIESE SPOTS ERFAHREN: LLDN.DE/**10035**

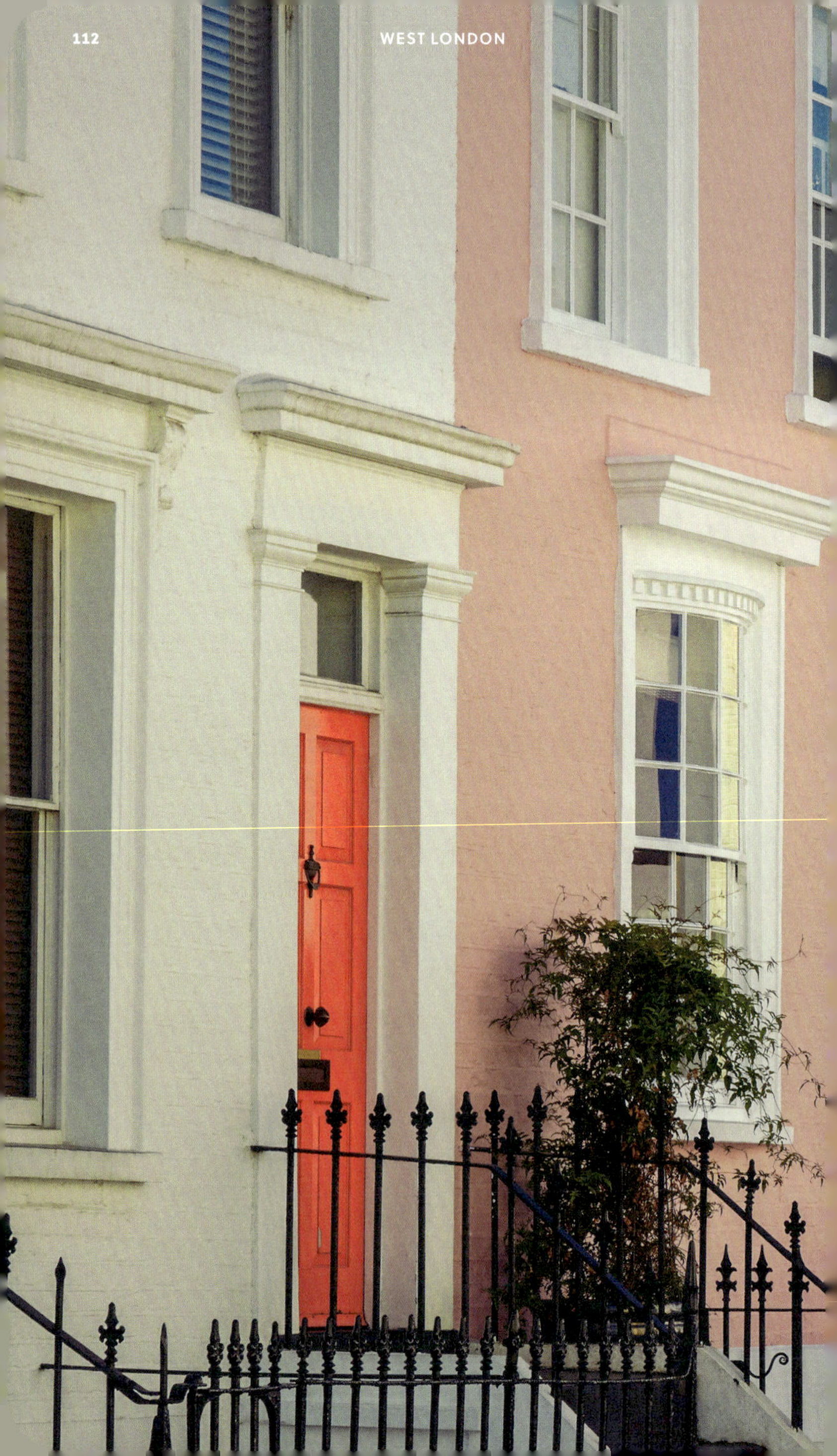

WEST
LONDON

Den ganzen Tag durch das bunte Notting Hill streifen? Einmal auf dem Centre Court von Wimbledon stehen, auf royale Entdeckungstour gehen oder beim FC Chelsea vorbeischauen – West London ist voller aufregender Orte, idyllischer Parks und kultureller Attraktionen.

Stadtteile
117 Chelsea & Fulham
125 Kensington & Earls Court
133 Notting Hill
141 Hammersmith & Chiswick
149 Richmond, Kew & Wimbledon

BUCKET LIST

DAS SOLLTEST DU AUF KEINEN FALL VERPASSEN

- **01** Shoppen auf dem Portobello Road Market
- **02** Wie Julia Roberts durch Notting Hill schlendern
- **03** Die Lady Di-Ausstellung im Kensington Palace besuchen
- **04** Im Pub The Harwood etwas essen
- **05** Zeitgenössische Kunst in der Saatchi Gallery bewundern
- **06** Das Stamford Bridge Stadium besichtigen
- **07** Den Royal Botanic Garden besuchen
- **08** Im Electric Cinema einen Film schauen
- **09** Am Hampton Court Palace royale Luft schnuppern
- **10** Durch Richmond spazieren

NOTIERE DEINE PERSÖNLICHEN HIGHLIGHTS

WEST LONDON

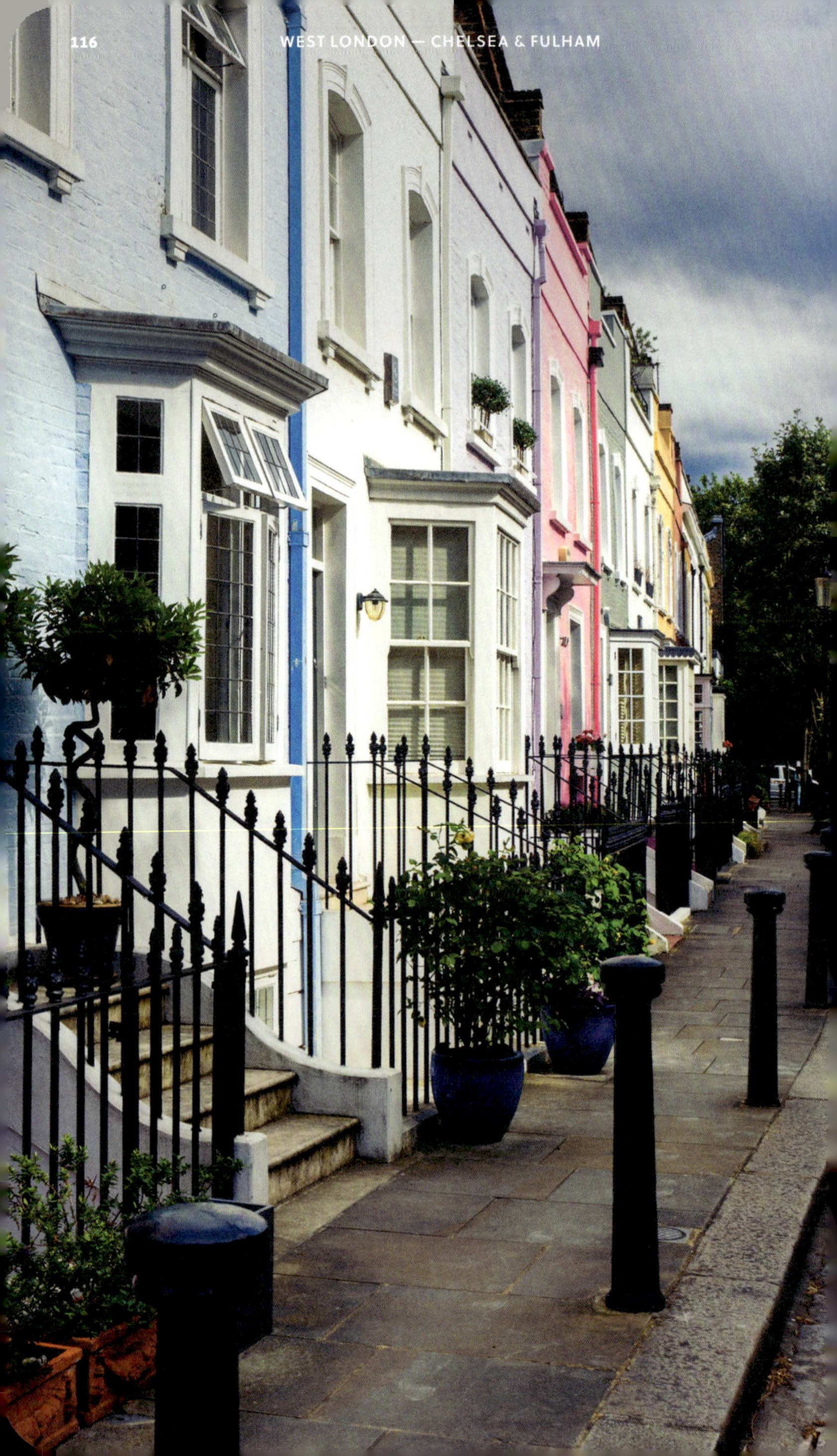

CHELSEA & FULHAM

Wo die High Society und der Sport zu Hause sind

Chelsea ist das Viertel der Reichen und Berühmten – die Beatles, Oscar Wilde, Vivienne Westwood, Gwyneth Paltrow und viele mehr nannten oder nennen Chelsea ihr Zuhause. Kaum verwunderlich also, dass die Gegend mit ihren wunderschönen Parkanlagen zu den teuersten Wohngegenden Londons gehört. Die Sportler sind dagegen vorwiegend in Fulham anzutreffen – hier befindet sich nämlich das bekannte Stamford Bridge Stadium, in dem der FC Chelsea trainiert.

TOP 5 SIGHTS

1 ⸢Chelsea Physic Garden⸥
Chelsea Physic Garden ist der älteste Botanische Garten Londons. Ihr findet hier über 5.000 verschiedene Sorten von Heilpflanzen und Kräutern.
◊ *66 Royal Hospital Rd*
⊖ *Circle, District · Sloane Sq*

2 ⸢Royal Hospital Chelsea & Ranelagh Gardens⸥
Das Altenheim für britische Soldaten hat mit seinen wunderschön Gärten so einiges zu bieten, wie zum Beispiel die jährlich stattfindende Chelsea Flower Show.
◊ *Royal Hospital Rd*
⊖ *Circle, District Lines · Sloane Sq*

3 ⸢Saatchi Gallery⸥
Angesagte Kunstgalerie mit Ausstellungen und Installationen zeitgenössischer Künstler. Die wechselnden Ausstellungen lassen das Herz Kunstinteressierter aus aller Welt höher schlagen.
◊ *Duke of York's Sq, King's Rd*
⊖ *Circle, District · Sloane Sq*

4 ⸢Stamford Bridge Stadium⸥
Das Heimstadion des FC Chelsea und des Chelsea Football Clubs ist ein Must-See für alle Sportbegeisterten.
◊ *Fulham Rd*
⊖ *District · Fulham Broadway*

5 ⸢Bishops Park⸥
Die wunderschönen Gärten und die unglaublich schöne Lage direkt an der Themse laden zu einem Spaziergang am Wasser ein.
◊ *Bishop's Ave*
⊖ *District · Putney Bridge*

MEHR ÜBER DIESE SPOTS ERFAHREN: LLDN.DE/**10036**

CHELSEA & FULHAM

INSIDER TIPP

VON ISABELLE

Alle Pflanzenliebhaber sollten unbedingt im Mai zur Chelsea Flower Show. Die Gartenausstellung ist sehr beeindruckend und kunterbunt.

BEGIB DICH AUF ENTDECKUNGSTOUR!

Sights
- 01 · Chelsea Physic Garden
- 02 · Royal Hospital Chelsea & Ranelagh Gardens
- 03 · Saatchi Gallery
- 04 · Stamford Bridge Stadium
- 05 · Bishops Park
- 06 · National Army Museum
- 07 · Royal Hospital Museum
- 08 · Stamford Bridge Stadium Museum
- 09 · Carlyle's House
- 10 · Restaurant Gordon Ramsey
- 11 · Rabbit
- 12 · Tom's Kitchen
- 13 · The Ivy Chelsea Garden
- 14 · Fishers Fish & Chips
- 15 · Café Plum
- 16 · Chairs & Coffee
- 17 · Harwood Arms
- 18 · White Horse
- 19 · Kona Kai
- 20 · Kosmopol

WEST LONDON — CHELSEA & FULHAM

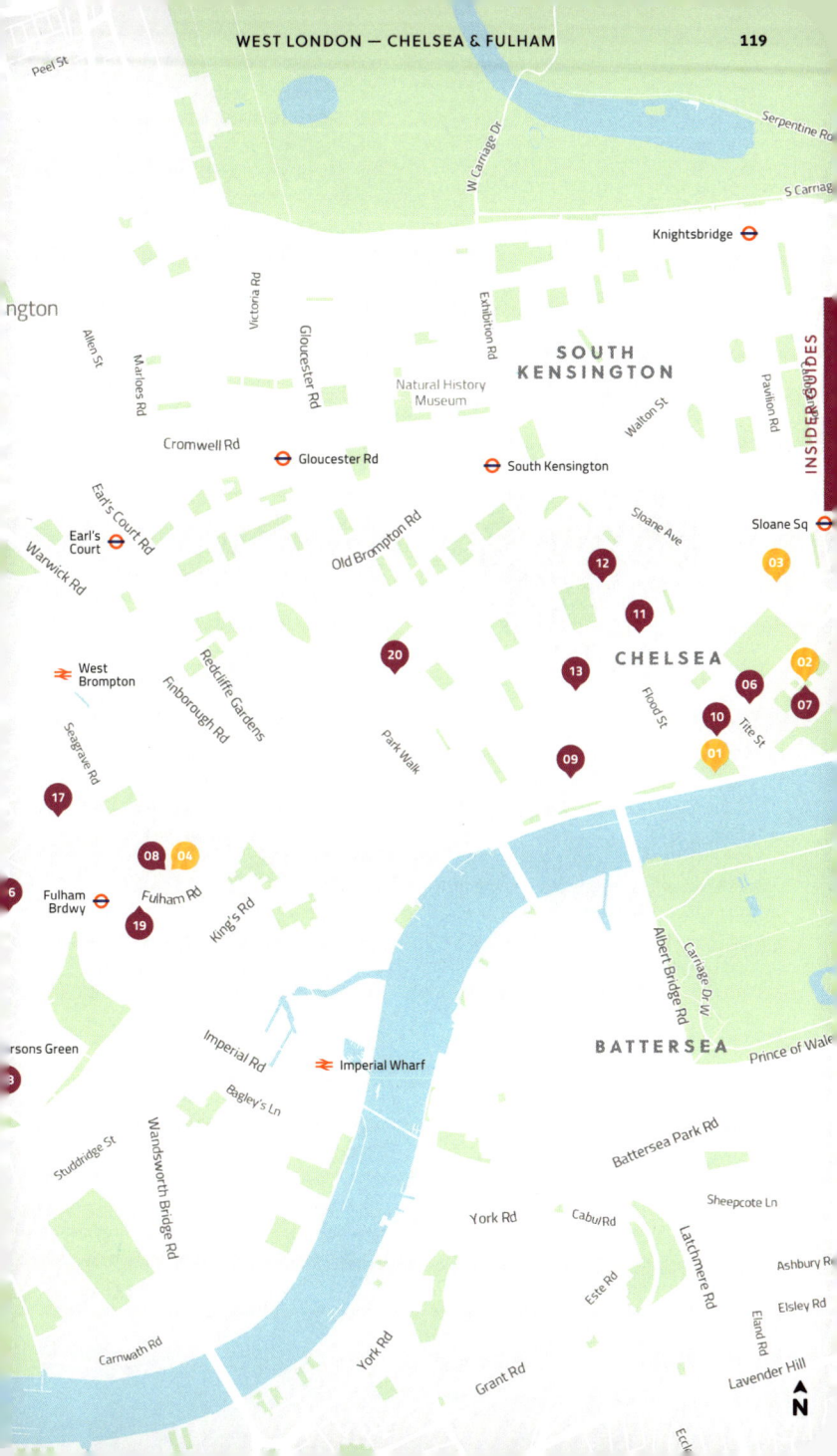

SIGHT-SEEING

Chelsea ist eine der reichsten Gegenden Londons. Hier bekommt ihr einen Einblick in die Geschichte Londons sowie in die High Society Englands. Die wohl teuerste Straße ist die Egerton Crescent – die Häuser kosten hier bis zu 25 Mio. Pfund.

Bei einem Spaziergang durch die Bywater Street entdeckt ihr viele beeindruckende Häuser, in denen Dichter und bedeutende Persönlichkeiten wohnten. Die Häuser in rosa, lila oder blau dienen als tolle Fotokulisse. Nicht ganz so bunt, aber dennoch eine tolle Straße, ist die [**Tite Street**]. Hier könnt ihr unter anderem das Haus des Schriftstellers Oscar Wilde von außen betrachten. Ein paar Minuten entfernt befindet sich das historische [**Carlyle's House**] des Autors Thomas Carlyle. Dieses könnt ihr besichtigen.

Das kulturelle Angebot in Chelsea ist riesig: Die [**Saatchi Gallery**] ist eine der bedeutendsten Galerien für zeitgenössische Kunst. Nur fünf Gehminuten entfernt befindet sich die Altersresidenz britischer Kriegsveteranen [**Royal Hospital Chelsea**]. Diese lädt mit seinen einzigartig schönen Gärten zum Verweilen und Entspannen ein. Hier könnt ihr die sogenannte »Scarlet Tour« unternehmen, bei der ihr viele Details aus erster Hand von einem Bewohner des Hospitals – gekleidet in scharlachroter traditioneller Uniform – erfahrt. Südlich des Hospitals findet jedes Jahr die bekannte [**Chelsea Flower Show**] statt. Die größte Gartenschau Englands ist ein absolutes Highlight.

Direkt neben dem Royal Hospital befindet sich das [**National Army Museum**], in dem die Entwicklung der britischen Armee eindrucksvoll dargestellt wird – ein Muss für alle, die sich für Geschichte interessieren.

Eine Ruheoase inmitten Londons ist [**Chelsea Physic Gardens**]. Der älteste Botanische Garten zeigt viele Kräuter und Heilpflanzen aus aller Welt. Ebenfalls empfehlenswert ist der naturreiche [**Bishops Park**] mit dem imposanten mittelalterlichen Herrenhaus [**Fulham Palace**].

Alle Fußball-Fans sollten dem [**Craven Cottage**], dem Heimatstadion des FC Fulham und dem [**Stamford Bridge Stadium**], dem Stadion des FC Chelsea einen Besuch abstatten. Solltet ihr euch keine Spiele anschauen, könnt ihr auch an den Stadion-Führungen teilnehmen.

Auch kulinarisch kommt ihr in diesen Vierteln Londons voll auf eure Kosten: Das Nonplusultra in Sachen Küche ist das ausgezeichnete [**Restaurant Gordon Ramsey**], in dem ihr die französische Küche des Starkochs genießen könnt. Auch der mit einem Michelin-Stern ausgezeichnete Pub [**The Harwood Arms**] hält, was er verspricht.

MUSEEN

06 [National Army Museum]
Das Nationale Militärmuseum versteht es, die Historie der britischen Armee eindrucksvoll aufzuarbeiten. Das Museum hat den Anspruch, eines der modernsten seiner Art zu sein. Interaktive Spiele und multimediale Ausstellungen begeistern Jung und Alt. Der Eintritt ist frei.
- *Royal Hospital Rd*
- *Circle, District · Sloane Sq*

⭐ [Saatchi Gallery]
Die Saatchi Gallery ist das Museum für zeitgenössische Kunst. Es hat in den vergangenen Jahren einen regelrechten Besucher-Boom verzeichnen können. 15 der 20 meistbesuchtesten Kunstausstellungen Londons wurden hier präsentiert.
- *Duke of York's Sq, King's Rd*
- *Circle, District · Sloane Sq*

07 [Royal Hospital Museum]
Das kleine, aber feine Museum zeigt die Entwicklung des Royal Hospitals anhand von Schriftstücken, Auszeichnungen und auch Uniformen. Auch die frühere Erscheinung der Ranelagh Gardens seht ihr auf Bildern. Der Eintritt ist frei.
- *Royal Hospital Rd*
- *Circle, District · Sloane Sq*

INSIDER TIPP
VON MATTHIAS

Ein Chelsea- oder Fulham-Spiel ist immer ein Erlebnis. Zusammen mit einem anschließenden Pub-Besuch in der Nähe bekommt ihr das komplette englische Fußball-Paket.

08 [Stamford Bridge Stadium Museum]
Ein Muss für alle Sportbegeisterte! In diesem Museum wird die über 100-jährige Sportgeschichte von Chelsea dargestellt. Wir empfehlen den Besuch im Rahmen einer Führung durch das Stadion.
- *Fulham Rd*
- *District · Fulham Broadway*

09 [Carlyle's House]
Das Carlyle's House war der Wohnsitz des bedeutenden schottischen Schriftstellers Thomas Carlyle und seiner Frau im 18. Jahrhundert. In diesem Museum könnt ihr das frühere London entdecken. Das Haus liegt versteckt inmitten eines Wohngebiets. Ihr findet es, wenn ihr zur Statue von Thomas Carlyle an der Themse geht und anschließend die Cheyne Road hochlauft.
- *24 Cheyne Rd*
- *Circle, District · Sloane Sq*

RESTAURANTS & CAFÉS

RESTAURANTS

10 [Restaurant Gordon Ramsey] · £££
Das Restaurant des Starkochs Gordon Ramsey bietet euch beste französische Küche in gediegener Atmosphäre. Die drei Michelin-Sterne halten, was sie versprechen – das Menü Prestige ist grandios.
- *68 Royal Hospital Rd*
- *Circle, District · Sloane Sq*

11 [Rabbit] · ££
Das Rabbit ist ein gemütliches, unscheinbares Restaurant, in dem ihr bestes Essen mit regionalen Zutaten erwarten könnt. Es wird von seiner hauseigenen Farm beliefert und wechselt damit saisonal die köstlichen Speisen.
- *172 King's Rd*
- *Circle, District · Sloane Sq*

MEHR ÜBER DIESE SPOTS ERFAHREN: LLDN.DE/**10037**

12 [Tom's Kitchen] · ££

In Tom's Kitchen erwartet euch bestes frisch zubereitetes Essen, bei dem auch das Auge mitisst. Eine Reservierung ist notwendig.

- 27 Cale St
- Circle, District, Piccadilly · South Kensington

13 [The Ivy Chelsea Garden] · ££

Euch erwarten britische und internationale Speisen in einer wunderschönen romantischen Garten-Atmosphäre. In den Sommermonaten sind Wintergarten und Garten mit großer Feuerstelle ein perfekter Ort für einen schönen Abend.

- 195–197 King's Rd
- Circle, District · Sloane Sq

14 [Fishers Fish & Chips] · £

Das Fishers Fish & Chips ist als eines der besten Fish & Chips-Restaurants Londons bekannt. Hier bekommt ihr seit mehr als 35 Jahren die typisch britische Köstlichkeit in zwangloser Atmosphäre – auch zum Mitnehmen.

- 19 Fulham High St
- District · Putney Bridge

CAFÉS

15 [Café Plum] · ££

Die Besitzer des Café Plum verstehen, was gute Qualität bedeutet und verarbeiten frische regionale Produkte direkt vor euren Augen. Unser Tipp: Probiert die Eggs Benedict!

- 189 Munster Rd
- District · Fulham Broadway

16 [Chairs & Coffee] · £

Das Chairs & Coffee steht für Qualität, hier bekommt ihr besten Kaffee und auch ein hervorragendes Frühstück. Das Café ist für sein ausgezeichnetes Brunch-Menü am Wochenende bekannt – probiert unbedingt die Burrata. Aufgepasst: Am Wochenende ist im Chairs & Coffee Laptop-freie Zone!

- 512 Fulham Rd
- District · Fulham Broadway

PUBS

17 [Harwood Arms] · £££

Im einzigen mit einem Michelin Stern ausgezeichneten Pub Londons gibt es nicht nur überragende Drinks, sondern auch kulinarische Köstlichkeiten. Ein Highlight: Das Sunday Roast solltet ihr euch nicht entgehen lassen.

- Walham Grove/Farm Ln
- District · Fulham Broadway

18 [White Horse] · ££

Macht es euch in den Ohrensesseln dieses schönen britischen Pubs gemütlich. Hier erwartet euch eine gute Auswahl an Bieren und Weinen. Auf der Speisekarte findet ihr britische Gerichte – aber auch vegane.

- 1–3 Parsons Green / Ackmar Rd
- District · Parsons Green

Kosmopol

BARS

19 [Kona Kai] · £
Unweit des Stamford Bridge Stadiums findet ihr Kona Kai. Die Bar ist eine polynesisch inspirierte Cocktailbar – hier kommen Südsee-Gefühle auf. Freitags und samstags sorgt ab 21 Uhr ein DJ für Stimmung.
📍 *515 Fulham Rd*
🚇 *District · Fulham Broadway*

20 [Kosmopol] · ££
Die schwedische Cocktailbar mitten in London überzeugt mit ihren Cocktails, dazu gibt es ganz klar: schwedische Hot Dogs für den kleinen Hunger. Freitag und Samstag Nacht öffnet ein kleiner Nachtclub seine Türen.
📍 *138 Fulham Rd*
🚇 *Circle, District, Piccadilly · Gloucester Rd*

SHOPPING

Die King's Road ist das Shopping-Herz Chelseas. Wo in den 1960er-Jahren ein Widerstand der Punk-Szene stattfand, deren Höhepunkt die Eröffnung des Leder- und Fetisch-Ladens SEX (das heutige World's End) von Vivienne Westwood war, haben sich heute viele gehobene Einkaufsmöglichkeiten angesiedelt. Die King's Road entwickelte sich zu einem schönen Boulevard, der nicht so überlaufen ist, wie andere Shoppingmeilen Londons. Ihr findet viele kleine exklusive Boutiquen entlang der King's Road und auch eines der größten Einkaufsmöglichkeiten Londons – den [Peter Jones Department Store] · *Sloane Sq*. Unser Tipp: Trinkt im obersten Stockwerk einen Kaffee und genießt den wunderschönen Blick auf die Umgebung. Unweit des Sloane Squares liegt der [Duke of York Square], eine schön gestaltete Piazza, direkt neben der Saatchi Gallery, die mit vielen schönen Cafés und Restaurants, aber auch einer tollen Auswahl an gehobenen Geschäften zum Flanieren einlädt.

Jeden Samstag findet der [Chelsea Farmers Market] · *Sydney St* statt. Wo früher einmal ein richtiger Bauernmarkt war, werden nun wöchentlich kleine Häuschen aufgebaut, in denen ihr einen Bücherladen, Restaurants und ein paar Bekleidungsgeschäfte findet. Im Sommer könnt ihr wunderbar draußen sitzen. Ein Highlight ist [The Shop at Bluebird] · *6 Duke of York Sq*, wo ihr von Kleidung bis Dekoartikel alles kaufen könnt.

Duke of York Square

CHELSEA & FULHAM HAT
DIR GEFALLEN? DANN SCHAU
AUCH HIER VORBEI:

CENTRAL LONDON
Westminster &
St James's
Hyde Park &
South Kensington

MEHR ÜBER DIESE SPOTS ERFAHREN: LLDN.DE/10038

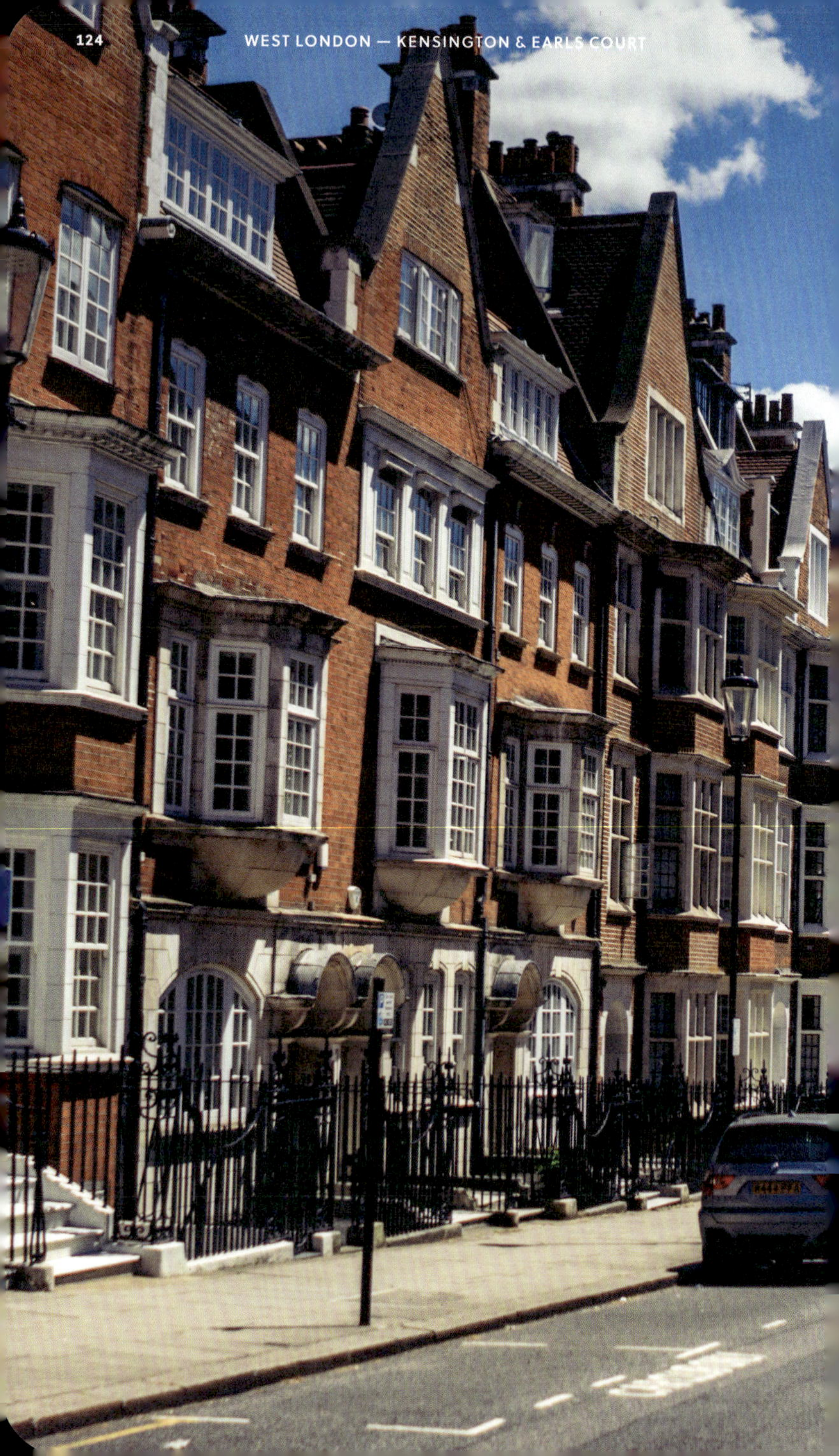

WEST
LONDON

KENSINGTON & EARLS COURT

Heimat der Royals

Kensington & Earls Court sind durch die Nähe zum Hyde Park und Holland Park eine tolle Gegend, um auf Erkundungstour zu gehen. Ein echtes Highlight ist dabei selbstverständlich der Kensington Palace, seit Jahrhunderten Residenz der Royals und aktuell auch der Wohnsitz der jungen Generation um William und Harry. Dazu gibt es Museen, Kirchen, Bars und exquisite Shoppingmöglichkeiten – zauberhaft eingebettet zwischen Notting Hill und Chelsea.

TOP SIGHTS

1 [Kensington Palace]
Der Kensington Palace ist eine bei den Royals seit jeher beliebte Residenz. Auf dem Grundstück leben heute Prince William und Kate sowie Prince Harry und Meghan.
○ *Kensington Gardens*
⊖ *Central · Queensway*

2 [Holland Park]
Kaum ein anderer Park in London ist so vielseitig: ein Waldgebiet im Norden, Sportanlagen im Süden und Gärten und das Holland House im Herzen.
○ *Ilchester Pl*
⊖ *Central · Holland Pk*

3 [Design Museum]
Das Design Museum widmet sich seit 1989 dem Einfluss von Design jeglicher Art. Zusätzlich gibt es Vorträge und Kurse, an denen ihr teilnehmen könnt.
○ *224–238 Kensington High St*
⊖ *Central · Holland Pk*

4 [Leighton House Museum]
Das ehemalige Zuhause des Künstlers Lord Frederic Leighton wird oft als privater Kunstpalast bezeichnet.
○ *12 Holland Park Rd*
⊖ *Central · Holland Pk*

5 [St Mary Abbots Church]
Die römisch-katholische Kirche wurde 1872 fertiggestellt. Heute gilt ihre Turmspitze mit knapp 85 Metern als längste in ganz London.
○ *Kensington Church St*
⊖ *Central, Circle, District · Notting Hill Gate*

MEHR ÜBER DIESE SPOTS ERFAHREN: LLDN.DE/**10039**

KENSINGTON & EARLS COURT

VON ISABELLE

Ein Besuch im The Churchill Arms Pub lohnt sich. Er ist ein echtes optisches Spektakel!

BEGIB DICH AUF ENTDECKUNGSTOUR!

Sights
- 01 · Kensington Palace
- 02 · Holland Park
- 03 · Design Museum
- 04 · Leighton House Museum
- 05 · St Mary Abbots Church
- 06 · 18 Stafford Terrace
- 07 · Romulo Café
- 08 · Abingdon
- 09 · The Shed
- 10 · Zaika
- 11 · Over under Coffee
- 12 · Cafe Phillies
- 13 · Candella Tea Room
- 14 · Churchill Arms
- 15 · Scarsdale Tavern
- 16 · Hansom Cab
- 17 · Evans & Peel – Detective Agency
- 18 · Piäno Kensington

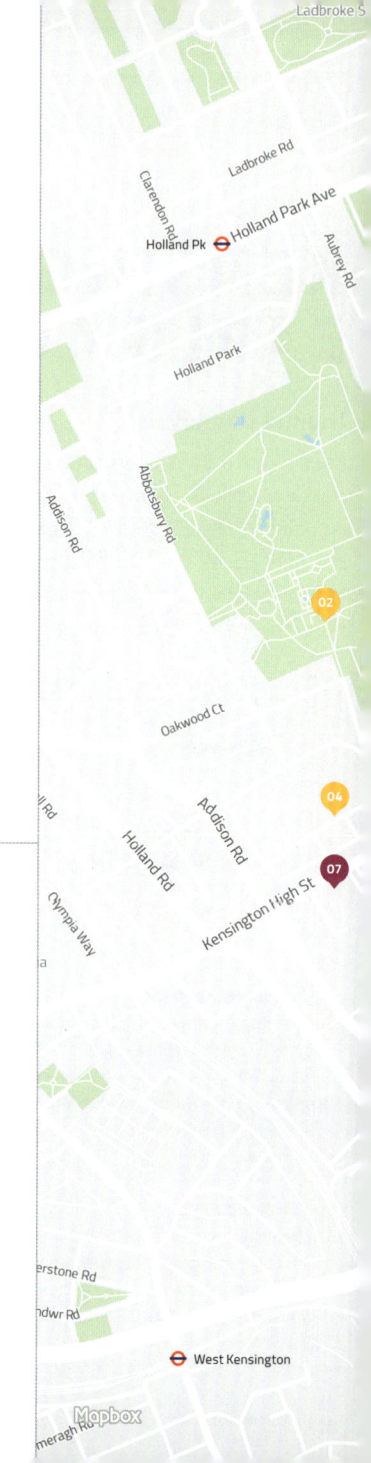

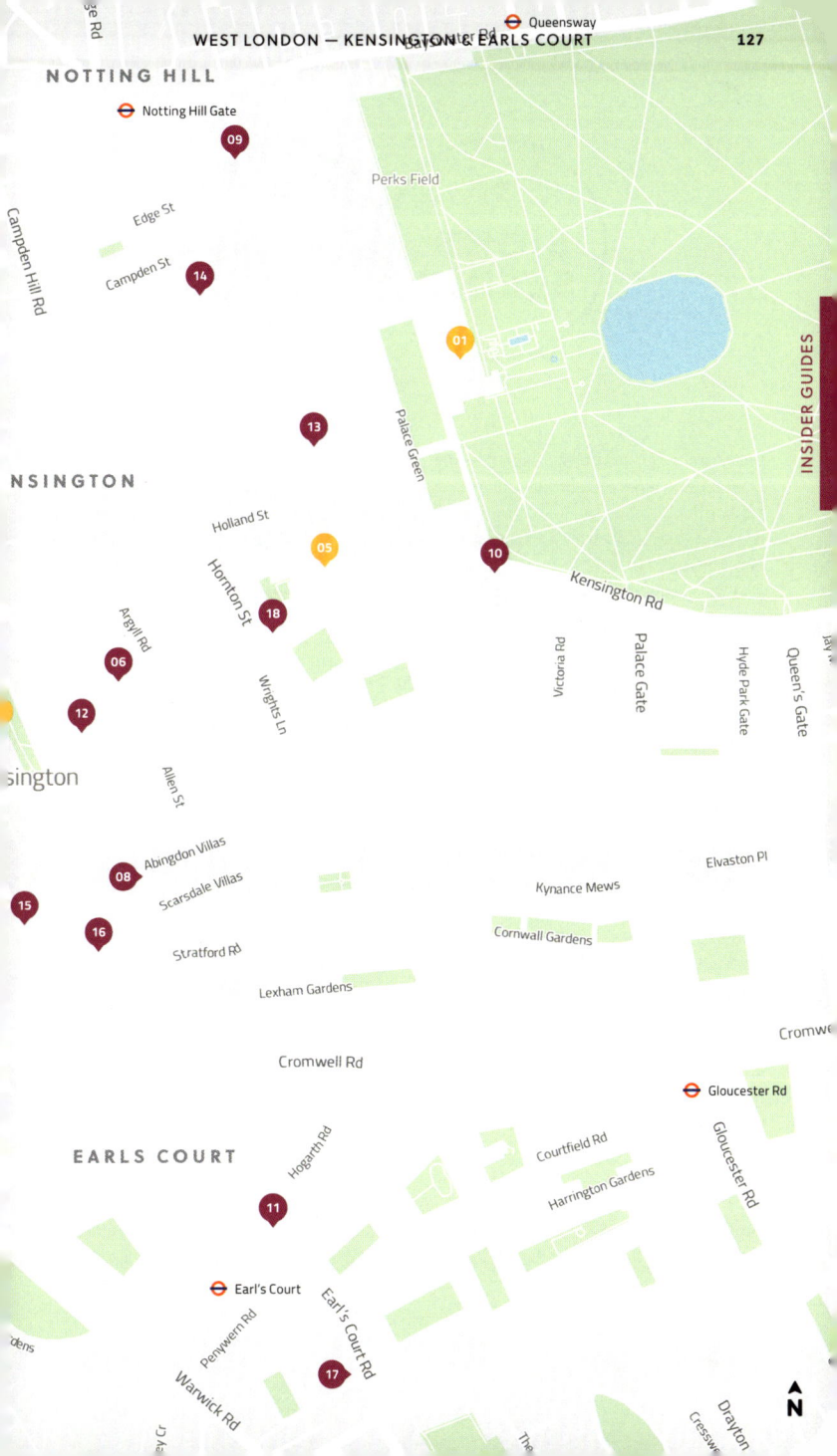

WEST LONDON — KENSINGTON & EARLS COURT 127

NOTTING HILL

Notting Hill Gate

Perks Field

Edge St

Campden St

Campden Hill Rd

NSINGTON

Holland St

Hornton St

Argyll Rd

Palace Green

Kensington Rd

Victoria Rd · Palace Gate · Hyde Park Gate · Queen's Gate

Wrights Ln

sington

Allen St

Abingdon Villas

Scarsdale Villas

Stratford Rd

Kynance Mews

Elvaston Pl

Cornwall Gardens

Lexham Gardens

Cromwell Rd

Cromwell Rd

Gloucester Rd

EARLS COURT

Hogarth Rd

Courtfield Rd

Harrington Gardens

Gloucester Rd

Earl's Court

Penywern Rd

Earl's Court Rd

Warwick Rd

Drayton

Cresswe

Queensway

INSIDER GUIDES

N

SIGHTSEEING

Direkt am Hyde Park gelegen, könnt ihr den [Kensington Palace] kaum verfehlen. Er gilt als eine der beliebtesten Residenzen der königlichen Familie. Auch die Königinnen Victoria und Mary wurden hier geboren. Kein Wunder also, dass der Palast heute das Zuhause sowohl von William und Kate als auch von Harry und Meghan ist. Historische Teile sind aber auch der Öffentlichkeit zugänglich: Hier finden unter anderem wechselnde Ausstellungen zur Geschichte des Königshauses statt.

Der nur einen Steinwurf entfernt liegende [Holland Park] ist zwar wesentlich kleiner als der Hyde Park, bietet auf einer Fläche von 22 Hektar aber eine große Vielfalt auf einem recht kompakten Raum. Unser Geheimtipp hier ist der [Kyoto Garden]: ein kleiner japanischer Garten, in welchem ihr euch eine Dosis an Ruhe vom Trubel der Stadt abholen könnt. Und wenn im Frühjahr die wunderschönen Kirschbäume blühen, entfaltet der Garten eine magische Schönheit. Unbedingt ansehen solltet ihr euch auch das [Holland House]. Es gehörte zu den ersten Stadtpalästen Londons und wurde 1605 im jakobinischen Stil erbaut. Im Jahr 1940 wurde es bei der Bombardierung von London jedoch von Brandbomben größtenteils zerstört – nur der Ostflügel und die Bibliothek blieben unversehrt. Heute befindet sich im Holland House eine Jugendherberge, während die Orangerie als Ausstellungsfläche genutzt wird – ebenso wie das Eishaus, in dem sich eine Kunstgalerie befindet.

Auf eurem Weg vom Hyde Park zum Holland Park solltet ihr unbedingt einen Stopp an der [St Mary Abbots Church] mit ihrem rund 85 Meter hohen Spitzturm einlegen. Die beeindruckende Kirche wurde während des Zweiten Weltkriegs ebenfalls schwer beschädigt, erstrahlt heute aber in neuem Glanz. Auch Prinzessin Diana und der ehemalige Premierminister David Cameron besuchten hier schon Gottesdienste. Unser Tipp: Wählt eure Route nicht entlang der Kensington High Street, sondern macht einen Abstecher in die nördlich der Kirche gelegene Holland Street. Hier findet ihr eine Vielzahl an schönen, kleinen Geschäften.

In unmittelbarer Nähe des Holland Parks befinden sich zudem gleich zwei ganz unterschiedliche Museums-Highlights. So bezog erst vor Kurzem das [Design Museum] seinen rundum verglasten Bau, dessen Grundstück direkt an den Park grenzt. Dieser ist von innen genauso spektakulär, wie das Äußere vermuten lässt: Wie in einer modernen Kathedrale fühlt ihr euch, wenn ihr unter dem asymmetrischen Betondach flaniert. Wie eine Zeitreise wirkt im Vergleich dazu ein Besuch im [Leighton House Museum]. In den ehemaligen Wohn- und Atelierräumen des Künstlers Frederic Leighton könnt ihr zahlreiche Kunstwerke aus der viktorianischen Zeit bestaunen. Das Highlight des Hauses ist mit Sicherheit die mit Fliesen aus Damaskus verzierte Arabische Halle.

WEST LONDON — KENSINGTON & EARLS COURT

MUSEEN

⭐ ⌈Design Museum⌉
Bei einem Besuch im Design Museum lernt ihr neben der Entwicklungsgeschichte auch, wie verschiedene Designs unser Leben beeinflussen. Wer Interesse hat, kann zudem auch an diversen Vorträgen, Workshops und Kursen teilnehmen.
- 224–238 Kensington High St
- Central · Holland Pk

⭐ ⌈Leighton House Museum⌉
Den sogenannten Kunstpalast aus dem 19. Jahrhundert ließ Künstler Frederic Leighton präzise nach seinen Wünschen erbauen. Heute könnt ihr seine Räumlichkeiten, Gemälde, Skulpturen und komplexe Mosaike bewundern.
- 12 Holland Park Rd
- Central · Holland Pk

06 ⌈18 Stafford Terrace⌉
Das ehemalige Haus des berühmten Karikaturisten Edward Linley Sambourne wurde 1980, rund 70 Jahre nach dessen Tod, der Öffentlichkeit zugänglich gemacht. Es wirkt, als hätte die Zeit hier stillgestanden – denn es gilt als ein seltenes Beispiel der Zeitepoche des Ästhetizismus, in der Optik die oberste Priorität hatte.
- 18 Stafford Terrace
- Circle, District · High Street Kensington

RESTAURANTS & CAFÉS

RESTAURANTS

07 ⌈Romulo Café⌉ · ££
Das feine Restaurant bietet euch philippinische Küche aus der Hauptstadt Manila, geprägt von Einflüssen verschiedenster kulinarischer Kulturen – von spanisch über malaysisch und chinesisch bis hin zu amerikanisch.
- 343 Kensington High St
- District, Piccadilly · Earls Court

08 ⌈Abingdon⌉ · ££
Im Abingdon erwartet euch moderne, europäische Küche für ein etwas schickeres Abendessen. Eine typische Mahlzeit sieht hier wie folgt aus: Steak, Wein und original britischer Sticky Toffee Pudding.
- 54 Abingdon Rd
- Circle, District · High Street Kensington

INSIDER TIPP

VON LAURA

Als Design-Begeisterte besuche ich das London Design Museum so oft wie möglich. Es gibt hier immer wieder neue Ausstellungen, die ihr nicht verpassen solltet.

Kensington Palace

MEHR ÜBER DIESE SPOTS ERFAHREN: LLDN.DE/10040

09 [The Shed] · ££
Dieses Restaurant ist – neben dem Rabbit in Chelsea – das zweite Restaurant der Gladwin Brothers. Fast alle Zutaten werden von ihrem Familienbauernhof in Sussex direkt in die Restaurants geliefert. Optisch erinnert The Shed an einen bunten Schuppen mit viel Charakter.

○ *122 Palace Gardens Terrace*
⊖ *Central, Circle, District* · *Notting Hill Gate*

10 [Zaika] · ££
Es gibt nicht viele Restaurants, in denen so authentisch und exquisit indisch gekocht wird wie bei Zaika. Das Ambiente des noblen Restaurants ist sehr angenehm – die Preise im Verhältnis dazu aber durchaus erschwinglich. Da das Zaika meist sehr gut besucht ist, solltet ihr hier im Voraus reservieren.

○ *1 Kensington High St*
⊖ *Circle, District* · *High Street Kensington*

CAFÉS

11 [Over under Coffee] · £
Der Gründer des Cafés wurde stark durch die Kaffeekulturen in Neuseeland, Dublin und New York inspiriert. Es ist nur mit wenigen Tischen ausgestattet und wirkt daher sehr persönlich. Wert wird hier vor allem auf gesunde Ernährung gelegt. Mit einer großen vegetarischen und veganen Auswahl wird hier jeder fündig!

○ *181A Earl's Ct Rd*
⊖ *District, Piccadilly* · *Earls Court*

12 [Cafe Phillies] · ££
Nur wenige Schritte vom Holland Park entfernt findet ihr das moderne Cafe Phillies, das sich ideal für ein stärkendes Frühstück oder einen Brunch anbietet. Mit Optionen wie Schinken-Käse-Croissants, Chorizo-Sandwiches, Räucherlachs-Bagels und Rührei mit Bacon fällt das Menü hier besonders herzhaft aus.

○ *12A Phillimore Gardens*
⊖ *Circle, District* · *High Street Kensington*

13 [Candella Tea Room] · ££
Wer Lust auf einen klassischen Nachmittagstee hat, sollte unbedingt bei Candella vorbeischauen! Diese gemütliche Teestube in authentischer Atmosphäre bietet euch eine riesige Auswahl an Teesorten. Der leckere Tee wird in einem sehr traditionellen, verzierten Teeservice aus Porzellan serviert. Dazu gibt es verschiedenste Leckereien.

○ *34 Kensington Church St*
⊖ *Central, Circle, District* · *Notting Hill Gate*

PUBS

14 [Churchill Arms] · £
The Churchill Arms ist von außen aufgrund seiner Blumenpracht sehr leicht zu erkennen. Doch auch von innen ist der Pub mit seiner aufwendigen Deko unverwechselbar. Besonders zu Weihnachten wird hier ordentlich geschmückt! Noch interessanter ist der Pub allerdings aufgrund der integrierten Thai Kitchen.

○ *119 Kensington Church St*
⊖ *Central, Circle, District* · *Notting Hill Gate*

15 [Scarsdale Tavern] · ££
Dieser urige Pub befindet sich in einer ruhigen Wohnstraße. Hier gibt es Bier vom Fass – zum Beispiel auch das London Pride –, verschiedene Räumlichkeiten und sogar einen offenen Kamin. Der Service ist schnell und es gibt auch einen gemütlichen Außenbereich.

○ *23A Edwardes Sq*
⊖ *District, Piccadilly* · *Earls Court*

16 [Hansom Cab] · ££
Ehemals gehörte dieser Pub dem britischen Journalisten und Fernsehmoderator Piers Morgan. Solltet ihr den Pub an einem Sonntag besuchen, könnt ihr euch nicht nur auf regionale Biere, sondern auch auf einen hervorragenden Sonntagsbraten freuen – und beim Sunday Pub Quiz mitmachen.

○ *84–86 Earl's Ct Rd*
⊖ *District, Piccadilly* · *Earls Court*

BARS

17 ⌈Evans & Peel – Detective Agency⌉ · ££
Diese Speakeasy-Bar nimmt ihr Thema sehr ernst. Heißt: Von außen ist sie so gut wie gar nicht als Bar zu erkennen. Was sich hinter der Tür verbirgt, ist eine etwas dunkle Kellerbar ganz im Stil der 1920er. Macht euch auf ein echtes Speakeasy-Erlebnis gefasst!
📍 *310c Earl's Ct Rd*
🚇 *District, Piccadilly · Earls Court*

18 ⌈Piāno Kensington⌉ · ££
In dieser Piano-Bar erwarten euch jede Menge Getränke, Snacks und unterhaltsame Musik – sechs Tage die Woche. Die talentierten Pianisten nehmen sogar Songvorschläge entgegen und Mitsingen ist absolut erwünscht! Wenn ihr bei einem der Events dabei sein wollt, solltet ihr euch zuvor einen Tisch reservieren.
📍 *106 Kensington High St*
🚇 *Circle, District · High Street Kensington*

SHOPPING

Wenn ihr in Kensington & Earls Court shoppen gehen möchtet, solltet ihr die Kensington High Street ansteuern. Dort findet ihr viele verschiedene Shops und Boutiquen. Zum einen befinden sich dort bekannte Läden wie The Body Shop, Calzedonia, Accessorize und H&M, zum anderen werdet ihr beim Erkunden auf Läden wie ⌈**India Jane** · *130 Kensington High St*⌉ und ⌈**Oliver Bonas** · *129 Kensington High St*⌉ stoßen, die besonders für Deko-Liebhaber und Design-Begeisterte interessant sind. India Janes fokussiert sich ausschließlich auf den Bereich der Wohnungseinrichtung. Abgesehen von diversen Möbelstücken findet ihr hier auch einzigartige Dosen, Figuren, Kerzen, Bilderrahmen und vieles mehr. Oliver Bonas hingegen verkauft neben Möbeln und Deko auch moderne Kleidung und Schmuck. Alle Produkte werden von dem Ladenbesitzer Olly, der durch viele internationale Reisen inspiriert wurde, selbst entworfen. Seine Kreationen erfreuen sich über die Jahre so großer Beliebtheit, dass es aktuell insgesamt rund 70 Filialen in ganz Großbritannien gibt.

Für noch mehr tolle Shopping-Spots solltet ihr euch in die umliegenden Stadtteile Notting Hill und South Kensington begeben.

Churchill Arms Pub

KENSINGTON & EARLS COURT HAT DIR GEFALLEN? DANN SCHAU AUCH HIER VORBEI:

Chelsea & Fulham
Notting Hill

MEHR ÜBER DIESE SPOTS ERFAHREN: LLDN.DE/10041

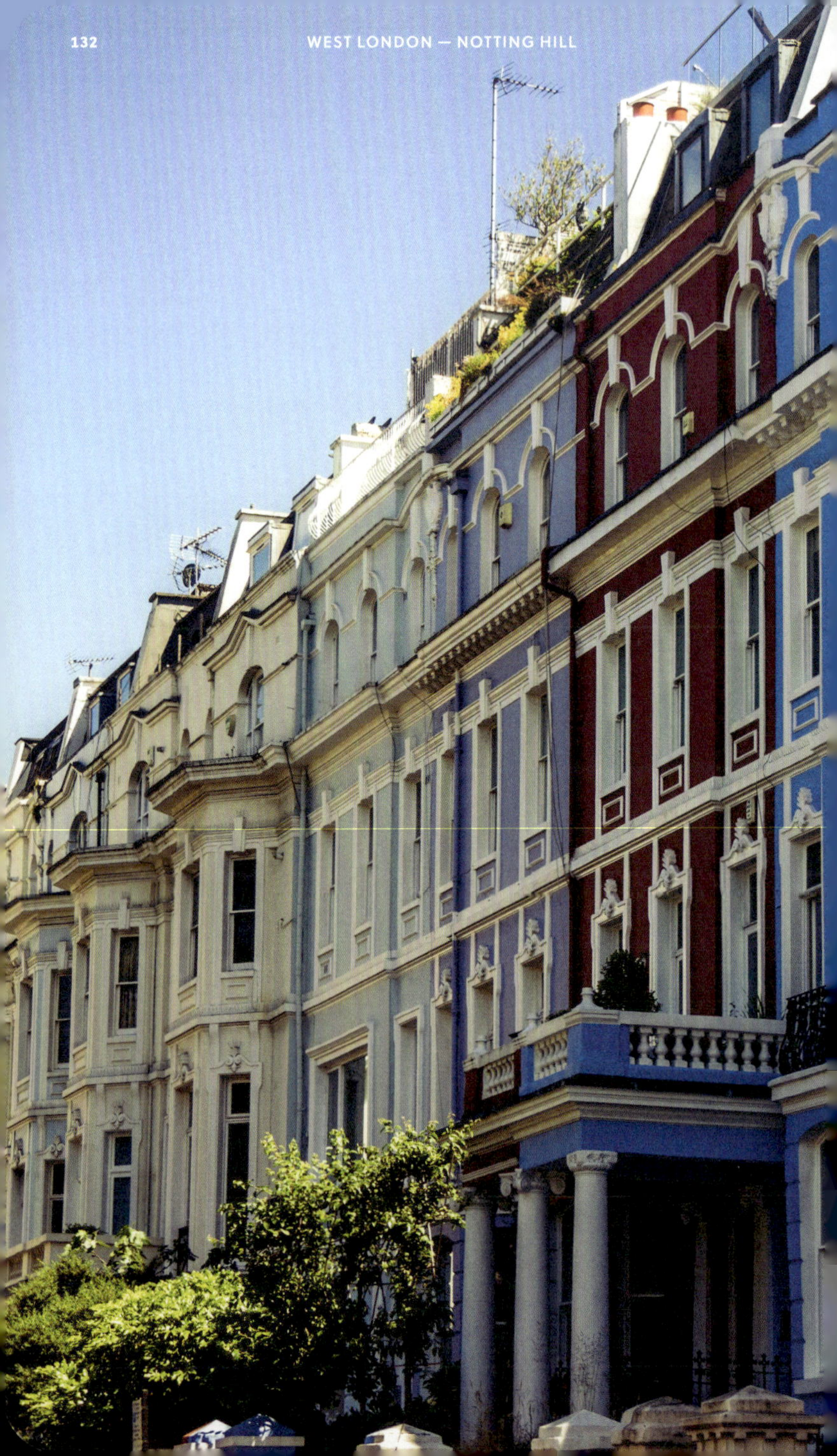

NOTTING HILL

Ein Stadtteil mit einzigartigem Charme

Früher zählte Notting Hill zu den ärmsten Stadtteilen Londons, doch im Laufe der Jahrzehnte hat er sich zu einer angesagten und idyllischen Gegend entwickelt. Wo früher kaum mehr als Schweineställe und Töpferwerkstätten lagen, findet ihr heute erhabene Häuserreihen und ein buntes und vielfältiges Angebot an Kultur- und Musikevents. Vor allem der Portobello Straßenmarkt und der Notting Hill Carnival prägen den szenigen Stadtteil.

TOP 5 SIGHTS

1 ⌈Portobello Road⌉
Die bunte Portobello Road ist für ihren riesigen Straßenmarkt bekannt. Dort findet man alles – von Secondhand-Kleidung über Antiquitäten bis hin zu leckeren Köstlichkeiten.
○ Portobello Rd
⊖ *Circle, Hammersmith & City · Ladbroke Grove*

2 ⌈Pembridge Road⌉
In dieser niedlichen Straße gibt es abseits des Trubels viele kleine Läden, Restaurants und Cafés.
○ Pembridge Rd
⊖ *Central, Circle, District · Notting Hill Gate*

3 ⌈Denbigh Terrace⌉
Die Denbigh Terrace ist eine kleine Seitenstraße der Portobello Road und aufgrund ihrer farbenfrohen Hausreihen ein sehr beliebtes Fotomotiv.
○ Denbigh Terrace
⊖ *Central, Circle, District · Notting Hill Gate*

4 ⌈280 Westbourne Park⌉
Filmfanatiker aufgepasst: Hier ist die berühmte blaue Tür zu sehen, die aus dem Film Notting Hill bekannt ist.
○ 280 Westbourne Park Rd
⊖ *Circle, Hammersmith & City · Ladbroke Grove*

5 ⌈Electric Cinema⌉
Das Electric Cinema öffnete seine Türen im Jahr 1910 und ist somit eines der ältesten Kinos ganz Großbritanniens.
○ 191 Portobello Rd
⊖ *Circle, Hammersmith & City · Ladbroke Grove*

MEHR ÜBER DIESE SPOTS ERFAHREN: LLDN.DE/10042

NOTTING HILL

VON ISABELLE

Nehmt euch Zeit und schlendert gemütlich über den Portobello Market. Dabei könnt ihr wahre Schätze entdecken oder einfach die lebendige Atmosphäre genießen.

BEGIB DICH AUF ENTDECKUNGSTOUR!

Sights
- 01 · Portobello Road
- 02 · Pembridge Road
- 03 · Denbigh Terrace
- 04 · 280 Westbourne Park
- 05 · Electric Cinema
- 06 · Museum of Brands, Packaging & Advertising
- 07 · Tabernacle Notting Hill
- 08 · Granger & Co.
- 09 · Electric Diner
- 10 · The Ledbury
- 11 · Farmacy
- 12 · Hereford Road
- 13 · Mike's Cafe
- 14 · Ladbroke Arms
- 15 · Cock & Bottle
- 16 · Elgin
- 17 · Portobello Star
- 18 · Trailer Happiness

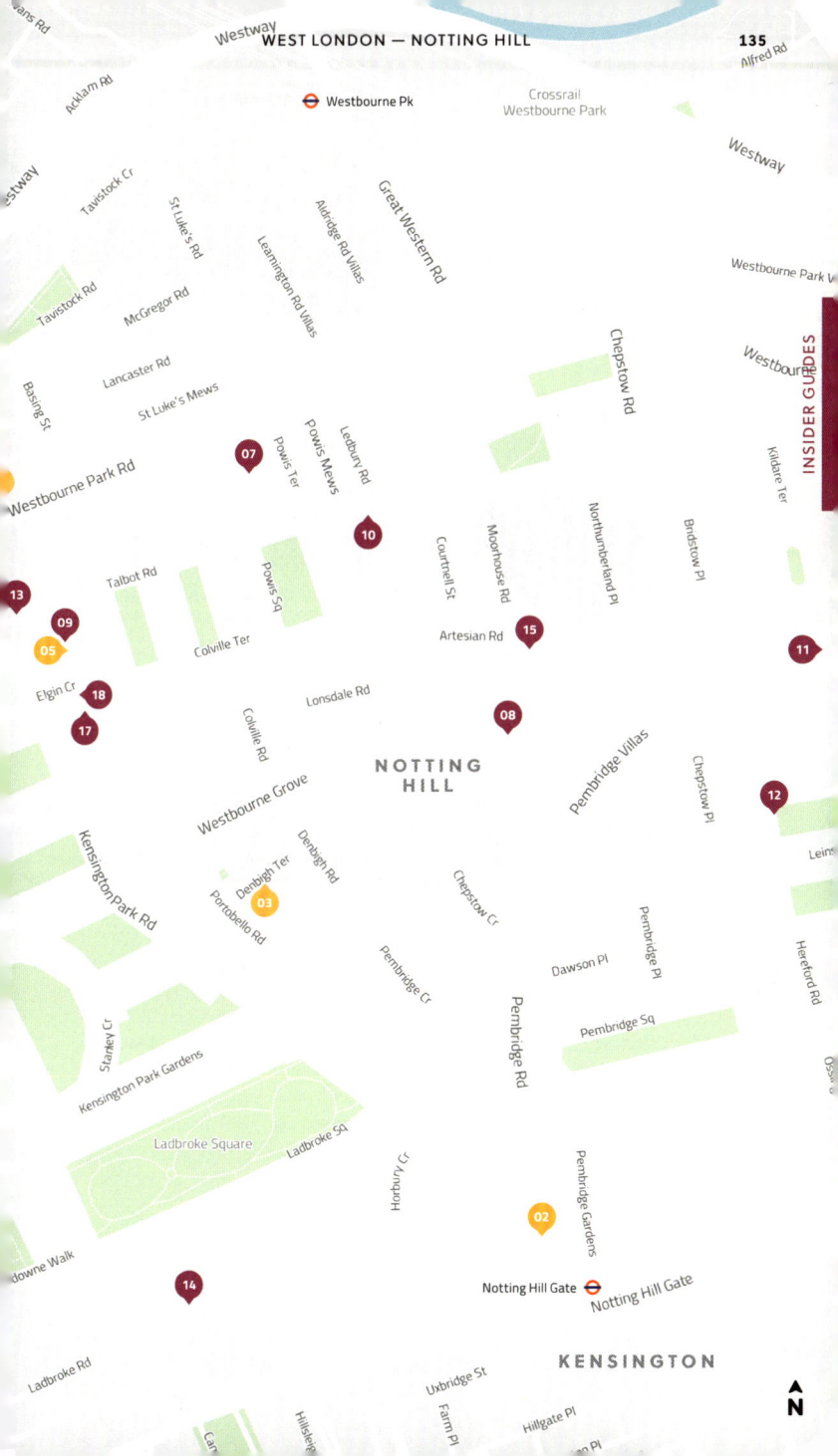

WEST LONDON — NOTTING HILL

135

NOTTING HILL

KENSINGTON

INSIDER GUIDES

SIGHTSEEING

Electric Cinema

Notting Hill ist zum größten Teil ein sehr ruhiges und idyllisches Wohnviertel. Spaziergänge sind hier daher besonders schön. Ihr findet malerische Straßen, in denen ihr die in London weit verbreitete georgianische Architektur bewundern könnt. Beispiele für sehenswürdige Straßen sind die [**Lansdowne Road**] oder [**Denbigh Terrace**], die mit ihren hübschen pastellfarbenen bzw. teilweise sehr bunten Hausreihen ein wahrer Hingucker sind. Die [**St Lukes Mews**], die mit Kopfsteinpflaster ausgelegt ist, kann als besonders charmant-zauberhafte Straße bezeichnet werden.

Die jedoch mit Abstand berühmteste aller Straßen in Notting Hill ist die [**Portobello Road**]. Sie ist besonders für ihren großen Open Air-Markt bekannt, der fast täglich stattfindet. Eine weitere Sehenswürdigkeit auf der Portobello Road ist das [**Electric Cinema**], eines der ältesten Kinos Großbritanniens. Ihr könnt euch dort die neuesten Filme anschauen und das in einem besonders edlem Stil – es gibt sogar Betten in der ersten Reihe.

Wiederum nur wenige Schritte von der Portobello Road entfernt, in der Parallelstraße Kensington Park Road, befindet sich die [**St Peter's Church**] aus dem 19. Jahrhundert. Sie sticht besonders durch ihre Größe und Sandfarbe aus den sonst schlichten, pastellfarbenen Gebäuden heraus.

Ein paar Gehminuten westlich von der Kirche wird euch bei einem Spaziergang noch etwas ins Auge stechen: [**The Bottle Kiln**], ein flaschenförmiger Keramikbrennofen aus dem 19. Jahrhundert, in dem Ziegel gebrannt wurden. Er ist der einzige von zahlreichen Brennöfen, der bis heute erhalten geblieben ist. Er erinnert an eine Zeit, in der Notting Hill zu den ärmsten Vierteln Londons zählte.

Fans des gleichnamigen Films »Notting Hill« mit Hugh Grant und Julia Roberts sollten unbedingt hier vorbeischauen: The Travel Book Co., heute [**The Notting Hill Bookshop**], und [**280 Westbourne Park Road**]. Beim ersten handelt es sich um die charmante Buchhandlung des Films und beim zweiten um das Haus mit der berühmten blauen Tür.

Die aber wohl beste Zeit, um Notting Hill zu besuchen, ist während des [**Notting Hill Carnivals**]. Schon seit 1966 findet das zweitägige Event im August statt und zieht jährlich bis zu eine Millionen Menschen an. Der Karneval zelebriert London's Multikulturalität und bietet jede Menge Unterhaltung.

MUSEEN

06 [Museum of Brands, Packaging & Advertising]
Dieses Museum befasst sich mit der Verbraucherkultur, angefangen vom viktorianischen Zeitalter bis heute. Ihr könnt dort über 12.000 verschiedene Gegenstände ansehen, darunter jegliche Packungen, Poster, Spielzeuge und Spiele. Das Museum zeigt, wie Produkte und die Marken dahinter das Leben der Menschen geprägt haben.
- 111–117 Lancaster Rd
- Circle, Hammersmith & City · Ladbroke Grove

07 [Tabernacle Notting Hill]
The Tabernacle war einst eine Kirche. Heute wird das Gebäude für diverse Veranstaltungen genutzt. Egal ob Tanz-, Theater-, Film-, Musik-, Kunst- oder Sportevents – hier ist immer etwas los. Von außen ist The Tabernacle besonders an der romanischen Fassade aus rotem Backstein und den zwei Türmen zu erkennen.
- 34–35 Powis Sq
- Circle, Hammersmith & City · Westbourne Pk

RESTAURANTS & CAFÉS

RESTAURANTS

08 [Granger & Co.] · £
Egal ob Frühstück, Mittag- oder Abendessen – dieses australische Restaurant bietet leckere Mahlzeiten in lockerer Atmosphäre. Der Inhaber hat sogar bereits mehrere Kochbücher verfasst. Preislich gehört das Granger & Co. zu den etwas teureren Restaurants, dafür sind die Portionen aber sehr großzügig.
- 175 Westbourne Grove
- Central, Circle, District · Notting Hill Gate

09 [Electric Diner] · £
Gleich neben dem Electric Cinema findet ihr das Electric Diner, das aufgrund seiner roten Ledercouches an ein traditionelles amerikanisches Diner aus einem Film erinnert. Das Diner eignet sich daher perfekt, um vor (oder nach) einem Kinobesuch etwas essen oder trinken zu gehen.
- 191 Portobello Rd
- Circle, Hammersmith & City · Ladbroke Grove

10 [The Ledbury] · £££
Das Michelin-Stern-Restaurant gehört zu den besten Restaurants in London. Hier lassen sich besondere Anlässe wunderbar zelebrieren. Jede Mahlzeit ist gut durchdacht und hübsch angerichtet. Besonders angepriesen wird hier das mehrgängige Menü.
- 127 Ledbury Rd
- Circle, Hammersmith & City · Westbourne Pk

11 [Farmacy] · £
Hier findet jeder etwas, was ihm gefällt! Farmacy ist ein veganes Restaurant mit einer riesigen Auswahl. Hier könnt ihr zum Frühstück, Brunch, Mittag- oder Abendessen oder einfach nur für einen Drink vorbeischauen. Besonders die Smoothies sind sehr lecker!
- 74 Westbourne Grove
- Circle, District · Bayswater

12 [Hereford Road] · ££
Eines ist bei Hereford Road gewiss: Es könnte nicht frischer sein! Das englische Restaurant aktualisiert sein Menü täglich, je nach vorhandenen Zutaten. Die Frische der Zutaten lässt sich auch tatsächlich schmecken. Das Onglet-Steak hat uns besonders überzeugt.
- 3 Hereford Rd
- Circle, District · Bayswater

Museum of Brands, Packaging & Advertising

MEHR ÜBER DIESE SPOTS ERFAHREN: LLDN.DE/10043

CAFÉS

13 ⌈Mike's Cafe⌉ · £
Wenn ihr nach einem tollen Ort für ein leckeres, traditionelles englisches Frühstück sucht, dann seid ihr bei Mike's Cafe genau richtig. Hier gibt es alle Klassiker von Eiern über Würstchen bis hin zu Hash Browns.

◯ *12 Blenheim Cres*
⊖ *Circle, Hammersmith & City · Ladbroke Grove*

PUBS

14 ⌈Ladbroke Arms⌉ · £££
Ladbroke Arms ist ein Ort für Locals und Touristen zugleich. Der Pub erfreut sich an vielen Stammgästen, was zu einer authentischen Atmosphäre führt. Das Essen ist lecker und vor allem die umfangreiche Weinliste macht den Pub zu einem beliebten Anlaufpunkt. Ihr findet dort bekannte, aber auch einige eher unbekannte Weine zum Probieren.

◯ *54 Ladbroke Rd*
⊖ *Central · Holland Pk*

15 ⌈Cock & Bottle⌉ · ££
In dem gemütlichen Pub herrscht eine ideale Balance zwischen Pub Food und gehobenem Essen. Jede Woche erwartet euch ein neues Menü. Im Sommer sitzt ihr am besten draußen und genießt ein frisch gebrautes Bier.

◯ *17 Needham Rd*
⊖ *Circle, Hammersmith & City · Westbourne Pk*

16 ⌈Elgin⌉ · ££
Dieser Pub überzeugt durch seine elegante Einrichtung mit riesigen Fenstern. Hier lässt es sich in schicker Atmosphäre speisen. The Elgin ist allerdings nicht nur ein Pub – es ist auch Veranstaltungsort für diverse Musik-Konzerte. Für Musikliebhaber ist The Elgin also ein Volltreffer!

◯ *96 Ladbroke Grove*
⊖ *Circle, Hammersmith & City · Ladbroke Grove*

BARS

17 ⌈Portobello Star⌉ · £
Portobello Star ist eine historische Bar, die es schon seit 1740 gibt. Sie befindet sich direkt auf der berühmten Portobello Road und ist ein toller Ort, um den Abend ausklingen zu lassen. Außer Cocktails gibt es Live-Musik. Sparfüchse sollten unbedingt während der Happy Hour vorbeischauen!

◯ *171 Portobello Rd*
⊖ *Circle, Hammersmith & City · Ladbroke Grove*

18 ⌈Trailer Happiness⌉ · ££
In dieser Bar wird viel Wert auf gute Laune gelegt! Die Location ist gemütlich, trendy und bietet bequeme Sitzgelegenheiten – hier wirkt alles wie ein 60er-Jahre-Partykeller. Dazu wird eine Sixties-Hitliste gespielt. Wer Lust auf Abwechslung hat, ist hier richtig!

◯ *177 Portobello Rd*
⊖ *Circle, Hammersmith & City · Ladbroke Grove*

SHOPPING

Der vermutlich beste Shopping-Spot in Notting Hill ist der ⌈Portobello Market⌉. Die Portobello Road selbst erstreckt sich über knapp zwei Kilometer und zieht sich so fast durch den gesamten Stadtteil. Entlang der Straße findet ihr unzählige tolle, kleine Läden und Stände. Auf dem Markt könnt ihr beim Stöbern allerlei Antiquitäten, Sammelobjekte, Mode, Secondhand-Ware, Keramik, aber auch etliche Essensstände mit frisch zubereiteten Leckereien entdecken. Es gibt also definitiv viel zu sehen, kaufen und essen! Die Märkte finden freitags und samstags statt. Von Montag bis Donnerstag haben kleinere Märkte geöffnet. Sonntags bleibt der Großteil der Geschäfte geschlossen.

Für uns ist ⌈**Portobello Print & Map Shop** · *109 Portobello Rd*⌉ ein Highlight. In diesem kleinen Geschäft findet ihr original gedruckte

INSIDER TIPP

VON LAURA

Solltet ihr Secondhand-Liebhaber sein, dann seid ihr in Notting Hill genau richtig. Hier gibt es tolle Schnäppchen zu ergattern.

Vintage-Karten aus aller Welt, darunter viele Sammelstücke.

[Westbourne Grove] ist eine weitere Shoppingstraße in Notting Hill, die sich mit der Portobello Road kreuzt. Selbstständige Einzelhändler, aber auch Handelsketten verkaufen hier ihre Mode, darunter All Saints, Paul Smith Westbourne House, Workshop und Jonathan Adler. Auch in der Parallelstraße Kensington Park Road findet ihr tolle Läden wie den [**Couverture & The Garbstore** · *188 Kensington Park Rd*], welcher moderne Kleidung über drei Etagen verkauft. Hier wird besonders darauf geachtet, dass unbekannte und unabhängige Labels unterstützt werden.

Auch in der angesagten Boutique [**Wolf & Badger** · *46 Ledbury Rd*] stehen unabhängige Designer im Vordergrund. Es gibt insgesamt nur zwei Läden – einen in London und einen in New York. Im Vergleich zu Couverture & The Garbstore ist Wolf & Badger ein etwas gehobenerer Shop.

Notting Hill bietet auch etwas für Musikliebhaber. In der Musikhandlung [**Rough Trade** · *130 Talbot Rd*] aus den 70er-Jahren findet ihr Musik im alten Stil und zwar als Vinylplatten und CDs. Dabei spezialisiert sich Rough Trade auf Alternative, Underground und Post-Punk-Musik. Andere Musikrichtungen wie Hip Hop oder Reggae findet ihr bei [**Honest Jon's Records** · *278 Portobello Rd*].

Der aus dem Film Notting Hill bekannte Travel Bookshop heißt heute [**The Notting Hill Bookshop** · *13 Blenheim Cres*]. Was ihr dort findet? Bücher aus allen Genres und auch einige hübsche Souvenirs.

The Notting Hill Bookshop

NOTTING HILL HAT DIR GEFALLEN? DANN SCHAU AUCH HIER VORBEI:

CENTRAL LONDON — Paddington & Marylebone

WEST LONDON — Kensington & Earls Court

MEHR ÜBER DIESE SPOTS ERFAHREN: LLDN.DE/**10044**

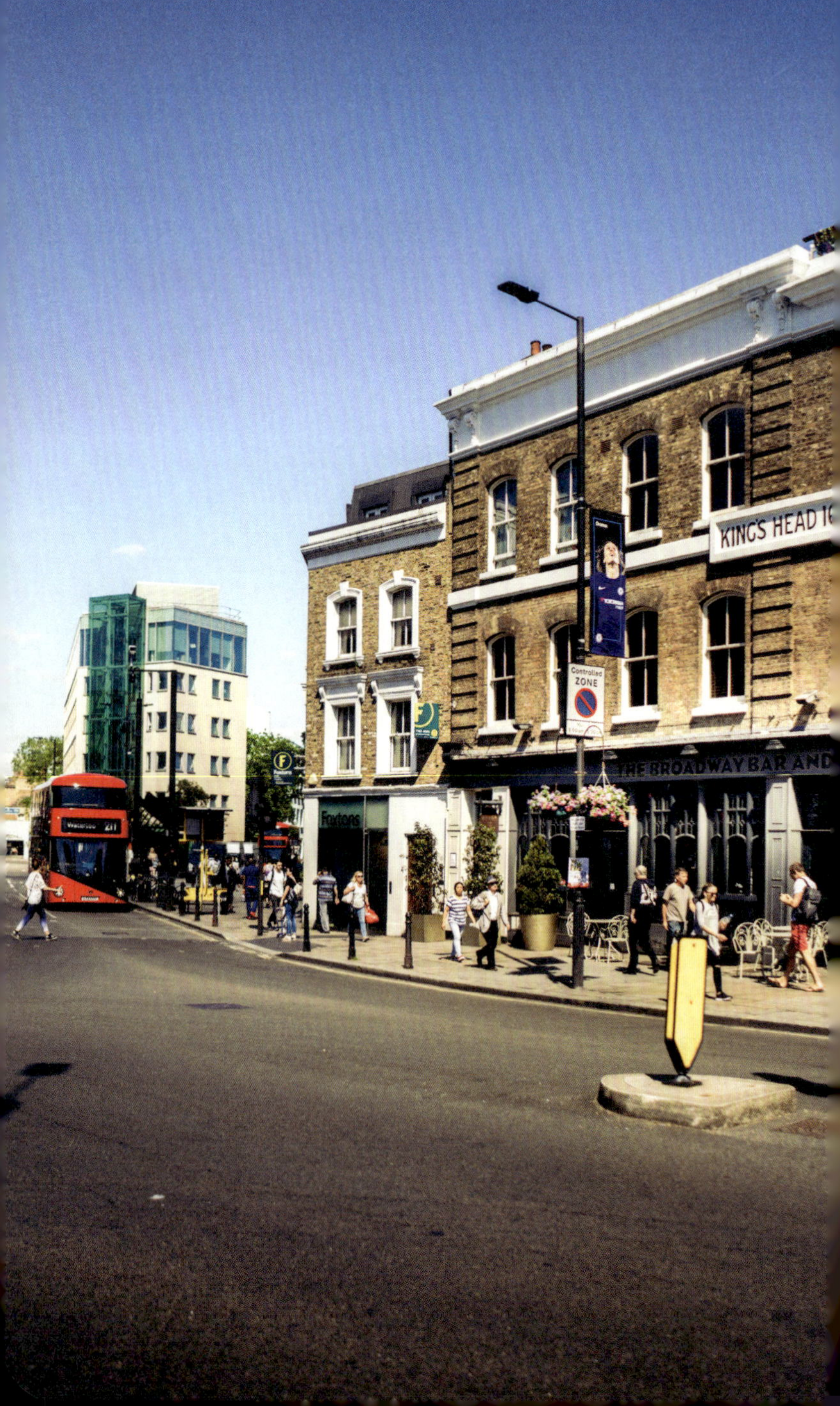
KING'S HEAD
THE BROADWAY BAR AND
Foxtons
Controlled
ZONE

HAMMERSMITH & CHISWICK

Kleinstadt-Flair an der Themse

Der Stadtbezirk Hammersmith ist 1965 durch den Zusammenschluss der früheren Verwaltungseinheiten Hammersmith und Fulham entstanden. Hammersmith genießt einen sehr guten Ruf als kulturelles Zentrum für Konzerte und Veranstaltungen. Chiswick liegt in einer Flussschlinge der Themse. Im südlichen Teil befinden sich zahlreiche Freiflächen, der nördliche Teil dagegen ist dichter bebaut. Die Vorzüge dieses Stadtteiles liegen unter anderem auch in der Vielzahl der typisch-englischen Pubs und der blühenden Cafékultur.

TOP 5 SIGHTS

1 [Lyric Hammersmith]
Ein tolles Theater mit ganz viel Charme. Gute After-Show-Drinks gibt es in der Rooftop Bar.
- *The Lyric Centre, King St*
- *District, Piccadilly · Hammersmith*

2 [The Dove]
In einer kleinen Straße direkt an der Themse befindet sich dieser schöne und urige Pub mit Terrasse.
- *19 Upper Mall*
- *District, Piccadilly · Ravenscourt Park*

3 [WWT London Wetland Centre]
Eine urbane Oase für Tiere und Menschen. Toll zum Schlendern durch die Gärten und Seenlandschaften. Ein Cafè lädt zum Entspannen ein und für Kinder gibt es tolle Spielbereiche.
- *Queen Elizabeth's Walk*
- *District, Piccadilly · Hammersmith*

4 [Fuller, Smith & Turner Brauerei]
Londons letzte Familienbrauerei – hier wird seit mehr als 160 Jahren gebraut. Alles über die Geschichte und die verschiedenen Sorten erfahrt ihr bei einer Brauereiführung.
- *Chiswick Ln S*
- *District, Piccadilly · Stamford Brook*

5 [Chiswick House and Gardens]
Das Chiswick House ist umgeben von einem revolutionären Garten, der im 18. Jahrhundert von William Kent angelegt wurde.
- *Dukes Ave*
- *District, Piccadilly · Stamford Brook*

MEHR ÜBER DIESE SPOTS ERFAHREN: LLDN.DE/10045

HAMMERSMITH & CHISWICK

INSIDER TIPP

VON LAURA

Alle, die mit der Familie reisen, sollten unbedingt zum Park Dukes Meadows in Chiswick gehen. Hier gibt es einen tollen Spielplatz und eine Planschmöglichkeit für die Kleinen. Jeden Sonntag findet hier auch der Farmers Market statt – es gibt leckere frische Lebensmittel zu kaufen.

BEGIB DICH AUF ENTDECKUNGSTOUR!

Sights
- 01 · Lyric Hammersmith
- 02 · The Dove
- 03 · WWT London Wetland Centre
- 04 · Fuller, Smith & Turner Brauerei
- 05 · Chiswick House and Gardens
- 06 · Hogarth's House
- 07 · London Museum of Water & Steam
- 08 · Bird in Hand
- 09 · Blue Boat
- 10 · Pentolina
- 11 · No197 Chiswick Fire Station
- 12 · Annie's
- 13 · Antipode
- 14 · Tamp Coffee
- 15 · Urban Pantry
- 16 · Bell & Crown
- 17 · The George IV
- 18 · Little Bird
- 19 · Evans & Peel Pharmacy
- 20 · Lyric Bar & Grill

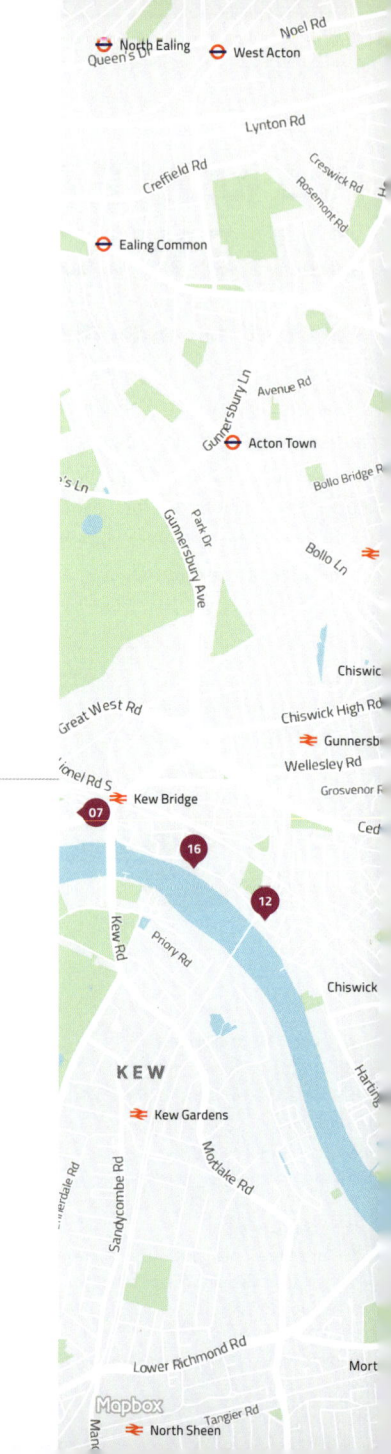

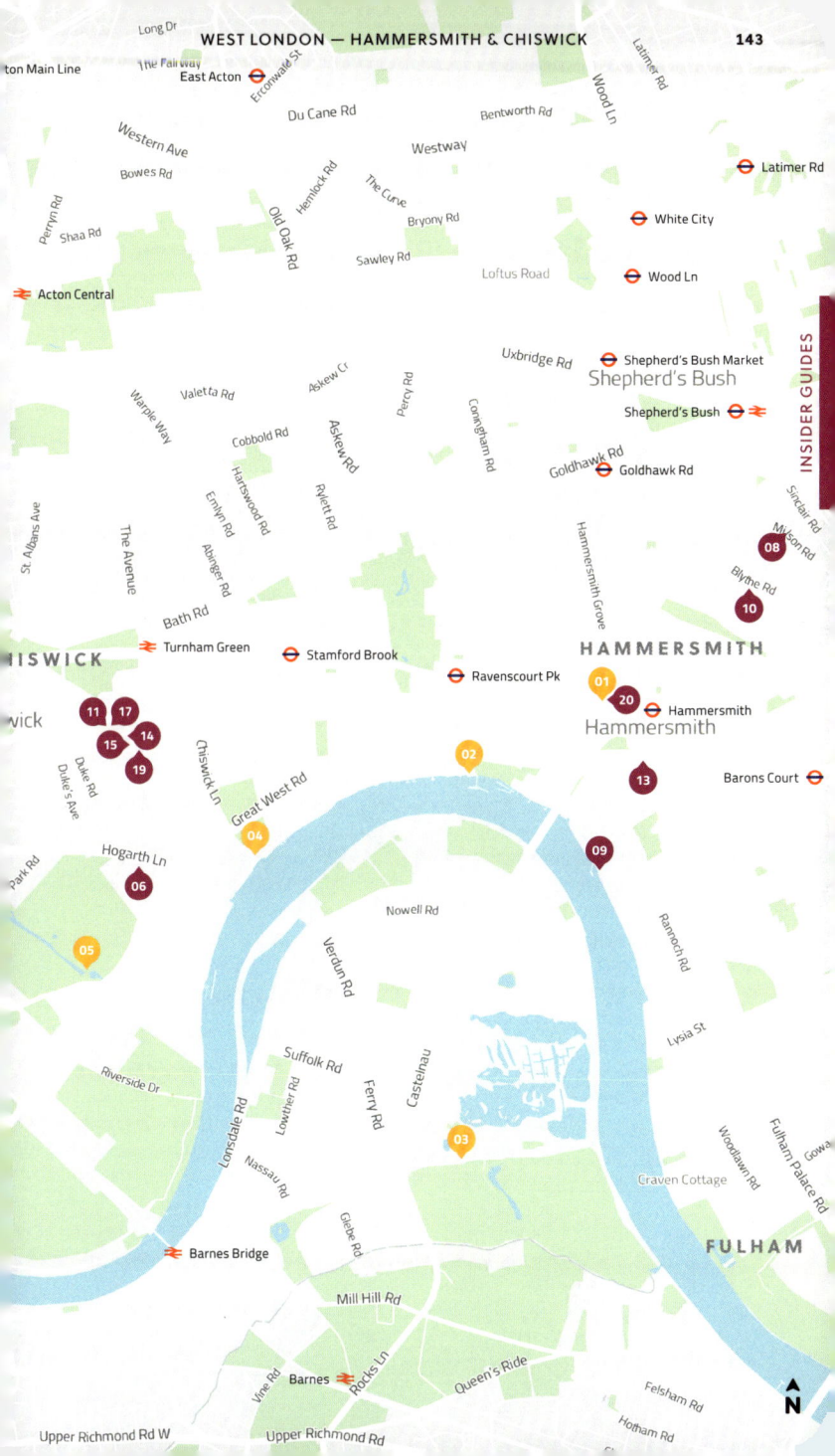

WEST LONDON — HAMMERSMITH & CHISWICK 143

SIGHT-SEEING

Hammersmith liegt am Nordufer der Themse – westlich von Londons Zentrum. Die bekannteste Sehenswürdigkeit in dem Stadtbezirk ist das ⟦Hammersmith Apollo⟧. Der Ort für Theater- und Musik-Fans seit 1930. Hier sind unter anderem schon Queen, AC/DC und Genesis aufgetreten.

Im Westen von Hammersmith liegt der ⟦Ravenscourt Park⟧, der gerne zum Picknicken genutzt wird. Der Park gehört zu einem der schönsten in London und wurde sogar schon mit einem »Green Flag Award« ausgezeichnet. Ein Spaziergang durch diesen ist besonders schön. Sportlich wird es am Nordufer der Themse, dort könnt ihr im Frühjahr das berühmte Boat Race bestaunen – die Ruderregatta zwischen den beiden renommierten englischen Universitäten Oxford und Cambridge.

Südlich von Hammersmith findet ihr das London ⟦Wetland Centre⟧. Eine wunderschöne Oase für Tier- und Landschaftsliebhaber. Sehr geeignet, um mit der ganzen Familie die Flora und Fauna zu entdecken. Ein besonders niedliches Highlight ist die Otter-Fütterung.

Der Stadtteil Chiswick ist ein verstecktes Juwel und einer der schönsten und sonnigsten Vororte von London. Der Stadtteil ist auch sehr beliebt bei vielen Autoren, Schauspielern und Rockstars. Es könnte also sein, dass ihr dem ein oder anderen Star über den Weg lauft.

Ein absolutes Must-do ist ein Besuch im ⟦Chiswick House and Gardens⟧. Das Gebäude wurde im 18. Jahrhundert erbaut und gilt bis heute als herausragendes Beispiel des klassizistisch geprägten Baustils Palladianismus. Es ist umgeben von einem traumhaft schönen englischen Garten. Nicht weit entfernt befindet sich das ⟦Hoghart's House⟧. Für alle, die sich für Kunst interessieren, ist das Landhaus des Künstlers William Hoghart ein Highlight. Das Grab des Künstlers könnt ihr in der schönen St Nicholas Church besuchen.

Am Nordufer der Themse befindet sich ⟦Strand-on-the-Green⟧. Diese Gegend ist besonders malerisch und eignet sich hervorragend für einen Spaziergang. Entlang des Flussufers stehen imposante Häuser aus dem 18. Jahrhundert und auch viele Pubs, welche zu einem erfrischenden Bier einladen. Etwas außerhalb von Chiswick, westlich gelegen, findet ihr Londons letzte Familienbrauerei – ⟦Fuller Smith & Turner Brauerei⟧. Bei einer interessanten Führung mit einer anschließenden Verkostung erfahrt ihr alles über die Historie des Bierbrauens und der Familiengeschichte.

MUSEEN

⭐ ⟦Fuller, Smith & Turner Brauerei⟧
Ein Besuch mit einer Brauereiführung in Londons letzter Familienbrauerei ist sehr lohnenswert. Immerhin greift die Geschichte der Brauerei auf mehr als 160 Jahre zurück. Jede Woche werden 20 Touren angeboten und ihr bekommt einen faszinierenden Einblick in die Geschichte des britischen Bierbrauens.
📍 *Chiswick Lane S*
🚇 *District, Piccadilly · Stamford Brook*

06 [Hogarth's House]

Das ehemalige Landhaus des englischen Künstlers William Hogarth ist aus dem 18. Jahrhundert. Ihr findet dort eine schöne Auswahl seiner Drucke und interessante Einblicke in das Leben dieser Zeit. Der Eintritt ist frei.

○ *Hogarth Ln, Great West Rd*
⊖ *District, Piccadilly · Stamford Brook*

07 [London Museum of Water & Steam]

1975 als Kew Bridge Steam Museum gegründet, wurde es Anfang 2014 auf den heutigen Namen umbenannt. Das Museum konzentriert sich auf die Geschichte von Londons Wasserversorgung und zeigt eine Sammlung wasserbetriebener Dampflokomotiven aus den Jahren 1820 bis 1910.

○ *Green Dragon Lane Rd*
⊖ *· Gunnersbury*

RESTAURANTS & CAFÉS

RESTAURANTS

08 [Bird in Hand] · ££

Wer Lust auf italienisches Essen hat, ist hier genau richtig. Die Atmosphäre ist toll und das Essen sehr gut. Egal ob tagsüber zum Lunch oder am Abend zum Dinner – hier werdet ihr nicht enttäuscht. Für Weinliebhaber: Die Auswahl ist kreativ und vielseitig.

○ *88 Masbro Rd*
⊖ *District · Kensington (Olympia)*

09 [Blue Boat] · £

Direkt an der Themse gelegenes Pub-Restaurant mit offener Küche. Hier bekommt ihr täglich saisonale Produkte aus der Region. Von leckeren Sandwiches über gebratene Hähnchenbrust bis zum Burger oder auch Fisch ist für jeden Geschmack etwas dabei. Im Sommer könnt ihr atemberaubende Sonnenuntergänge von der Terrasse aus genießen.

○ *Thames Path*
⊖ *District, Piccadilly · Hammersmith*

10 [Pentolina] · ££

Tolles familiengeführtes Restaurant mit einer kleinen, aber feinen Speisekarte. Hier könnt ihr echte italienische Küche genießen. Die Vorspeisen und auch die Pasta mit Fleisch oder Fisch sind ausgezeichnet und der Service ist ausgesprochen nett. Tipp: vorab einen Tisch reservieren.

○ *71 Blythe Rd*
⊖ *District, Piccadilly · Hammersmith*

11 [No197 Chiswick Fire Station] · ££

Ein schönes Restaurant in einem modernen Ambiente. Egal ob zum Lunch, Kaffee oder Dinner – zu jeder Tageszeit einen Besuch wert. Hier bekommt ihr kleine Gerichte, wie zum Beispiel knuspriger Pfeffer-Tintenfisch mit Dill und Zitronenpastete. Dazu bekommt ihr eine schöne Auswahl an Bieren, Weinen oder Cocktails. Auch empfehlenswert: ein Besuch am Wochenende zu einem ausgiebigen Brunch.

○ *197–199 Chiswick High Rd*
⊖ *District, Piccadilly · Stamford Brook*

INSIDER GUIDES

Chiswick Park Greenhouse

MEHR ÜBER DIESE SPOTS ERFAHREN: LLDN.DE/10046

INSIDER TIPP

VON MATTHIAS

Eine tolle Bar ist die Evans & Peel Pharmacy. In einer alten Apotheke könnt ihr leckere Drinks genießen. An der Tür werdet ihr von einem Apotheker begrüßt – sehr unterhaltsam.

---

12 [Annie's] · £
Ein kleines Restaurant mit netter Atmosphäre nahe der Themse gelegen. Die Küche ist wunderbar abwechslungsreich Küche und der Service überaus nett. Auch gut zum Brunchen am Wochenende geeignet – zum Beispiel mit American Buttermilk Pancakes und Eggs Benedict. Auch toll zum Brunchen am Wochenende – zum Beispiel mit American Buttermilk Pancakes und Eier Benedikt.

○ *162 Thames Rd*
⊖ *District · Gunnersbury*

CAFÉS
13 [Antipode] · £
Das Antipode ist eine australische Kaffee-Bar gehört zu den Top 10 Brunch-Spots in London. Perfekt, wenn ihr euch eine Pause gönnen möchtet, leckeren Kaffee trinken wollt und euch mit einem fantastischen Sandwich für die nächste Erkundungstour stärken möchtet.

○ *28 Fulham Palace Rd*
⊖ *District, Piccadilly · Hammersmith*

14 [Tamp Coffee] · £
Hier könnt ihr sehr guten Kaffee in einer tollen Atmosphäre genießen. Außerdem ist der Coffee-Shop für seine Empanadas (gefüllte Teigtaschen) bekannt. Unbedingt probieren.

○ *1 Devonshire Rd*
⊖ *District, Piccadilly · Stamford Brook*

15 [Urban Pantry] · £
Für das Urban Pantry wurde von einer Familien-Kaffeerösterei eine spezielle Mischung geröstet. Daneben könnt ihr euren kleinen Hunger mit saisonal wechselnden Gerichten, leckeren Salaten und Sandwiches stillen. Perfekt für eine kleine Verschnaufpause.

○ *15 Devonshire Rd*
⊖ *District, Piccadilly · Stamford Brook*

PUBS

⭐ [The Dove] · ££
Ein sehr uriger Pub mit gutem Essen und sehr nettem Service – direkt an der Themse. Am Kaminfeuer könnt ihr den Abend mit selbstgebrautem Bier aus der Fuller-Brauerei ausklingen lassen. Oder im Sommer auf der Terrasse mit Blick auf die Themse.

○ *19 Upper Mall*
⊖ *District, Piccadilly · Ravenscourt Park*

16 [Bell & Crown] · ££
Auch ein klassischer englischer Pub mit einer tollen Aussicht auf die Themse. Ihr findet hier eine sehr gute Auswahl an Bieren und Getränken und gutem Essen. Das Personal ist freundlich und hilfsbereit. Auf der Terrasse könnt ihr den Sonnenuntergang genießen.

○ *11–13 Thames Rd*
⊖ *District · Gunnersbury*

17 [The George IV] · ££
The George IV gilt als einer der besten Pubs in Chiswick. Es gibt einen herrlichen Garten im Innenhof, das Essen ist hervorragend und ihr bekommt traditionelle Real Ale's. Am Wochenende werden auch Comedy-Nächte veranstaltet.

○ *185 Chiswick High Rd*
⊖ *District, Piccadilly · Turnham Green*

WEST LONDON — HAMMERSMITH & CHISWICK

BARS & ROOFTOP BARS

BARS
18 [Little Bird] · £
Ein kleines Juwel in Chiswick mit entzückender Inneneinrichtung. Hier könnt ihr hervorragende Cocktails genießen. Der Service ist super freundlich und es gibt eine asiatisch angehauchte Speisekarte.
1 Station Parade, Burlington Ln
South Western Railway · Chiswick

19 [Evans & Peel Pharmacy] · ££
Eine schöne Speakeasy-Bar. Ihr bekommt viele tolle Getränke, Cocktails und es gibt kleine Snacks. Die Angestellten sind kreativ und die Einrichtung ist großartig.
42 Devonshire Rd
District, Piccadilly · Turnham Green

ROOFTOP BAR
20 [Lyric Bar & Grill] · ££
Die Bar befindet sich im Obergeschoss und hat einen atemberaubenden Dachgarten mit Blick auf den Lyric Square. Neben leckeren Cocktails und Getränken bekommt ihr auch frisch zubereitete Salate oder sehr leckere Burger.
Lyric Sq
District, Piccadilly · Hammersmith

HAMMERSMITH & CHISWICK
HAT DIR GEFALLEN? DANN SCHAU
AUCH HIER VORBEI:

Richmond, Kew & Wimbledon

Hampstead & Highgate

SHOPPING

In Hammersmith gibt es verschiedene Shopping Malls – eine davon liegt in der King Street: **[Kings Mall Shopping Centre** · *King St]*. Nur wenige Gehminuten entfernt befindet sich **[Broadway Shopping Centre** · *1A Beadon Rd]*. Nördlich von Hammersmith könnt ihr im **[W12 Shopping Centre** · *Shepherd's Bush]* einkaufen. Ihr merkt, Shopping-Fans kommen definitiv auf ihre Kosten.

Einen schönen Bioladen findet ihr ebenfalls in der King Street: **[Bushwacker Wholefoods** · *132 King St]*. Hier werden gesunde und natürliche Zutaten angeboten und verkauft.

Tolle Buchläden für alle Leseratten gibt es in der Chiswick High Road, wie zum Beispiel **[Bookcase** · *268 Chiswick High Rd]*, **[Waterstones** · *226 Chiswick High Rd]*, und **[Foster Books** · *183 Chiswick High Rd]*.

Viele andere kleine Läden in und um die Chiswick High Road laden zum Stöbern und Schlendern ein. Secondhand-Mode bekommt ihr zum Beispiel bei **[Mary's Living & Giving Shop for Save the Children** · *152 Chiswick High Rd]*. Wer Mode für Babys und Kids sucht, wird bei **[BabyGAP** · *260–262 Chiswick High Rd]* fündig. Ein sehr schöner Einrichtungsladen ist das **[Neptune** · *305 Chiswick High Rd]*. Eine tolle Papeterie, in der ihr auch kleine Geschenke als Mitbringsel kaufen könnt, ist das **[Paperchase** · *346–348 Chiswick High Rd]*.

The Dove

MEHR ÜBER DIESE SPOTS ERFAHREN: LLDN.DE/10047

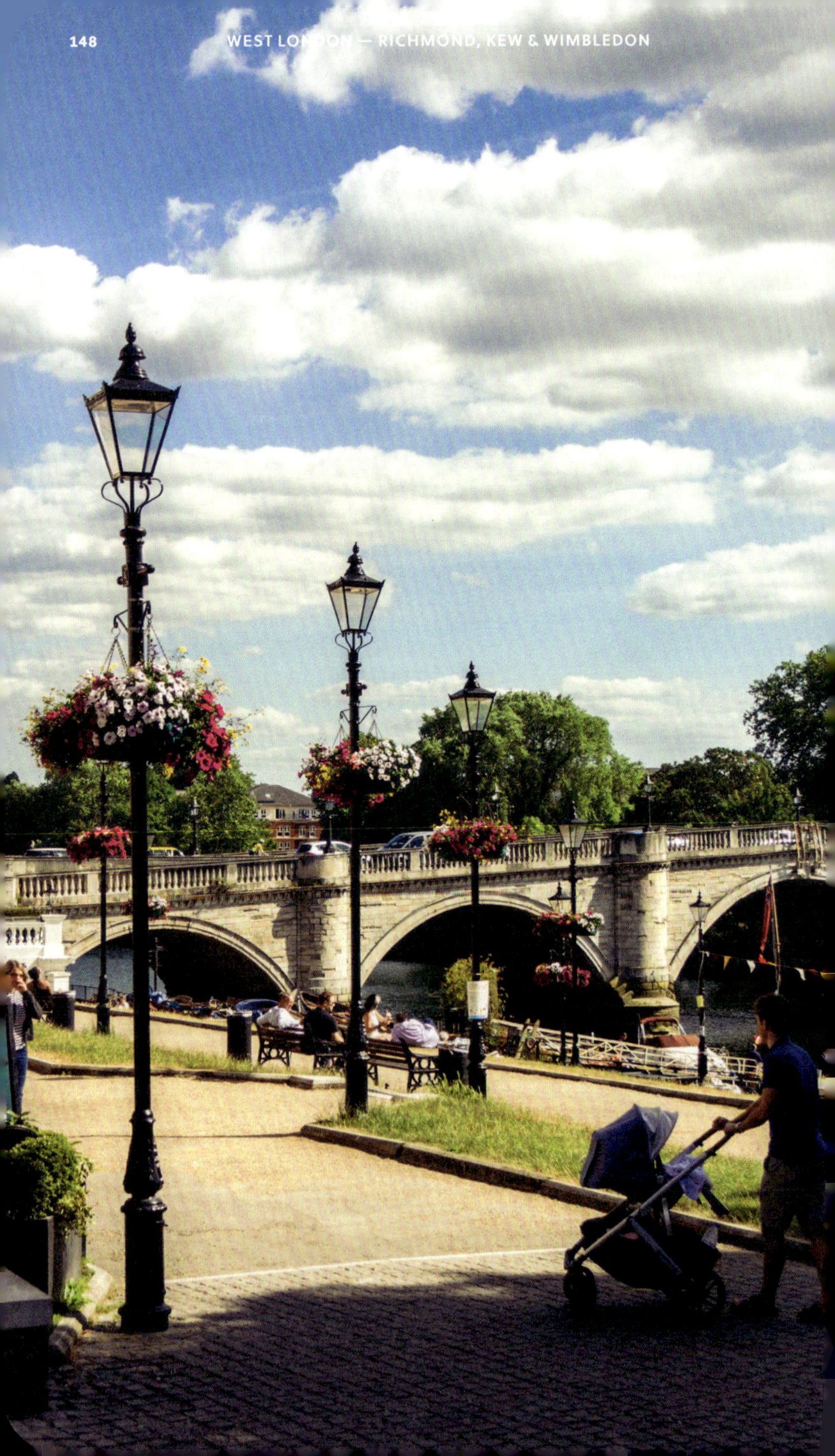

RICHMOND, KEW & WIMBLEDON

Ländliche Idylle und Naherholungs-Vorort

Wie wärs mit einer Tour in die anmutige Landschaft Richmonds? Knapp 13 Kilometer südwestlich des Stadtzentrums schlängelt sich die Themse schmal und ruhig vorbei an den Backsteinhäusern auf der Kuppe von Richmond Hill, den weiß gestrichenen Villen mit Bootsanleger und die mit Türmen und Erkern versehenen Schlösschen. Ein Ausflug nach Kew Gardens, das zum Weltkulturerbe gehört, oder ein Einblick in die Tennisgeschichte von Wimbledon runden einen Besuch in diesen Stadtvierteln ab.

TOP 5 SIGHTS

1. [Kew Gardens]
Die Royal Botanic Gardens (Kew Gardens) gehören seit dem 3. Juli 2003 zum UNESCO Weltkulturerbe.
- Richmond TW9 3AB
- · Kew Gardens

2. [Richmond Park]
Zu den berühmtesten Gebäuden des Parks gehört die White Lodge – einst Jagdhaus von König George II.
- Richmond Pk
- District · Richmond
- 371 · American University

3. [Syon Park]
Highlight: Das Syon House im Stil der italienischen Renaissance.
- Syon Pk
- South Western Railway · Kew Bridge

4. [Hampton Court Palace]
Das mächtige Schloss im Tudorstil beeindruckt durch seine prächtige Innenausstattung und seinen ausgedehnten Garten.
- East Molesey
- South Western Railway · Hampton Court

5. [Wimbledon Lawn Tennis Museum]
Auf den Spuren der besten und berühmtesten Tennisspieler der Welt.
- Church Rd
- 493 · Wimbledon Tennis Club & Museum (Stop W)

MEHR ÜBER DIESE SPOTS ERFAHREN: LLDN.DE/**10048**

RICHMOND, KEW & WIMBLEDON

INSIDER TIPP

VON ISABELLE

Fahrt mit dem Thames River Boat von Westminster direkt nach Richmond. So kommt ihr bequem in den exklusiven Vorort und verbindet das gleichzeitig mit einem unvergleichlichen Urlaubsgefühl.

BEGIB DICH AUF ENTDECKUNGSTOUR!

Sights
- 01 · Kew Gardens
- 02 · Richmond Park
- 03 · Syon Park
- 04 · Hampton Court Palace
- 05 · Wimbledon Lawn Tennis Museum
- 06 · Ham House and Garden
- 07 · Museum of Richmond
- 08 · Gaucho
- 09 · White Onion
- 10 · Q Verde
- 11 · White Swan Richmond
- 12 · Quality Fish Restaurant
- 13 · Dip & Flip
- 14 · Newens »The Original Maids of Honour«
- 15 · Coffeeology
- 16 · Tap Tavern Richmond
- 17 · The Roebuck
- 18 · Fox & Grapes
- 19 · So Bar Richmond
- 20 · Loft Wimbledon

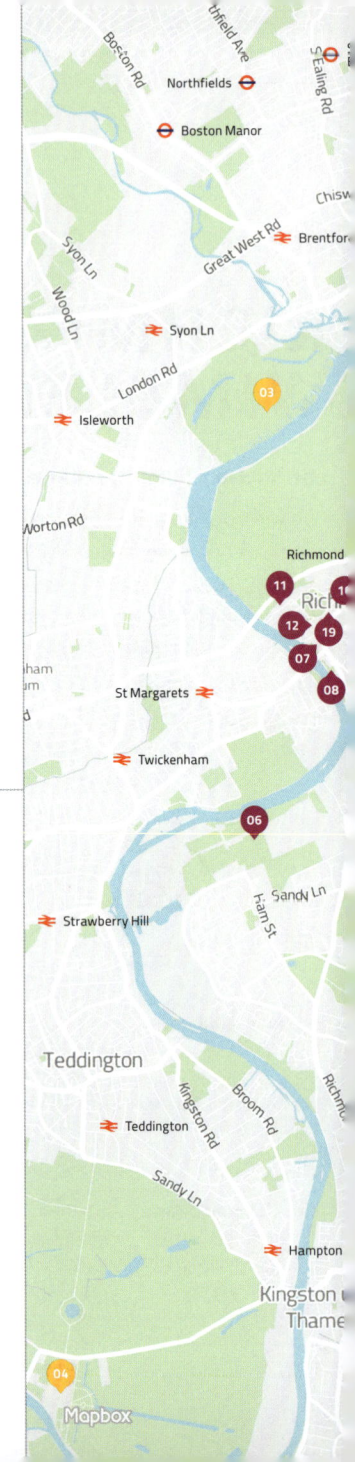

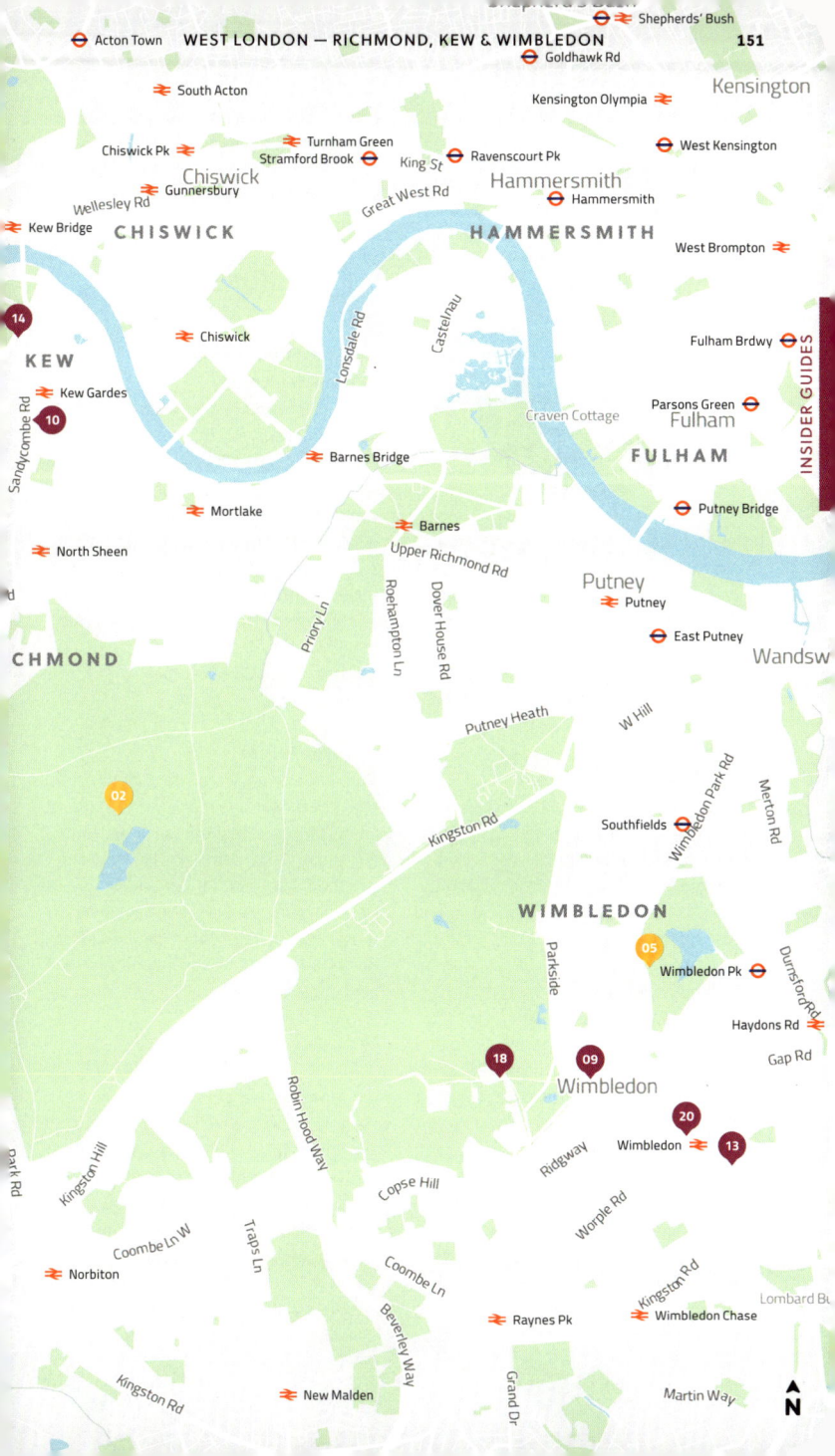

WEST LONDON — RICHMOND, KEW & WIMBLEDON

151

Shepherds' Bush
Acton Town
Goldhawk Rd
South Acton
Kensington Olympia
Kensington
Chiswick Pk
Turnham Green
Chiswick
Stramford Brook
King St
Ravenscourt Pk
West Kensington
Hammersmith
Gunnersbury
Great West Rd
Hammersmith
Wellesley Rd
CHISWICK
HAMMERSMITH
Kew Bridge
West Brompton
Chiswick
KEW
Fulham Brdwy
Kew Gardes
Sandycombe Rd
Lonsdale Rd
Castelnau
Parsons Green
Fulham
Craven Cottage
FULHAM
Barnes Bridge
Mortlake
Barnes
Putney Bridge
North Sheen
Upper Richmond Rd
Putney
Putney
CHMOND
Priory Ln
Roehampton Ln
Dover House Rd
East Putney
Wandsw
Putney Heath
W Hill
Kingston Rd
Wimbledon Park Rd
Southfields
Merton Rd
WIMBLEDON
Parkside
Wimbledon Pk
Durnsford Rd
Haydons Rd
Gap Rd
Wimbledon
Robin Hood Way
Ridgway
Wimbledon
Kingston Hill
Copse Hill
Worple Rd
Coombe Ln W
Traps Ln
Coombe Ln
Kingston Rd
Lombard Bu
Norbiton
Beverley Way
Raynes Pk
Wimbledon Chase
Kingston Rd
New Malden
Grand Dr
Martin Way

N

INSIDER GUIDES

SIGHTSEEING

Richmond ist DAS Naherholungsgebiet der Londoner. Sehnsuchtsort vieler Städter und Heimat vieler Promis. Der Grund dafür ist die ländlich anmutende Idylle. Hier ist die Themse schmal und ganz ruhig und man kann sich kaum sattsehen an den vielen Villen und Schlösschen. Der Bezirk Richmond hat drei große Attraktionen zu bieten:

Der [Richmond Park] ist der größte innerhalb der Metropole. Mit etwas Glück könnt ihr sogar frei herumlaufende Hirsche beobachten. Außerdem gibt es das Schloss [Hampton Court] mit einer Besonderheit, denn es ist ein Hybrid aus trutziger Burg und elegantem Barockschloss.

Die dritte und bei weitem größte Attraktion sind die [Royal Botanic Gardens], kurz: [Kew Gardens]. Einmal betreten, befindet ihr euch in einer anderen Klimazone: Feuchtwarme Hitze und Blütenduft umschmeicheln die Sinne – ein kultivierter Regenwald könnte man sagen. Wer sich einen Überblick hoch über den Baumwipfeln verschaffen möchte und schwindelfrei ist, kann sich über den [Treetop Walk] wagen – eine beeindruckende Stahlträgerbrücke, die über den Wald hinweg führt.

Wimbledon ist nicht nur ein Stadtteil von London, hier befindet sich auch der weltberühmte Austragungsort der Wimbledon Championships. Im [Wimbledon Lawn Tennis Museum] könnt ihr auf den Spuren der besten Tennisspieler der Welt wandeln und den ehrwürdigen Centre Court besichtigen.

MUSEEN

⭐ [Royal Botanic Gardens (Kew Gardens)]

An der Themse zwischen Richmond und Kew im Südwesten Londons gelegen, bieten der Park auf über 120 Hektar alles, was das Naturherz freut. Sechs prächtige Glashäuser zählen zum Weltkulturerbe und beherbergen eine bemerkenswerte Sammlung von Pflanzen aus aller Welt, darunter mehr als 14.000 Baumarten. Das Palmenhaus aus dem 19. Jahrhundert solltet ihr euch ebenfalls nicht entgehen lassen.

📍 *Royal Botanic Gardens, Kew*
🚇 *· Kew Gardens*

⭐ [Syon House]

Nach den Plänen des schottischen Architekten Robert Adams wurde das Syon House im Auftrag von Elisabeth Seymour, Ehefrau von Henry Percy, dem 9. Earl of Northumberland, im Stil des Klassizismus umgebaut. Der Höhepunkt ist die große Eingangshalle mit schwarzweißem Marmorfußboden und Kopien des Apollo Belvedere und des Sterbenden Galliers.

📍 *Syon Pk Brentford*
🚇 *Piccadilly, Central, District · Kew Gardens*

06 [Ham House and Garden]

Ham House wurde 1610 erbaut und gehört zusammen mit seiner Gartenanlage zu den bekanntesten Sehenswürdigkeiten Londons. Die Innenausstattung des roten Backsteinhauses gilt heute als herausragendes Beispiel aus der Zeit der »Stuart-Restauration«. Damit wurde die Inneneinrichtung aus der Epoche der Stuarts wiederhergestellt.

📍 *Ham St, Richmond-upon-Thames*
🚇 *371 · Ham St*

WEST LONDON — RICHMOND, KEW & WIMBLEDON

07 ⸢Museum of Richmond⸥
1988 wurde das Museum of Richmond im alten Rathaus von Richmond durch Queen Elizabeth II. eröffnet. Das Museum ist unabhängig und zeigt Ausstellungen rund um die bewegte Geschichte von Richmond.
- *Old Town Hall, Whittaker Ave*
- *District · Richmond*
- *South Western Railway · Richmond*

⭐ ⸢Wimbledon Lawn Tennis Museum⸥
2006 wurde das Wimbledon Lawn Tennis Museum vom Duke of Kent eröffnet. Dieses hochmoderne Tennismuseum hat seit seiner Eröffnung Tausende Besucher aus aller Welt empfangen und beherbergt die berühmten Championship-Trophäen.
- *Church Rd*
- *493 · Wimbledon Tennis Club & Museum (Stop W)*

› INSIDER TIPP

VON LAURA

Der Hampton Court Palace ist einer meiner Lieblings-Paläste. Er eignet sich perfekt als Ziel für einen unkomplizierten, aber tollen Tagesausflug von London aus.

🍴 RESTAURANTS & CAFÉS

RESTAURANTS

08 ⸢Gaucho⸥ · £££
Das Gaucho in Richmond ist ein flaches, von einem Bootshaus inspiriertes Gebäude direkt am Fluss und bietet euch die besten argentinischen Steaks in London an. Im Inneren erlauben die verglasten Wände einen Panoramablick auf die Richmond Bridge und Petersham Meadows. In den Sommermonaten könnt ihr auf der Terrasse sitzen.
- *The Towpath, Richmond Riverside*
- *District · Richmond* · *Richmond*
- *South Western Railway · Richmond*

09 ⸢White Onion⸥ · ££
»Schmackhafte, klassisch-französische Küche mit cleveren modernen Akzenten.« Das schrieb der Guide Michelin 2018 über das Restaurant in Wimbledon. Wir fügen hinzu: Ein tolles Preis-Leistungs-Verhältnis, ein sehr leckeres Mittagessen und eine große Auswahl an Weinen.
- *67 High St, Wimbledon*
- *District · Wimbledon*
- *South Western Railway, Southern, Thameslink · Wimbledon*

Syon House

MEHR ÜBER DIESE SPOTS ERFAHREN: LLDN.DE/**10049**

10 [Q Verde] · ££
Ihr seid auf der Suche nach einem richtig guten Italiener? Bitteschön! Ein herzhaftes Lokal in Familienhand serviert authentische italienische Küche. So schmecken Pasta und Co.
- 291 Sandycombe Rd
- · Kew Gardens

11 [White Swan Richmond] · ££
Erbaut im Jahre 1787 hat der »Weiße Schwan« seither seine freundliche und warme Atmosphäre in einer wunderschönen Lage beibehalten. Ob im Sommer oder im Winter, ihr fühlt euch wie zu Hause, wenn man sich in der abgeschiedenen Gartensonne entspannt oder am offenen Kamin wärmt. Unser Tipp: Der Sonntagsbraten ist preisgekrönt.
- 26 Old Palace Ln
- District · Richmond   · Richmond
- South Western Railway · Richmond

12 [Quality Fish Restaurant] · £
Wer den traditionellen Fish & Chips in London probieren möchte, der ist in diesem feinen, kleinen Lokal in Richmond bestens aufgehoben. Gute Preise, gute Qualität und eine herzliche Bedienung sorgen dafür, das ihr euch rundum wohlfühlt.
- 11 King St
- District · Richmond   · Richmond
- South Western Railway · Richmond

13 [Dip & Flip] · £
Der Legende nach wurde im Dip & Flip Restaurant der allererste mit Soße getränkte Hamburger kreiert. Das gilt auch für das Restaurant in Wimbledon. Hier werden einzigartige Burger in sportlicher Umgebung serviert.
- 62 The Broadway, Wimbledon
- South Western Railway, Southern, Thameslink · Wimbledon

CAFÉS
14 [Newens »The Original Maids of Honour«] · ££
Das Café mit einer über 120-jährigen Geschichte liegt nahe der botanischen Gärten. Altmodische Porzellantassen, Schokoladenéclairs und die legendären Maids-of-Honour-Käseküchlein nach altem Geheimrezept schmecken einfach unwiderstehlich – auch perfekt zur »Tea Time«.
- 288 Kew Rd
- · Kew Gardens

15 [Coffeeology] · ££
Selten schmeckt Kaffee so großartig, denn hier wird er zur Religion gemacht. Dazu gesellen sich hausgemachte Kuchen und frisch gepresste Säfte – mmmh, wahrlich ein Ort mit entzückender Seele.
- 4 The Sq
- District · Richmond   · Richmond
- South Western Railway · Richmond

PUBS
16 [Tap Tavern Richmond] · £
Craft Bier und eine große Auswahl an exquisiten Gin-Sorten – das erwartet euch hier in diesem authentischen Londoner Pub – Atmosphäre pur. Cheers!
- Princes St
- District · Richmond   · Richmond
- South Western Railway · Richmond

17 [The Roebuck] · £
Typisch britische Gerichte, Bier, Wein, Gin und Fußball-Abende – das liebt das Fußballherz. Im Roebuck erlebt ihr all das in einer absolut entspannten Atmosphäre.
- 130 Richmond Hill
- 371 · American University

18 [Fox & Grapes] · ££
Das Fox & Grapes ist der einzige unabhängige Pub in Wimbledon Village. Hier gibt's moderne englische Menüs. Vom Krabbencocktail bis hin zum Shepherd's Pie mit gebratener Lammschulter. Die Sonntagsessen sind eine lokale Legende – jeweils drei verschiedene Braten sind zu jeder Zeit verfügbar.
- 9 Camp Rd
- 93 · Wimbledon Common War Memorial (Stop C)

BARS

19 ⌈So Bar Richmond⌉ · ££
Mitten in den historischen Gassen von Richmond liegt diese gemütliche Cocktailbar mit Tischservice. Das Barteam kreiert hier eine Mischung aus traditionellen und modernen Cocktails mit erlesenen Spirituosen und frischesten Zutaten. Die Küche bietet dazu eine Auswahl an Fingerfood-Gerichten – auch Veganer können hier zugreifen.
◯ 10 Brewers Ln
⊖ District · Richmond ⊖ · Richmond
⇌ South Western Railway · Richmond

20 ⌈Loft Wimbledon⌉ · ££
Ein junger Pub, hip und modern, ganz in der Nähe des Bahnhofs Wimbledon gelegen. Eine herrliche Dachterrasse, eine große Bar und jederzeit die Möglichkeit, auf verschiedenen Bildschirmen die jüngsten Sportereignisse mitzuverfolgen. Tipp: Für zwei Pints zahlt ihr ca. 9 £.
◯ 33 Wimbledon Hill Rd
⇌ South Western Railway, Southern, Thameslink · Wimbledon

SHOPPING

Richmond ist ein kleines Juwel in puncto Einzelhandel und rangiert unter den Top 7 Einkaufszentren in Großbritannien. Über 100 Fachgeschäfte und kleine Shops vermischen sich zu einer einzigartigen »glokalen« Mischung. Bei einem Spaziergang durch die charmanten Gassen der Stadt ist sicher für jeden etwas dabei.

Eine ganz besondere Atmosphäre empfängt jeden Gast beim ⌈**Duck Pond Market**⌉ · *Heron Sq*. Regionale und nachhaltige Produkte aus dem Londoner Umland, Kunsthandwerk und Streetfood verbinden sich zu einem einzigartigen Erlebnis mit garantiert grünem Daumen.

⌈**Petersham Nurseries**⌉ · *Church Ln, Petersham Rd* ist ein Café, Restaurant sowie ein Ort der Begegnung. Die Familie Boglione hat einen Ort geschaffen, der außergewöhnliches Wissen, Leidenschaft und Kreativität inspiriert, feiert und vor allem teilt. Hier treffen sich Menschen, die ihre Leidenschaft für Bio-Gartenbau, kulinarische Exzellenz, ethische und nachhaltige Beschaffung teilen und Schönheit in den einfachsten Dingen zelebrieren.

Das ⌈**Centre Court**⌉ · *Queen's Rd, Wimbledon* in Wimbledon bietet Events und Fachgeschäfte sämtlicher großer und bekannter Marken. Die unmittelbare Nähe zur Wimbledon Train Station macht den Centre Court zum Favoriten unter Besuchern bei einem Ausflug nach Wimbledon.

RICHMOND, KEW & WIMBLEDON HAT DIR GEFALLEN? DANN SCHAU AUCH HIER VORBEI:

WEST LONDON
Chelsea & Fulham
Hammersmith & Chiswick

Centre Court

MEHR ÜBER DIESE SPOTS ERFAHREN: LLDN.DE/10050

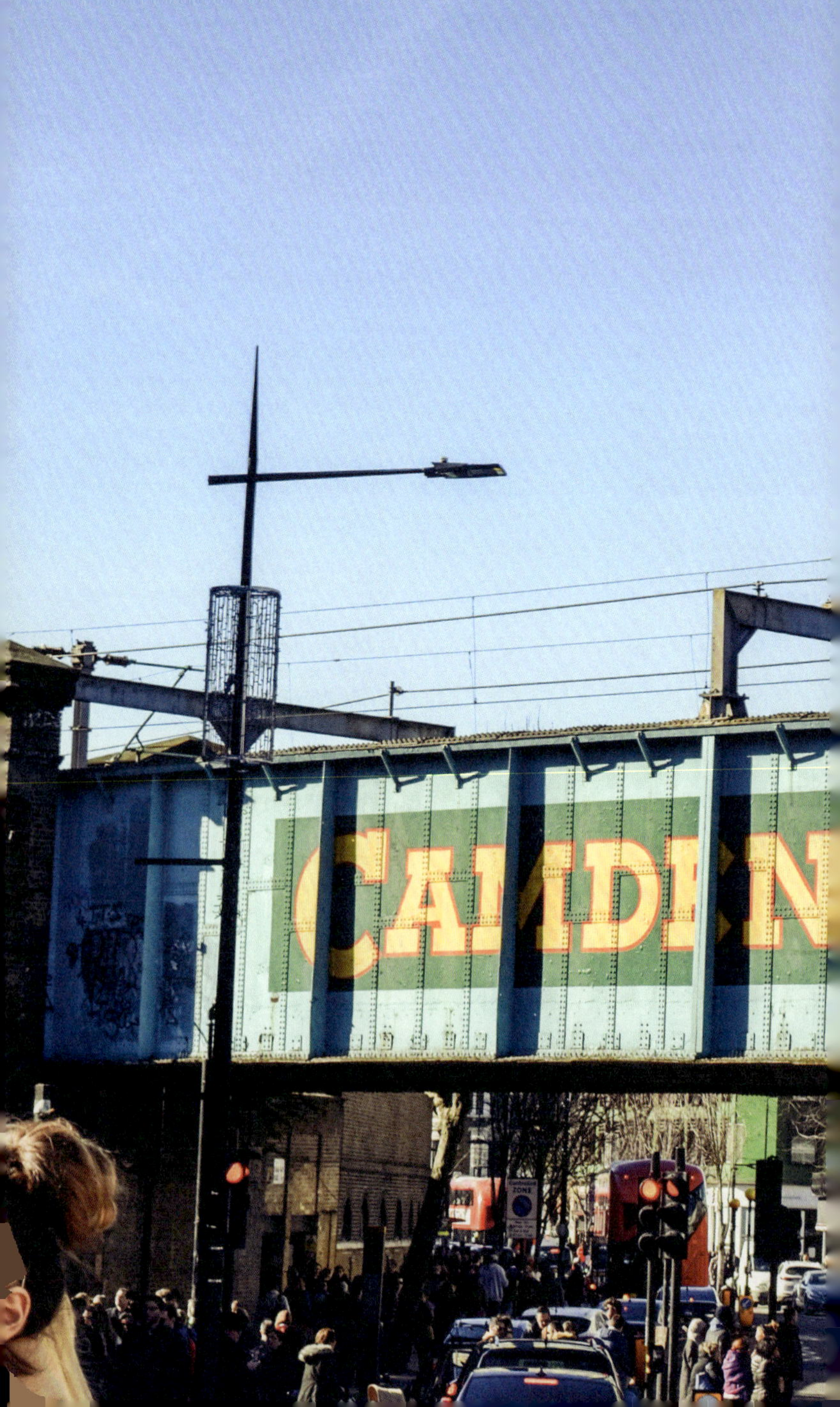
CAMDEN

LOVING LONDON

North
LONDON

Im Norden Londons liegt nicht nur das Indie-Szeneviertel Camden Town, es warten auch jede Menge georgianische und viktorianische Häuserzeilen auf den von Architektur und Geschichte begeisterten Besucher. Dem exklusiven Vorstadtcharme dieses Viertels kann sich keiner entziehen, geben sich hier doch auch so einige Promis die teure Klinke in die Hand.

Stadtteile
161 Camden Town & Regent's Park
169 Islington & Stoke Newington
177 Hampstead & Highgate
185 Hackney & Stratford

LOVING LONDON

BUCKET LIST ✓

DAS SOLLTEST DU AUF KEINEN FALL VERPASSEN

- **01** Durch den Camden Market schlendern
- **02** Die Aussicht vom Primrose Hill genießen
- **03** Im The Spaniards Pub etwas essen
- **04** Abends im Exmouth Market ein Bier trinken
- **05** In einem Konzertsaal Live-Musik hören
- **06** Durch Hampstead Heath spazieren
- **07** Das Kenwood House besuchen
- **08** Auf den Broadway Market gehen
- **09** Entlang des Regent's Canal spazieren
- **10** ArcelorMittal Orbit entdecken

NOTIERE DEINE PERSÖNLICHEN HIGHLIGHTS

INSIDER GUIDES

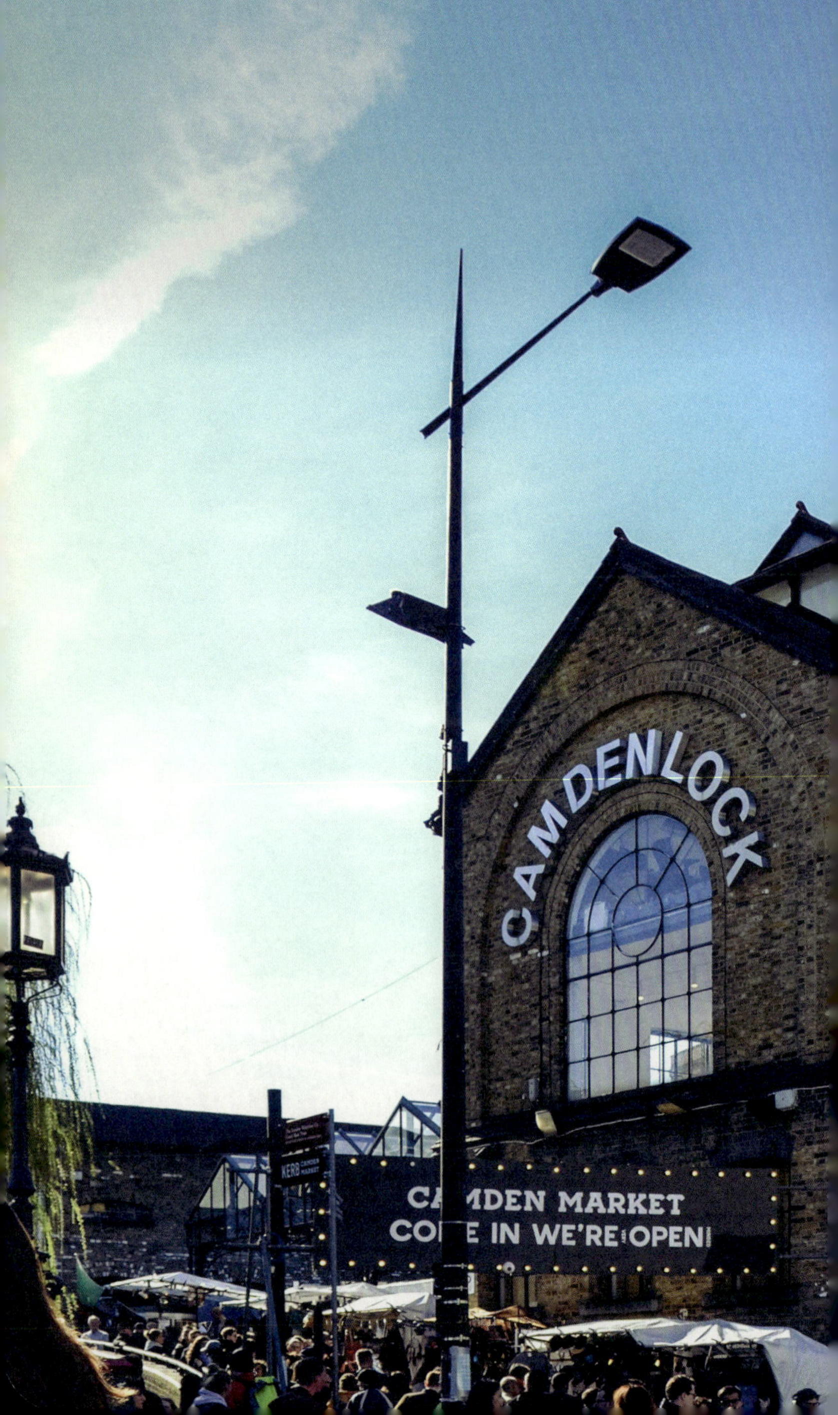
CAMDEN LOCK
CAMDEN MARKET
COME IN WE'RE OPEN!

CAMDEN TOWN & REGENT'S PARK

Ziemlich beste Nachbarn: Das Indie-Szeneviertel & der royale Park

Das lebendige Camden Town ist geprägt durch eine alternative Kunst- und Musikszene. Beim Schlendern über die Markets, auf denen hippe Kleidung und Accessoires angeboten werden, atmet ihr den englischen Teen Spirit. Musik spielt ebenfalls eine große Rolle. Am Abend präsentieren in den Bars und Pubs von Camden zahlreiche Künstler ihre Live-Musik. Ruhe findet ihr in der sonst so aufgeweckten Gegend im großen und gepflegten Regent's Park.

TOP 5 SIGHTS

1 [Regent's Park]
Viel gepflegtes Grün, ein See zum Bootfahren und der Queen Mary's Rose Garden befinden sich im königlichen Regent's Park.
- Chester Rd
- Bakerloo · Regent's Pk

2 [Camden Market]
Mehrere kleine Märkte mit Ständen für ausgefallene Kleidung, Schmuck und individuelle Kunst verbinden sich zum berühmten Camden Market.
- Lock Pl
- Northern · Camden Town

3 [Primrose Hill]
Der kleine Berg im Norden des Regent's Parks bietet eine tolle Aussicht auf die Skyline von London.
- Primrose Hill Rd
- Northern · Chalk Farm

4 [Simmons Bar]
Tolle Bar mit guten Drinks und verrückter Beleuchtung.
- 7–9 Kentish Town Rd
- Northern · Camden Town

5 [Abbey Road Studios]
Das Tonstudio in der gleichnamigen Straße ist vor allem durch die Beatles weltberühmt geworden. Auch Größen wie Glenn Miller und Amy Winehouse produzierten hier ihre Musik.
- 3 Abbey Rd
- Bakerloo · Maida Vale

MEHR ÜBER DIESE SPOTS ERFAHREN: LLDN.DE/**10051**

CAMDEN TOWN & REGENT'S PARK

> **INSIDER TIPP**

VON ISABELLE

Am Abend zum Primrose Hill, setzt euch auf eine der Bänke und genießt den Blick auf die funkelnde Stadt.

BEGIB DICH AUF ENTDECKUNGSTOUR!

Sights
- 01 · Regent's Park
- 02 · Camden Market
- 03 · Primrose Hill
- 04 · Simmons Bar
- 05 · Abbey Road Studios
- 06 · Jewish Museum London
- 07 · London Zoo
- 08 · Zabludowicz Collection
- 09 · BrewDog Camden
- 10 · Blues Kitchen
- 11 · Haché
- 12 · Mildreds Camden
- 13 · Arancini Brothers Factory
- 14 · Hook
- 15 · Coffee Jar
- 16 · Cereal Killer Cafe
- 17 · Constitution
- 18 · Camden Town Brewery
- 19 · Fifty Five Bar
- 20 · KOKO

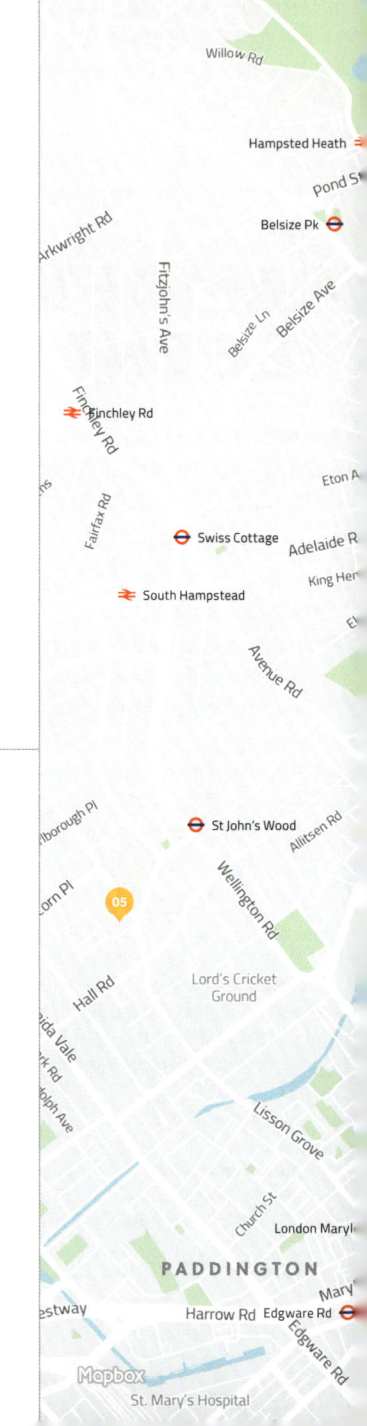

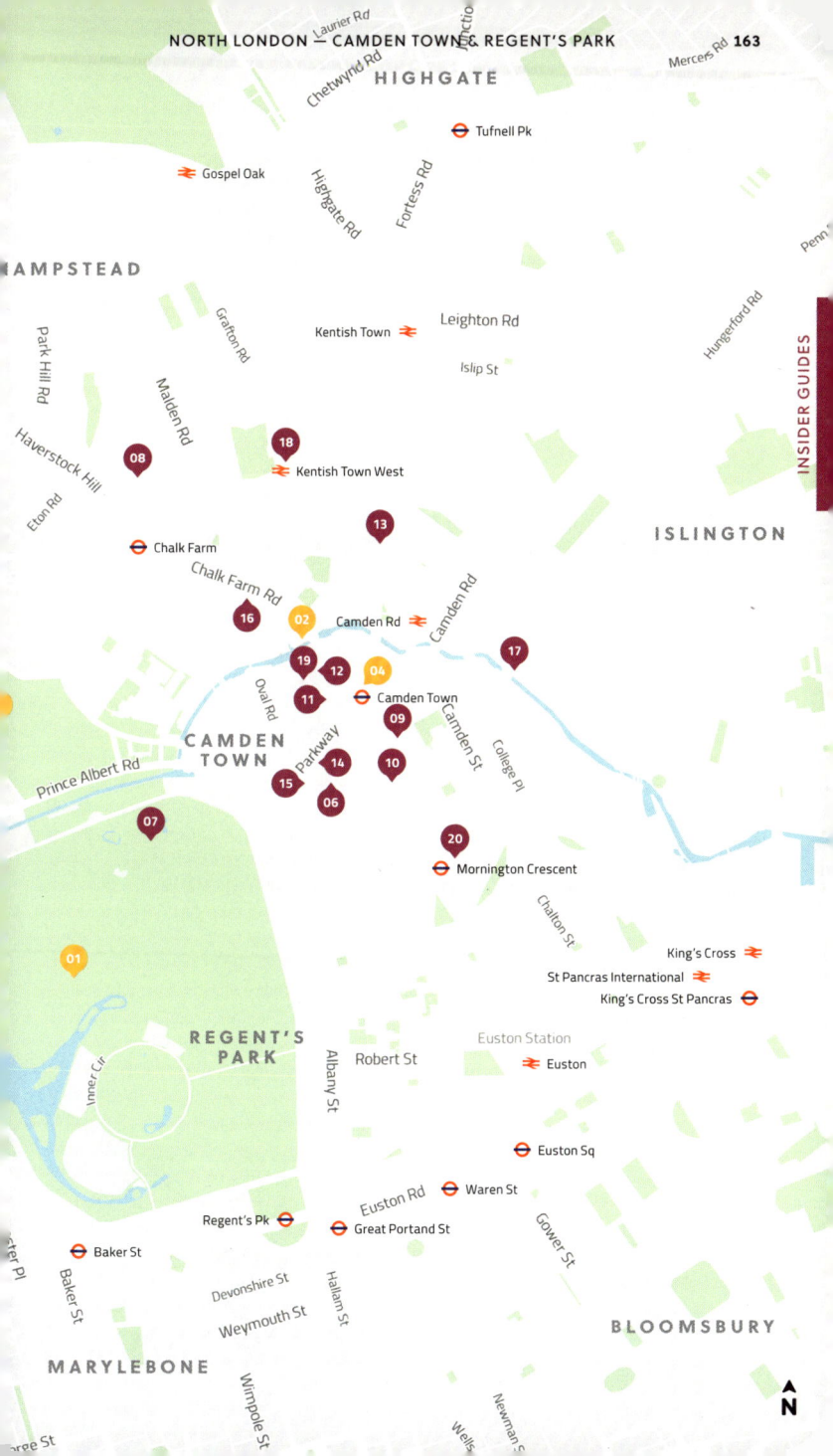

NORTH LONDON — CAMDEN TOWN & REGENT'S PARK

163

SIGHT-SEEING

Raus in die Natur und rein in den [Regent's Park]. Die Ruheoase mit einem großen See ist wirklich traumhaft. Im Herzen des Parks liegt der [Queen Mary's Rosengarten]. Dort findet ihr ein Meer aus 12.000 herrlich duftenden Rosen. Ein Spaziergang durch den bunten Garten ist absolut empfehlenswert. Im Park gibt es neben toller Natur auch einen interessanten historischen Bau, die [St John's Lodge]. Diese befindet sich zwar in Privatbesitz, aber ihr könnt den öffentlichen Garten erkunden und natürlich das Gebäude von außen bestaunen. Im Sommer werden auf der Bühne des Open-Air-Theaters mitten im Regent's Park preisgekrönte Theaterstücke aufgeführt.

Wilde Tiere warten im [Londoner Zoo] auf euch. In dem fast 200 Jahre alten zoologischen Garten wohnen über 700 Tierarten. Vor allem für Kinder ist der Zoo ein absolutes Highlight.

Im Norden grenzt der Regent's Park an den [Primrose Hill], der dem umliegenden Nobelviertel seinen Namen gab. Ihr solltet unbedingt den kleinen Berg hinaufgehen, denn von oben eröffnet sich euch ein wunderschöner Blick über den Park und die Skyline von London. Auf einem der Bänke oder auf der Wiese könnt ihr einige Minuten verweilen und die Aussicht genießen.

Alle Musikfreunde sollten unbedingt zur Abbey Road gehen. Jedem Beatle Fan ist der berühmte Zebrastreifen bestimmt ein Begriff. Dieser ist auf dem Beatles Cover von 1969 zu sehen. Er führt euch auch direkt zum [Abbey Road Tonstudio], in dem Berühmtheiten wie Glenn Miller, Duran Duran und Oasis ihre Hits produzierten. Weil dort noch immer produziert und gelehrt wird, kann das Studio leider nicht besichtigt werden. Ein kleiner Trost: Im [Abbey Road Shop] nebenan könnt ihr Souvenirs und natürlich Platten kaufen.

Ein wirkliches tolles und individuelles Viertel ist Camden Town mit seinem [Camden Market]. Hier findet ihr viele kleine Märkte, die selbstgemachte, universell designte Mode und Schmuck sowie Secondhand-Artikel anbieten. Auch Antiquitäten und allerlei Gebrauchtes findet sich im Angebot. Der [Camden Lock Food Market] ist ebenfalls sehr beliebt. Auf den Märkten verteilen sich Stände mit internationalen Spezialitäten, an die ihr sonst nicht so einfach (und nicht so günstig) herankommt. Lasst euch diesen Schmaus keinesfalls entgehen!

Hylas und die Nymphen-Statue im Regent's Park

NORTH LONDON — CAMDEN TOWN & REGENT'S PARK

Blues Kitchen

🏛 MUSEEN

06 [Jewish Museum London]
In wechselnden Ausstellungen informiert das Museum über jüdisches Leben in Großbritannien damals und heute. Es erwarten euch Sammlungen über das religiöse und soziale Leben. Auch das Jewish Military Museum ist mit einem eigenen Abschnitt integriert.
📍 *Raymond Burton House, 129–131 Albert St*
🚇 *Northern · Camden Town*

07 [London Zoo]
Der Londoner Zoo im Regent's Park ist beliebt bei jung und alt. Der fast 200 Jahre alte Tierpark war der erste, der sich zoologischer Garten nennen durfte. Über 700 Tierarten könnt ihr hier antreffen. Übrigens war der Schwarzbär Winnie, der Anfang des 20. Jahrhunderts hier lebte, die Inspiration für Winnie Puuh.
📍 *Regent's Pk*
🚇 *Northern · Camden Town*

08 [Zabludowicz Collection]
Eine dynamische und stetig wachsende Sammlung von Kunstwerken findet sich in der Galerie, die auch Niederlassungen in den USA und Finnland betreibt. Die Liebe zu Menschen und unserer Mitwelt ist der Antrieb und das Thema der zukunftsorientierten Galerie. Gleichzeitig hat man es sich zur Aufgabe gemacht, die Vergangenheit zu bewahren.
📍 *176 Prince of Wales Rd*
🚇 *Northern · Chalk Farm*

🍴🍷 RESTAURANTS & CAFÉS

RESTAURANTS

09 [BrewDog Camden] · £
Die Kneipe der schottischen Kette ist spezialisiert auf Craft Beer, das der hauseigenen Brauerei entstammt. Einige Spezialitäten von Großbrauereien haben es auch auf die Karte geschafft. Essen könnt ihr Burger, Hot Dogs und Wings, die zu den Bieren passen.
📍 *113 Bayham St*
🚇 *Northern · Camden Town*

10 [Blues Kitchen] · £
BBQ, Blues und Rock'n'Roll, das sind die drei Säulen der Blues Kitchen. Es gibt klasse Essen für Brunch, Lunch und Dinner. Dazu serviert die Bar passende Drinks. Am Wochenende treten regelmäßig Livebands auf.
📍 *111–113 Camden High St*
🚇 *Northern · Camden Town*

> **INSIDER TIPP**

VON LAURA
Wenn ihr echte Fried Chicken-Fans seid, probiert den »Cluck Norris«-Burger bei BrewDog. Unschlagbar!

---

11 [Haché] · £
Die edle Restaurantkette serviert Burger zu einem klasse Preis-Leistungs Verhältnis. Es gibt auch Steak-Burger und wenn ihr gerne Low Carb esst, könnt ihr den Bun durch einen Salat ersetzen. Am Wochenende gibt es auch Brunch.
📍 *24 Inverness St*
🚇 *Northern · Camden Town*

MEHR ÜBER DIESE SPOTS ERFAHREN: LLDN.DE/10052

INSIDER GUIDES

12 ⌈Mildreds Camden⌉ · £
In einer Seitenstraße der Camden High Street. versteckt sich das vegetarische Restaurant. Das teilweise sogar vegane Menü ist kreativ und abwechslungsreich. Burger, Falafel und Curry nach Sri Lanka-Art sind nur ein kleiner Auszug aus dem Veggie Foodporn, das dort auf euch wartet.

◉ *9 Jamestown Rd*
⊖ **Northern** · *Camden Town*

13 ⌈Arancini Brothers Factory⌉ · £
Big Dave und Little Dave starteten ihr Business an einem Stand in der Brick Lane. Jetzt sind ihre Risotto Balls so beliebt, dass die beiden drei Restaurants in London betreiben. Dort bekommt ihr auch Wraps, Burger und die beliebten Bällchen in verschiedenen Variationen.

◉ *115A Kentish Town Rd*
⊖ **Northern** · *Camden Town*

14 ⌈Hook⌉ · £
Der Klassiker Fish & Chips neu interpretiert: Die Köche aus Dublin arbeiten mit nachhaltigen Lieferanten und frischen, selbst zusammengestellten Kräutern. Die Gerichte der neue Schule sind modern und schmecken vorzüglich.

◉ *63–65 Pkwy*
⊖ **Northern** · *Camden Town*

CAMDEN TOWN & REGENT'S PARK HAT DIR GEFALLEN? DANN SCHAU AUCH HIER VORBEI:

Paddington & Marylebone

Islington & Stoke Newington

CAFÉS

15 ⌈Coffee Jar⌉ · £
Nach einem Besuch auf dem Camden Market oder im Regent's Park bekommt ihr in diesem kleinen Café leckere selbstgemachte Cookies und Kuchenkreationen. Probiert auch die hervorragenden Kaffeespezialitäten, heiße Schokolade oder frischen Tee.

◉ *83 Pkwy*
⊖ **Northern** · *Camden Town*

16 ⌈Cereal Killer Cafe⌉ · £
Das Cereal Killer Cafe ist eine einmalige Erfahrung und ein Must-do für Liebhaber von Cornflakes und Co. Im Café bekommt ihr Cereals der unterschiedlichsten Marken in allen möglichen Farben und Formen. Oder wie wäre es mit einem Cereal Cocktail?

◉ *Stables Market, Mezz 2, Chalk Farm Rd*
⊖ **Northern** · *Camden Town*

PUBS

★ ⌈Simmons Bar⌉ · £
Cocktails, Biere, Ales und Wein stehen auf der langen Karte. Dekoriert ist die Bar mit englischem Retro-Kitsch, der zusammen mit der flippigen Beleuchtung eine heitere Atmosphäre erzeugt. Wer Hunger hat, kann sich großzügige Portionen Fast Food von Famous Flames direkt in die Bar kommen lassen.

◉ *7–9 Kentish Town Rd*
⊖ **Northern** · *Camden Town*

Camden Lock Food Market

INSIDER TIPP

VON MATTHIAS

Direkt an der Camden High Street befindet sich einer der besten Clubs: KOKO. Hier wird oft Live-Musik gespielt und der Sound ist einmalig.

---

17 [Constitution] · £
Ein traditioneller Pub im Herzen von Camden Town. In der kleinen Kellerbar finden intime Jazz-, Ska- und Blues-Auftritte statt. Besonders empfehlen wir den wunderschönen Biergarten am Camden Canal mit Arkadenmauern, der bereits Preise abgeräumt hat.
- 42 St Pancras Way
- Northern · Camden Town

18 [Camden Town Brewery] · £
Die junge regionale Brauerei wurde erst 2010 gegründet und produziert verschiedene Lager, Pils und Pale Ale. In dem modernen bunten Pub bekommt ihr nicht nur die lokalen Brauspezialitäten, sondern auch Streetfood von wechselnden Anbietern, die dort eingeladen werden.
- 55–59 Wilkin Street Mews
- Northern · Chalk Farm

BARS

19 [Fifty Five Bar] · £
Premium Cocktails, rockige Töne und leckeres Essen. Darum geht es in der klassisch eingerichteten englischen Bar. Lasst euch einen der über 160 Cocktails schmecken bei Elektro, Indie und Rockmusik. Es gibt fast jeden Tag Aktionen und Happy Hours.
- 31 Jamestown Rd
- Northern · Camden Town

CLUBS

20 [KOKO] · ££
Der Nachtclub im Londoner Camden Palace ist einer der angesagtesten in London. Ursprünglich als Theater erbaut, war der Palast bereits im 20. Jh. eine wichtige Kulturstätte. Der schöne Theatersaal ist bis heute erhalten und die Auftritte von Größen der Hip-Hop-, Indie- und Elektro-Szene können auch von den Balkonen aus angeschaut werden.
- 1A Camden High St
- Northern · Mornington Crescend

SHOPPING

Beim Shoppen in Camden Town führt kein Weg am [Camden Market · Lock Pl] vorbei. Ein Besuch im [Cyberdog · 842 Chalk Farm Rd] fühlt sich an wie ein Clubbesuch. Der Laden verkauft futuristische Club-Outfits mit viel Neon. Individuellen, handgemachten Schmuck aus Blumen bekommt ihr bei Crafty Kaya am [Camden Lock Market · Lock Pl]. Hier findet ihr Kleidung aller Art, Schmuck und Schuhe. Auch Spiele, Bücher und einige Dekoartikel mischen sich unter das Angebot. Der [Stables Market · 842 Chalk Farm Rd], in den alten viktorianischen Ställen ist bekannt für Mode und einzigartige Möbelstücke. Bei [Mosaiqe · Unit 607, Camden Stables Market] findet ihr wunderschöne Armbanduhren aus Holz. Auf dem traditionellen [Inverness Street Market · Inverness St] werden wie früher Obst und Gemüse angeboten. Dazu gesellen sich heute indische, mexikanische und chinesische Köstlichkeiten. An der Hauptader [Camden High St], haben sich große Ketten wie H&M, Office Shoes und MAC niedergelassen. Dazwischen findet ihr viele winzige Boutiquen und Seconhand-Vintage-Shops, die einzigartige Stücke anbieten.

MEHR ÜBER DIESE SPOTS ERFAHREN: LLDN.DE/10053

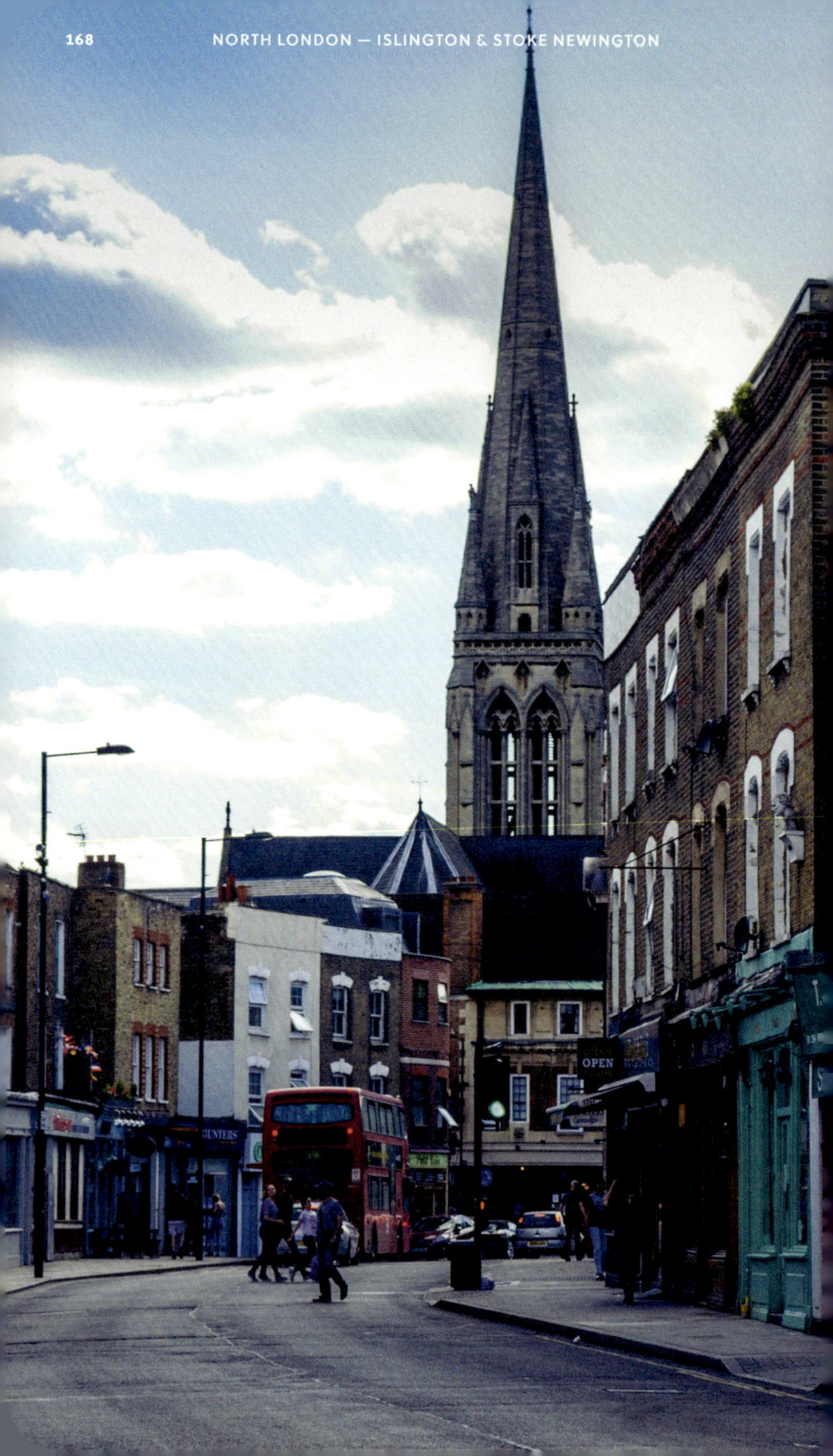
OPEN

North
LONDON

ISLINGTON & STOKE NEWINGTON

Früher Industrie-Slum, heute »place to be«

Die Zeiten, in denen Islington als überbevölkerter Slum galt, sind lange vorbei. Bereits in den 1980ern setzte hier die Gentrifizierung ein und ließ den Stadtteil aufblühen. Heute residiert in den georgianischen und viktorianischen Häuserzeilen die obere Mittelschicht und genießt das breite Angebot an Kultur und Gastronomie direkt vor der Tür. Voll mit Kunstgalerien, Shops sowie Bars und Clubs zeigt sich auch Stoke Newington. Im Gegensatz zu vielen anderen Teilen Londons hat sich »Stokey« neu erfunden, ohne seinen dorfähnlichen und gemütlichen Charakter zu verlieren.

INSIDER GUIDES

TOP 5 SIGHTS

1 [Arsenal Museum]
Im Arsenal Museum wird die über 130-jährige Geschichte eines der erfolgreichsten Fußballvereine lebendig.
- 75 Drayton Pk · Emirates Stadium
- Piccadilly · Arsenal

2 [Exmouth Market]
Mit seinen zahlreichen Straßencafés und kleinen Läden ist der Exmouth Market immer einen Besuch wert.
- Clerkenwell
- Circle, Hammersmith & City, Metropolitan · Farringdon

3 [Screen on the Green]
Im Screen on the Green werden seit 1913 Filme gezeigt, damit gehört es zu den ältesten Kinos der Welt. Mit seinem auffälligen Neon-Schriftzug ist es kaum zu verfehlen.
- 83 Upper St
- Northern · Angel

4 [The Postal Museum]
Das Museum zeigt zahlreiche Exponate aus fünf Jahrhunderten Kommunikationsgeschichte.
- 15–20 Phoenix Pl
- Circle, Hammersmith & City, Metropolitan · Farringdon

5 [Union Chapel]
In der gotischen Kirche finden nicht nur Gottesdienste, sondern auch Popkonzerte statt.
- Compton Terrace
- Victoria · Highbury & Islington

MEHR ÜBER DIESE SPOTS ERFAHREN: LLDN.DE/10054

ISLINGTON & STOKE NEWINGTON

INSIDER TIPP

VON MATTHIAS

Das Exmouth Arms ist der perfekte Pub, um einen London-Tag standesgemäß ausklingen zu lassen.

BEGIB DICH AUF ENTDECKUNGSTOUR!

Sights
- 01 · Arsenal Museum
- 02 · Exmouth Market
- 03 · Screen on the Green
- 04 · The Postal Museum
- 05 · Union Chapel
- 06 · Estorick Collection of Modern Italian Art
- 07 · Salut
- 08 · Smokehouse
- 09 · The Good Egg
- 10 · Dalston Superstore
- 11 · Stokey Bears
- 12 · MEATliquor
- 13 · La Farola Cafe & Bistro
- 14 · Sunday Café
- 15 · Alpino
- 16 · Briki
- 17 · Exmouth Arms
- 18 · Earl of Essex
- 19 · Bar With No Name
- 20 · Garage
- 21 · Four Sisters Bar

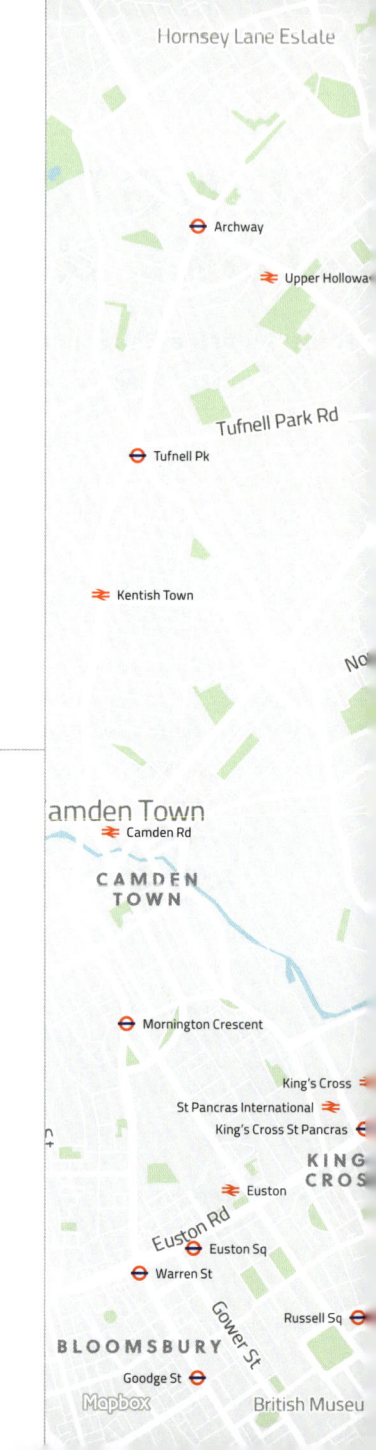

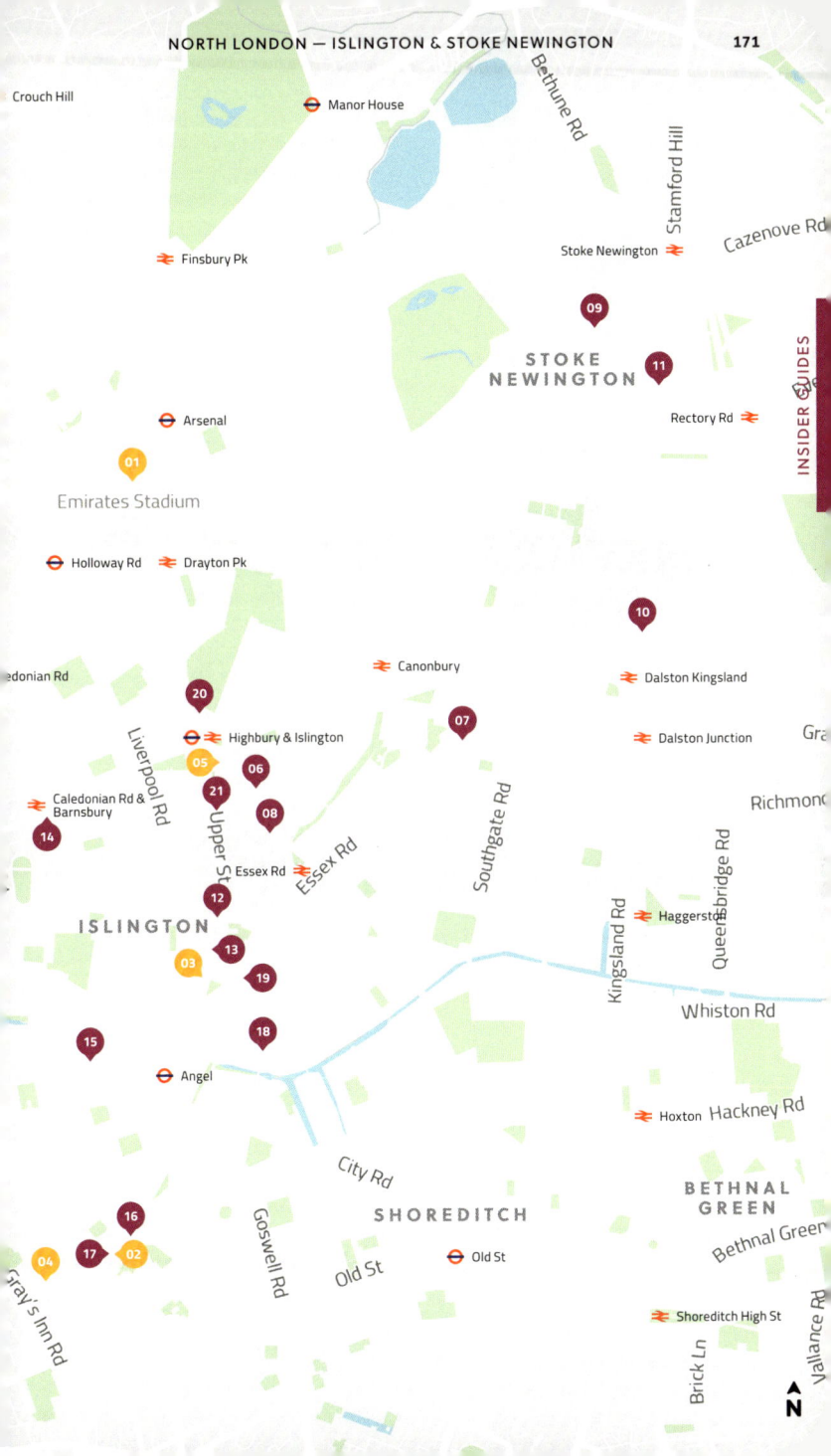

NORTH LONDON — ISLINGTON & STOKE NEWINGTON

171

Crouch Hill
Manor House
Finsbury Pk
Bethune Rd
Stamford Hill
Stoke Newington
Cazenove Rd
STOKE NEWINGTON
09
11
Rectory Rd
Arsenal
01
Emirates Stadium
Holloway Rd
Drayton Pk
10
Canonbury
Dalston Kingsland
Dalston Junction
Caledonian Rd
20
Highbury & Islington
Liverpool Rd
05
06
21
08
07
Southgate Rd
Caledonian Rd & Barnsbury
14
Essex Rd
Upper St
12
Richmond
ISLINGTON
03
13
19
Haggerston
Kingsland Rd
Queensbridge Rd
15
18
Angel
Whiston Rd
City Rd
Hoxton
Hackney Rd
SHOREDITCH
BETHNAL GREEN
Goswell Rd
Old St
Old St
Bethnal Green
16
17
02
04
Shoreditch High St
Gray's Inn Rd
Brick Ln
Vallance Rd

INSIDER GUIDES

N

SIGHT-SEEING

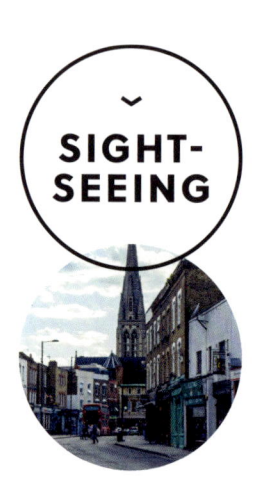

Ein Besuch im imposanten Emirates Stadium ist auch für Nicht-Fußballfans ein absolutes Highlight: Das Heimstadion des FC Arsenal ist ein Meisterstück moderner Architektur. Eine Audioguide-Tour führt direkt ins [Arsenal Museum], das auf über 130 Jahre Vereinsgeschichte zurückblickt.

Das Herz Islingtons liegt südlich des Stadions in der lebendigen [Upper Street]. Hier gibt es jede Menge Bars, Restaurants und Independent-Shops. Ein Geheimtipp auf der Jagd nach außergewöhnlichen Souvenirs ist dabei die versteckte [Camden Passage], mit ihren Trödelläden und kleinen Boutiquen. Hier liegt auch der beliebte [Angel Comedy Club], in dem sowohl bekannte Comedians als auch Newcomer auftreten.

Zudem findet ihr dort mit [The Garage] und der [Union Chapel] zwei beliebte und außergewöhnliche Konzertlocations. Letztere ist tatsächlich eine Kirche, die sowohl für Gottesdienste als auch Musikveranstaltungen genutzt wird. Steht euch der Sinn mehr nach einem Film, ist das [Screen on the Green] die beste Adresse: Das Kino zeigt bereits seit über hundert Jahren Filme und gehört zu den ältesten der Welt. In den letzten beiden Reihen nehmt ihr auf gemütlichen Doppelsofas mit Fußlehnen Platz.

Ein beliebter Spot zum Bummeln, Kaffeetrinken und für das Feierabend-Pint ist der [Exmouth Market]. Besonders guten und original griechischen Kaffee bekommt ihr hier im [Briki], für ein Bier und deftige Snacks ist [The Exmouth Arms] eine gute Adresse. Einen Abstecher wert ist zudem das [Postal Museum]. Hier erlebt ihr ein halbes Jahrhundert Kommunikationsgeschichte hautnah – spätestens, wenn ihr auf dem Schienennetz der unterirdischen Mail Rail die alten Posttunnel der Stadt erkundet.

Stoke Newington ist ein weiterer Nord-Londoner Stadtteil, der sich immer größerer Beliebtheit erfreut. Hier findet ihr vor allem an der [Stoke Newington High Street] viele coole Gastro-Spots: Schaut auf einen Burger im [Stokey Bears] vorbei, nehmt einen Drink im [Ruby's] oder tanzt im bunten LGBT-Hotspot [Dalston Superstore] zu Hits aus den 90ern.

MUSEEN

⭐ [Arsenal Museum]
Seit 2006 ist das Emirates Stadium die Heimat des FC Arsenal. Hier ist nicht nur Platz für mehr als 60.000 Zuschauer – sondern auch für ein Museum, das auf über 130 Jahre Vereinsgeschichte bis zur Gründung des Clubs im Jahr 1896 zurückblickt. Zu den Exponaten zählen zahlreiche Leihgaben und Geschenke ehemaliger Spieler.

📍 *75 Drayton Pk · Emirates Stadium*
🚇 *Piccadilly · Arsenal*

NORTH LONDON — ISLINGTON & STOKE NEWINGTON

06 ⌈Estorick Collection of Modern Italian Art⌉
In einer georgianischen Villa am Canonbury Square findet ihr die Estorick Collection of Modern Italian Art, die einige der wichtigsten italienischen Kunstwerke aus der ersten Hälfte des 20. Jahrhunderts zeigt.
- 39A Canonbury Sq
- Victoria · Highbury & Islington

⭐ ⌈The Postal Museum⌉
In diesem Museum reist ihr in den Untergrund – und unternehmt eine Fahrt im unterirdischen Schienennetz der ehemaligen Mail Rail, die zwischen 1927 und 2003 Post durch die Stadt transportierte. Wieder an der Erdoberfläche erfahrt ihr in einer Ausstellung alles über die Geschichte der Mail Rail.
- 15–20 Phoenix Pl
- Circle, Hammersmith & City, Metropolitan · Farringdon

RESTAURANTS & CAFÉS

RESTAURANTS

07 ⌈Salut⌉ · ££
In dem gemütlichen Ecklokal der deutschen Brüder Martin und Christoph werdet ihr euch auf Anhieb wohlfühlen. Auf Vintage-Stühlen sitzend könnt ihr beobachten, wie in der offenen Küche moderne europäische Gerichte von Risotto bis Lammkarree zubereitet werden.
- 412 Essex Rd
- Victoria · Highbury & Islington

08 ⌈Smokehouse⌉ · ££
Very British mit internationalem Einschlag: Die Gerichte im Smokehouse sind zwar amerikanisch inspiriert, bei der Zubereitung wird jedoch größer Wert auf die Verwendung von regionalen Produkten gelegt. Wenn ihr es etwas exotischer mögt, probiert die geräucherte Ente mit traditionellem koreanischen Kimchi!
- 63–69 Canonbury Rd
- Victoria · Highbury & Islington

09 ⌈The Good Egg⌉ · ££
Der Name täuscht: Im The Good Egg bekommt ihr nicht etwa Eier in allen Variationen – sondern deftige, orientalisch inspirierte Gerichte, gepaart mit einem Hauch pazifischen Flairs à la Los Angeles oder Sydney.
- 93 Stoke Newington Church St
- F · Stoke Newington

10 ⌈Dalston Superstore⌉ · £
Eine Mischung aus Club, Bar und Restaurant – der Dalston Superstore zeigt sich vielseitig. So wie das Publikum: Der Laden ist ein beliebter Treffpunkt für die LGBT-Community. Das Menü wechselt je nach Saison, wobei die Burger stets ein Highlight sind.
- 117 Kingsland High St
- E · Dalston Junction

11 ⌈Stokey Bears⌉ · £
Das Stokey Bears war eigentlich als Pop-up-Restaurant gedacht – doch dieser Plan änderte sich mit dem großen Erfolg schnell. Absolutes Highlight: Der »Grizzly Bear«-Burger mit Bacon-Marmelade!
- 129 Stoke Newington High St
- F · Stoke Newington

12 ⌈MEATliquor⌉ · ££
Mancher Local sagt, bei ihm gibt es die besten Burger der Stadt – doch entsprechend lang sind auch die Schlangen vor dem MEATliquor von Yianni Papoutsis. In Islington ist das nicht anders, doch wer etwas mehr Zeit mitbringt, isst hier vielleicht den besten Burger seines Lebens.
- 133b Upper St
- Victoria · Highbury & Islington
- Northern · Angel

13 ⌈La Farola Cafe & Bistro⌉ · ££
Ein Hauch von Spanien auf der Upper Street: Im La Farola dreht sich alles um Manchego-Käse, iberischen Schinken und andere köstliche Tapas. Passend dazu genießt ihr am besten einen original spanischen Sherry!
- 101 Upper St
- Northern · Angel

INSIDER GUIDES

MEHR ÜBER DIESE SPOTS ERFAHREN: LLDN.DE/10055

CAFÉS

14 ⌈Sunday Café⌉ · £
In dem beschaulich gelegenen Café starten am Wochenende viele Locals bei einem gemütlichen Brunch in den Tag. Von frischen Croissants über köstliche Pancakes bis zu saftigen Burgern gibt es alles, was das Herz begehrt.
- 169 Hemingford Rd
- *Victoria* · *Highbury & Islington*

15 ⌈Alpino⌉ · £
Das Alpino ist eine Institution in Islington: Seit 1959 werden hier Kaffee und traditionelle italienische Snacks und Speisen serviert – und das bis heute zu unglaublich günstigen Preisen.
- 97 Chapel Market
- *Northern* · *Angel*

16 ⌈Briki⌉ · £
Das Briki am Exmouth Market serviert euch fantastische griechische Kaffeekreationen und Snacks sowie eine Auswahl an Kuchen.
- 67 Exmouth Market
- *Circle, Hammersmith & City, Metropolitan* · *Farringdon*
- *Northern* · *Angel*

PUBS

17 ⌈Exmouth Arms⌉ · £
Der grüngekachelte Eckpub am Exmouth Market ist kaum zu übersehen. Draußen gibt es jede Menge Sitzgelegenheiten, richtig urig und gemütlich ist es aber auch im Inneren. Die gute Auswahl an Craft Beer und Snacks könnt ihr aber genießen, egal wo ihr sitzt!
- 23 Exmouth Market
- *Circle, Hammersmith & City, Metropolitan* · *Farringdon*
- *Northern* · *Angel*

18 ⌈Earl of Essex⌉ · £
Obwohl der Pub etwas versteckt in einem Wohngebiet liegt, ist er stets gut besucht. Wahrscheinlich, weil es unter der Auswahl an Craft Beer auch einige Sorten gibt, die ihr sonst in der Stadt nur schwer findet. Auf der Speisekarte gibt es sogar Empfehlungen, welches Bier am besten zum Essen passt.
- 25 Danbury St
- *Northern* · *Angel*

BARS

19 ⌈Bar With No Name⌉ · ££
Die One-Room-Bar ist angelehnt an den italienischen Style der 1950er-Jahre, veredelt mit einem Touch Film Noir. Der Fokus liegt auf den exklusiv entwickelten Cocktails, die mit esoterischen Zutaten gemixt werden.
- 69 Colebrooke Row
- *Northern* · *Angel*

20 ⌈Garage⌉ · £££
Hier traten bereits Größen wie Oasis oder die Red Hot Chili Peppers auf. Heute spielen in der für ihre Soundtechnik bekannten Halle vor allem Indie-Acts. Wer keine Karten hat, steuert für einen Drink den zur Garage gehörenden The General Store gleich nebenan an.
- 20–22 Highbury Cres
- *Victoria* · *Highbury & Islington*

Exmouth Market

21 [Four Sisters Bar] · ££

In der Four Sisters Bar scheint es, als sei die Zeit stehengeblieben. Denn seitdem in den 1930er-Jahren die erste Bar in diesen Räumlichkeiten eröffnet wurde, hat man am Einrichtungsstil nur wenig verändert. Dafür sind die hervorragenden Cocktails umso mehr auf der Höhe der Zeit.
📍 *25 Canonbury Ln*
🚇 *Victoria · Highbury & Islington*

🛍 SHOPPING

Der [Exmouth Market · *Clerkenwell*] ist zwar vor allem für seine große Auswahl an Cafés, Bars und Restaurants bekannt, jedoch gibt es hier auch viele schöne Läden zu entdecken, in denen ihr zum Beispiel Geschenkartikel, Schmuck oder hochwertige Lederwaren finden könnt. Seid ihr an einem Sonntag unterwegs, lohnt sich auch ein Abstecher zum [Islington Farmer's Market · *Chapel Market*]. Eine Vielzahl an Geschäften findet ihr auch rund um die hippe **Upper Street**. Stöbert bei [twentytwentyone · *274–275 Upper St*] durch die Auswahl an stylischen Designermöbeln und -accessoires oder staunt über Großbritanniens größtes Kunstfachgeschäft [**Cass Art** · *66–67 Colebrooke Row*], das sich über ganze drei Etagen erstreckt. Eine besonders interessante Auswahl an Antiquitäten- und Geschenkläden findet ihr zudem in der etwas versteckt liegenden **Camden Passage**.

Seid ihr in Stoke Newington unterwegs, solltet ihr unbedingt die vielen schönen Shops und Boutiquen in der Stoke **Newington Church Street** auschecken: Bei [HUB · *88 Stoke Newington Church St*] gibt es lässige Mode, bei [**Prep** · *108 Stoke Newington Church St*] findet ihr coole Accessoires für eure Küche – und in den vollen Regalen des [**Church Street Book Shop** · *142 Stoke Newington Church St*] vielleicht das eine oder andere Schätzchen!

› INSIDER TIPP

VON LAURA
Die besten Tapas gibt es im La Farola Café & Bistro. Bei gutem Wetter könnt ihr auch entspannt draußen sitzen.

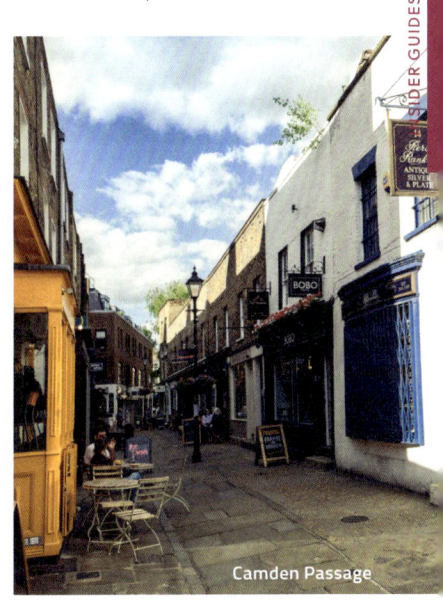

Camden Passage

ISLINGTON & STOKE NEWINGTON HAT DIR GEFALLEN? DANN SCHAU AUCH HIER VORBEI:

North — Camden Town & Regent's Park

East — Shoreditch & Bethnal Green

MEHR ÜBER DIESE SPOTS ERFAHREN: LLDN.DE/10056

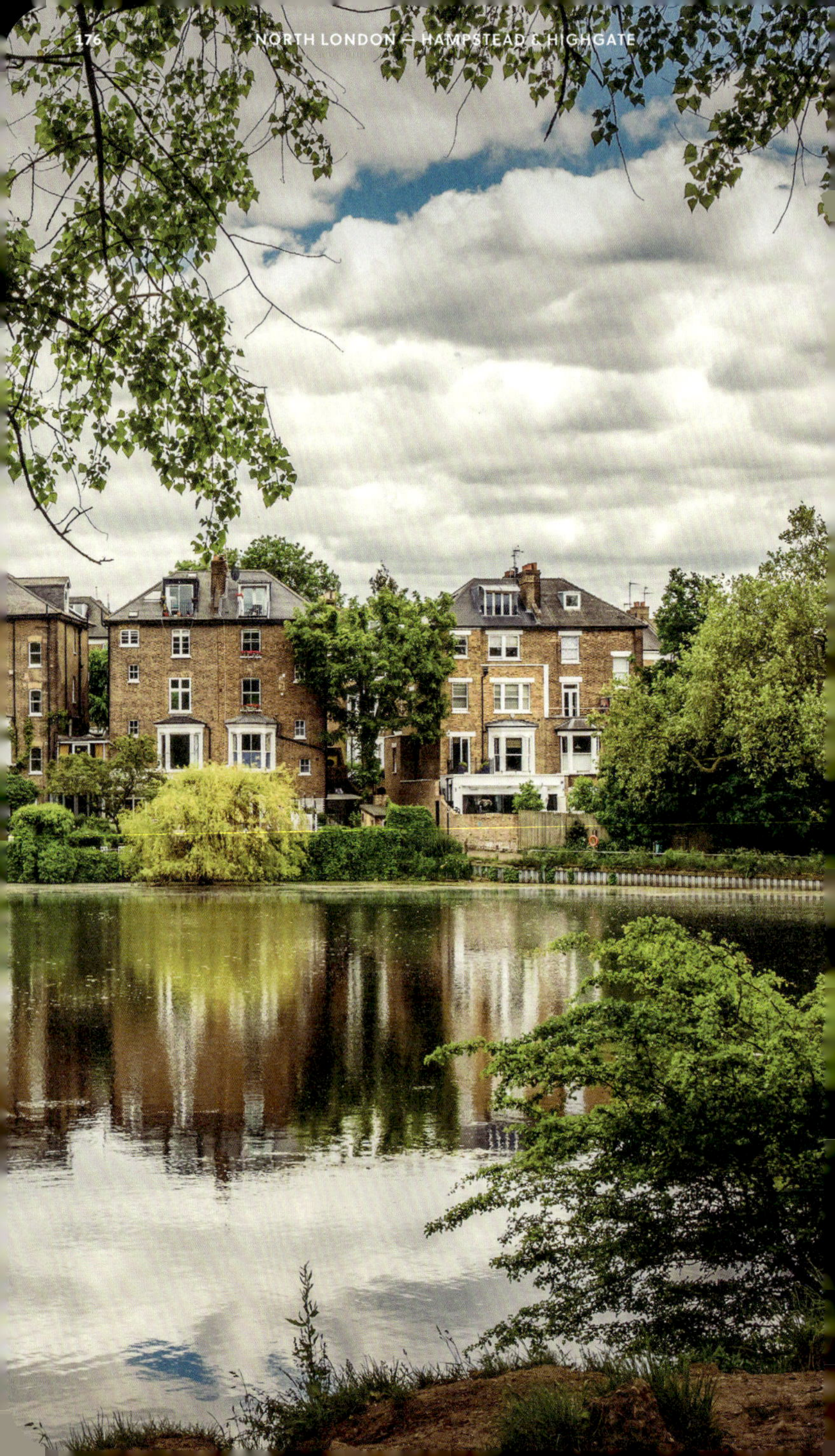

HAMPSTEAD & HIGHGATE

Der Schönheit ländlichen Charmes ganz nah

Hampstead war schon immer eine exklusive Enklave. Im 18. Jahrhundert galt es als Kurort von London, denn es liegt auf einer Anhöhe und blieb vom typischen Smog und Nebel der Industriestadt verschont. Heute haben sich zahlreiche Promis rund um das einstige Dorf Highgate angesiedelt, welches zu den teuersten Wohngebieten Londons zählt. Es ist ruhig gelegen mit viel Grün drumherum und das Stadtzentrum ist schnell zu erreichen. Der ländliche Charakter sowie das alte englische Flair des Dorfes sind noch zu spüren. Wer das (gehobene) englische Vorstadtleben kennenlernen möchte, ist hier an der richtigen Stelle.

TOP 5 SIGHTS

1 [Kenwood House]
Das Anwesen im neoklassizistischen Stil ist idyllisch gelegen und für Besichtigungen geöffnet.
- *Hampstead Ln*
- *· Gospel Oak*

2 [Hill Garden & Pergola]
Die Säulen dieser malerischen Pergola sind bewachsen mit rankenden Rosen. Im angrenzenden Garten könnt ihr ausgiebig spazieren.
- *The Pergola*
- **210, 268, N5** · *Inverforth House*

3 [Hampstead Heath]
In dem beliebten Park befinden sich viele Attraktionen, unter anderem der Parliament Hill Viewpoint mit toller Aussicht im Süden und das Kenwood House im Norden.
- *Hampstead Heath*
- *· Hampstead Heath*

4 [Camden Arts Centre]
In dem kulturellen Treffpunkt finden wechselnde Ausstellungen von zeitgenössischen Künstlern statt. Ein kleines Café mit Buchladen schließt sich an.
- *Arkwright Rd*
- *· Finchley Rd & Frognal*

5 [Highgate Cemetery]
Persönlichkeiten wie Karl Marx und Michael Faraday sind in der schönen Anlage begraben. Der Eintritt kostet ca. 4 £.
- *Swain's Ln*
- **Northern** · *Archway*

MEHR ÜBER DIESE SPOTS ERFAHREN: LLDN.DE/**10057**

HAMPSTEAD & HIGHGATE

VON ISABELLE

Im Sommer könnt ihr im Hampstead Heath Park wunderbar schwimmen. Es gibt drei Badeteiche – einen für Frauen, einen für Männer und einen für alle.

BEGIB DICH AUF ENTDECKUNGSTOUR!

Sights
- 01 · Kenwood House
- 02 · Hill Garden & Pergola
- 03 · Hampstead Heath
- 04 · Camden Arts Centre
- 05 · Highgate Cemetery
- 06 · Keats House
- 07 · Burgh House & Hampstead Museum
- 08 · Freud Museum London
- 09 · Rossella
- 10 · Lure Fish Kitchen
- 11 · La Crêperie de Hampstead
- 12 · Petite Corée
- 13 · Food Room
- 14 · The Fields Beneath
- 15 · Bear + Wolf
- 16 · Southampton Arms
- 17 · Pineapple
- 18 · The Spaniards Inn
- 19 · Holly Bush
- 20 · Ladies and Gentlemen
- 21 · Knowhere Special
- 22 · Gallery

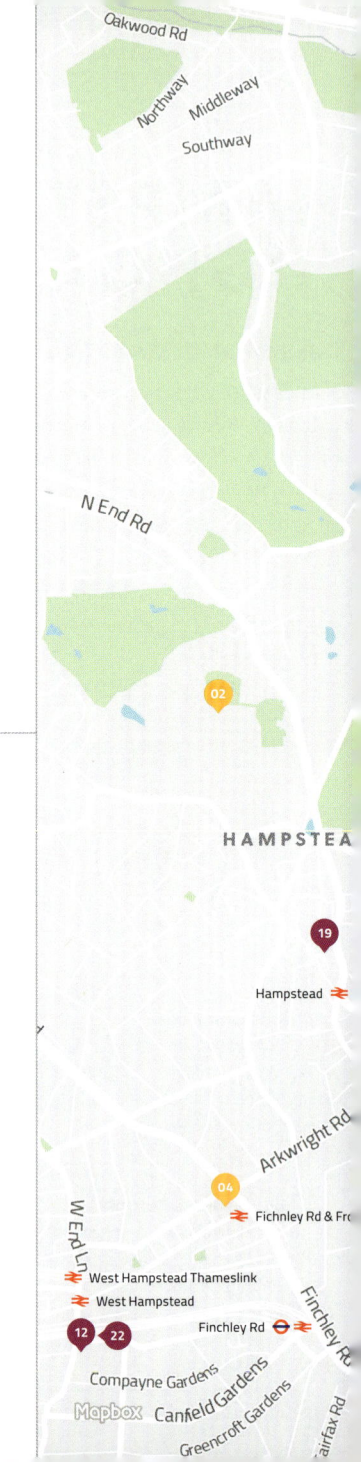

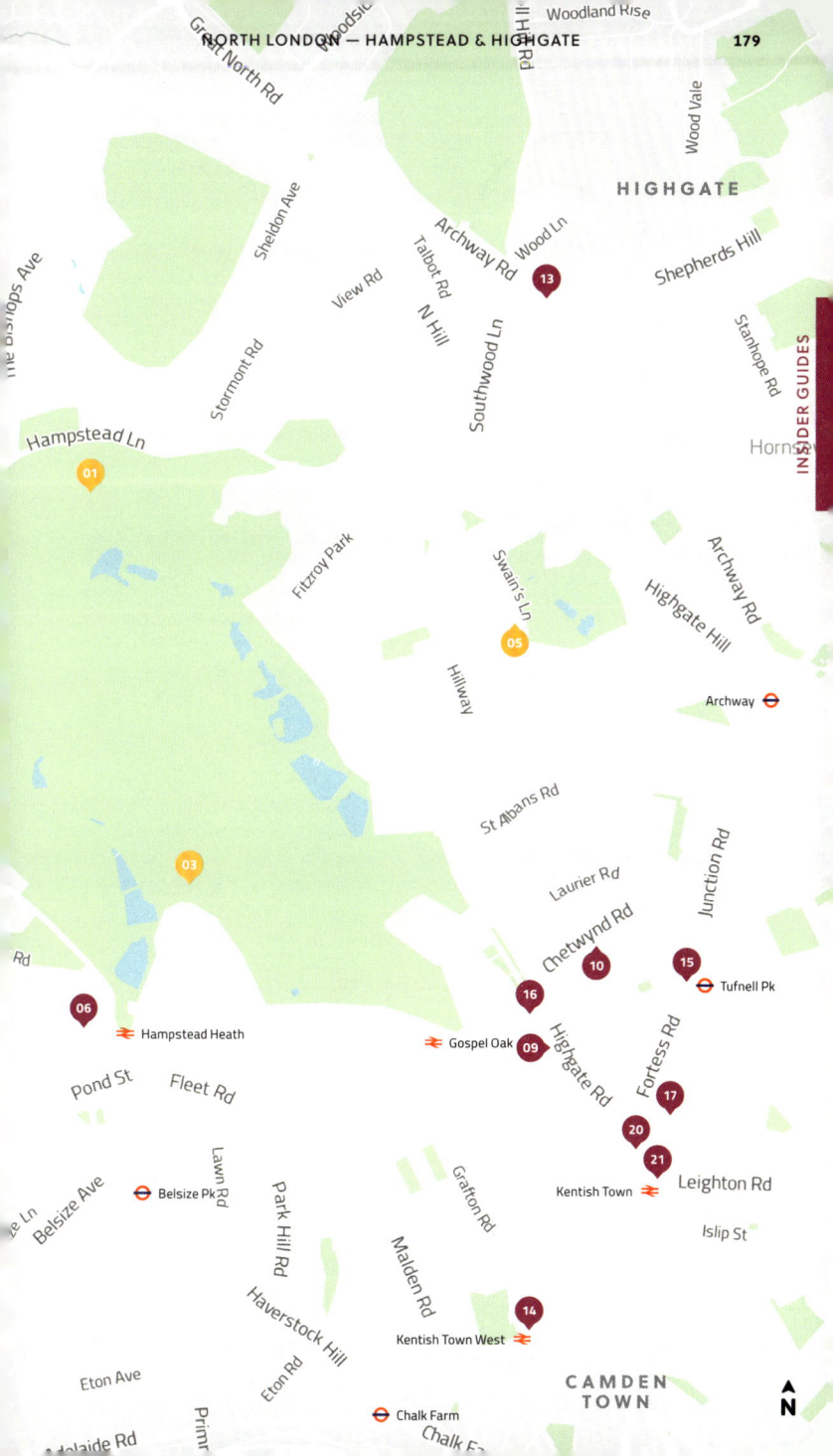

NORTH LONDON — HAMPSTEAD & HIGHGATE 179

HIGHGATE

SIGHT-SEEING

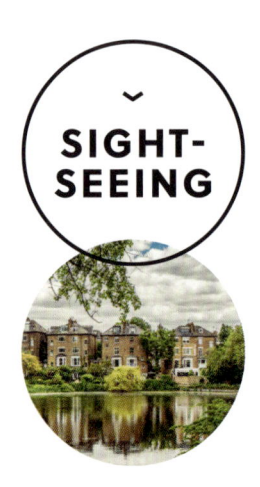

In Hampstead könnt ihr stundenlang durch grüne Landschaften wandern und seid gerade mal vier Stationen vom Big Ben entfernt. Kein Wunder also, dass dieser Stadtteil zu den exklusivsten und wohlhabendsten Gegenden Londons gehört. Hier findet das typische englische Leben statt und ihr begegnet auch mal dem einen oder anderen Promi. Zu den bekanntesten Häusern gehört unter anderem das [Burgh House], das zum [Hampstead Museum] umgebaut wurde und über die Entwicklung des Dorfes aufklärt. Auch der britische Dichter John Keats wohnte einige Jahre in Hampstead. Im [Keats House] sind einige seiner Manuskripte ausgestellt.

Eines der wohl berühmtesten Sehenswürdigkeiten im Stadtteil Hampstead ist das [Kenwood House]. Das Herrenhaus liegt im nördlichen Teil des [Hampstead Heath Park], der einen Großteil des Viertels ausmacht. Ihr könnt dieses auch besichtigen und euch einen Eindruck verschaffen, wie ein Leben auf einem so riesigen Anwesen aussah. In der dazugehörigen Galerie sind Gemälde von weltklasse Künstlern wie Rembrandt und Van Dyck ausgestellt. Für ein regionales Bier oder Ale solltet ihr in den uralten Pub [Spaniard's Inn] gehen. Dieser stammt wie das Herrenhaus aus dem 17. Jahrhundert. Damals kehrten dort viele Dichter und Denker ein.

Etwa 25 Gehminuten entfernt befindet sich der [Highgate Cemetery]. Viele historische Persönlichkeiten liegen hier begraben. Gegen einen kleinen Eintritt könnt ihr die die kunstvollen Grüfte und Gräber besichtigen.

Für einen tollen Ausblick solltet ihr den [Parliament Hill] im Süden des Hampstead Heath Park besteigen. Von dort aus reicht der Blick bei gutem Wetter bis zur City Skyline mit dem Parlamentsgebäude. Im Sommer picknicken die Londoner hier gerne und lassen im Herbst Drachen steigen.

Ebenfalls einen Besuch wert ist der kleine Ableger [Golders Hill Park]. Dort gibt es eine wunderschöne [Pergola] mit umliegendem Garten zu entdecken. Umrankt von Rosen und grünen Hecken wandelt ihr wie im Märchen.

Im Stadtkern von Hampstead findet ihr den dörfliche Charakter im [Flask Walk] wieder. In der kleinen Gasse laden Secondhand-Shops zum Bummeln ein und aus den Bäckereien und Cafés weht einem köstlicher Kaffeeduft um die Nase.

MUSEEN

⭐ [Kenwood House]

Im 17. Jahrhundert wurde das Anwesen als Backsteinhaus errichtet und im Laufe der Zeit zu einem neoklassizistischen Schmuckstück umgebaut. Heute beherbergt es eine Kunstsammlung, zu der Rembrandt, Vermeer und Gainsborough gehören. Ein Besuch lohnt sich nicht nur wegen der Architektur, sondern auch wegen der schönen Gartenlandschaft. Der Eintritt ist frei.

📍 Hampstead Ln
🚇 · Gospel Oak

NORTH LONDON — HAMPSTEAD & HIGHGATE

⭐ ⌈Camden Arts Centre⌉
In dem Kulturzentrum wird zeitgenössische Kunst ausgestellt und gelehrt. Besucher sind herzlich willkommen, an den wechselnden Ausstellungen teilzunehmen. Im dazugehörigen Buchladen findet ihr kreative Lektüre oder genießt einen Kaffee im Garten.
- *Arkwright Rd*
- *· Finchley Rd & Frogna*

06 ⌈Keats House⌉
Im Haus des Poeten John Keats könnt ihr seine Umgebung erkunden und originale Manuskripte betrachten. Der Romantiker lebte von 1818 bis 1820 dort und war in dieser Zeit sehr produktiv. Besucht das Anwesen und erfahrt, woher Keats seine Inspiration nahm.
- *10 Keats Grove*
- *· Hampstead Heath*

07 ⌈Burgh House & Hampstead Museum⌉
Das schöne Anwesen im Queen-Anne-Stil wurde 1704 erbaut und befand sich meistens in Privatbesitz. Heute ist es ein Gemeinschaftszentrum für Events und Ausstellungen. Ein kleines Heimatmuseum informiert über die Entwicklung des Stadtteils. Dazu gehört auch eine Kunstsammlung aus über 3.000 Exponaten.
- *New End Sq*
- *Northern · Hampstead*

Kenwood House

08 ⌈Freud Museum London⌉
Der Psychoanalytiker Sigmund Freud verbrachte hier sein Exil. Im Jahr 1938 floh er mit seiner Familie aus Wien und lebte bis zu seinem Tod in Hampstead. Im Museum finden regelmäßig Vorträge zum Thema Psychoanalyse statt. Natürlich seht ihr dort auch das Sofa, auf dem seine Patienten saßen.
- *20 Maresfield Gardens*
- *Metropolitan, Jubilee · Finchley Rd*

🍴 RESTAURANTS & CAFÉS

RESTAURANTS
09 ⌈Rossella⌉ · ££
Die Trattoria lässt euch die italienische Lebensart und die Liebe zur mediterranen Küche schmecken. Hinter dem Erfolg steht eine Familientradition, die in den 1960er-Jahren von Neapel nach London gebracht wurde. Pasta, Eis und Wein vom eigenen Gut in Italien sind nur ein Vorgeschmack.
- *103 Highgate Rd*
- *· Gospel Oak*

10 ⌈Lure Fish Kitchen⌉ · £
Für Liebhaber von Fisch und Meeresfrüchten ist dieses Restaurant zu empfehlen. Der Fisch kommt aus verantwortungsvollen Quellen in und um die britische Insel. Auf der Karte stehen moderne englische Originale und kreative tagesaktuelle Angebote.
- *56 Chetwynd Rd*
- *Northern · Tufnell Pk*

11 ⌈La Crêperie de Hampstead⌉ · £
Bevor sich die Crêperie 1980 in Hampstead niederließ, wanderte sie von Market zu Market. Seitdem wurden die Pariser Crêpes und Galettes durch herausragende Rezensionen berühmt. Lange Schlangen bilden sich vor dem Eingang, aber das Warten lohnt sich.
- *77a Hampstead High St*
- *Northern · Hampstead*

INSIDER GUIDES

MEHR ÜBER DIESE SPOTS ERFAHREN: LLDN.DE/10058

12 ⌈Petite Corée⌋ · ££
Ein Mix aus klassischer koreanischer und ausgezeichneter asiatischer Fusionsküche. Das verkörpert dieses schlicht dekorierte kleine Juwel in Hampstead. Die Auswahl ist begrenzt, jedoch ist jedes Gericht einzigartig und vollendet.
- 98 West End Ln
- *Jubilee · West Hampsteadn*

13 ⌈Food Room⌋ · £
Ganz dem Namen nach sitzt ihr in diesem Raum direkt in der Küche. Das vegetarische Frühstück mit Pilzen, Halloumi, Asparagus und Süßkartoffelpüree lässt euch den Besuch keinesfalls bereuen. Es gibt auch selbstgemachte Kuchen und täglich wechselnde Salate, Suppen und vieles mehr.
- 305 Archway Rd
- *Northern · Highgate*

CAFÉS

14 ⌈The Fields Beneath⌋ · ££
Das inhabergeführte und gemütliche Café hat 2012 eröffnet. Noch heute steuert Mutti ihren Kuchen bei. Nur, dass der nun 100 % vegan ist, denn 2017 wurde die letzte Kuhmilch aus dem Café verbannt. An Qualität und Geschmack wurde aber nicht eingebüßt.
- 52A Prince of Wales Rd
- *· Kentish Town W*

HAMPSTEAD & HIGHGATE HAT DIR GEFALLEN? DANN SCHAU AUCH HIER VORBEI:

Chelsea & Fulham

Islington & Stoke Newington

15 ⌈Bear + Wolf⌋ · £
In dem kinderfreundlichen Café könnt ihr gut und preisgünstig frühstücken. Es gibt einen extra Abstellplatz für Buggys und eine Spielecke für Kinder. Die Speisen sind einfallsreich kombiniert und schmecken hervorragend. Zum Lunch gibt es Suppen und Sandwiches.
- 153 Fortess Rd
- *Northern · Tufnell Pk*

The Pineapple

PUBS

16 ⌈Southampton Arms⌋ · £
Über 18 verschiedene Ales und Ciders vom Fass sowie ein Kühlschrank voller Fleisch erwartet euch in diesem traditionellen Pub. Angeblich handelt es sich um das einzige Ale und Cider House, das ausschließlich Biere und Cider von kleinen unabhängigen Brauereien aus der UK anbietet.
- 139 Highgate Rd
- *Northern · Tufnell Pk*

17 ⌈Pineapple⌋ · £
Lasst euch vom Charme des 1868 erbauten Gebäudes verzaubern. Klassisch englisch eingerichtete Räume und ein fantastischer Wintergarten schaffen die perfekte Umgebung, um das hervorragende und preiswerte Thai-Essen zu genießen.
- 51 Leverton St
- *Northern · Tufnell Pk*

NORTH LONDON — HAMPSTEAD & HIGHGATE

18 [The Spaniards Inn] · ££
Der historische Pub ist eine Londoner Ikone, benannt nach einem spanischen Botschafter von König James I. Schon Charles Dickens fand hier Inspiration. Im Inneren rufen der offene Kamin und dunkles Holz ein romantisch nostalgisches Flair hervor. Draußen befindet sich ein großer Biergarten für gemütliche Stunden.
- *Spaniards Rd*
- *210, 603 · The Spaniards Inn*

19 [Holly Bush] · ££
Der jahrhundertealte Pub im Herzen des historischen Hampsteads ist eine echte Empfehlung wert. Es gibt viele gemütliche Ecken, um fantastisches Essen, Biere und Wein zu genießen. Im Sommer schmücken eine Bank und Blumen die Fassade.
- *22 Hollymount*
- *Northern · Hampstead*

BARS

20 [Ladies and Gentlemen] · ££
Wenn ihr den Eingang zur unterirdischen Secret Bar gefunden habt, könnt ihr die unglaublichen Cocktails kosten, die hervorragende internationale Rezensionen erhielten. Lediglich der Name lässt darauf schließen, dass sich hier einmal eine öffentliche Toilette befand.
- *2 Highgate Rd*
- *Northern · Tufnell Pk*

21 [Knowhere Special] · ££
Entgegen dem Namen ist die winzige Bar sehr speziell. Das betrifft sowohl die Einrichtung als auch die Cocktailauswahl, die mit simplen Extras verfeinert sind. Gedämpftes Licht und super Musik erzeugen eine Wohlfühlstimmung.
- *296 Kentish Town Rd*
- *Northern · Tufnell Pk*

INSIDER TIPP

VON LAURA
Möchtet ihr einen Really British Day erleben? Dann besucht erst das Kenwood House und esst anschließend das beste »Sausage & Mash« bei The Spaniards Inn.

22 [Gallery] · £
Die Bar mit den Brickwalls ist stilvoll mit vielen Ledersofas wie eine Galerie eingerichtet. Gönnt euch einen Sandwich und Bier eurer Wahl, genießt die Umgebung und lauscht der tollen Musik. Außerdem gibt es eine Extra-Karte mit 101 Whiskys.
- *190 Broadhurst Gardens*
- *Jubilee · West Hampstead*

SHOPPING

In Highgate befinden sich entlang der **Archway Road** Läden wie [Souvenir] · *249 Archway Rd*, und [Art & Vintage] · *263 Archway Rd*. Dort könnt ihr Handgemachtes von britischen Designern erwerben. Auffällig sind auch die vielen Charity-Shops von Oxfam oder Caritas in dieser Gegend. Bei [Sweaty Betty] · *35 Heath St*, bekommt ihr Sport- und Bademode für Frauen. Die **Hampstead High Street** ist die erste Adresse für Mode-Shopping größerer Marken. Unternehmen wie Tara Jarmon, Gap und Sandro sind dort vertreten.

Die kleine Gasse [The Flask Walk] · *Flask Walk*, liegt ganz in der Nähe der Tube Station Hampstead. Zwischen alten Backsteinhäusern befinden sich niedliche Secondhand-Geschäfte für Bücher und Kleidung. Der Name stammt von der idyllischen Bar The Flask. Ein Abstecher in die Straße lohnt sich wirklich, hier findet ihr einzigartige Souvenirs.

MEHR ÜBER DIESE SPOTS ERFAHREN: LLDN.DE/10059

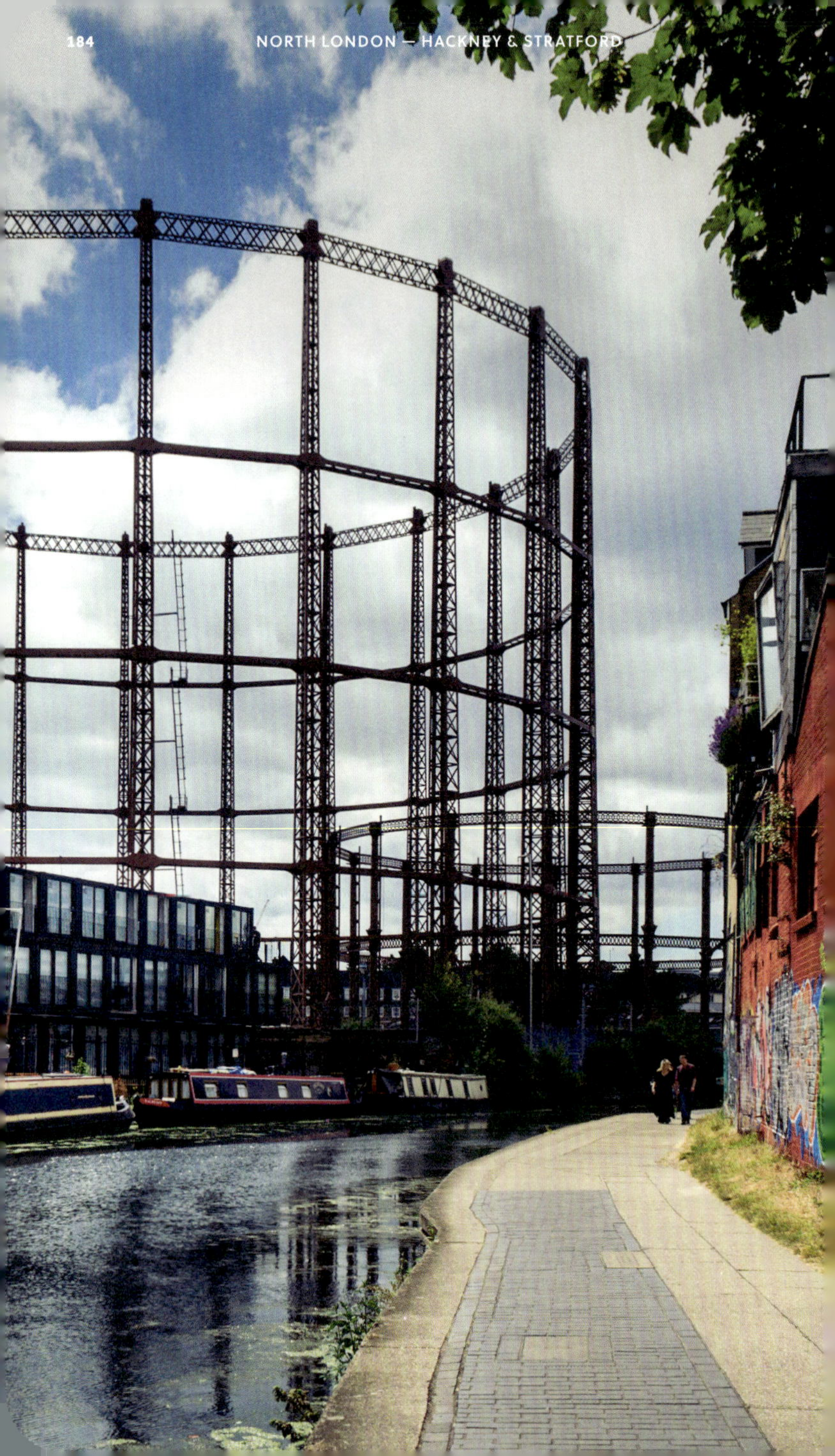

HACKNEY & STRATFORD

Paradies für Hipster und Olympioniken

Hackney ist ein noch fast unentdecktes Juwel für London-Besucher: Lange galt die Gegend als sozialer Brennpunkt mit hoher Kriminalitätsrate und Arbeitslosenquote. Kreative fühlten sich jedoch vom günstigen Wohnungsmarkt und dem Potenzial der brachliegenden Lagerhäuser direkt am Wasser angezogen. So entstand hier Londons absolutes Hipster-Paradies mit jeder Menge Kunstgalerien, Bars, Cafés – und natürlich dem Broadway Market, Londons zurzeit angesagtestem Straßenmarkt. Für Sportbegeisterte hingegen ist ein Trip nach Stratford ein Highlight: Im Queen Elizabeth Olympic Park wird die Erinnerung an die Olympischen Sommerspiele 2012 lebendig.

TOP 5 SIGHTS

1 ⌈Victoria Park⌉
Der größte Park im Osten Londons ist Veranstaltungsort für verschiedenste Festivals und Events.
○ Grove Rd
⊖ · Hackney Wick

2 ⌈Broadway Market⌉
Londons angesagtester Straßenmarkt bietet jeden Samstag ein vielseitiges Angebot.
○ Broadway Market
⊖ · London Fields

3 ⌈Queen Elizabeth Olympic Park⌉
Das Zentrum der Olympischen Sommerspiele von 2012 ist auch Jahre später noch imposant – und ein beliebtes Ausflugsziel.
○ London E20 2ST
⊖ · Hackney Wick

4 ⌈ArcelorMittal Orbit⌉
Mitten im Olympic Park steht Großbritanniens höchste Skulptur, die gleichzeitig Aussichtsturm mit einem grandiosen Panoramablick auf die Stadt ist.
○ 3 Thornton St · Queen Elizabeth Olympic Pk
⊖ · Hackney Wick

5 ⌈Crate Brewery & Pizzeria⌉
Hier gibt es hausgebrautes Bier, großartige Pizzen, serviert auf großen Holztischen direkt am Kanal.
○ Unit 7 Queen's Yard
⊖ · Hackney Wick

MEHR ÜBER DIESE SPOTS ERFAHREN: LLDN.DE/10060

HACKNEY & STRATFORD

VON MATTHIAS
Bei gutem Wetter könnt ihr super am Regent's Canal durch Hackney und zum Broadway Market spazieren.

BEGIB DICH AUF ENTDECKUNGSTOUR!

Sights
- 01 · Victoria Park
- 02 · Broadway Market
- 03 · Queen Elizabeth Olympic Park
- 04 · ArcelorMittal Orbit
- 05 · Crate Brewery & Pizzeria
- 06 · Hackney Museum
- 07 · The Viktor Wynd Museum of Curiosities, Fine Art & Natural History
- 08 · Oslo
- 09 · Temple of Seitan
- 10 · Bistrotheque
- 11 · Number 90
- 12 · El Ganso
- 13 · Pavilion Café
- 14 · Palm Vaults
- 15 · Hatch
- 16 · People's Park Tavern
- 17 · Kenton
- 18 · Chesham Arms
- 19 · Grow
- 20 · Netil 360

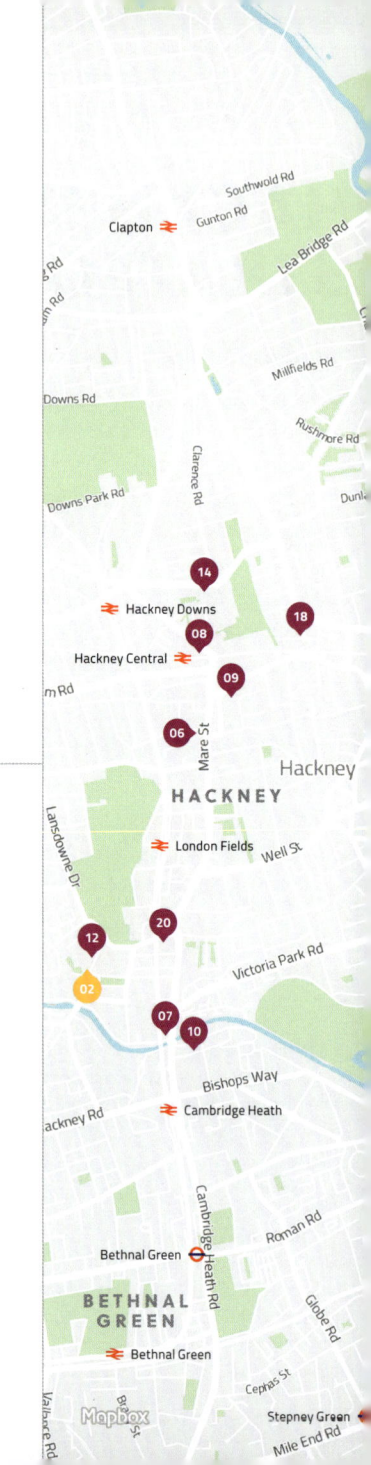

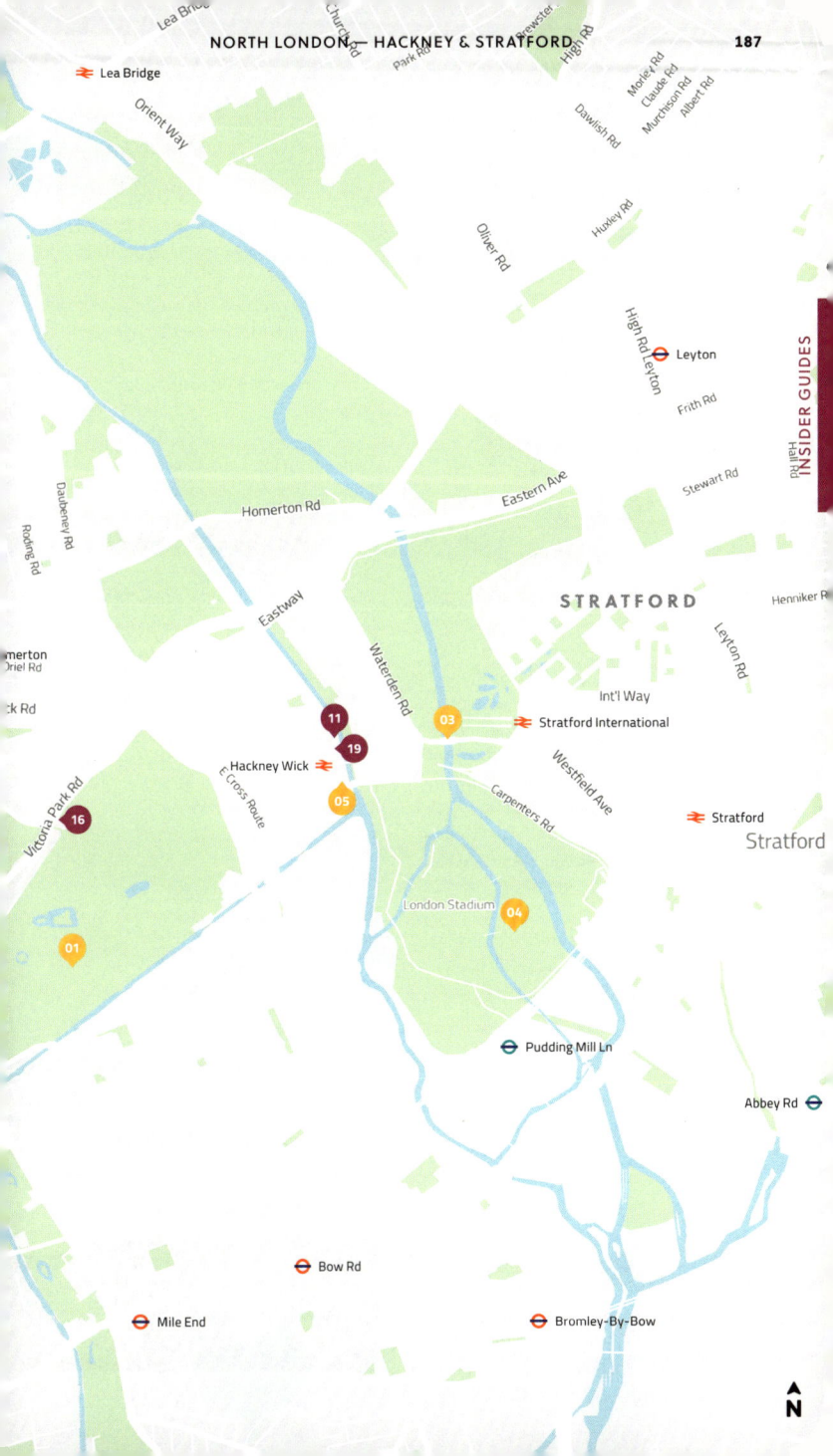

NORTH LONDON — HACKNEY & STRATFORD 187

Lea Bridge
Orient Way
Lea Bridge Rd
Church Rd
Park Rd
High Rd
Brewster
Morley Rd
Claude Rd
Murchison Rd
Albert Rd
Dawlish Rd
Oliver Rd
Huxley Rd
High Rd Leyton
Leyton
Frith Rd
Homerton Rd
Eastern Ave
Stewart Rd
Daubeney Rd
Roding Rd
Eastway
Waterden Rd
STRATFORD
Henniker Rd
Homerton
Oriel Rd
ck Rd
Int'l Way
Leyton Rd
11
19
03
Stratford International
Hackney Wick
E Cross Route
05
Carpenters Rd
Westfield Ave
Victoria Park Rd
16
Stratford
Stratford
London Stadium
04
01
Pudding Mill Ln
Abbey Rd
Bow Rd
Mile End
Bromley-By-Bow

INSIDER GUIDES

N

SIGHT-SEEING

Bei schönem Wetter gibt es in Hackney zahlreiche Möglichkeiten, im Grünen zusammenzukommen. Am beliebtesten, und auch am größten, ist dabei der [Victoria Park], auch schlicht People's Park genannt. Nur einen Steinwurf entfernt erfreuen sich aber auch [London Fields] und [Well Street Common] vor allem bei den Locals großer Beliebtheit. Wenn ihr von einer Anlage zur anderen flaniert, solltet ihr unbedingt auf einen Drink im schönen Garten der [People's Park Tavern] Halt machen!

Nicht entgehen lassen solltet ihr euch auch das Herzstück Hackneys: den [Broadway Market]. Idealerweise schaut ihr samstags zwischen 9 und 17 Uhr vorbei – denn dann findet hier Londons aktuell beliebtester Straßenmarkt statt. Sonst findet ihr hier auch unter der Woche eine tolle Auswahl an schönen Läden, Cafés und Restaurants – wie zum Beispiel die Tapas-Bar [El Ganso].

Beim Besuch des [Hackney Empire] kommen auch Kulturfans auf ihre Kosten: Das 1901 eröffnete Theaterhaus wirkt im Inneren wie eine prachtvoll verzierte Oper. Wesentlich jünger, aber ebenso beeindruckend ist der [Oval Space]. Hier ist auf dem brachliegenden Gelände der alten Gaswerke ein clean-moderner Veranstaltungsort in imposanter Industriekulisse entstanden, in welcher sowohl Clubnächte als auch klassische Konzerte gefeiert werden.

Alte Industriegelände machen den Osten Hackneys rund um die Overground-Station Hackney Wick aus. Hier haben sich in ehemaligen Fabrikgebäuden direkt an den Kanälen unzählige, bei Hipstern total angesagte Gastro-Spots entwickelt – zum Beispiel die [Crate Brewery & Pizzeria] oder das [Grow].

Kein Überbleibsel aus Zeiten der Schwerindustrie, sondern ein modernes Kunstwerk der Extraklasse hingegen ist der [ArcelorMittal Orbit]. Mit stolzen 114 Metern ist er Großbritanniens höchste Skulptur und gleichzeitig Aussichtsturm mit spektakulärem Blick über die Stadt. Mutige nehmen für den Weg zurück nach unten die in die aufwendige Architektur integrierte Rutsche. Wieder unten angekommen lohnt sich eine Erkundungstour durch den umliegenden [Queen Elizabeth Olympic Park], den Hauptveranstaltungsort der Olympischen Sommerspiele von 2012, der zurzeit eine große Umstrukturierung erfährt.

Olympia Stadium

MUSEEN

06 [Hackney Museum]
In dem bunten und liebevoll gestalteten Museum gibt es jede Menge zu entdecken. So könnt ihr zum Beispiel auf interaktive Art und am Beispiel von realen Lebensgeschichten verfolgen, warum Hackneys Bevölkerung seit Jahrhunderten um Menschen aus aller Welt anwächst.
- 1 Reading Ln
- · Hackney Central

07 [The Viktor Wynd Museum of Curiosities, Fine Art & Natural History]
Dieses Wunderkabinett lässt sich nicht ganz darauf festnageln, was es eigentlich ist. Doch egal ob Museum, Kunstprojekt oder einfach eine sehr spezielle Bar: Außergewöhnlich ist es allemal. Wer über 21 ist, bestaunt hier sowohl Schrumpfköpfe und ausgestopfte Vögel als auch Knochen eines Dodos und – ja, ihr lest richtig – Exkremente von Prominenten.
- 11 Mare St
- · Hackney Central

RESTAURANTS & CAFÉS

RESTAURANTS
08 [Oslo] · ££
Das Oslo liegt direkt im Bahnhof Hackney Central – und damit super zentral. Das skandinavische Motto findet sich nicht nur in der Einrichtung, sondern auch in den Gerichten wieder. Und mit seiner Konzertlocation in der oberen Etage zieht das Oslo nicht nur Foodies, sondern auch Musikliebhaber an!
- 1A Amhurst Rd
- · Hackney Central

09 [Temple of Seitan] · £
Über kaum ein Restaurant hat London in jüngster Zeit so viel gesprochen: Der Temple of Seitan hat die Stadt mit seinem »frittierten Hühnchen«, das gar kein Hühnchen ist, im Sturm erobert. Der satte Geschmack der verschiedenen, so noch nirgendwo anders gesehenen Seitan-Kreationen macht auch Fleischesser auf jeden Fall glücklich!
- 10 Morning Ln
- · Hackney Central

⭐ [Crate Brewery & Pizzeria] · £
Ein echtes Hackney-Highlight: In dem im Industrial-Chic designten Inneren sitzt ihr auf Sofas aus recycelten Kaffeesäcken, draußen an großen Holztischen direkt am Kanal. Neben dem hausgemachten Craft Beer und Cider solltet ihr vor allem unbedingt die Pizza probieren – zum Beispiel mit orientalisch gewürztem Lamm!
- Unit 7 Queen's Yard
- · Hackney Wick

10 [Bistrotheque] · ££
Früher ein echter Geheimtipp, ist die gut versteckte Bistrotheque mittlerweile vor allem aufgrund ihres hervorragenden Brunch-Angebots stets gut besucht. In der hellen und lichtdurchfluteten Lagerhalle werdet ihr aber auch zum Dinner bei einer kleinen, aber sehr feinen Auswahl an Gerichten sicher fündig.
- 23–27 Wadeson St
- · Cambridge Heath

11 [Number 90] · £
Seit seiner Eröffnung 2014 ist das Number 90 ein echter Szenetreff. Gute Gründe dafür gibt es viele: die entspannte Lage mit Blick direkt am Kanal, das stylische Interieur und die gute Auswahl an Drinks und Snacks von Burgern bis Mac and Cheese zum Beispiel.
- 90 Wallis Rd
- · Hackney Wick

INSIDER GUIDES

MEHR ÜBER DIESE SPOTS ERFAHREN: LLDN.DE/10061

12 [El Ganso] · ££

Laut und ein bisschen hektisch, aber ebenso gemütlich und intim: Das El Ganso ist ein Tapas-Restaurant im besten Sinne! Neben Klassikern wie Manchego-Käse oder Chorizo bekommt ihr hier auch ausgefallene Gerichte wie gedämpfte Hähnchenbrust mit Sternanis und Zimt – und guten Wein sowieso.

⚲ *59 Broadway Market*
◎ · *Cambridge Heath*

CAFÉS

13 [Pavilion Café] · £

Das Pavilion Café im Victoria Park ist herrlich gelegen: Von den zahlreichen Sitzmöglichkeiten auf der Terrasse überblickt ihr die Boote und das bunte Treiben auf dem See zu euren Füßen. Dazu gibt es leckere Snacks und kleine Speisen von Salat bis Sandwich und einen stets herausragend freundlichen Service.

⚲ *Victoria Pk*
◎ · *Cambridge Heath*

14 [Palm Vaults] · £

Nicht umsonst gilt das Palm Vaults als das Instagram-tauglichste Café Londons: Von den freigelegten Backsteinwänden über die riesigen Topfpflanzen bis hin zu den perfekt in pastellfarben verzierten Kuchen bietet sich hier ein optisches Highlight nach dem anderen.

⚲ *411 Mare St*
◎ · *Hackney Central*

15 [Hatch] · £

Mit seiner zusammengeschusterten Fassade aus unterschiedlichsten Fensterrahmen ist das Hatch ein echter Eyecatcher. Aber auch hinter der gläsernen Front ist jede Menge los: Live-Musik, Kunstausstellungen oder auch Brettspielabende sorgen für ein außergewöhnliches Café-Erlebnis.

⚲ *8 MacKintosh Ln*
◎ · *Homerton*

PUBS

16 [People's Park Tavern] · £

Als wichtiger Lebensmittelpunkt der Menschen im East End wird der Victoria Park auch schlicht People's Park genannt. Der riesige und gemütliche Garten der People's Park Taverne grenzt dabei nicht nur einfach an eben diesen: Die Grenzen zwischen Park und Garten verschwimmen förmlich. Im Sommer ein echtes Highlight!

⚲ *360 Victoria Park Rd*
◎ · *Hackney Wick*

17 [Kenton] · £

Von außen eher düster, überrascht dieser Pub im Inneren mit bunter und fröhlich zusammengewürfelter Deko. Dazu gibt es auch eine riesige Auswahl an Brettspielen – und einen gemütlich angelegten Garten.

⚲ *38 Kenton Rd*
◎ · *Homerton*

18 [Chesham Arms] · £

Fast hätte den Chesham Arms das gleiche Schicksal ereilt wie viele anderen Londoner Pubs: Er sollte neuen Luxus-Appartements weichen. Doch die Anwohner protestierten durch alle Instanzen. Mit Erfolg: Heute betreiben sie den Pub mit über 150-jähriger Geschichte selbst. Entsprechend wohl werdet auch ihr euch hier fühlen!

⚲ *15 Mehetabel Rd*
◎ · *Homerton*

Pavilion Cafe

NORTH LONDON — HACKNEY & STRATFORD

BARS & ROOFTOP BARS

BARS
19 [Grow] · £
In einer alten Fabrik direkt am Kanal gelegen ist das Grow nicht nur eine Bar, sondern auch Konzertlocation und Kreativraum für die Szene. Hier ist es sehr wahrscheinlich, dass ihr in ein Jazz-Konzert, eine Reggae-Performance oder einen DIY-Kunstmarkt stolpert. Was es jederzeit gibt: eine super Auswahl an Craft Beer!
○ *98C Wallis Rd* · *Kanalseite*
◉ · *Hackney Wick*

ROOFTOP BARS
20 [Netil 360] · £
Das unauffällige Gebäude in der Westgate Street habt ihr schnell übersehen. Was ihr auf dem Dach findet, ist dafür umso spektakulärer: In der entspannten Rooftop Bar mit Blick über den Osten Londons bekommt ihr neben einer großen Auswahl an Craft Beer auch spanische Snacks sowie Yoga- und Kunstkurse geboten.
○ *1 Westgate St*
◉ · *London Fields*

SHOPPING

Eine Auswahl von über 250 Stores und 70 Restaurants macht das **[Westfield Stratford City** · *Montfichet Rd]* zum größten Einkaufszentrum Europas. Hier findet ihr nicht nur alle großen Marken von Adidas bis Zara – sondern auch den wohl kleinsten IKEA der Welt! Dazu gibt es ein riesiges Kino, eine Bowlinganlage und ein Kasino. Wer den Sprung über den Queen Elizabeth Olympic Park nach Hackney schafft, wird mit dem **[Burberry Outlet** · *29–31 Chatham Pl]* belohnt. Hier bekommt ihr die klassisch-britischen Schals, Taschen & Co. zu wahnsinnig günstigen Preisen.

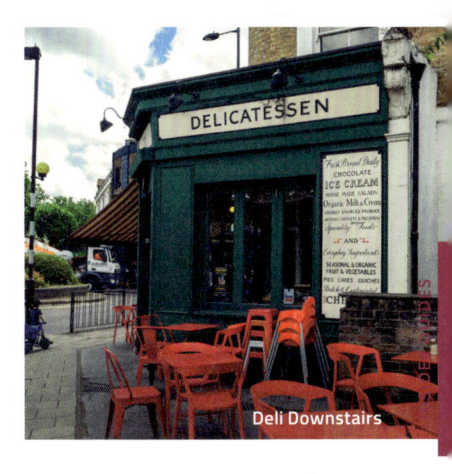

Deli Downstairs

Eine Empfehlung für Foodies ist das **[Deli Downstairs** · *211 Victoria Park Rd]*. In dem schönen Feinkostladen bekommt ihr nicht nur frisches Obst, hervorragenden Käse oder lokalen Honig, sondern auch köstliche Pasteten, Kuchen und Kaffeevarianten, die ihr in dem kleinen Café-Bereich auch sofort genießen könnt. Nicht entgehen lassen solltet ihr euch auch den **[Experimental Perfume Club** · *4 Netil Ln]*. Hier erfahrt ihr in einem Crashkurs, wie ihr aus verschiedensten »Zutaten« euer ganz eigenes Parfum kreieren könnt. Das Ergebnis dürft ihr selbstverständlich mit nach Hause nehmen! Do-it-yourself ist auch das Motto im **[Print Club London** · *10–28 Millers Ave]*: Hier könnt ihr in Kursen zum Beispiel lernen, wie ihr coole, selbstbedruckte T-Shirts herstellt. Ihr könnt aber auch einfach die Galerie durchforsten und unter den Kunstwerken das eine oder andere Souvenir abstauben!

HACKNEY & STRATFORD HAT DIR GEFALLEN? DANN SCHAU AUCH HIER VORBEI:

East LONDON
Whitechapel & Wapping
Shoreditch & Bethnal Green

MEHR ÜBER DIESE SPOTS ERFAHREN: LLDN.DE/10062

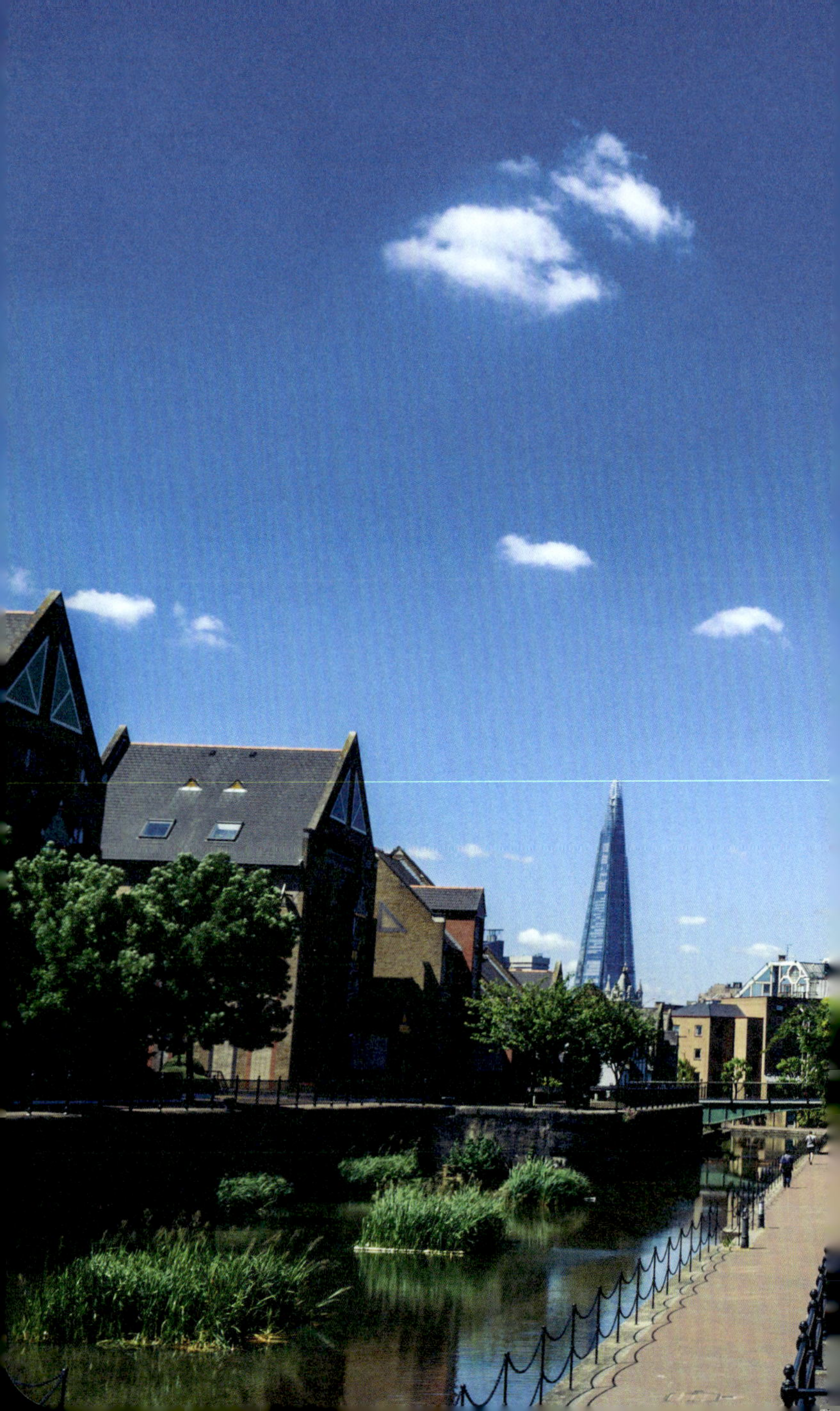

East

LONDON

Der Osten Londons atmet noch immer die alte East-End Atmosphäre. Hier im Osten war das Zuhause des »echten« Londoners – des Cockney: East London galt lange als Schmelztiegel der Nationalitäten und Kulturen, arm aber sehr gemeinschaftlich. Bekannt als das Zentrum lokaler Hersteller, verschiedener Gewerke und der Docklands. East London zu durchstreifen heißt: das ursprüngliche London kennenzulernen.

Stadtteile
197 Spitalfields & Brick Lane
205 Whitechapel & Wapping
213 Shoreditch & Bethnal Green
221 Isle of Dogs

LOVING LONDON

BUCKET LIST ✓

DAS SOLLTEST DU AUF KEINEN FALL VERPASSEN

- ○ **01** Vintage-Shopping in Brick Lane und Shoreditch
- ○ **02** Auf dem Brick Lane Food Market etwas Exotisches essen
- ○ **03** Street-Art entdecken
- ○ **04** Roofwalk über die O2 Arena
- ○ **05** Mit der Emirates Tramway fahren
- ○ **06** Durch Wapping und London Docks spazieren
- ○ **07** Im Crossrail Place Roof Garden entspannen
- ○ **08** Auf den Old Spitalfields Market gehen
- ○ **09** Die Whitechapel Gallery besuchen
- ○ **10** Über den Columbia Road Flower Market schlendern

NOTIERE DEINE PERSÖNLICHEN HIGHLIGHTS

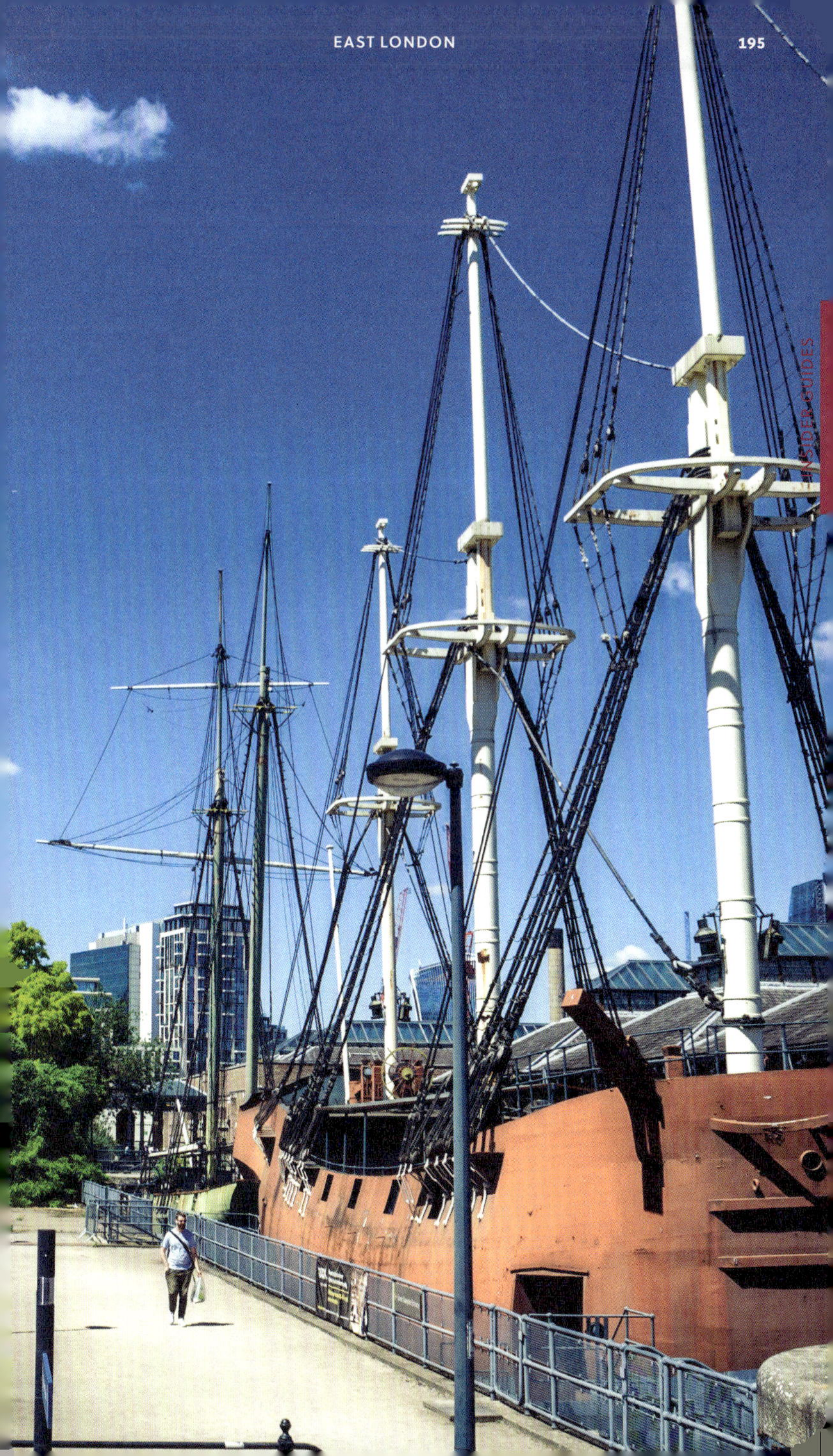

EAST LONDON — SPITALFIELDS & BRICK LANE

SPITALFIELDS & BRICK LANE

Märkte, soweit das Auge reicht

Wer Spaß am Stöbern auf Märkten hat, ist in Spitalfields und auf der Brick Lane an der richtigen Adresse. Neben der historischen Markthalle des Old Spitalfields Market, in der an sieben Tagen in der Woche geshoppt werden kann, sind vor allem die zahlreichen Wochenendmärkte in den alten Lagerhallen der Brick Lane ein absolutes Must-go. Zu dem großen Angebot an Vintage-Mode, Souvenirs und Antiquitäten gesellt sich aber auch eine riesige gastronomische Auswahl, vom klassischen Fish & Chips über indische Küche bis hin zu französischen Leckereien. Und jede Menge Street-Art gibt's noch dazu!

TOP 5 SIGHTS

1 ⌈Old Spitalfields Market⌋
Auf dem Old Spitalfields Market findet ihr an sieben Tagen in der Woche Marktstände und Geschäfte voll mit Mode, Geschenkartikeln und Antiquitäten.
- 16 Horner Sq
- Central, Circle, Hammersmith & City, Metropolitan · Liverpool St

2 ⌈Poppie's Fish & Chips⌋
Bei Poppie's bekommt ihr die vielleicht besten Fish & Chips der Stadt – serviert im Retro-Ambiente der 1950er.
- 6–8 Hanbury St
- · Shoreditch High St

3 ⌈Brick Lane Sunday Market⌋
Jeden Sonntag verwandelt sich die Brick Lane in einen riesigen Flohmarkt, auf dem ihr von Kleidung über Blumen bis hin zu Lebensmitteln wirklich alles findet!
- 91 Brick Ln
- District, Hammersmith & City · Aldgate E

4 ⌈The Old Truman Brewery⌋
Auf dem riesigen Areal einer alten Brauerei entstand hier ein Hotspot der lokalen Kunst- und Kulturszene mit zahlreichen Independent-Shops, Cafés & Co.
- 91 Brick Ln
- District, Hammersmith & City · Aldgate E

5 ⌈The Brick Lane Food Hall⌋
Jeden Samstag und Sonntag könnt ihr euch im Boiler House auf eine kulinarische Weltreise begeben. Bei über 30 Ständen wird hier jeder fündig!
- 152 Brick Ln
- · Shoreditch High St

MEHR ÜBER DIESE SPOTS ERFAHREN: LLDN.DE/10063

SPITALFIELDS & BRICK LANE

INSIDER TIPP

VON MATTHIAS

Am Wochenende zeigen sich Spitalfield und Brick Lane von ihrer besten Seite. Wenn ihr allerdings in Ruhe shoppen möchtet und die Street-Art erkunden wollt, dann solltet ihr hier möglichst unter der Woche vorbeischauen. Der Vintage Markt ist von Donnerstag bis Sonntag geöffnet.

BEGIB DICH AUF ENTDECKUNGSTOUR!

Sights
- 01 · Old Spitalfields Market
- 02 · Poppie's Fish & Chips
- 03 · Brick Lane Sunday Market
- 04 · The Old Truman Brewery
- 05 · The Brick Lane Food Hall
- 06 · Dennis Severs' House
- 07 · The Brick Lane Gallery
- 08 · Honest Burgers
- 09 · Galvin La Chapelle
- 10 · Gunpowder
- 11 · Pitt Cue
- 12 · The Breakfast Club
- 13 · Department of Coffee and Social Affairs
- 14 · Beigel Bake
- 15 · The Williams Ale & Cider House
- 16 · The Ten Bells
- 17 · The Pride of Spitalfields
- 18 · The Culpeper
- 19 · Discount Suit Company
- 20 · The Mayor of Scaredy Cat Town

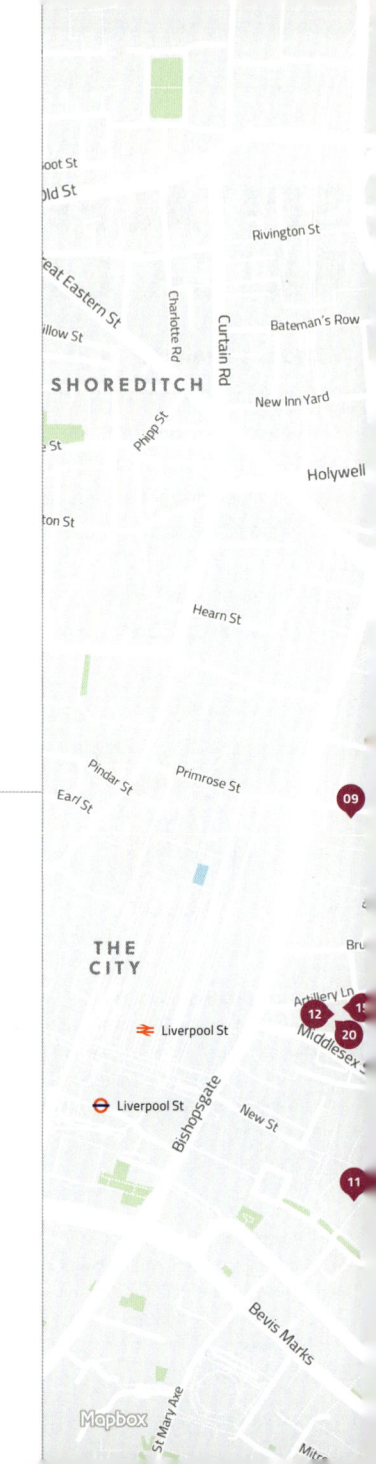

EAST LONDON — SPITALFIELDS & BRICK LANE

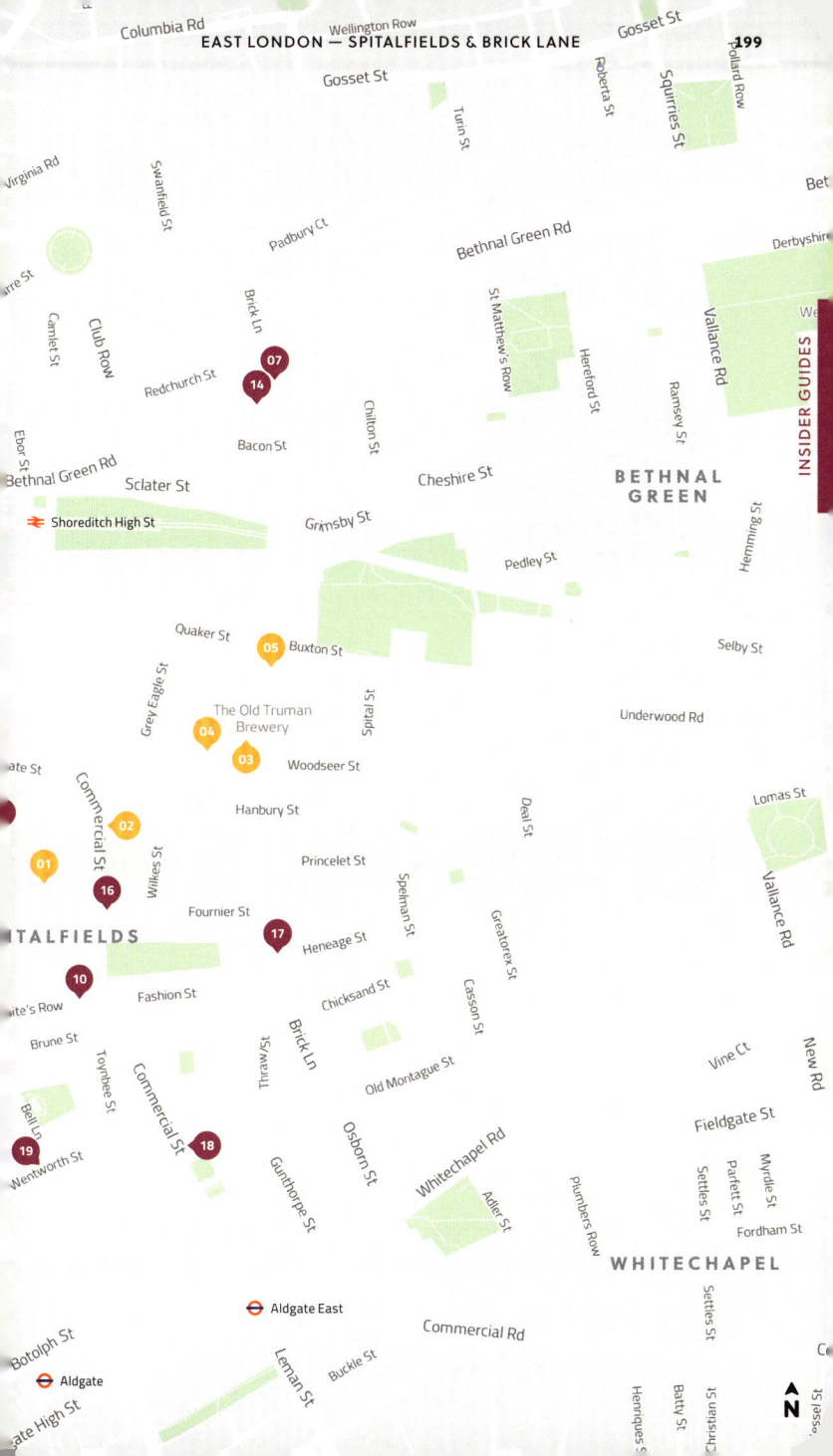

199

BETHNAL GREEN

WHITECHAPEL

INSIDER GUIDES

… SIGHT-SEEING

Wenn ihr die Wahl habt, solltet ihr Spitalfields und die Brick Lane unbedingt an einem Sonntag besuchen – denn dann entfaltet die Gegend um den [Brick Lane Market Sunday] ihren ganzen Charme. Einst fand in den alten, offenen Lagerhallen der große Londoner Kartoffelmarkt statt, jetzt gibt es dort jeden Sonntag Kleidung, Kunst, Blumen und Trödel soweit das Auge reicht. Bereits früher am Wochenende findet ihr hier aber auch schon viele kleinere, speziellere Märkte.

Vintage-Fans steigen die Treppen der alten [Truman Brewery] hinab – und werden im Keller auf dem [Brick Lane Vintage Market] mit einer riesigen Auswahl an Secondhand-Mode belohnt. Foodies hingegen fühlen sich in der [Brick Lane Food Hall] wie im siebten Himmel: An über 30 Ständen findet ihr hier kulinarische Highlights aus der ganzen Welt. Aber schlagt euch den Bauch nicht zu voll – denn auch ein Besuch bei [Poppie's Fish & Chips] ist ein Muss. In dem Traditionsrestaurant gibt es das wohl bekannteste britische Gericht in bester Qualität. Zudem genießt ihr die tolle Atmosphäre des Ladens, der im Stil eines 50er-Jahre-Diners eingerichtet ist.

Nicht entgehen lassen dürft ihr euch auch den [Old Spitalfields Market]. Er besteht seit über 350 Jahren und ist somit einer der traditionsreichsten Märkte der Stadt. Da er in einer viktorianischen Markthalle stattfindet, könnt ihr hier auch bei Wind und Wetter entspannt bummeln. Zudem ist der Old Spitalfields nicht so überlaufen wie andere Märkte – denn er ist an sieben Tagen in der Woche geöffnet. Außerdem gibt es hier auch ein großes gastronomisches Angebot. Schaut unbedingt auf einen Cappuccino beim angesagten [Department of Coffee and Social Affairs] vorbei!

Aber nicht nur Marktgänger, sondern auch Kunstbegeisterte kommen in Spitalfields voll auf ihre Kosten: Neben den zahlreichen Street-Art-Werken auf der Brick Lane ist vor allem die [Hanbury Street] sehenswert. Die Straße ist zu einem der graffitireichsten Teile Ost-Londons geworden.

MUSEEN

06 [Dennis Severs' House]
Von außen sieht 18 Folgate Street aus wie jedes andere viktorianische Stadthaus der Straße – doch im Inneren wartet die Überraschung: Der Künstler Dennis Severs hat auf 4 Etagen seinen Vorstellungen vom Leben im 18. und 19. Jahrhundert freien Lauf gelassen. Eine kleine Zeitreise in vergangene Tage.
◉ *18 Folgate St*
⊖ *Central, Circle, Hammersmith & City, Metropolitan · Liverpool St*

07 [The Brick Lane Gallery]
Ein weißer Raum mit alten Dielenböden: In der Brick Lane Gallery spricht die Kunst für sich. Ausgestellt werden die Bilder und Skulpturen von internationalen Künstlern, mal bekannt, mal Newcomer.
◉ *216 Brick Ln*
⊖ *· Shoreditch High St*

RESTAURANTS & CAFÉS

RESTAURANTS

08 ⌈Honest Burgers⌉ · £
Wir lieben Burger! Und da darf Honest Burgers in Spitalfields nicht fehlen. Neben den leckeren Burgern und Chips ist aber auch der Brunch eine absolute Empfehlung!
- *12 Widegate St*
- *Central, Circle, Hammersmith & City, Metropolitan · Liverpool St*

09 ⌈Galvin La Chapelle⌉ · ££
Schon die Location ist spektakulär: Eine ehemalige Schulkapelle im viktorianischen Stil, aufwändig umgebaut und dekoriert. Und die Küche wurde bereits mit einem Michelin-Stern ausgezeichnet.
- *35 Spital Sq*
- *Central, Circle, Hammersmith & City, Metropolitan · Liverpool St*

10 ⌈Gunpowder⌉ · £
Klassische indische Gerichte nach Familienrezept, zubereitet von einem erstklassigen Koch & serviert in lässiger Brick Lane-Atmosphäre. Das Gunpowder ist für alle Fans von Curry & Co. ein absolutes Muss!
- *11 White's Row*
- *Central, Circle, Hammersmith & City, Metropolitan · Liverpool St*

Brick Lane Beigel Bake

⭐ ⌈Poppie's Fish & Chips⌉ · £
Kein London-Besuch ohne eine Portion Fish & Chips! Bei Poppie's bekommt ihr diese nicht nur in bester Qualität – sondern gleich eine kleine Zeitreise dazu: Der Laden ist im Stil eines 50er-Jahre-Diners eingerichtet.
- *6–8 Hanbury St*
- *Shoreditch High St*

11 ⌈Pitt Cue⌉ · ££
Fans feiern die außergewöhnlichen Kreationen im stylischen Pitt Cue als das »beste Barbecue der Stadt«. Auf der täglich wechselnden Karte finden sich etwa Spezialitäten wie Lammherz oder Blutpudding, aber auch Klassiker wie Nackensteak.
- *1 Devonshire Sq*
- *Central, Circle, Hammersmith & City, Metropolitan · Liverpool St*

CAFÉS

12 ⌈The Breakfast Club⌉ · ££
Nichts für Morgenmuffel: Im Breakfast Club herrscht stets gute Laune. Zum köstlichen English Breakfast gibt es Hits der 90er, während die Kellner tanzend die Tische abräumen. Und hinterm Kühlschrank wartet eine besondere Überraschung – welche, lest ihr unter Bars.
- *12–16 Artillery Ln*
- *Central, Circle, Hammersmith & City, Metropolitan · Liverpool St*

13 ⌈Department of Coffee and Social Affairs⌉ · £
Freiliegende Backsteinwände, Glühbirnen und Holzböden: Hier sieht es genauso aus, wie man es von einem Café im hippen Spitalfields Market erwartet. Dank der Überdachung könnt ihr den leckeren Kaffee das ganze Jahr über auch draußen genießen.
- *6 Lamb St*
- *Central, Circle, Hammersmith & City, Metropolitan · Liverpool St*

MEHR ÜBER DIESE SPOTS ERFAHREN: LLDN.DE/10064

INSIDER TIPP

VON LAURA

Schaut mal in den Hof der Truman Brewery – dort findet ihr einiges an Street-Art und sogar einen echten Banksy!

---

14 [Beigel Bake] · £

Beigel Bake ist eine echte Institution: Der Familienbetrieb verkauft rund um die Uhr an 7 Tagen köstliche Bagels nach original jüdischer Machart. Probiert unbedingt den Klassiker, belegt mit Pastrami und Senf!

📍 *159 Brick Ln*
🚇 · *Shoreditch High St*

🍺 PUBS

15 [The Williams Ale & Cider House] · ££

Das Williams Ale & Cider House ist ein Pub, wie er im Buche steht: klein, verwinkelt, urig, mit großer Draft Beer-Auswahl und leckeren Snacks. Probiert unbedingt den Smokehouse Burger mit Pulled Pork!

📍 *22–24 Artillery Ln*
🚇 *Central, Circle, Hammersmith & City, Metropolitan · Liverpool St*

16 [The Ten Bells] · ££

Besonders am Wochenende kann es im Ten Bells Pub ganz schön voll werden. Dafür gibt es wohl zwei gute Gründe: Zum einen ist es einfach ein richtig guter Pub. Zum anderen gilt er als der Ort, an dem das letzte Opfer von »Jack the Ripper« zum letzten Mal lebend gesehen wurde.

📍 *84 Commercial St*
🚇 *District, Hammersmith & City · Aldgate E*

17 [The Pride of Spitalfields] · £

Der gemusterte Teppichboden und die roten Polstermöbel verraten es schon beim ersten Schritt durch die Tür: Im Pride of Spitalfields ist man stolz auf vergangene Tage. Das kommt nicht nur bei den älteren Stammgästen, sondern auch bei den vielen jungen Menschen gut an.

📍 *3 Heneage St*
🚇 *District, Hammersmith & City · Aldgate E*

🍸 BARS

18 [The Culpeper] · ££

Stylisches Ambiente, coole Drinks, gutes Essen – und als wäre das alles noch nicht genug, gibt es auch noch einen Rooftop-Garten. In diesem werden sogar zahlreiche Kräuter und Blattsalate angebaut, die ihr hier auf den Teller oder in den Cocktail bekommt.

📍 *40 Commercial St*
🚇 *Central, Circle, Hammersmith & City, Metropolitan · Liverpool St*

19 [Discount Suit Company] · £

Kopf einziehen: Wenn ihr die Kellertreppe zu dieser Speakeasy-Bar hinuntersteigt, werden euch die unglaublich niedrigen Decken zunächst überraschen. Zusammen mit jeder Menge dunklem Holz und Leder wird es aber schnell schummrig-gemütlich.

📍 *29 Wentworth St*
🚇 *District, Hammersmith & City · Aldgate E*

20 [The Mayor of Scaredy Cat Town] · £

»Is the mayor of the Scaredy Cat Town in?« – Gebt ihr im Breakfast Club in der Artillery Lane diese Bestellung auf, wird der gigantische Kühlschrank für euch geöffnet. Dahinter verbirgt sich: eine schräge Speakeasy-Bar der ganz besonderen Art.

📍 *12–16 Artillery Lane*
🚇 *Central, Circle, Hammersmith & City, Metropolitan · Liverpool St*

EAST LONDON — SPITALFIELDS & BRICK LANE

🛍️ SHOPPING

Die Brick Lane ist nicht nur für Hipster und Schnäppchenjäger ein wahres Shopping-Mekka: Zum Wochenende hin öffnen in den zahlreichen alten Lagerhallen viele Märkte ihre Pforten. Beim ⌈**Brick Lane Vintage Market**⌉ · *85 Brick Ln* im Keller der Truman Brewery findet ihr tolle Secondhand-Schätzchen von bestickten Jeansjacken über bunte Kleider bis hin zu echten Einzelstücken. Der Vintage Market findet an vier Tagen von Donnerstag bis Sonntag statt – im Gegensatz zum ⌈**Brick Lane Backyard Market**⌉ · *146 Brick Ln*, der lediglich samstags und sonntags öffnet. Hier bekommt ihr schöne Waren von lokalen Künstlern und Handwerkern, von Schmuck bis zum originellen Souvenir.

Besucht ihr die Brick Lane an einem Sonntag, könnt ihr zusätzlich sehen, wie sich die gesamte Straße beim ⌈**Brick Lane Sunday Market**⌉ · *91 Brick Ln* in einen einzigen bunten Flohmarkt verwandelt. Neben den zahlreichen Märkten warten aber auch tolle Independent-Shops darauf, von euch entdeckt zu werden: Bei ⌈**The Lazy Ones**⌉ · *102 Sclater St* bekommt ihr etwa individuelle Damenmode.

Neben der Brick Lane ist aber auch der Besuch des ⌈**Old Spitalfields Market**⌉ · *16 Horner Sq* ein absolutes Muss: In der bereits 1876 erbauten Markthalle findet ihr an sieben Tagen in der Woche unterschiedlichste Märkte sowie eine riesige Auswahl an Boutiquen, Cafés und anderen Stores. Wenn ihr noch ein tolles Mitbringsel sucht, schaut unbedingt bei ⌈**Inspitalfields**⌉ · *13 Lamb St* vorbei! Und wenn ihr auf der Brick Lane noch nicht genug Vintage-Mode bekommen habt, solltet ihr ⌈**Absolute Vintage**⌉ · *14 Hanbury St* auf eure Liste setzen.

Neben der Brick Lane und dem Old Spitalfields Market gibt es in der Gegend aber noch unzählige weitere Shopping-Hotspots wie den **Petticoat Lane Market**, **Bishopsgate** oder die **Market Street** und **Commercial Street**, wo ihr auch die üblichen Stores der großen Ketten findet.

The Breakfast Club

SPITALFIELDS & BRICK LANE HAT DIR GEFALLEN? DANN SCHAU AUCH HIER VORBEI:

CENTRAL LONDON
The City & Barbican

East LONDON
Shoreditch & Bethnal Green

MEHR ÜBER DIESE SPOTS ERFAHREN: LLDN.DE/**10065**

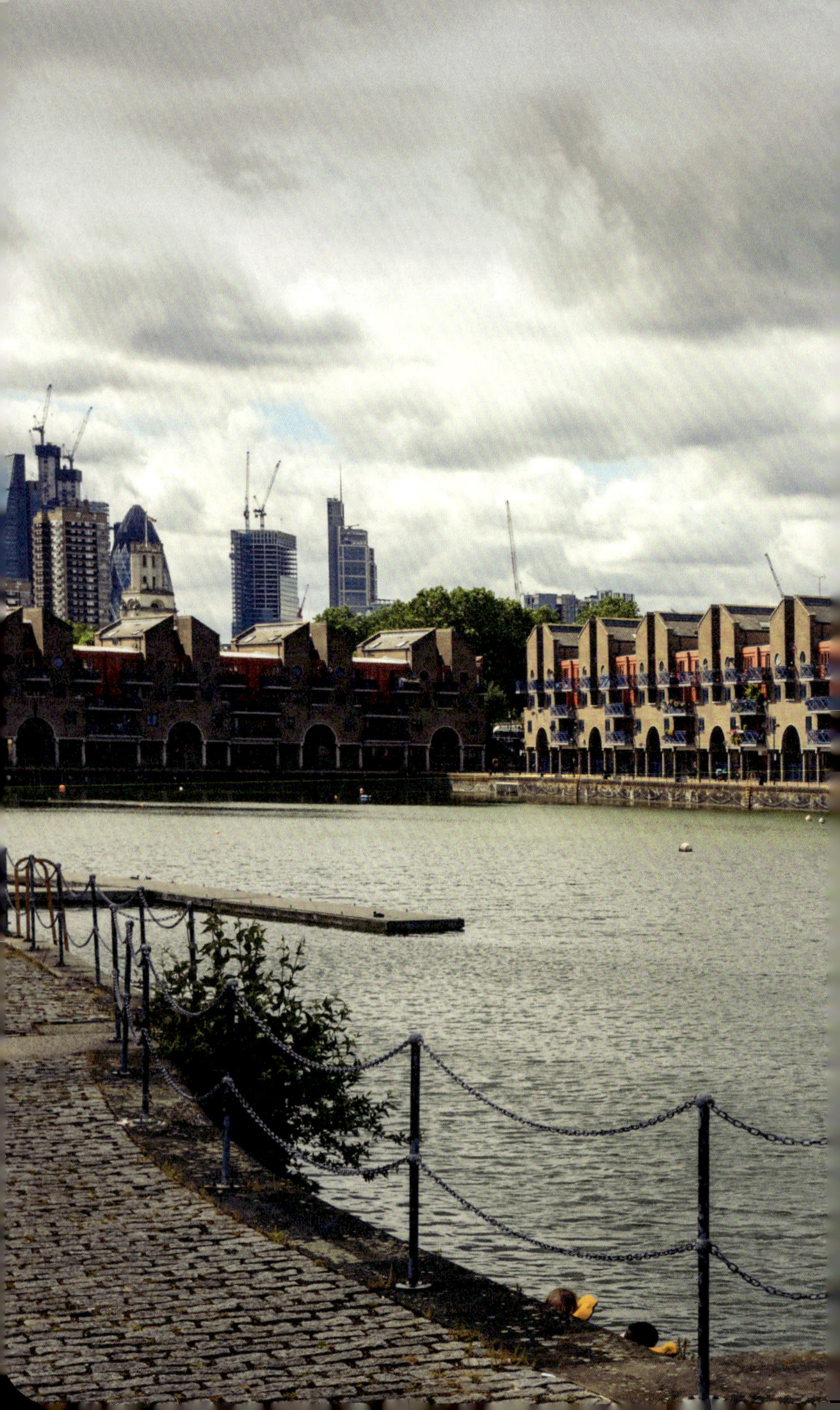

WHITECHAPEL & WAPPING

Szene, Wassersport und Erholung an den alten Docks

Whitechapel wirkt auf den ersten Blick wie ein ganz klassischer Stadtteil. Er blickt mit Jack The Ripper und dem »Elefantenmenschen« John Merick aber auf eine schaurig-bewegte Vergangenheit zurück, die überall präsent ist. Trotzdem, oder gerade deswegen, hat sich die Gegend zu einem echten Szenetreff für Kunstliebhaber und Foodies entwickelt. Nebenan in Wapping sind auf dem Gelände der ehemaligen Docks schicke Wohnungen in alten Lagerhäusern sowie kleine Naherholungsgebiete entstanden. Einst bei Seefahrern beliebte Pubs erzählen hier jedoch immer noch von alten Zeiten.

TOP 5 SIGHTS

1 [Whitechapel Gallery]
Die Whitechapel Gallery ist seit über hundert Jahren fester Bestandteil der Londoner Szene für moderne Kunst.
- 77–82 Whitechapel High St
- District, Hammersmith & City · Aldgate Eas

2 [St Katharine Docks]
Rund um das Hafenbecken zu Füßen der Tower Bridge gibt es eine große Auswahl an Cafés und Restaurants – und jeden Freitag einen Streetfood Market.
- 50 St Katharine's Way
- Circle, District · Tower Hill

3 [Skylight Rooftop Bar]
Auf einem ehemaligen Parkdeck mit Blick auf die Docks liegt diese großflächige Rooftop Bar mit Kunstrasen und gemütlichen Holzmöbeln.
- Tobacco Dock · Eingang Pennington St
- Circle, District · Tower Hill

4 [The Three Sisters & Sea Lark]
Die beiden Nachbauten echter Piratenschiffe sind eine wirklich skurrile Sehenswürdigkeit.
- Tobacco Dock · Eingang Wapping Ln
- Circle, District · Tower Hill

5 [Shadwell Basin]
Das Kleinod in den Docks eignet sich perfekt für Wassersport jeder Art – von Kajakfahren bis Segeln.
- St Katharine's & Wapping
- · Shadwell

MEHR ÜBER DIESE SPOTS ERFAHREN: LLDN.DE/10066

INSIDER GUIDES

WHITECHAPEL & WAPPING

VON MATTHIAS

Ganz entspannt könnt ihr vom Tobacco Dock bis hin zur Tower Bridge spazieren. Die Gegend ist super schön und bietet tolle Fotomotive.

BEGIB DICH AUF ENTDECKUNGSTOUR!

Sights
- 01 · Whitechapel Gallery
- 02 · St Katharine Docks
- 03 · Skylight Rooftop Bar
- 04 · The Three Sisters & Sea Lark
- 05 · Shadwell Basin
- 06 · Jack The Ripper Museum
- 07 · Pilpel
- 08 · HotBox
- 09 · Smith's Brasserie Wapping
- 10 · Il Bordello
- 11 · Bravas Tapas
- 12 · The Pastry Parlour
- 13 · Urban Baristas
- 14 · White Mulberries
- 15 · Prospect of Whitby
- 16 · The White Hart Brew Pub
- 17 · The Hoop & Grapes
- 18 · The Captain Kidd
- 19 · The Oliver Conquest
- 20 · The George Tavern

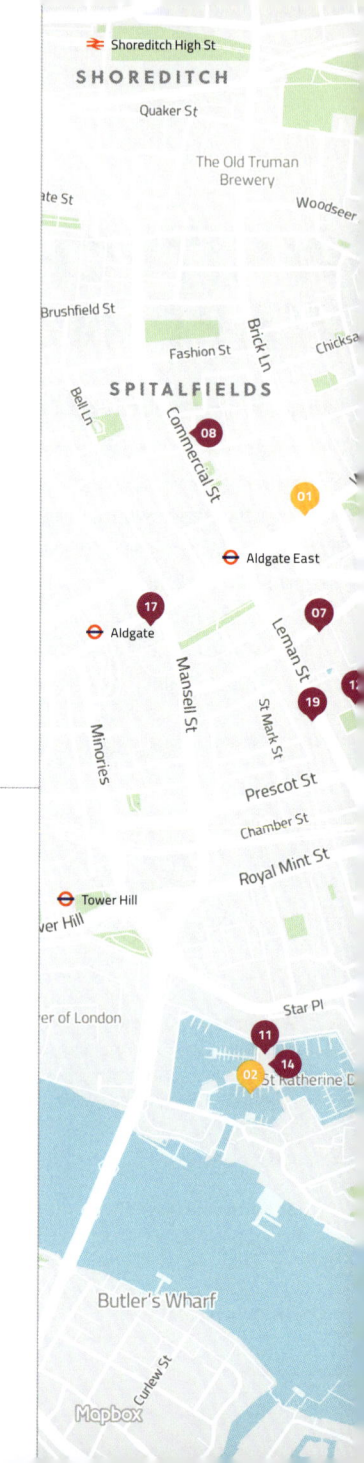

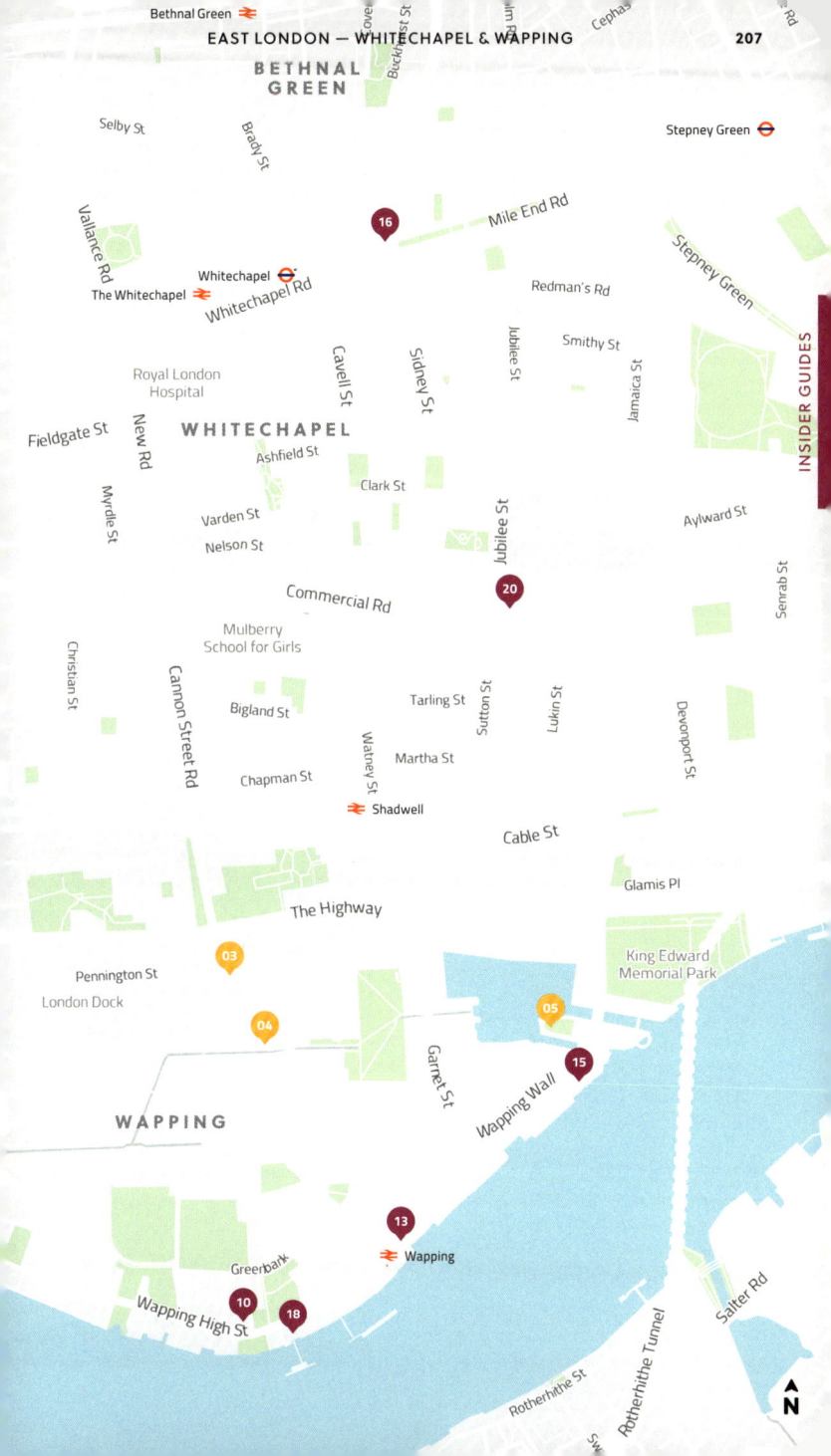

EAST LONDON — WHITECHAPEL & WAPPING

207

INSIDER GUIDES

SIGHT-SEEING

Die [Whitechapel Gallery] gilt nach der Tate Modern als der wichtigste Ausstellungsort für zeitgenössische Kunst in London – und ist nicht nur für Kunstliebhaber ein Highlight. Während hier schon seit 1901 Ausstellungen stattfinden, eröffnete das [Jack The Ripper Museum] erst im Jahr 2015. Auf sechs Etagen werden hier die Gräueltaten des Serienkillers dokumentiert – untermalt von Frauenschreien aus den Lautsprecherboxen. Nichts für schwache Nerven!

Die [St Katharine Docks] zu Füßen der Tower Bridge sind ein beliebter Spot in den südlichen von Whitechapel gelegenen ehemaligen Docks. Hier findet ihr neben zahlreichen Cafés wie dem [White Mulberries] und Restaurants wie dem [Bravas Tapas] auch das [Medieval Banquet] – eine interaktive Show, bei der ihr tief ins Mittelalter eintaucht.

Das in den 1990ern zum Einkaufszentrum ausgebaute, doch wegen der zu dieser Zeit schlechten Verkehrsanbindung total gefloppte Tobacco Dock wartet heute mit gleich zwei Highlights auf: Vor allem Kinder staunen über die Nachbauten der beiden Piratenschiffe [The Three Sisters & Sea Lark], während die Älteren sich auf einen entspannten Drink in der auf dem ehemaligen Parkdeck gelegenen [Skylight Rooftop Bar] freuen.

Ähnlich beliebt wie die St Katharine Docks ist sowohl bei Locals als auch Touristen das schöne [Shadwell Basin], das wie ein kleines Naherholungsgebiet inmitten der Docklands wirkt. Hier besteht die Möglichkeit, sich beim Kajakfahren und Segeln sportlich zu betätigen.

Außerdem sollet ihr auf keinen Fall versäumen, ein Pint im [Prospect of Whitby] zu trinken. Er ist einer der ältesten Pubs der Stadt. Während hier früher Piraten ein- und ausgingen, genießt ihr heute von der Terrasse aus einen spektakulären Blick auf die direkt unter euch gelegene Themse.

Whitechapel Gallery

MUSEEN

⭐ **⟦Whitechapel Gallery⟧**
Die Rolle, die die Whitechapel Gallery in der Londoner Kunstszene spielt, ist einzigartig. Hier wurde nicht nur für zahlreiche britische Künstler der Weg bereitet – auch Größen wie Picasso oder Frida Kahlo finden sich auf der Liste der Ausstellungen in der über 100-jährigen Geschichte des Museums.
- 77–82 Whitechapel High St
- District, Hammersmith & City · Aldgate E

06 ⟦Jack The Ripper Museum⟧
Die grausamen Taten von Jack The Ripper üben schon lange eine gewisse Faszination auf Besucher des Londoner East Ends aus. Seit 2015 gibt es das Museum, das euch auf sechs Etagen das Grauen der bestialischen Morde an fünf Prostituierten im Jahr 1888 näher bringt. Aber Achtung: Die detailreiche Ausstellung ist nichts für Zartbesaitete.
- 12 Cable St
- Circle, District · Tower Hill

RESTAURANTS & CAFÉS

RESTAURANTS

07 ⟦Pilpel⟧ · £
Wenn ihr auf Falafel steht, dann führt kein Weg am Pilpel vorbei. Die Auswahl ist grandios, die Falafel unfassbar gut und die Preise sehr fair. Mittags ist viel los, weil es auch von den Locals als Lunch-Spot angesagt ist. Probiert unbedingt die Guacamole!
- 60 Alie St
- District, Hammersmith & City · Aldgate E

08 ⟦HotBox⟧ · ££
Fleischfans fühlen sich bei einem Besuch in der HotBox wie im siebten Himmel: Hier wird Barbecue wie in Texas serviert. Eine gute Wahl ist die Smoked Selection mit Pulled Pork, Hähnchenschenkel und Rippchen. Bis ein Platz frei wird, könnt ihr bei guten Drinks in der 46 & Mercy Bar im Untergeschoss warten.
- 46–48 Commercial St
- District, Hammersmith & City · Aldgate E

09 ⟦Smith's Brasserie Wapping⟧ · ££
Das Smith's ist ein erstklassiges Fischrestaurant mit spektakulärem Blick auf die Tower Bridge, das auf eine rund 60-jährige Tradition zurückblickt. Auch wenn Sardinen, Muscheln, Lobster & Co. hier natürlich besonders empfehlenswert sind, kommen auch Vegetarier und Fleischfans auf ihre Kosten.
- 22 Wapping High St
- Circle, District · Tower Hill

10 ⟦Il Bordello⟧ · £
Schlangen vor dem Il Bordello sind keine Seltenheit. Denn das italienische Restaurant ist sowohl bei Locals als auch Touristen beliebt. Mit Plastiktischdecken und Serviettenkunst wirkt das Innere vielleicht etwas angestaubt – dafür hat sich das Essen ebenso über die Jahre bewährt.
- 81 Wapping High St
- Circle, District · Tower Hill

11 ⟦Bravas Tapas⟧ · ££
Die St Katharines Docks sind zwar nicht das Baskenland – hervorragende Tapas mit Hafenblick lassen sich dank des Bravas Tapas aber auch hier genießen. Egal, für welche Auswahl ihr euch dabei entscheidet: Lasst auf jeden Fall noch ein bisschen Platz für Dessert. Denn die Torta di Santiago ist unwiderstehlich!
- Ivory House · St Katharine Docks
- Circle, District · Tower Hill

CAFÉS

12 ⟦The Pastry Parlour⟧ · £
Im Pastry Parlour erwarten euch frisch vor Ort zubereitete Kuchen und Süßigkeiten sowie Kaffee aus lokaler Röstung. Besonders bekannt und ein absolutes Must-order: die Croissants! Aber auch wenn ihr es weniger süß mögt, kommt ihr hier mit deftigen Snacks und Sandwiches auf eure Kosten.
- 8 Piazza Walk
- District, Hammersmith & City · Aldgate E

MEHR ÜBER DIESE SPOTS ERFAHREN: LLDN.DE/10067

13 [Urban Baristas] · £

G'day, mate: In dem australischen Café im skandinavischen Design bekommt ihr Kaffee im Down-Under-Style sowie eine Vielzahl an vor allem vegetarischen Snacks von süß bis deftig. Zudem gibt es eine große Anzahl an Milchalternativen und anderer Heißgetränke wie Matcha Latte.

○ *138 Wapping Hight St*
⊖ Circle, District · *Tower Hill*

14 [White Mulberries] · £

Die Liebe zum Kaffee verbindet die Eheleute Peyman und Rana Darban seit ihrem ersten Treffen. So war es nur eine Frage der Zeit, bis sie mit dem White Mulberries ein eigenes Café eröffnen. Die Liebe der beiden zum Kaffee bemerkt ihr auch in der sorgfältigen Auswahl an unterschiedlichsten Kaffeesorten aus aller Welt.

○ *Ivory House · St Katharine Docks*
⊖ Circle, District · *Tower Hill*

Urban Baristas

🍺 PUBS

15 [Prospect of Whitby] · £

Der Prospect of Whitby ist einer der ältesten Pubs Londons – und war er seit jeher Treffpunkt von Seemännern und Piraten. An diese Zeiten soll auch der vor dem Pub aufgestellte Galgen erinnern: Ein gnadenloser Richter ließ unzählige Seeräuber nur wenige Meter entfernt im Execution Dock hängen.

○ *57 Wapping Wall*
⊖ Circle, District · *Tower Hill*

16 [The White Hart Brew Pub] · ££

Hier fühlt ihr euch auf Anhieb wohl: Für einen Pub ohnehin ungewöhnlich hell, sorgen die liebevolle Auswahl an unterschiedlichsten Holzstühlen sowie die Deko mit Straßenschildern aus dem Viertel für ein schönes Ambiente. Außerdem punktet der Pub mit den in der hauseigenen One Mile End Brewery hergestellten Ales!

○ *1 Mile End Rd*
⊖ District, Hammersmith & City · *Whitechapel*

17 [The Hoop & Grapes] · £

Ein schmales Haus mit schiefen Fenstern: Dahinter verbirgt sich beinahe ein halbes Jahrtausend Pubgeschichte. Wer bei einer großen und zeitgemäßen Auswahl an Bieren in die Zeiten noch vor dem Großen Brand von London eintauchen möchte, ist im The Hoop & Grapes genau richtig!

○ *47 Aldgate High St*
⊖ Circle, Metropolitan · *Aldgate*

18 [The Captain Kidd] · £

Man könnte meinen, der direkt an der Themse gelegene Pub existiert seit Hunderten von Jahren. Doch falsch gedacht: The Captain Kidd ist erst seit den 1980ern an dieser Stelle. Dafür widmet er sich ganz der Zeit der Seeräuber und erzählt die Geschichte von William Kidd, einem der berüchtigsten Piraten aller Zeiten.

○ *108 Wapping High St*
⊖ Circle, District · *Tower Hill*

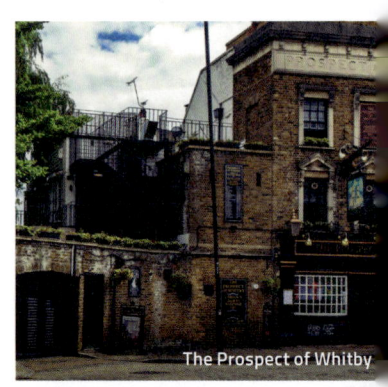

The Prospect of Whitby

BARS & ROOFTOP BARS

BARS

19 [The Oliver Conquest] · ££
Gin, Gin und noch mehr Gin: Über 300 verschiedene Sorten stehen im Oliver Conquest hinter dem Tresen. Und als ob das nicht schon genug Auswahl wäre, wird das Sortiment ständig erweitert. Zudem gibt es eine feine Auswahl an Cocktails und Live-Musik.
◯ *70 Leman St*
⊖ *District, Hammersmith & City · Aldgate E*

20 [The George Tavern] · ££
Bereits Charles Dickens erwähnte die George Tavern in seinen Schriften. Heute ist die 700 Jahre alte Taverne eine Location der Extraklasse für Konzerte und auch Kunstausstellungen. In den Räumlichkeiten im Shabby-Chic fanden zuletzt auch Shootings mit Stars wie Kate Moss oder Dreharbeiten für die Netflix-Serie »Sense 8« statt.
◯ *373 Commercial Rd*
⊖ *District, Hammersmith & City · Whitechapel*

ROOFTOP BARS

⭐ **[Skylight Rooftop Bar]** · ££
Nicht durchgestylt, trotzdem urban und hipp: Das Skylight unterscheidet sich deutlich von anderen Rooftop Bars. Das ehemalige Parkdeck ist mit Kunstrasen ausgekleidet und ihr sitzt auf einfachen Holzmöbeln. Ihr könnt einfach die Aussicht auf die Docks genießen oder euch beim Boule und Cricket sportlich betätigen.
◯ *Tobacco Dock · Eingang Pennington St*
⊖ *Circle, District · Tower Hill*

INSIDER TIPP

VON LAURA
Eine meiner liebsten Rooftop Bars ist das Skylight. Hier gibt es keinen Dresscode und die Atmosphäre ist locker und entspannt.

INSIDER GUIDES

The George Tavern

WHITECHAPEL & WAPPING HAT DIR GEFALLEN? DANN SCHAU AUCH HIER VORBEI:

East LONDON
Shoreditch & Bethnal Green
Isle of Dogs

MEHR ÜBER DIESE SPOTS ERFAHREN: LLDN.DE/10068

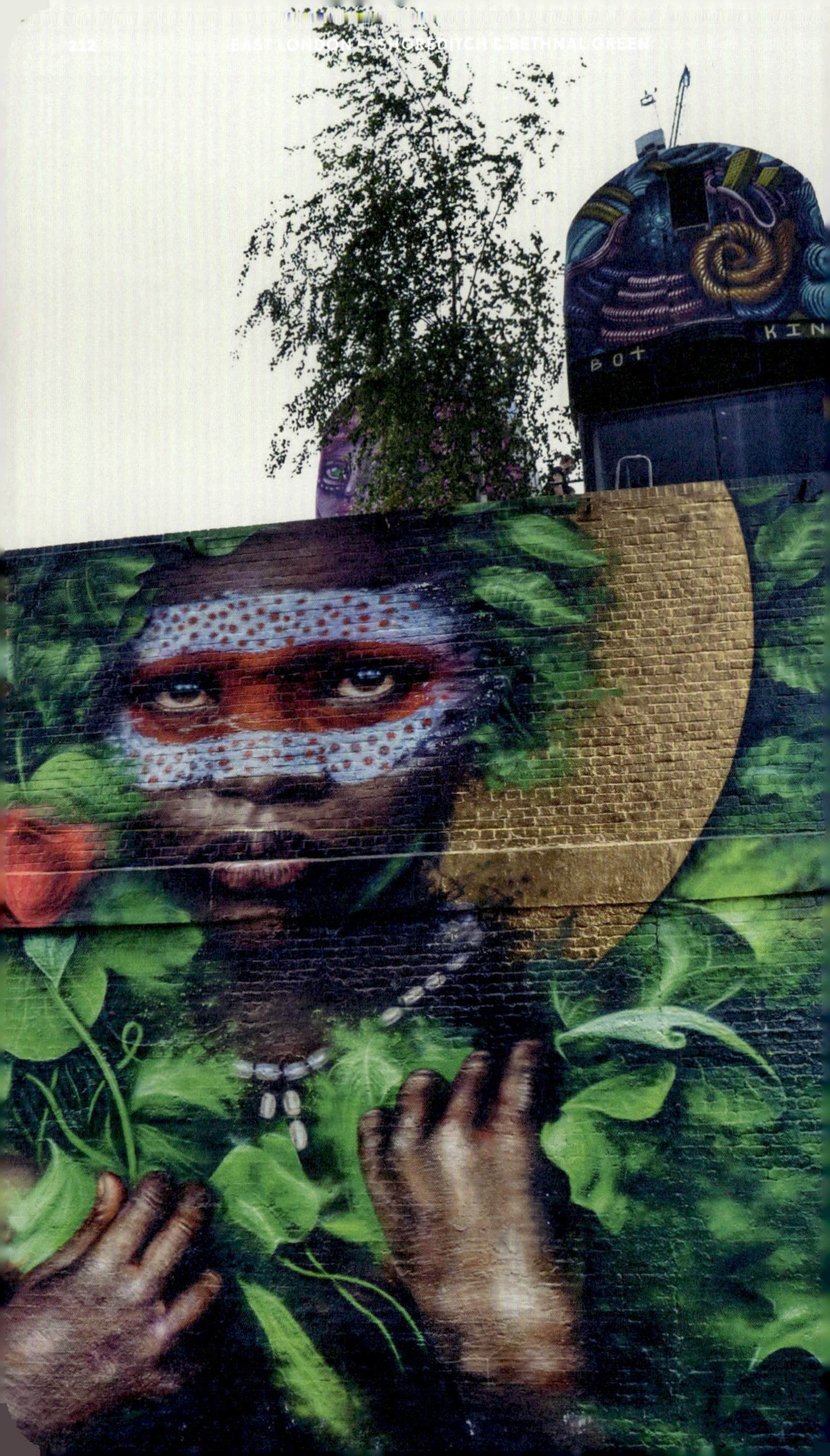
BOT
KIN

SHOREDITCH & BETHNAL GREEN

Hipster, Street-Art und East End-Tradition

Shoreditch gilt nicht ohne Grund als Hipster's Paradise: Das Leben der Menschen hier ist so bunt wie die zahllosen mit Street-Art verzierten Wände. Dazu gibt es jede Menge Kunstgalerien und angesagte Bars, Clubs und Cafés. Im östlich gelegenen Bethnal Green sieht es ein wenig anders aus: Zwar haucht auch hier eine kreative und lebendige Community dem Viertel nach und nach neues Leben ein, die zwielichtigen Seitenstraßen versprühen aber noch jede Menge rauen East End-Charme.

TOP 5 SIGHTS

1 ⌈Boxpark⌋
In der Pop-up-Mall aus schwarz lackiertem Schiffscontainern findet ihr Stores von bekannten Marken sowie jungen Designern.
○ 2–10 Bethnal Green Rd
⊖ Northern · Old St

2 ⌈Columbia Road Flower Market⌋
Jeden Sonntagmorgen verwandeln zahlreiche Blumenhändler auf dem Straßenmarkt die Columbia Road in einen grünen Garten.
○ Columbia Rd
⊖ Central · Bethnal Green

3 ⌈Village Underground⌋
In der alten Lagerhalle finden sowohl Kunstausstellungen als auch Clubnächte statt.
○ 54 Holywell Ln
⊖ Northern · Old St

4 ⌈V&A Museum of Childhood⌋
Das Museum zeigt anhand von originalem Spielzeug eindrucksvoll, wie unterschiedlich Kinder in den vergangenen vier Jahrhunderten aufgewachsen sind.
○ Cambridge Heath Rd
⊖ Central · Bethnal Green

5 ⌈Hoxton Square⌋
Der einst verwahrloste Hoxton Square entwickelte sich in den 1990er-Jahren zum Treffpunkt der Kunstszene – und wartet heute mit jeder Menge angesagter Bars und Restaurants auf.
○ Hoxton Sq
⊖ · Hoxton

MEHR ÜBER DIESE SPOTS ERFAHREN: LLDN.DE/10069

SHOREDITCH & BETHNAL GREEN

INSIDER TIPP

VON ISABELLE

Der Columbia Road Flower Market ist eine Oase mitten in der Stadt. Das bunte Blumenmeer könnt ihr jeden Sonntag bestaunen.

BEGIB DICH AUF ENTDECKUNGSTOUR!

Sights
- 01 · Boxpark
- 02 · Columbia Road Flower Market
- 03 · Village Underground
- 04 · V&A Museum of Childhood
- 05 · Hoxton Square
- 06 · Jealous Gallery
- 07 · Victoria Miro Gallery
- 08 · Jamie Oliver's Fifteen
- 09 · Essential Vegan Café
- 10 · Smoking Goat
- 11 · Lyle's
- 12 · Allpress Espresso Bar
- 13 · The Book Club
- 14 · Paper & Cup
- 15 · The Crown and Shuttle
- 16 · The Royal Oak
- 17 · The George & Vulture
- 18 · Bar Kick
- 19 · Old Street Records
- 20 · Bounce Old Street
- 21 · Calloh Callay
- 22 · Golden Bee

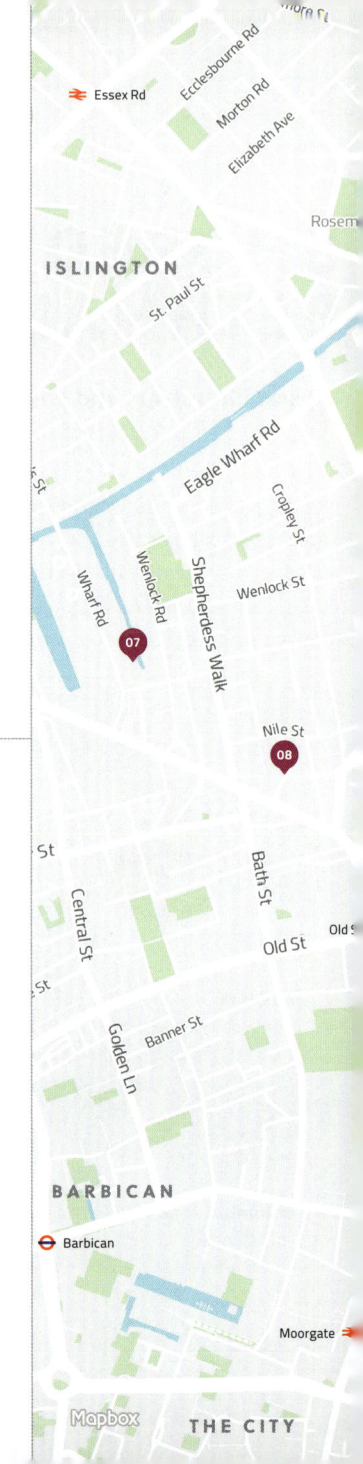

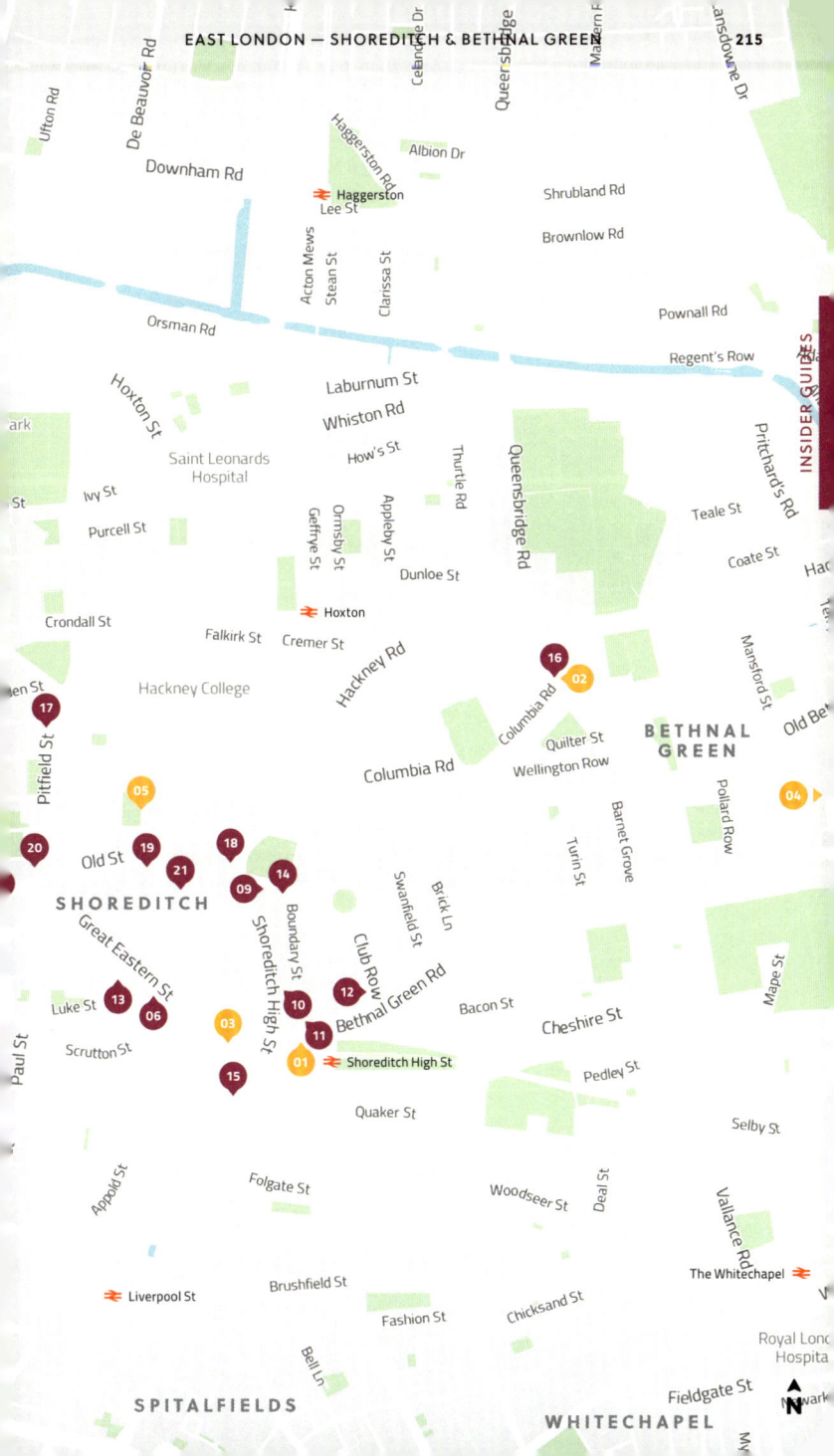

EAST LONDON — SHOREDITCH & BETHNAL GREEN 215

SHOREDITCH

BETHNAL GREEN

SPITALFIELDS

WHITECHAPEL

INSIDER GUIDES

Ufton Rd
De Beauvoir Rd
Downham Rd
Celandine Dr
Queensbridge Rd
Lansdowne Dr
Haggerston Lee St
Albion Dr
Shrubland Rd
Acton Mews
Stean St
Clarissa St
Brownlow Rd
Orsman Rd
Pownall Rd
Regent's Row
Hoxton St
Laburnum St
Whiston Rd
How's St
Thurtle Rd
Pritchard's Rd
Saint Leonards Hospital
Ivy St
Purcell St
Geffrye St
Ormsby St
Appleby St
Queensbridge Rd
Teale St
Coate St
Dunloe St
Crondall St
Falkirk St
Hoxton
Cremer St
Hackney Rd
Mansford St
Old Be...
Hackney College
Columbia Rd
Wellington Row
Quilter St
Columbia Rd
Pollard Row
Pitfield St
Old St
Great Eastern St
Boundary St
Shoreditch High St
Club Row
Swanfield St
Brick Ln
Bethnal Green Rd
Barnet Grove
Turin St
Mape St
Luke St
Scrutton St
Bacon St
Cheshire St
Pedley St
Shoreditch High St
Quaker St
Selby St
Paul St
Appold St
Folgate St
Woodseer St
Deal St
Vallance Rd
The Whitechapel
Liverpool St
Brushfield St
Fashion St
Chicksand St
Royal Lond Hospita
Bell Ln
Fieldgate St

SIGHTSEEING

Der [Boxpark] direkt an der Overground-Station Shoreditch High Street eröffnete 2011 und sollte eigentlich nur für fünf Jahre an dieser Stelle bleiben. Doch bis heute erfreut sich die Pop-up-Mall aus zahllosen gestapelten Schiffscontainern so großer Beliebtheit, dass kein Ende für das Projekt in Sicht ist. Im Gegenteil: Erst kürzlich wurde das Konzept überarbeitet. So steht die obere Etage nun ganz im Zeichen von Streetfood und interessanten Veranstaltungen.

Hoch gestapelt wird auch im [Village Underground]: Eine Künstlergruppe hat ein altes Lagerhaus zur Galerie umfunktioniert, in der regelmäßig Ausstellungen, Konzerte und Partys stattfinden. Das Gebäude ist kaum zu übersehen – denn auf dem Dach stehen sowohl zu Ateliers umfunktionierte Schiffscontainer als auch ausrangierte Tube-Waggons. Ein exzellentes Beispiel für die Street-Art-Szene von Shoreditch – deswegen solltet ihr euch dieses Fotomotiv auf keinen Fall entgehen lassen!

Ohnehin ist Kunst in Shoreditch eines der größten Themen. Die originellen Werke, die Street-Art-Legende Banksy nahe der Old Street malte, sind wegen zahlreicher Baumaßnahmen leider kaum noch einsehbar. Aber auch andernorts findet ihr jede Menge interessante Graffitis, Malereien und Installationen – beispielsweise in der [Ebor Street] und der [Chance Street].

Der [Hoxton Square] ist ein weiterer Hotspot der Kunstszene: Wie an vielen Orten im East End dominierte hier lange die Industrie, gefolgt vom Verfall – bis die Gegend in den 1990er-Jahren durch das Wirken lokaler Künstler zum In-Viertel wurde. Das hippe Flair mit unzähligen Bars, Restaurants sowie Clubs und Galerien zog auch große Medien- und Tech-Konzerne an – und machte das Areal um den Hoxton Square zu einem der teuersten Kreativ-Standorte der Welt.

Ganz traditionell hingegen geht es jeden Sonntagvormittag auf der Columbia Road zu: Denn der [Columbia Road Flower Market] gehört zu den größten und auch ältesten Attraktionen in Bethnal Green. Seit 1866 verwandeln Blumenhändler die beschauliche Straße für einige Stunden in einen grünen Garten. Nach einem ausgiebigen Bummel über den Markt und durch die schönen Läden in der Straße könnt ihr in einem der vielen Pubs verschnaufen – zum Beispiel im [The Royal Oak].

MUSEEN

06 [Jealous Gallery]
An gleich zwei Standorten könnt ihr in der Jealous Gallery verschiedenste Ausstellungen zeitgenössischer Kunst bestaunen. Außerdem werden hier in Zusammenarbeit mit Künstlern limitierte Siebdrucke produziert.
📍 53 Curtain Rd & 27 Park Rd
Ⓔ · Shoreditch High St Ⓕ · Cambridge Heath

EAST LONDON — SHOREDITCH & BETHNAL GREEN

⭐ ⸢V&A Museum of Childhood⸥
Von Puppenhäusern über Brettspiele bis hin zu Kleidung und Mobiliar: Im V&A Museum of Childhood könnt ihr hautnah erleben, wie sich das Leben im Kinderzimmer seit dem 17. Jahrhundert stetig verändert hat.
- Cambridge Heath Rd
- Central · Bethnal Green

07 ⸢Victoria Miro Gallery⸥
Victoria Miro bietet mit ihrer Galerie seit 1985 aufstrebenden Künstlern eine Plattform. Die aufwendig sanierte und umgebaute ehemalige Möbelfabrik in der Wharf Street ist ein echtes architektonisches Highlight – inklusive Dachgarten mit Blick auf den Regent's Canal.
- 16 Wharf Rd
- Northern · Old St

V&A Museum of Childhood

🍴 RESTAURANTS & CAFÉS

RESTAURANTS

08 ⸢Jamie Oliver's Fifteen⸥ · ££
Auch Jamie Oliver's Restaurant in Hoxton hat einen Charity-Background: In der Küche stehen Jugendliche aus schwierigen Verhältnissen, die hier ihre Ausbildung zum Koch absolvieren. Was sie auf den Tisch zaubern, kann sich – wie für ein Jamie Oliver-Restaurant nicht anders zu erwarten – sehen und schmecken lassen.
- 15 Westland Pl
- Northern · Old St

09 ⸢Essential Vegan Café⸥ · £
Das Essential Vegan Café bietet euch leckere vegane Küche mit brasilianischer Note. Das Angebot reicht dabei vom Seitan-Burger über brasilianische Käsebällchen bis zur veganen Version der traditionellen Coxinha – und macht, nicht zuletzt wegen der köstlichen Desserts, auch Nicht-Veganer glücklich.
- 6 Calvert Ave
- Northern · Old St

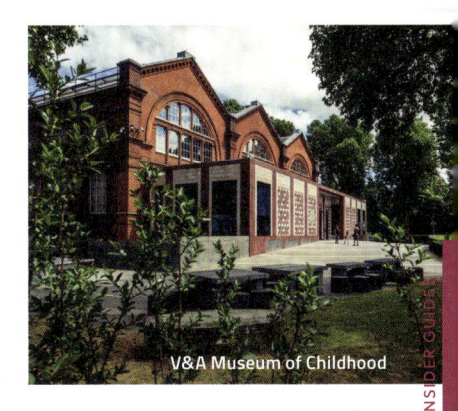

10 ⸢Smoking Goat⸥ · ££
Von gedämpften Austern mit Chili bis hin zur geräucherten Ziegenschulter: Barbecue und Seafood im Thai-Style haben sich hier als Erfolgsrezept bewährt! Und an den großen, langen Tischen oder der schicken Bar findet sich meist auch ohne Reservierung immer noch ein Plätzchen.
- 64 Shoreditch High St
- E · Shoreditch High St

11 ⸢Lyle's⸥ · ££
Hier kocht einer der besten Köche der Stadt – und zwar tägliche wechselnde Menüs aus vornehmlich regionalen Zutaten. Ein Dinner ist hier absolute Genießer-Sache: Gut zweieinhalb Stunden werdet ihr mit famosen Kreationen verwöhnt – und diese Zeit vergeht in dem gemütlich-minimalistischen Speisesaal wie im Flug.
- 56 Shoreditch High St
- E · Shoreditch High St

CAFÉS

12 ⸢Allpress Espresso Bar⸥ · £
Der Espresso von Allpress ist ein neuseeländisches Original. Vor einigen Jahren schaffte er den Sprung nach Shoreditch – seitdem wollen die Locals seinen beerig-schokoladigen Geschmack nicht mehr missen.
- 58 Redchurch St
- E · Shoreditch High St

MEHR ÜBER DIESE SPOTS ERFAHREN: LLDN.DE/10070

13 [The Book Club] · £
Hier bekommt ihr nicht nur leckeres, sondern auch super preiswertes Frühstück. Von Pfannkuchen über Porridge bis hin zu Lachs oder Avocado ist für jeden Geschmack etwas dabei!

📍 *100–106 Leonard St*
🚇 *Northern · Old St* 🚆 *E · Shoreditch High St*

14 [Paper & Cup] · £
Das Paper & Cup ist mehr als ein nettes Café. In der Non-profit-Einrichtung werden Menschen nach Langzeitarbeitslosigkeit, Krankheit oder Abhängigkeit auf ihrem Weg zurück ins Arbeits- und Sozialleben begleitet.

📍 *18 Calvert Ave*
🚆 *E · Shoreditch High St*

The Royal Oak

PUBS

15 [The Crown and Shuttle] · £
Der große Biergarten ist nur einer der vielen Pluspunkte des The Crown and Shuttle. Weitere gute Gründe, hier vorbeizuschauen, sind zum Beispiel die arabisch angehauchten Snacks wie Fladenbrot mit Hummus und Lamm oder die vielseitige Auswahl an Events vom Pub-Quiz bis zum Tanzkurs.

📍 *226 Shoreditch High St*
🚆 *E · Shoreditch High St*

16 [The Royal Oak] · ££
The Royal Oak ist nicht nur sonntags nach einem Bummel über den Blumenmarkt auf der Columbia Road einen Besuch wert. Auch unter der Woche lässt sich in dem schönen, klassisch-eleganten Pub mit der großen Theke in der Mitte des Raumes ein gemütlicher Abend verbringen.

📍 *73 Columbia Rd*
🚆 *E · Hoxton*

17 [The George & Vulture] · £
Im »höchsten Pub Londons« wird es gemütlich: Kaminfeuer, Eichentische und schwere Ledersofas, gepaart mit einer exzellenten Auswahl an Bier und Whisky, garantieren einen geselligen Abend. Und für den kleinen Hunger gibt es leckere Sauerteig-Pizza obendrauf.

📍 *63 Pitfield St*
🚇 *Northern · Old St* 🚆 *E · Hoxton*

BARS & ROOFTOP BARS

BARS

18 [Bar Kick] · £
Der Traum eines jeden Fußballfans: Auf zwei Etagen gibt es nicht nur jede Menge Liveübertragungen auf den großen Bildschirmen, sondern auch mehrere coole Tischkicker von Bonzini. Die Snacks reichen von Hot Dogs über Pulled Pork bis hin zu Chicken Teriyaki. Beim Bier darf es gerne auch ein Super Bock oder Estrella sein.

📍 *127 Shoreditch High St*
🚆 *E · Shoreditch High St*

EAST LONDON — SHOREDITCH & BETHNAL GREEN

19 [Old Street Records] · ££
Die deckenhohe Schallplattensammlung hinterm Tresen verrät es bereits: Im Old Street Records steht alles im Zeichen der Musik. So zeigt sich hier auch die gesamte musikalische Bandbreite. Vom entspannten Jazzabend bis zur durchtanzten Nacht mit namhaften DJs ist hier alles möglich.
- *350–354 Old St*
- Northern · *Old St*   E · *Shoreditch High St*

20 [Bounce Old Street] · £
Darts, Poolbillard, Tischfußball – das sind die Sportarten, die man aus Bars kennt. Im Bounce hingegen warten zahlreiche Tischtennisplatten darauf, von euch bespielt zu werden. Die guten Drinks werden eure Trefferquote zwar nicht verbessern, müssen aber unbedingt probiert werden – genauso wie die Pizza!
- *241 Old St*
- Northern · *Old St*

21 [Calloch Callay] · ££
Zunächst wirkt das Callooh Callay mit seinen freiliegenden Backsteinwänden und spacigen Möbeln etwas exzentrisch, aber dennoch einladend. Begebt ihr euch dann aber durch den (nicht allzu) geheimen Wandschrank, erwartet euch eine Lounge im originalen Look der 1970er! Die Drinks sind dabei in beiden Bars famos.
- *65 Rivington St*
- Northern · *Old St*   E · *Shoreditch High St*

ROOFTOP BARS

22 [Golden Bee] · ££
Im von Hipster- und Industrial-Chic geprägten Shoreditch kommt die Golden Bee Rooftop Bar mit ihren großen Loungemöbeln und Palmen ungewohnt nobel daher. Dass es hier kein Essen gibt, fällt bei der grandiosen Aussicht und den guten Drinks kaum auf. Und wenn es doch mal regnet, gibt es auch im Innenbereich genügend Platz.
- *Singer St*
- Northern · *Old St*

SHOPPING

In der für ihr einzigartiges Konzept bekannten Pop-up-Mall [**Boxpark** · *2–10 Bethnal Green Rd*] findet ihr zahlreiche coole Stores von vor allem kleineren Independent-Labels. Das Angebot ist vielfältig und reicht von extravaganter Mode über Geschenkartikel bis zu Deko und Einrichtung. Wer hier nicht fündig wird, hat in unmittelbarer Nähe zahllose weitere Möglichkeiten, seine Shoppingtour fortzusetzen: In der **Shoreditch High Street** findet ihr zum Beispiel eine von weltweit gerade einmal fünf Filialen von [**Sneakersnstuff** · *107–108 Shoreditch High St*]. Hier bekommt ihr nicht nur coole Sneaker, sondern auch angesagte Streetwear. Ein paar Häuser weiter gibt es bei bei [**Present** · *107–108 Shoreditch High St*] lässige Herrenmode, während [**Sister Ray Ace** · *100 Shoreditch High St*] mit seiner nahezu unbegrenzten Auswahl an Platten ein echtes Mekka für Musikfans ist. Nur einen Katzensprung entfernt bietet euch [**Monologue** · *93 Redchurch St*] stylische Möbel und Accessoires für den etwas dickeren Geldbeutel. Nicht entgehen lassen solltet ihr euch auch [**Goodhood** · *151 Curtain Rd*]: Hier findet ihr auf fast 300 liebevoll angelegten Quadratmetern alles, was das Hipster-Herz begehrt: von Streetwear über Kosmetik und Schmuck bis hin zu Wohnaccessoires.

SHOREDITCH & BETHNAL GREEN HAT DIR GEFALLEN? DANN SCHAU AUCH HIER VORBEI:

North — Hackney & Stratford

East — Spitalfields & Brick Lane

MEHR ÜBER DIESE SPOTS ERFAHREN: LLDN.DE/10071

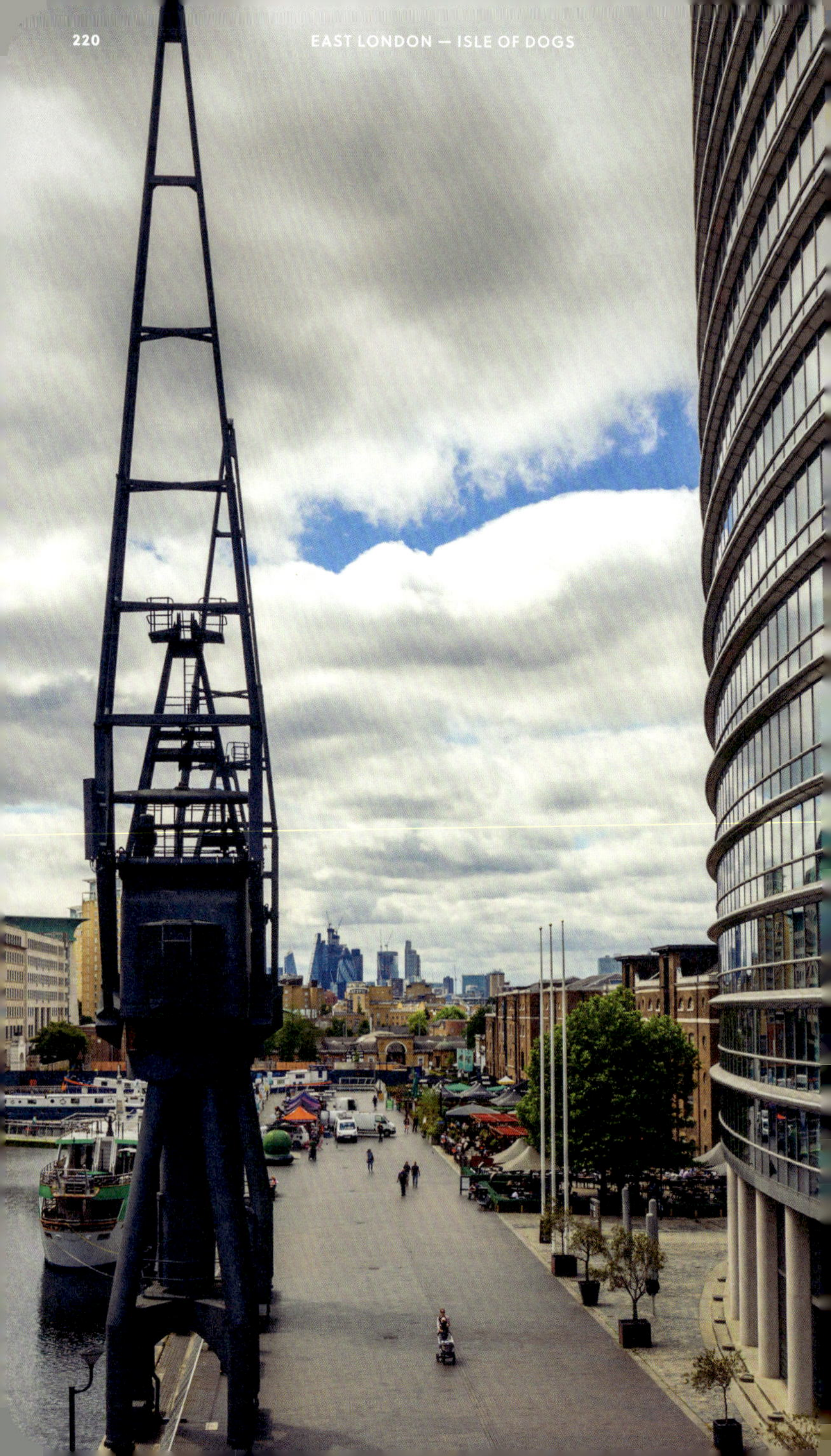

ISLE OF DOGS

Moderne Industrie-Romantik mit exklusivem Flair

Die Halbinsel im East End wurde ursprünglich von den Hafenarbeitern der Docklands bewohnt. Mit dem Wandel zum modernen Business District in den 1990er-Jahren entstanden viele luxuriöse Appartements und Freizeitmöglichkeiten. Die auffälligen Komplexe der Canary Wharf, die zu den höchsten Gebäuden in Großbritannien gehören, bestätigen das Bild des aufstrebenden modernen Stadtviertels. Das Zusammenspiel aus hochmoderner Architektur, traditionellen Speichern und Hafenbecken sorgt für das einzigartig industriell-romantische Flair der Gegend.

TOP 5 SIGHTS

1 [Millwall Dock]
Das Hafenbecken liegt in der Mitte von Isle of Dogs. Von dort aus habt ihr einen wunderschönen Blick zur Canary Wharf und auf die umliegenden modernen Appartements und Bürokomplexe.
○ *Millwall Dock*
⊖ *Jubilee · Canary Wharf*

2 [Canary Wharf]
Am ehemaligen Kai ist ein geschäftiges Viertel entstanden mit vielen Büros und Komplexen. Es ist das architektonische Zentrum der Docklands.
○ *Canary Wharf*
⊖ *Jubilee · Canary Wharf*

3 [Museum of London Docklands]
Schaut euch die Entwicklung der Londoner Docklands im modernen Museum des Lagerhauses Nr. 1 an.
○ *No.1 Warehouse*
⊖ *Jubilee · Canary Wharf*

4 [Crossrail Place Roof Garden]
Der grüne Dachgarten befindet sich direkt über der neuen Einkaufsmeile Crossrail Place und der Underground Station Canary Wharf. Die Oase ist frei zugänglich.
○ *Crossrail Place Roof Gardens*
⊖ *Jubilee · Canary Wharf*

5 [The O2]
Steigt hoch hinauf bei einem unvergesslichen Roofwalk über den Konzert- und Entertainment Dome.
○ *Peninsula Sq*
⊖ *Jubilee · North Greenwich*

MEHR ÜBER DIESE SPOTS ERFAHREN: LLDN.DE/10072

ISLE OF DOGS

INSIDER TIPP

VON MATTHIAS
Im Canada Square Park ist immer etwas los. Im Winter befindet sich hier die Canary Wharf Eislaufbahn.

BEGIB DICH AUF ENTDECKUNGSTOUR!

Sights
- 01 · Millwall Dock
- 02 · Canary Wharf
- 03 · Museum of London Docklands
- 04 · Crossrail Place Roof Garden
- 05 · The O2
- 06 · Trinity Buoy Wharf
- 07 · Tom's Kitchen
- 08 · The Sipping Room
- 09 · Bella Cosa
- 10 · Burger & Lobster
- 11 · Manjal Indian Restaurant
- 12 · 640 East
- 13 · Change Please
- 14 · The Gun
- 15 · The George
- 16 · Rum Lounge at Big Easy
- 17 · Capeesh Sky Bar
- 18 · Bōkan

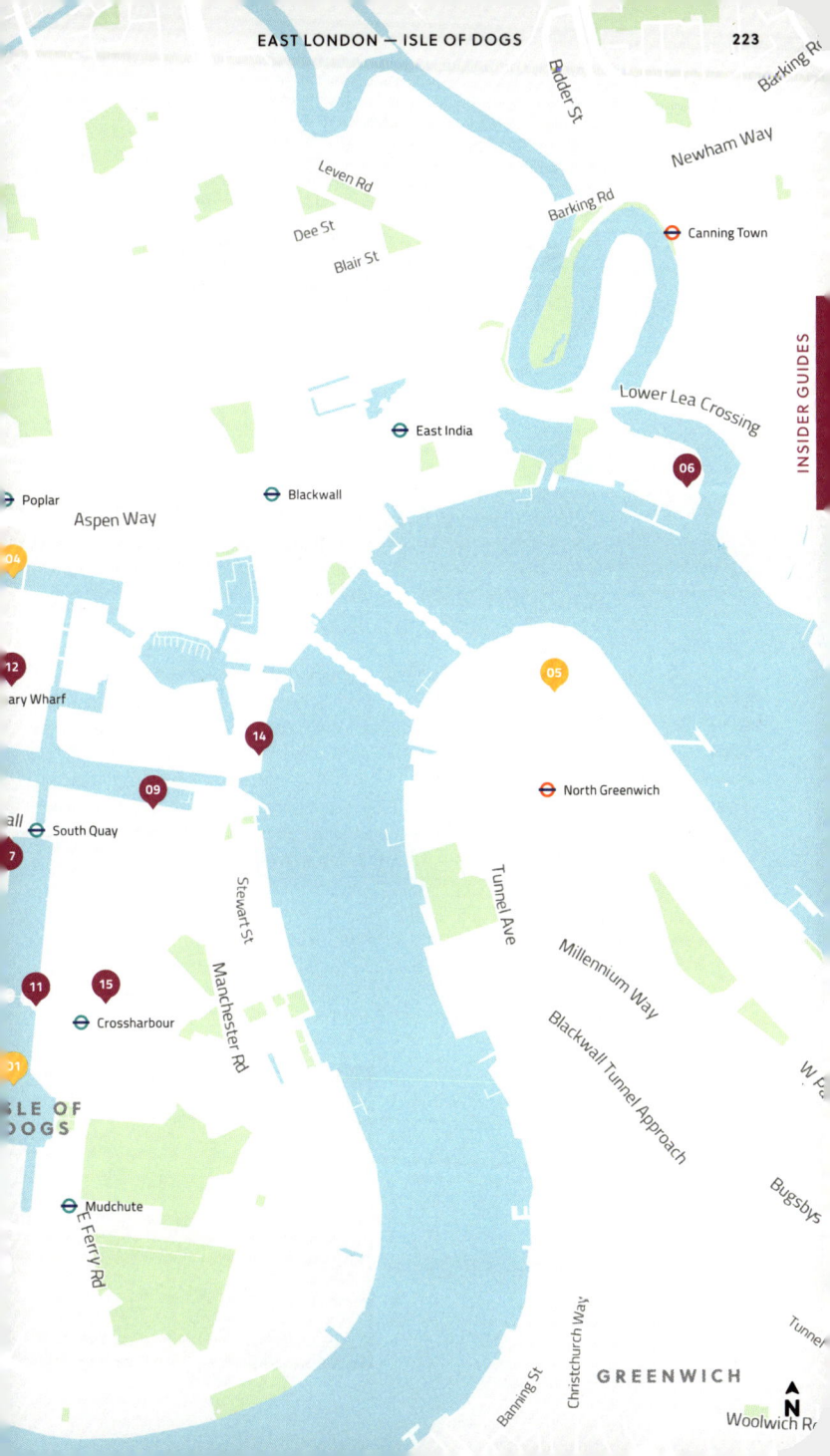

EAST LONDON — ISLE OF DOGS

223

INSIDER GUIDES

Bidder St
Barking Rd
Newham Way
Leven Rd
Dee St
Barking Rd
Blair St
○ Canning Town
Lower Lea Crossing
○ East India
06
○ Poplar
○ Blackwall
Aspen Way
04
12
ary Wharf
05
14
09
○ North Greenwich
○ South Quay
7
Stewart St
11 15
Tunnel Ave
○ Crossharbour
Manchester Rd
Millennium Way
01
Blackwall Tunnel Approach
SLE OF
DOGS
W. P...
○ Mudchute
E Ferry Rd
Bugsbys
Banning St
Christchurch Way
GREENWICH
Tunnel
N
Woolwich R...

SIGHT-SEEING

Am nördlichen Ende der Halbinsel taucht zunächst das [Museum of London Docklands] auf, das passenderweise im ehemaligen und jetzt denkmalgeschützten Lagerhaus Nr. 1 untergebracht ist. Hier erfahrt ihr alles über die Geschichte vom ersten Hafen Londons und die Entwicklung des Handels.

Inmitten der Docks befindet sich der [Canary Wharf]. Von hier aus wurde einst der Handel mit den Kanarischen Inseln abgewickelt. Jetzt seht ihr hier eines der höchsten Gebäude von Großbritannien, das One Canada Square, den HSBC Tower und das Citigroup Centre.

Große Finanzunternehmen, viele Einkaufsmöglichkeiten, Restaurants und Cafés haben die Gegend in ein modernes Business-Zentrum verwandelt. Wenn ihr unter der Woche inmitten der Docks unterwegs seid, erlebt ihr das beschäftigte Treiben auf der Straße hautnah.

Am neu entstandenen Crossrail Place am North Dock könnt ihr bald in den Crossrail-Zug einsteigen, der euch schnell und bequem zurück nach London bringt. Die neue Elizabeth Line soll Ende 2019 fertiggestellt sein. Über der futuristischen Station befinden sich die [Crossrail Place Roof Gardens]. Der grüne Dachgarten ist überdacht und von hier aus habt ihr auch einen schönen Blick auf die Themse und die umliegenden Hochhäuser.

Gegenüber auf der Greenwich Peninsula steht der als Millennium Dome eröffnete Unterhaltungskomplex [The O2]. Der 52 Meter hohe Kuppelbau hat einen Durchmesser von 365 Metern und ist der größte Kuppelbau der Welt. Nicht nur, dass dort herausragende Konzerte internationaler Megastars stattfinden, das Highlight des Bauwerks ist das Dach. Dieses könnt ihr bei einem spektakulären Roofwalk besteigen – nichts für schwache Nerven. Es gibt allerdings keinen Aufzug und keine Rolltreppe hinauf. Ausgestattet mit einem Kletteranzug, könnt ihr mit einem Guide zusammen hinaufsteigen. Die Aussicht ist natürlich gigantisch.

Ein Stück Natur könnt ihr im [Mudchute Park] erleben. Mitten in der Stadt leben hier allerlei Farmtiere. Während einer kleinen Tour könnt ihr alles über den Bauernhof und ihre Tiere erfahren.

Cross Rail Rooftop Garden

MUSEEN

⭐ [Museum of London Docklands]
Der ehemaligen Speicher Nr. 1 wurde zum Museum umfunktioniert und informiert anschaulich über die Entwicklung der Docklands. Hier erfahrt ihr, wie in den Speichern und am Hafen gearbeitet wurde. Dazu gehört auch das Kapitel Kolonialherrschaft. Der Eintritt ins Museum ist frei.
- *No.1 Warehouse*
- *Jubilee · Canary Wharf*

06 [Trinity Buoy Wharf]
Einst ein verlassenes Gebäude, wurde die Werft nach dem Umbau 1998 zum Kulturzentrum mit Kunstgalerie und Studios. Viele Gebäude auf dem Gelände sind aus Containern zusammengesetzt. Neuerdings gibt es einen interessanten Street-Art-Trail.
- *64 Orchard Pl*
- *Jubilee · Channing Town*

Museum of London Docklands

RESTAURANTS & CAFÉS

RESTAURANTS
07 [Tom's Kitchen] · ££
Das helle und offene Restaurant ist Deli und Bar in einem. Es erwarten euch herzhafte Gerichte, Fleisch vom Grill und verführerische Desserts. Der Brunch ist ebenfalls umwerfend und am Wochenende essen Kinder kostenlos mit.
- *11 Westferry Circus, Canary Wharf*
- *Jubilee · Canary Wharf*

08 [The Sipping Room] · ££
Das romantische Restaurant befindet sich in einem alten Speicher. Es ist perfekt, um nach einem romantischen Spaziergang am Kai den Abend ausklingen zu lassen. Auf der Terrasse könnt ihr in Iglus bis in die Nacht hinein unter dem Sternenhimmel sitzen.
- *16 Hertsmere Rd*
- *Jubilee · Canary Wharf*

09 [Bella Cosa] · £
Es erwartet euch italienische Küche mit Pizza, Pasta und süditalienischen Spezialitäten vom Chefkoch Antonio. Außer deliziöse Gerichte bekommt ihr dort auch einen schönen Ausblick auf die Themse und das South Dock.
- *Drewry House 213 Marsh Wall*
- *· South Quay*

10 [Burger & Lobster] · ££
Drei Schulfreunde eröffneten 2011 ihr erstes Restaurant, das sich auf zwei Gerichte konzentriert: Burger und Hummer. Selbstverständlich gibt es auch einen super leckeren Hummer-Burger. Ein Muss für Freunde der modernen experimentellen Küche.
- *Hertsmere Rd*
- *Jubilee · Canary Wharf*

11 [Manjal Indian Restaurant] · £
Authentische Speisen aus Nord- und Südindien stehen auf der Karte. Die indischen Klassiker wie Tikka Masala und Khorma sind besonders empfehlenswert. Dank des ausgezeichneten Services werdet ihr rundum verwöhnt.
- *3 Turnberry Quay*
- *· Crossharbour*

Manjal Indian Restaurant

INSIDER GUIDES

MEHR ÜBER DIESE SPOTS ERFAHREN: LLDN.DE/10073

CAFÉS

12 [640 East] · £
Das individuelle Café wurde aus zwei Schiffscontainern gebaut. Auf den 60 Metern ist viel Platz, um draußen zu sitzen, einen Drink von der Bar und gutes Essen zu genießen. Hier könnt ihr die neuzeitliche Atmosphäre der Canary Wharf entspannt auf euch wirken lassen.
- Montgomery Sq, Upper Bank St
- *Jubilee* · *Canary Wharf*

13 [Change Please] · £
Das etwas andere Konzept bekämpft die Obdachlosigkeit in London. Weil die Nachfrage nach gutem Kaffee steigt, werden Obdachlose als Baristas ausgebildet. Der Verkauf von Kaffee an den mobilen Vans liefert die Finanzierung. Ganz nach dem Motto: Kaffee schmeckt nicht nur gut, er tut auch Gutes.
- *Reuters Plaza*
- *Jubilee* · *Canary Wharf*

Bier im Pub

INSIDER TIPP

VON LAURA

Das modernste Business-Viertel Londons bietet zahlreiche Essens-Optionen. Wenn ihr nur etwas Schnelles möchtet, schaut beim Crossrail Place vorbei. Dort gibt's Cafés und Restaurants für jeden Geschmack.

Change Please

PUBS

14 [The Gun] · ££
Hier erwartet euch ein Pub der besonderen Art mit Blick über die Themse. Weit weg vom Trubel der Stadt könnt ihr ein gutes Bier mit einem wohlschmeckenden Abendessen genießen. Liebhaber von Longdrinks sollten unbedingt den Gin Garten besuchen.
- 27 Coldharbour
- · *South Quay*

15 [The George] · £
In dem hell und ländlich gestalteten Pub werden britische Klassiker serviert. Maureen's Pie & Mash ist eine vorzügliche Spezialität des Hauses. An der offenen Bar bekommt ihr Biere und Weine, die ihr euch im großen Wintergarten schmecken lassen könnt.
- 114 Glengall Grove
- · *Crossharbour*

EAST LONDON — ISLE OF DOGS

BARS & ROOFTOP BARS

BARS
16 [Rum Lounge at Big Easy] · ££
Die Rum Lounge über dem North Dock ist inspiriert von den BBQs der amerikanischen Golfküste. In Anlehnung daran gibt es hier fein Gegrilltes, Meeresfrüchte, Cocktails und über 500 verschiedene Whiskys. Musikalisch versorgt euch täglich live eine Blues Band.
○ Crossrail Pl
⊖ Jubilee · Canary Wharf

ROOFTOP BARS
17 [Capeesh Sky Bar] · ££
Taucht ab in eine Welt aus handgemixten Cocktails und atemberaubenden Aussichten. Macht es euch auf einem Canapé bequem und nehmt einen klassischen Martini oder Mocktail ein. Dazu werden Köstlichkeiten der italienischen Küche angeboten.
○ 4 Pan Peninsula Sq
⊖ · South Quay

18 [Bōkan] · ££
Im 38. und 39. Stock liegt die höchste Rooftop Bar mit offener Terrasse in London. Die auf Gin spezialisierten Bartender mixen euch einzigartige Cocktail-Kreationen, die von den Docklands inspiriert sind. Schon der Ausblick lohnt sich und sonntags erwarten euch Jazz-Sessions.
○ 40 Marsh Wall
⊖ Jubilee · Canary Wharf

SHOPPING

Die Isle of Dogs ist ein modernes Shopping-Paradies. Das eindrucksvolle **[Canary Wharf Shopping Centre** · *17 S Colonnade*] bietet von High End-Designern bis hin zu Standard-Kaufhausgeschäften ein Angebot für jedes Bedürfnis. Von Zara über Moleskine, Paul Smith, Boots, Mango, Gant und Topshop sind so gut wie alle großen Marken dort vertreten. Hinzu kommt eine enorme Bandbreite an Restaurants und Cafés. Außerdem erstreckt sich vom neu entstandenen **Crossrail Place** bis hinüber zum **Jubilee Place** ein Netz aus unzähligen Einkaufsmöglichkeiten, die größtenteils unter Tage liegen. Selbst wenn das Londoner Regenwetter zuschlägt, könnt ihr hier einen unbeschwerten Shopping-Tag verbringen.

ISLE OF DOGS HAT DIR GEFALLEN? DANN SCHAU AUCH HIER VORBEI:

Whitechapel & Wapping

Greenwich

Big Easy

INSIDER GUIDES

MEHR ÜBER DIESE SPOTS ERFAHREN: LLDN.DE/10074

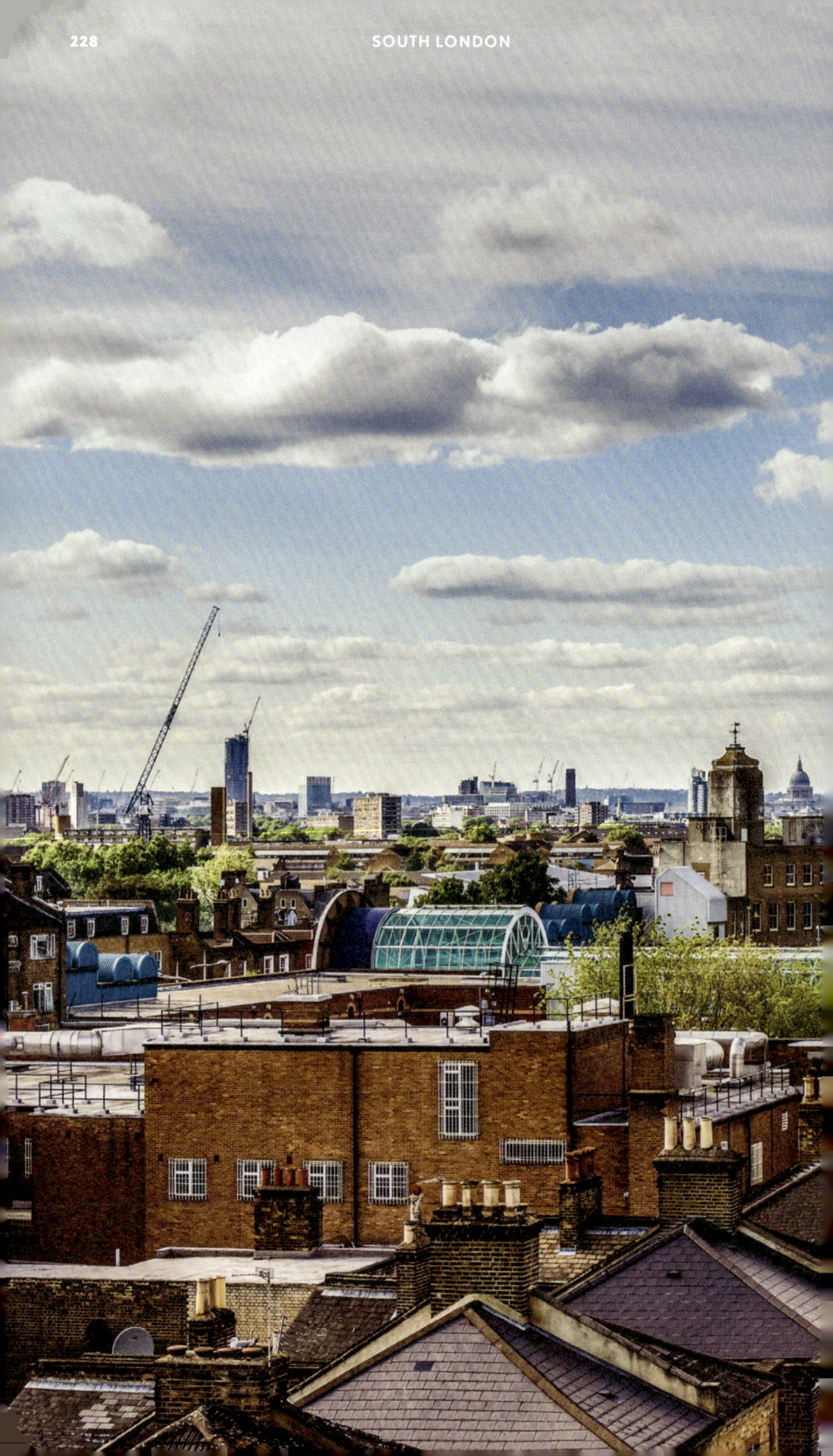

SOUTH

LONDON

Hierhin geht, wer einen ganz eigenen Charakter sucht. Gin-Brennerei-Besichtigungen stehen hier ebenso auf der Tagesordnung wie ein Abstecher zu höchst kreativ genutzten Containern. Hier im Süden ist man unangepasst-individuell und hat vom rauen Industrie-Charme, Markt-Shopping-Trips bis hin zum »Sprung über den Nullmeridian« vieles, was zu begeistern weiß.

Stadtteile

233 Elephant and Castle & Kennington
241 Brixton
249 Peckham
257 Greenwich

LOVING LONDON

BUCKET LIST

DAS SOLLTEST DU AUF KEINEN FALL VERPASSEN

- 01 Im Mercato Metropolitano eine Pizza essen
- 02 In einem der besten Clubs von London feiern
- 03 Durch das alternative Peckham spazieren
- 04 Den Sonnenuntergang vom Frank's Cafe genießen
- 05 Einen Kaffee im Brixton Market trinken
- 06 Ins Imperial War Museum gehen
- 07 Im The Oval ein Cricket-Match anschauen
- 08 Das Greenwich Observatory besichtigen
- 09 Durch den Greenwich-Fußgängertunnel laufen
- 10 Einen echten englischen Pie essen

NOTIERE DEINE PERSÖNLICHEN HIGHLIGHTS

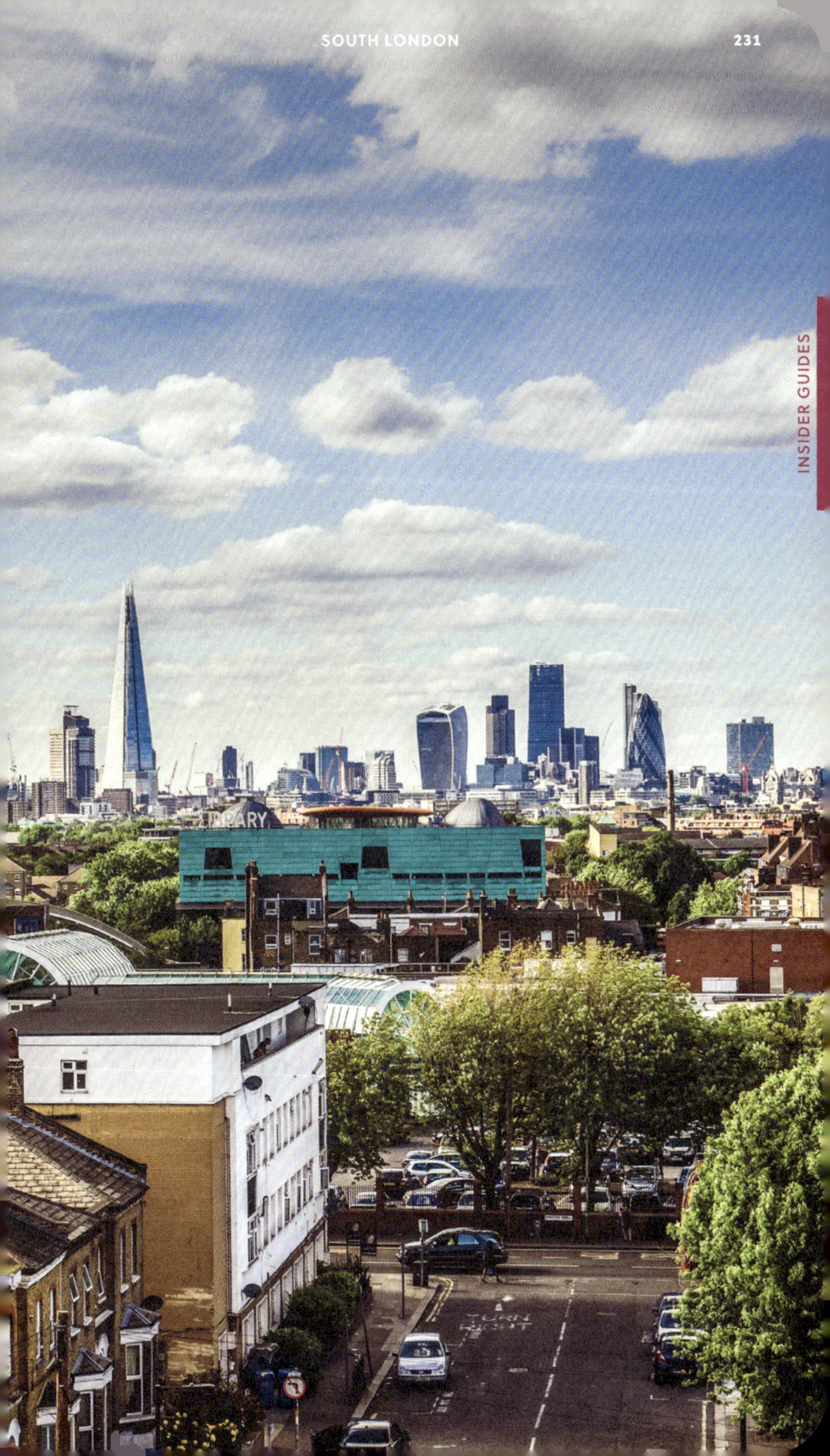

SOUTH LONDON — ELEPHANT AND CASTLE & KENNINGTON

SOUTH LONDON

ELEPHANT AND CASTLE & KENNINGTON

Fern ab und ganz eigen

Ein außergewöhnlicher Name und eine gute Verkehrsanbindung an das Zentrum zeichnen dieses Viertel aus. Das Bild des Elefanten, der eine Burg auf dem Rücken trägt, symbolisierte im mittelalterlichen Europa Stärke. Ursprünglich befand sich hier eine Unterkunft für Reisende, die sich mit diesem Symbol schmückte und der Gegend ihren Namen verlieh. Kennington hat seinen ganz eigenen Charakter: Kleine Brennereien, Museen und Galerien verzieren das Stadtbild.

INSIDER GUIDES

TOP 5 SIGHTS ★

1 ⌈Mercato Metropolitano⌉
Im Kulturzentrum für Liebhaber des guten Essens, Bauern und regionale Kleinunternehmer wird auch dementsprechend vorzügliches Essen angeboten.
○ *42 Newington Causeway*
⊖ *Bakerloo, Northern · Elephant & Castle*

2 ⌈Imperial War Museum⌉
Das sehr gut aufgearbeitete Museum erzählt die Geschichte der Menschen, deren Leben vom Krieg verändert wurde.
○ *Lambeth Rd*
⊖ *Bakerloo · Lambeth N*

3 ⌈The Artworks Elephant⌉
In dem kreativen Treffpunkt für Künstler gibt es internationales Streetfood in einer bunt zusammengewürfelten Umgebung mit offenem Garten.
○ *Elephant Rd*
⊖ *Bakerloo, Northern · Elephant & Castle*

4 ⌈Beefeater Distillery⌉
Nach dem gut gehüteten Originalrezept von 1800 wird hier authentischer London Dry Gin destilliert. Die Produktion kann besichtigt werden.
○ *20 Montford Pl*
⊖ *Northern · Kennington*

5 ⌈The Oval⌉
Im berühmtesten Cricket-Stadion der Welt werden internationale Turniere des im Commonwealth so beliebten Schlagballspiels ausgetragen.
○ *The Kia Oval, Kennington Oval*
⊖ *Northern · Oval*

MEHR ÜBER DIESE SPOTS ERFAHREN: LLDN.DE/**10075**

ELEPHANT AND CASTLE & KENNINGTON

> **INSIDER TIPP**

VON LAURA

Der Mercato Metropolitano ist meiner Meinung nach einer der besten Food Markets in London und darf bei allen Foodies unter euch nicht auf der To-do-Liste fehlen.

BEGIB DICH AUF ENTDECKUNGSTOUR!

Sights
- 01 · Mercato Metropolitano
- 02 · Imperial War Museum
- 03 · The Artworks Elephant
- 04 · Beefeater Distillery
- 05 · The Oval
- 06 · Newport Street Gallery
- 07 · Cinema Museum
- 08 · Toulouse Lautrec
- 09 · Arments Pie & Mash
- 10 · Louie Louie
- 11 · Brunswick House
- 12 · Sidecar Coffee Bar
- 13 · Vanilla Black Coffee and Books
- 14 · Sugar Pot
- 15 · Old Red Lion
- 16 · White Bear Pub
- 17 · The Beehive
- 18 · Cable Cafe
- 19 · Ministry of Sound
- 20 · Corsica Studio

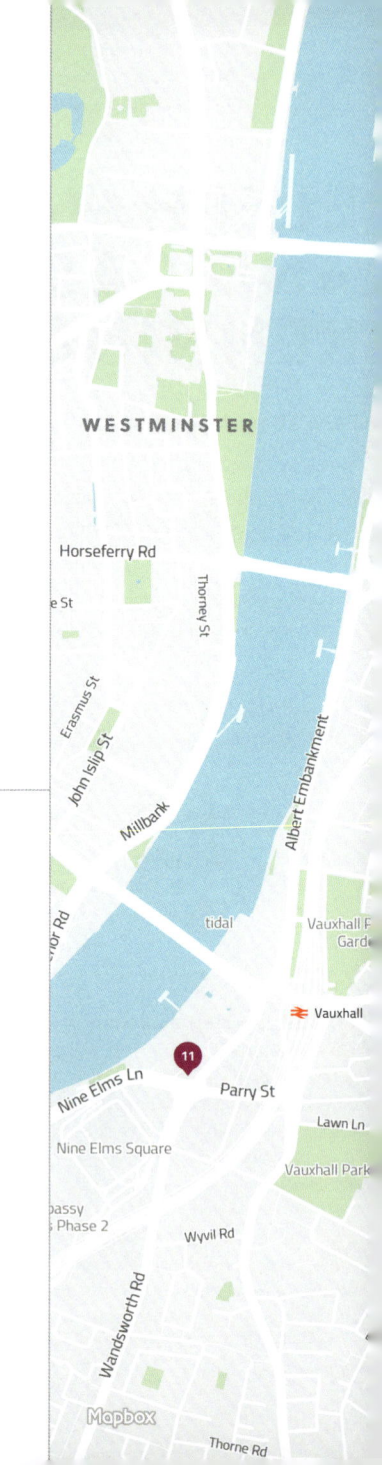

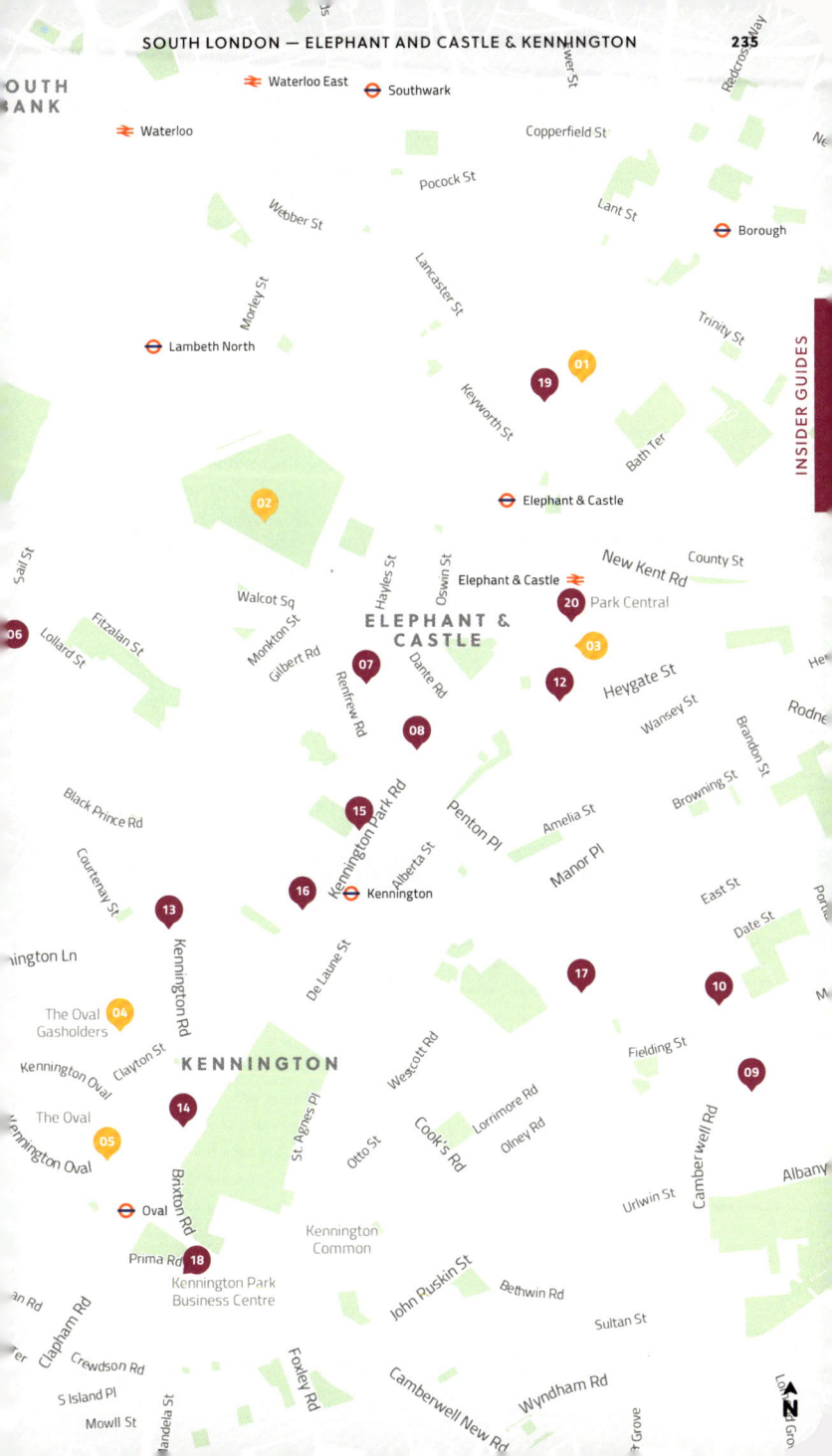

SOUTH LONDON — ELEPHANT AND CASTLE & KENNINGTON

235

INSIDER GUIDES

SIGHT-SEEING

Ein historisches Highlight am Ufer der Themse ist der [**Lambeth Palace**]. Seit 1200 ist dieser Sitz des Erzbischofs von Canterbury, dem Oberhaupt der Kirche in England. Wenn ihr den Palast besichtigen möchtet, meldet euch vorher unbedingt an, denn Führungen finden nur an ausgewählten Terminen statt.

Wer sich für Kriegsgeschichte interessiert, der sollte dem [**Imperial War Museum**] einen Besuch abstatten. Unter anderem sind hier Dokumente über die Kriegsführung, militärische Gerätschaften sowie Waffen ausgestellt. Spionage und Terror in der Gegenwart gehören auch zu den Themen, die hier behandelt werden.

Alle Foodies aufgepasst: Der [**Mercato Metropolitano**] ist der Begriff für Qualität, Nachhaltigkeit und Regionalität. Auf dem riesigen Food Market kommen Farmer, Köche sowie eine hungrige Community zusammen. Mit ihrer »Glocal«-Strategie verfolgen sie eine kurze lokale Nahrungskette und globales Aufsehen. Das Konzept lebt von einer engagierten Community.

Ein Treffpunkt für Kreative ist [**The Artworks Elephant**]. In bunten Schiffscontainern finden unter anderem Workshops und Ausstellungen statt, aber auch Bars, Restaurants und Shops haben sich hier niedergelassen. In dem angrenzenden Garten könnt ihr euch das elefantastische Essen schmecken lassen. Hier gibt es übrigens einen ganz tollen Cupcake-Laden: [**Cupcakes and Shhht**].

Südlich von Elephant and Castle liegt Kennington. Das Cricket-Stadion [**The Oval**] ist definitiv das Highlight dieses Viertels. Der Ballsport ist vor allem in den Ländern des Commonwealth sehr beliebt. Im Sommer kommen Tausende Zuschauer zu den internationalen Turnieren, dementsprechend ist hier ordentlich was los. Die Stimmung ist grandios. Nach dem Spiel kehren viele Fans in die umliegenden Bars ein. Eine Top-Adresse ist die [**Beefeater Distillery**]. Dort wird seit 1800 nach dem gleichen Rezept London Dry Gin produziert, das heißt: Dem Drink sind keine süßen Stoffe zugesetzt. Wenn ihr mehr über den beliebten Wacholder-Schnaps erfahren wollt, dann solltet ihr eine Tour durch die Distillery machen.

MUSEEN

⭐ [Imperial War Museum]
Das Imperial War Museum ist trotz des schweren Themas sehr beliebt, denn der Fokus liegt auf den Geschichten der Menschen und ihren Motiven. Es werden Erfahrungen zum ersten Weltkrieg und zum Holocaust erzählt sowie zum Thema Spionage, Krieg und Terror in der Gegenwart. Der Eintritt ist kostenlos.
📍 *Lambeth Rd*
🚇 *Bakerloo · Lambeth N*

06 [Newport Street Gallery]

Ursprünglich wurden in den Gebäuden der heutigen Galerie Theaterkulissen gemalt. Jetzt umfasst die Murderme-Kollektion von Hirst über 3.000 Exponate. Darunter sind moderne und zeitgenössische Kunstwerke, naturwisschenschaftliche Präparationen und historische Artefakte. Kunstinteressierte können hier entspannte und inspirierende Stunden verbringen, der Eintritt ist frei.

○ *Newport St*
⊖ *Victoria · Vauxhall*

07 [Cinema Museum]

Ganz großes Kino ist das Cinema Museum. Hier dreht sich alles um die ersten Lichtspielhäuser und das, was dazu gehört. Die Mitarbeiter trugen früher zum Beispiel noch Uniformen. Außerdem zu sehen sind Projektoren, Sitze, Filmrollen und nicht zu vergessen – die Popcorn-Maschine.

○ *2 Dugard Way*
⊖ *Bakerloo, Northern · Elephant & Castle*

RESTAURANTS & CAFÉS

RESTAURANTS

★ [**Mercato Metropolitano**] · *£*

Die Kulturstätte versteht sich als Gegenbewegung zur großen Lebensmittelindustrie – mit Prinzipien und Regionalität. Auf dem Markt könnt ihr im gemütlichen Ambiente der ehemaligen Lagerhalle das leckere Essen kosten, etwa frische Pasta und Craftbeer.

○ *42 Newington Causeway*
⊖ *Bakerloo, Northern · Elephant & Castle*

08 [Toulouse Lautrec] · *££*

Die Brasserie ist nach dem französischen Maler benannt. Wie zu erwarten gibt es französische Küche und auch allerhand kontinentale Speisen. Darüber hinaus hat man sich einen Namen gemacht für gute Live-Musik von Jazz über Chanson bis hin zu Salsa.

○ *1140 Newington Butts*
⊖ *Northern · Kennington*

09 [Arments Pie & Mash] · *£*

Pie & Mash ist ein typisch britisches Gericht der Arbeiterklasse. Es besteht aus Kartoffelpüree und einem Pie, der mit Fleisch gefüllt ist. Dazu gibt es Braten- oder Kräutersauce. Arments gibt es bereits seit über 100 Jahren. Das simple Gericht wurde perfektioniert und ist noch heute sehr erfolgreich.

○ *7 Westmoreland R*
⊖ *35, 40, 45 · Westmoreland Rd (Stop L)*

INSIDER GUIDES

Mercato Metropolitano

MEHR ÜBER DIESE SPOTS ERFAHREN: LLDN.DE/10076

10 [Louie Louie] · ££
Am Abend verwandelt sich das Café in eine Bar mit Restaurant. Es gibt keine regionale Spezialisierung, denn in wechselnder Reihenfolge erwartet euch hier immer wieder ein anderer Koch. Von Amerikanisch über Arabisch bis hin zu Japanisch ist alles dabei. Am Wochenende könnt ihr den ganzen Tag über brunchen.
- 347 Walworth Rd
- 12, 35, 45, 148, 171, N89, N171 · Westmoreland Rd (Stop J)

11 [Brunswick House] · ££
Mit stilvollem Interieur und antiker Einrichtung ist das Restaurant im georgianischen Gebäude untergebracht, das 1758 für den Duke Brunswick errichtet wurde. Auf der Terrasse könnt ihr euch exquisites Frühstück oder Mittagessen servieren lassen. Am Abend lädt die Bar zu modernen Cocktails, Cider und Bier ein.
- 30 Wandsworth Rd
- Victoria · Vauxhall

CAFÉS
12 [Sidecar Coffee Bar] · £
Der Kaffee kommt in diesem kleinen Juwel buchstäblich aus dem Beiwagen. Die schöne neapolitanische Espressomaschine ist nämlich auf einem Motorrad mit Beiwagen montiert. Dazu erhaltet ihr alles, was ihr sonst noch für eine Kaffeepause braucht: Cookies, Kuchen und Sandwiches.
- 5 Spare St
- Bakerloo, Northern · Elephant & Castle

Brunswick House

13 [Vanilla Black Coffee and Books] · £
In dem farbenfrohen Café fühlt ihr euch wie zu Hause, denn es ist eingerichtet wie ein Wohnzimmer mit vielen Bücherregalen. Die Kuchenauswahl ist himmlisch und wirklich nicht von dieser Welt. Einige sind gluten- und laktosefrei. Ob zum Frühstück oder zum Nachmittagstee, hier seid ihr immer richtig.
- 308 Kennington Rd
- Northern · Kennington

14 [Sugar Pot] · £
Der Coffeeshop wird von drei Geschwistern betrieben, die in dem Gebiet aufwuchsen. Mit ihrem familiengeführten Café wollen sie eine positive Gemeinschaft schaffen. Kaffee, Kuchen und Brot stammen von lokalen Zulieferern, die die Philosophie von Sugar Pot verstehen und teilen. Die Möbel sind übrigens auch selbst hergestellt.
- 248 Kennington Park Rd
- Northern · Oval

PUBS

15 [Old Red Lion] · £
Eine kleine Oase tut sich beim Betreten des Hauses auf, das im Tudorstil mit Fachwerk und bunter Bleiverglasung erbaut wurde. Das Angebot an Bieren wird, wie in allen Pubs, auch hier sehr ernst genommen. Wechselnde Ales aus dem Zapfhahn und eine große Auswahl an internationalen Flaschenbieren warten auf euch.
- 42 Kennington Park Rd
- Northern · Kennington

16 [White Bear Pub] · ££
Dieser Theater Pub hat einen zauberhaften Biergarten. Egal ob ihr drinnen oder draußen sitzen möchtet, es ist überall umwerfend britisch. Die Karte lässt mit Craft Bier, Ales, Lager, Wein und Whisky keine Wünsche offen. Im angrenzenden Theater treten vor allem junge Künstler mit modernen Stücken auf.
- White Bear, 138, Kennington Park Rd
- Northern · Kennington

SOUTH LONDON — ELEPHANT AND CASTLE & KENNINGTON

17 [The Beehive] · £
In der Bar wird viel Wert auf Tradition und Regionalität gelegt. Heimische Brauspezialitäten und über 20 verschiedene Single Malt Whiskys sowie Weine, Spirituosen, Lager und Ales könnt ihr hier probieren. Dazu gibt es leckere Burger oder Snacks.
- *60 Carter St*
- *Northern · Kennington*

Corsica Studios

BARS

18 [Cable Cafe] · £
In dem hübschen Café mit Pariser Flair wird regelmäßig live Jazz-Musik gespielt. Dann verwandelt sich das Café in eine lebendige Bar. Außerdem röstet man hier seinen eigenen Kaffee und das Brot wird auch selbst gebacken. Service und Kaffee werden hoch gelobt.
- *8 Brixton Rd*
- *Northern · Oval*

ELEPHANT AND CASTLE & KENNINGTON HAT DIR GEFALLEN? DANN SCHAU AUCH HIER VORBEI:

Brixton
Peckham

CLUBS

In Elephant and Castle gibt es zwei der größten und angesagtesten Nachtclubs. Jedes Wochenende könnt ihr mit den besten DJs der Welt ausgelassen feiern.

19 [Ministry of Sound] · ££
Der legendäre Nachtclub ist einer der größten der Welt. In den 1990er-Jahren entwickelte sich hier Englands House-Musik-Szene. Berühmte DJs wie Eric Prydz, Calvin Harris und Ida Corr legen hier regelmäßig auf. Auf vier Tanzflächen könnt ihr eine unvergessliche Party feiern.
- *103 Gaunt St*
- *Bakerloo, Northern · Elephant & Castle*

20 [Corsica Studios] · ££
House, Techno, Elektro und Disco wird in diesem intimen Club aufgelegt. Seit 2005 treten bekannte internationale D's auf, die das solide Soundsystem der beiden Räume so richtig auf Touren bringen. Der richtige Spot für ein urbanes Club-Erlebnis.
- *4/5 Elephant Rd*
- *Bakerloo, Northern · Elephant & Castle*

INSIDER TIPP

VON MATTHIAS

Fans von House und Electro-Musik kommen nicht um einen Elephant and Castle-Besuch herum. Hier könnt ihr am besten feiern!

MEHR ÜBER DIESE SPOTS ERFAHREN: LLDN.DE/10077

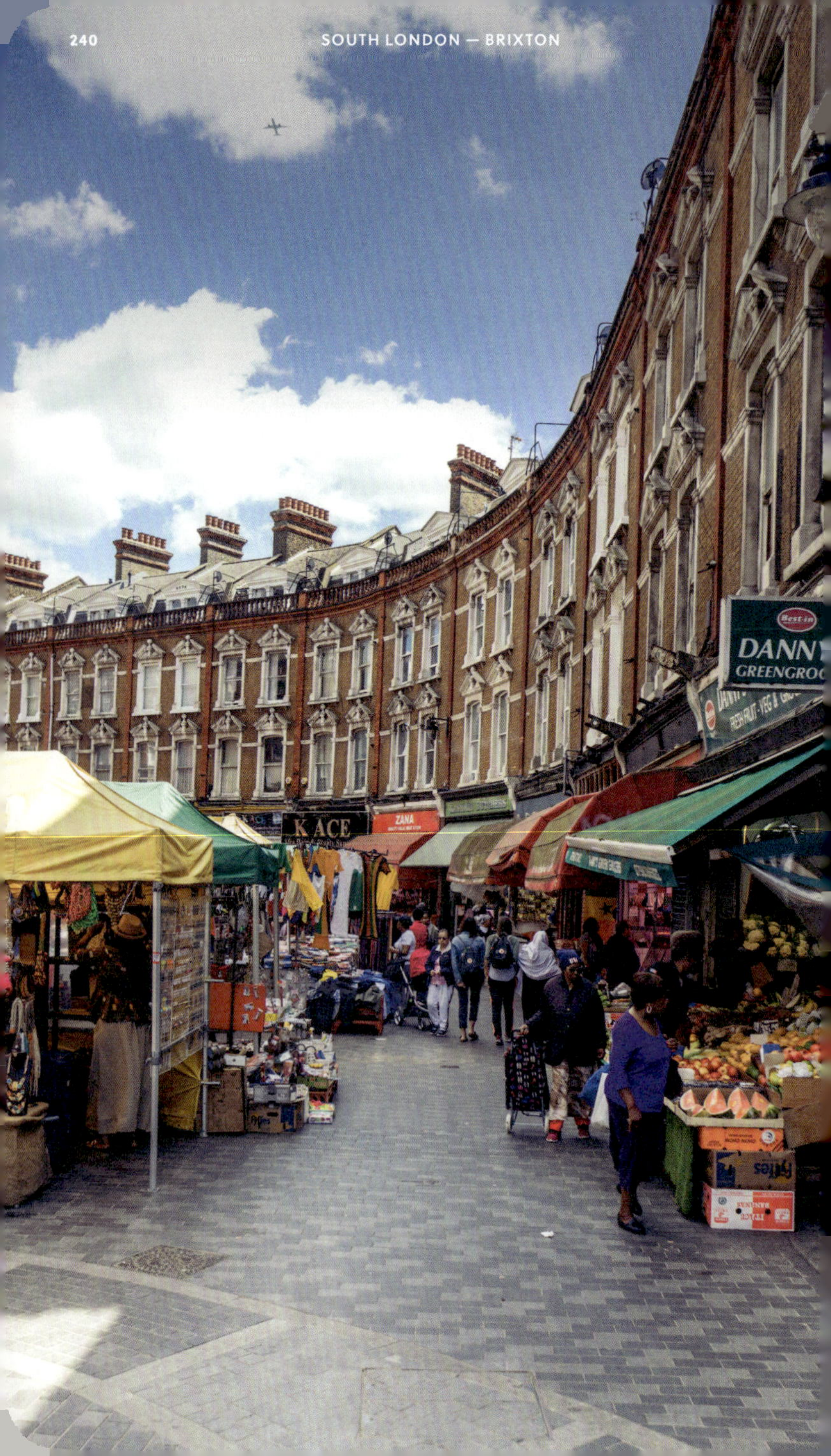
K ACE
ZANA
Best-in
DANN
GREENGRO

BRIXTON

Karibisches Flair südlich der Themse

In Brixton tobt das Leben. Und da hier immer etwas los ist, wird der Stadtteil in Sachen Party mittlerweile in einem Atemzug mit eingefleischten Szene-Spots wie Camden oder Soho genannt. Das verdankt er vor allem seinen lebensfrohen Einwohnern: Der Großteil der Multikulti-Bevölkerung stammt aus der Karibik, vorwiegend aus Jamaika. Das merkt ihr sowohl an der grandiosen kulinarischen Auswahl als auch an den zu Straßenmusik tanzenden Menschentrauben an jeder Straßenecke. Dazu gibt es jede Menge angesagte Clubs, Märkte und Galerien.

TOP 5 SIGHTS

1 [Brixton Village Market]
Ein echtes kulinarisches Highlight: In dieser alten Arkade findet ihr zahlreiche Cafés, Bars und Restaurants mit Gerichten aus aller Welt – und dazu jede Menge coole Shops.
- Unit 74, Brixton Village, Coldharbour Ln
- Victoria · Brixton

2 [Pop Brixton]
In dem aus mehreren Schiffscontainern bestehenden Pop-up-Center findet ihr eine große Auswahl an Shops, Cafés und Galerien.
- 49 Brixton Station Rd
- Victoria · Brixton

3 [Black Cultural Archives]
Das eindrucksvolle Museum widmet sich ganz der Geschichte der afrikanischen und karibischen Community in Großbritannien – und ist ein absolutes Muss!
- Windrush Sq
- Victoria · Brixton

4 [Ritzy Cinema & Bar]
Ein krasses Gegenprogramm zum Multiplex-Kino: In den mitunter sehr kleinen Sälen werden nicht nur Blockbuster, sondern auch Arthouse-Filme gezeigt.
- Brixton Oval
- Victoria · Brixton

5 [David Bowie's Mural]
Der Künstler James Cochran ehrte den wohl berühmtesten Sohn Brixtons mit einer riesigen Wandmalerei gegenüber der Underground-Station.
- Tunstall Rd
- Victoria · Brixton

MEHR ÜBER DIESE SPOTS ERFAHREN: LLDN.DE/**10078**

BRIXTON

INSIDER TIPP

VON ISABELLE

Ein toller Platz ist Pop Brixton – hier erwartet euch eine Kombination aus Streetfood, Veranstaltungen und Shoppingmöglichkeiten.

BEGIB DICH AUF ENTDECKUNGSTOUR!

Sights
- 01 · Brixton Village Market
- 02 · Pop Brixton
- 03 · Black Cultural Archives
- 04 · Ritzy Cinema & Bar
- 05 · David Bowie's Mural
- 06 · Carioca
- 07 · Naughty Piglets
- 08 · Fish, Wings & Tings
- 09 · Duck Duck Goose
- 10 · The Clink
- 11 · Federation Coffee
- 12 · Senzala Crêperie
- 13 · Stir Coffee Brixton
- 14 · Trinity Arms
- 15 · Canopy Beer Co.
- 16 · S11 Bar
- 17 · The Shrub & Shutter
- 18 · First Aid Box and Blinder
- 19 · Hootananny
- 20 · Phonox
- 21 · Electric Brixton

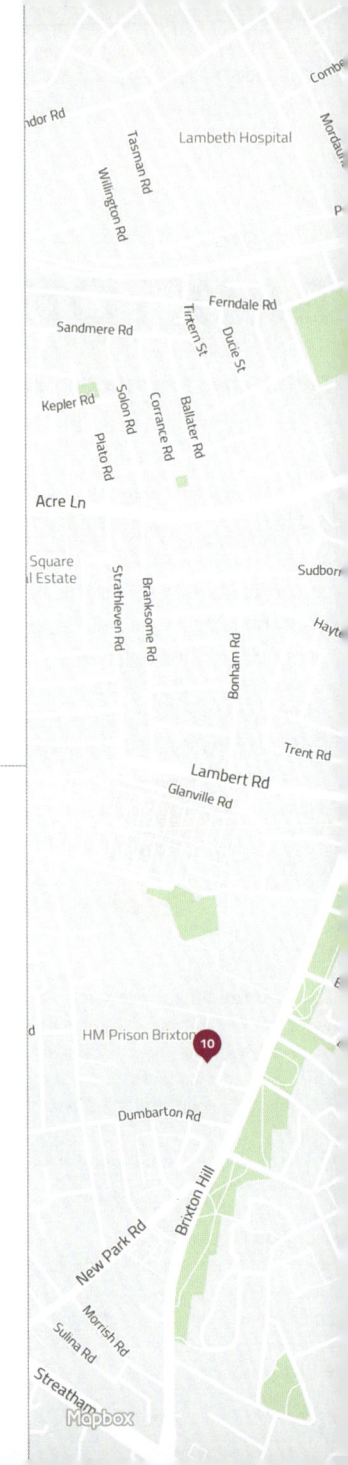

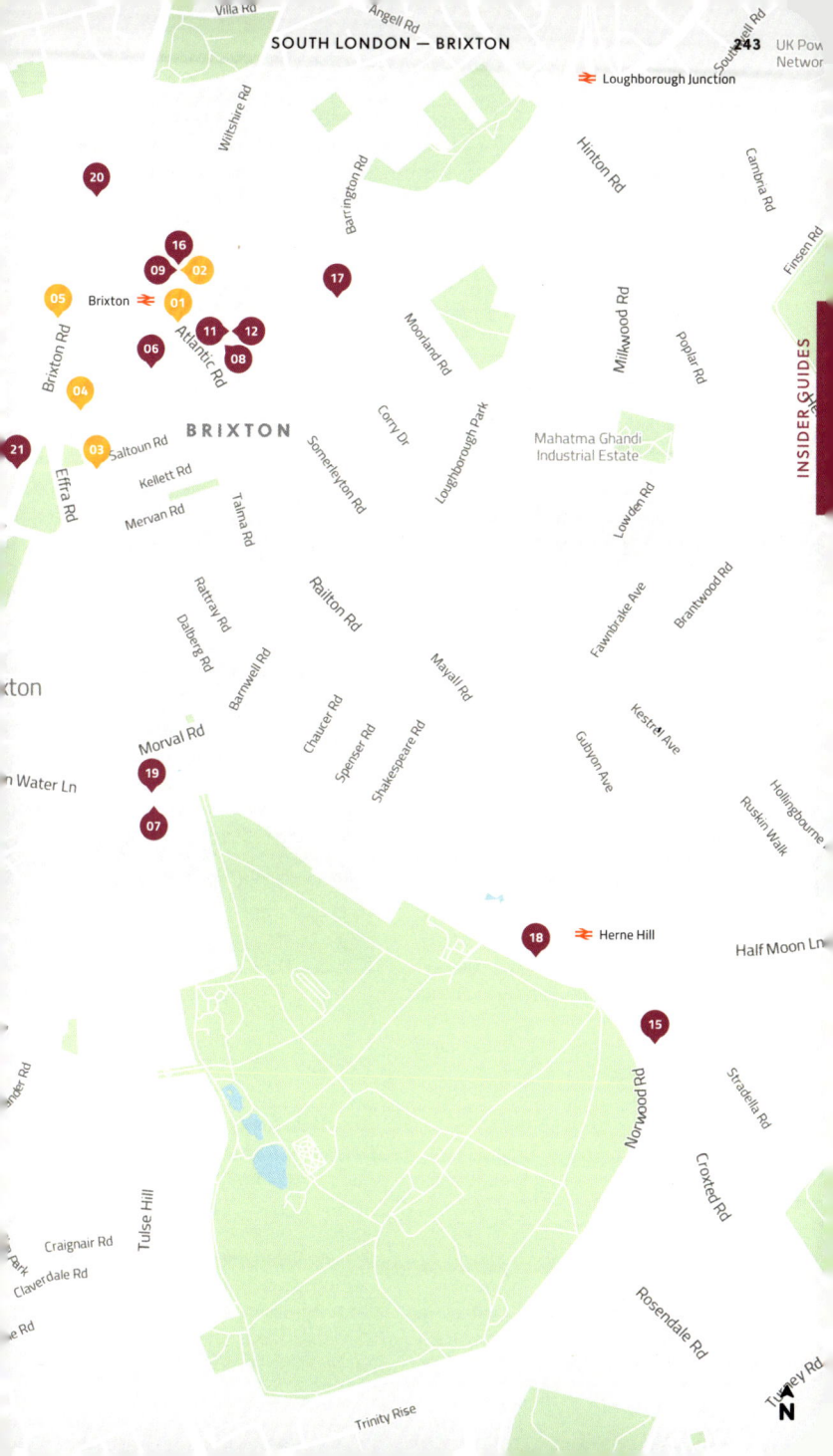

SOUTH LONDON — BRIXTON

243

UK Pow
Networ

⇌ Loughborough Junction

Villa Rd
Angell Rd
Southwell Rd
Wiltshire Rd
Cambria Rd
Finsen Rd
Barrington Rd
Hinton Rd
Milkwood Rd
Poplar Rd

20
16
09 02
05 Brixton ⇌
01
11 12
06 08
04
17
Moorland Rd
Corry Dr
Loughborough Park
Mahatma Ghandi Industrial Estate
Lowden Rd

21
03 Saltoun Rd
BRIXTON
Effra Rd
Kellett Rd
Mervan Rd
Talma Rd
Somerleyton Rd
Fawnbrake Ave
Brantwood Rd

Rattray Rd
Dalberg Rd
Barnwell Rd
Railton Rd
Mayall Rd
Chaucer Rd
Spenser Rd
Shakespeare Rd
Kestrel Ave
Gubyon Ave
Hollingbourne
Ruskin Walk

Water Ln
Morval Rd
19
07

18 ⇌ Herne Hill
Half Moon Ln

15
Norwood Rd
Stradella Rd
Croxted Rd

Tulse Hill
Craignair Rd
Claverdale Rd
Rd
Rosendale Rd
Turney Rd

Trinity Rise

INSIDER GUIDES

N

SIGHT-SEEING

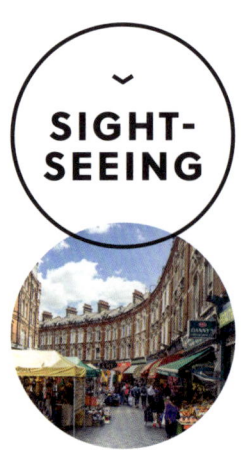

Ein echtes Brixtoner Original ist auch das 1911 erbaute [Ritzy Cinema]. In den reich verzierten Sälen mit den plüschigen Sitzen lässt sich noch heute das Kino-Flair vergangener Tage erleben. Zu sehen gibt es dabei aktuelle Mainstream-Blockbuster, Independent-Kino und Klassiker. Im netten Café finden zudem regelmäßig kostenlose Live-Konzerte statt!

Ein weiteres wichtiges Stück Geschichte Brixtons findet ihr am Windrush Square: Hier dokumentieren die [Black Cultural Archives] das Leben der schwarzen Gemeinschaft in Großbritannien. Dieser Erinnerungs- und Begegnungsort konnte durch zahlreiche Spenden hier in Brixton, einem wichtigen Zentrum der afrikanischen und karibischen Gemeinde des Landes, geschaffen werden – und ist ein absolutes Muss für jeden Besucher.

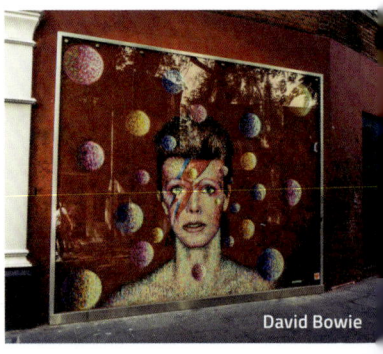

Kein Trip nach Brixton ist komplett ohne einen Besuch im [Brixton Village]: Hier könnt ihr euch durch jede Menge kulinarische Leckerbissen aus aller Welt probieren, in angesagten Cafés entspannen oder in den zahlreichen Independent-Läden auf Souvenirjagd gehen! Dabei seid ihr in der alten Arkade stets vor Wind und Wetter geschützt.

Ein wenig luftiger, aber nicht weniger stylisch und kreativ geht es im Pop Brixton zu: Im Pop-up-Center aus zahlreichen gestapelten Schiffscontainern finden nicht nur Kunst und Kultur, sondern auch coole Open-Air-Bars wie das S11 oder ausgefallene Restaurants wie das [Duck Duck Goose] Platz.

Wenn ihr weiter in Richtung Brixton Road schlendert, wird euch in der Nähe der Underground-Station zweifelsohne ein riesiges Stück Street-Art ins Auge fallen: Hier prangt [David Bowie] als sein Alter Ego Ziggy Stardust überlebensgroß von der Wand. Portraitiert hat den wohl berühmtesten Sohn Brixtons, der nur wenige Schritte in der Stansfield Road zur Welt kam, der australische Künstler James Cochran.

David Bowie

MUSEEN

⭐ [Black Cultural Archives]
Das in ganz Großbritannien einzigartige Museum widmet sich mit zahllosen Ausstellungsstücken der Geschichte der afrikanischen und karibischen Gemeinschaft im Land. Publikationen, Originaldokumente und mündlich überlieferte Lebens- und Leidensgeschichten sind hier einsehbar.
📍 *Windrush Sq*
🚇 *· Battersea Pk*

RESTAURANTS & CAFÉS

RESTAURANTS

06 ⌈Carioca⌉ · £

»Carioca« ist die Bezeichnung für die Einwohner Rio de Janeiros. Ihr könnt es euch also schon denken: Hier gibt es brasilianische Küche vom Feinsten! Probiert unbedingt den Klassiker Feijoada – einen Eintopf aus Bohnen und Fleisch – sowie die »Coxinhas« genannten Hähnchen-Kroketten!

◦ *Market Row*
⊖ *Victoria · Brixton*

07 ⌈Naughty Piglets⌉ · £

Der kleine Laden von Margaux und Joe Sharrett ist ein echtes kulinarisches Highlight in Brixton: In familiärer Atmosphäre wird nicht nur hervorragende, französische Küche zum Teilen serviert – sondern auch eine exzellente Auswahl an Weinen. Für Barbecue-Fans ist der koreanisch gewürzte Schweinebauch ein Muss!

◦ *28 Brixton Water Ln*
⊖ *Victoria · Brixton*

08 ⌈Fish, Wings & Tings⌉ · £

Wenn ihr auf der Suche nach karibischen Spezialitäten seid, werdet ihr bei Fish, Wings & Tings im Brixton Village fündig: Köstliche Gerichte von Jerk-Chicken bis Ziegencurry warten auf euch. Die herrlich süße Mangosoße, die es zu nahezu jedem Gericht gibt, wird euch begeistern!

◦ *Brixton Village*
⊖ *Victoria · Brixton*

09 ⌈Duck Duck Goose⌉ · £

Das Restaurant im Pop Brixton ist von den Straßenküchen Hongkongs inspiriert: Hier bekommt ihr original kantonesische Gerichte von Ente über Schweinebauch hin zu Lammschulter aus dem Wok.

◦ *49 Brixton Station Rd*
⊖ *Victoria · Brixton*

10 ⌈The Clink⌉ · £

The Clink ist ein außergewöhnliches, von Kritikern aber hochgelobtes Projekt: Das Restaurant liegt im Brixtoner Gefängnis – und bedient werdet ihr von Häftlingen, denen eine Perspektive für die Zeit nach ihrer Entlassung geboten werden soll.

◦ *Jebb Ave · Her Majesty's Prison Brixton*
⊖ *Victoria · Brixton*

CAFÉS

11 ⌈Federation Coffee⌉ · £

Das kleine Eckcafé im Brixton Village ist bei den Locals ein beliebter Ort, um zu arbeiten und Freunde zu treffen. Entsprechend voll kann es hier werden. Ihr könnt euch aber auch einen leckeren Kaffee oder eine der hier frisch zubereiteten süßen oder deftigen Leckereien schnappen, und weiter das Village erkunden!

◦ *Brixton Village*
⊖ *Victoria · Brixton*

12 ⌈Senzala Crêperie⌉ · £

Genau die Art Laden, wegen der ihr einen Besuch im Brixton Village nicht versäumen solltet: Denn hier bekommt ihr die abgefahrene Kombination aus brasilianischer Küche und französischen Crêpes! Zum Beispiel deftig mit Bohnen und Guacamole oder pappsüß mit Karamell, Sahne und belgischer Schokolade.

◦ *Brixton Village*
⊖ *Victoria · Brixton*

Breakfast Crêpe

MEHR ÜBER DIESE SPOTS ERFAHREN: LLDN.DE/**10079**

SOUTH LONDON — BRIXTON

13 [Stir Coffee Brixton] · £
Ungestrichene Wände, zusammengewürfeltes Besteck, nackte Glühbirnen, Vollbartträger hinterm Tresen – alles, was euch zum Thema »Hipster« einfällt: Ihr findet es hier. Dafür verstehen die Jungs und Mädels ihr Handwerk und servieren euch einwandfreie Kaffeekreationen und leckere Muffins in super netter Atmosphäre.
◌ *111 Brixton Hill*
⊖ *Victoria · Brixton*

> **INSIDER TIPP**
>
> **VON LAURA**
> *Zusammen mit Elephant & Castle ist Brixton die beste Adresse für Party-Begeisterte. Hier ist es jung, authentisch und unkompliziert.*

🍺 PUBS

14 [Trinity Arms] · ££
Seit 1850 ist dieser Pub an der gleichen Stelle. Heute schafft er den perfekten Spagat aus urig und modern-wohnlich: Altes Holz und offene Kamine gepaart mit großen Fenstern und einer Einrichtung im ungezwungenen Vintage-Stil laden zu einem gemütlichen Abend ein.
◌ *45 Trinity Gardens*
⊖ *Victoria · Brixton*

15 [Canopy Beer Co.] · £
Im Tap Room dieser Mikrobrauerei wirkt alles ein bisschen improvisiert, aber dennoch charmant. Ihr könnt nicht nur aus den hauseigenen Bieren wählen, sondern euch auch durch verschiedene Erzeugnisse aus befreundeten Brauereien probieren!
◌ *41 Norwood Rd*
⇌ *Thameslink, Southeastern · Herne Hill*

🍸 BARS

16 [S11 Bar] · £
Im hippen Pop Brixton findet ihr diese entspannte Open-Air-Bar. Holt euch an der Bar einen Cocktail oder ein Craft Beer und stürzt euch ins Getümmel, das hier zwischen den bunten Schiffscontainern herrscht!
◌ *49 Brixton Station Rd*
⊖ *Victoria · Brixton*

17 [The Shrub & Shutter] · ££
Hinter der beschaulichen Optik im Skandi-Look versteckt sich kein nettes Café, sondern eine erstklassige Cocktailbar mit effektreichen Kreationen. So kommen die Drinks mal in einer Kokosnuss, mal in einer Totenkopftasse – oder auch einfach mal in der Plastikflasche.
◌ *384 Coldharbour Ln*
⊖ *Victoria · Brixton*

18 [First Aid Box and Blinder] · ££
Hinter der First Aid Box steckt das Team von The Shrub & Shutter – freut euch also auch hier auf fantastische, extravagante Cocktails wie den Watermelon Gin & Tonic, der in einem Becher mit Deckel wie ein fruchtiger Slushy daher kommt. Das Hinterzimmer »Blinder« im Stil einer Kneipe der 1920er-Jahre ist immer freitags und samstags geöffnet.
◌ *119 Dulwich Rd*
⇌ *Thameslink, Southeastern · Herne Hill*

S11 Bar

CLUBS

19 ⸢Hootananny⸥ · £
Hootananny ist eine echte Institution in Brixton: Wer auf Live-Musik in entspannter Atmosphäre steht, ist hier genau richtig. Von Reggae bis Folk wird euch hier alles geboten! Dazu gibt es deftiges Streetfood gegen den Kater am nächsten Tag.
○ *95 Effra Rd*
⊖ *Victoria · Brixton*

20 ⸢Phonox⸥ · £
Das Phonox ist die richtige Adresse für alle Liebhaber elektronischer Musik: Hier kommt ihr auf zwei Etagen plus Außenbereich voll auf eure Kosten! Das liegt nicht nur an den guten DJs, die hier auflegen, sondern auch an der exzellenten Soundanlage.
○ *418 Brixton Rd*
⊖ *Victoria · Brixton*

21 ⸢Electric Brixton⸥ · ££
Das ehemalige Kino im Art déco-Stil ist wirklich eine einmalige Location zum Feiern! Lange fanden hier wilde Hip-Hop-, Funk- und Synthpop-Nächte statt, heute wird die Tradition des Ladens mit einer gelungenen Mischung aus Clubnächten und Live-Acts fortgeführt.
○ *Town Hall Parade*
⊖ *Victoria · Brixton*

SHOPPING

Im ⸢**Brixton Village** · *Coldharbour Ln*⸥ warten nicht nur zahlreiche karibische und afrikanische Spezialitäten auf euch – sondern auch viele tolle Shops: In der ⸢**Studio 73 Art Gallery** · *73 Brixton Village, Coldharbour Ln*⸥ könnt ihr die Werke von lokalen Künstlern erwerben, während sich bei ⸢**United80** · *80 Brixton Village, Coldharbour Ln*⸥ alles um Musik und Fashion dreht.

Bei ⸢**Philip Normal** · *45 Granville Arcade, Coldharbour Ln*⸥ geht es mit bedruckten Shirts oder Tassen ähnlich bunt und schrill zu wie bei ⸢**Rachel & Malika's** · *34 Granville Arcade, Coldharbour Ln*⸥, die euch tolle handgefertigte Möbel und Accessoires anbieten. Gediegener geht es bei ⸢**Rose & Thorn** · *75 Granville Arcade, Coldharbour Ln*⸥ zu: Hier treffen bei Deko, Schmuck & Co. britisches und dänisches Understatement aufeinander.

Aber auch in der vor dem Village verlaufenden **Coldharbour Lane** findet ihr eine große Auswahl an Geschäften – wie die Secondhand-Buchhandlung ⸢**Book Mongers** · *439 Coldharbour Ln*⸥ oder den süßen Geschenkeladen ⸢**The Turpentine** · *439 Coldharbour Ln*⸥.

Die Schlagader des Viertels ist jedoch die Brixton Road. Entsprechend findet ihr hier auch eine riesige Auswahl an coolen Retail-Shops, wie beispielsweise ⸢**Morleys** · *472–488 Brixton Rd*⸥: Hier findet ihr alles rund um die Themen Mode, Wohnen und Beauty. Außerdem lohnt sich auch ein Abstecher zu den Shops im nahegelegenen ⸢**Pop Brixton** · *49 Brixton Station Rd*⸥.

BRIXTON HAT DIR GEFALLEN? DANN SCHAU AUCH HIER VORBEI:

Elephant and Castle & Kennington
Peckham

MEHR ÜBER DIESE SPOTS ERFAHREN: LLDN.DE/10080

FARE
William HILL
William HILL
FASHION HOUSE
PASSPORT
PHOTOS
studio

PECKHAM

Stark im Kommen – unser Geheimtipp

Peckham könnte dem angesagten East End bald den Platz als die Hipster-Hochburg der Stadt streitig machen. Denn viele junge Kreative können sich das Leben in Hackney, Islington & Co. nicht mehr leisten. So ist es nicht unwahrscheinlich, dass Peckham im Südosten bald das neue kulturelle Zentrum der jungen Generation wird. Das hätte vor wenigen Jahren noch niemand für möglich gehalten – galt Peckham doch weit über die Grenzen Londons hinaus als Synonym für »sozial abgehängt«. Doch viele tolle Gastro-Spots und Kulturprojekte lassen die muffigen Gassen langsam in neuem Glanz erstrahlen.

TOP 5 SIGHTS

1 [Peckham Levels]
Das sechsstöckige Parkhaus bietet kaum noch Platz für Autos – dafür mehrere Etagen voll mit Kunst, Kultur und coolen Gastro-Spots.
○ *95A Rye Ln*
⊖ *· Peckham Rye*

2 [Peckhamplex]
Das Traditionskino gilt als eines der günstigsten der Stadt. Dafür können Vorstellungen hier recht lebhaft verlaufen – fliegendes Popcorn inklusive.
○ *95A Rye Ln* ⊖ *· Peckham Rye*

3 [Frank's Cafe]
Jeden Sommer verwandelt sich die oberste Etage des Peckham Levels in eine grandiose Rooftop Bar. Dafür stehen mittlerweile sogar die Hipster aus Hackney Schlange.
○ *95A Rye Ln*
⊖ *· Peckham Rye*

4 [Copeland Park & Bussey Building]
Mit der Nutzung durch Kunstgalerien, Cafés, Sportmöglichkeiten und Independent-Stores wurde diesem Ensemble aus alten Fabrikgebäuden neues Leben eingehaucht.
○ *133 Copeland Rd*
⊖ *· Peckham Rye*

5 [South London Gallery]
Seit über hundert Jahren ist die South London Gallery in der Peckham Road zu finden. In den 1990er-Jahren wurde sie zum wichtigen Ausstellungsort für aufstrebende Künstler.
○ *65–67 Peckham Rd*
⊖ *· Peckham Rye*

MEHR ÜBER DIESE SPOTS ERFAHREN: LLDN.DE/10081

PECKHAM

INSIDER TIPP

VON MATTHIAS

Wenn ihr vom Großstadttrubel mal eine Pause braucht, dann solltet ihr das echte Londoner Leben in Peckham genießen. Mischt euch in den Bars unter die Locals und schaut unbedingt im Brick Brewery Tap Room vorbei.

BEGIB DICH AUF ENTDECKUNGSTOUR!

Sights
- 01 · Peckham Levels
- 02 · Peckhamplex
- 03 · Frank's Cafe
- 04 · Copeland Park & Bussey Building
- 05 · South London Gallery
- 06 · Bosse & Baum
- 07 · Hannah Barry Gallery
- 08 · Peckham Bazaar
- 09 · Wildflower
- 10 · Miss Tapas
- 11 · Mr. Bao
- 12 · Small White Elephant
- 13 · Anderson & Co.
- 14 · Old Spike Roastery
- 15 · Brick Brewery Tap Room
- 16 · The Montpelier
- 17 · The Hope
- 18 · Prince of Peckham
- 19 · Bar Story
- 20 · Bussey Rooftop Bar

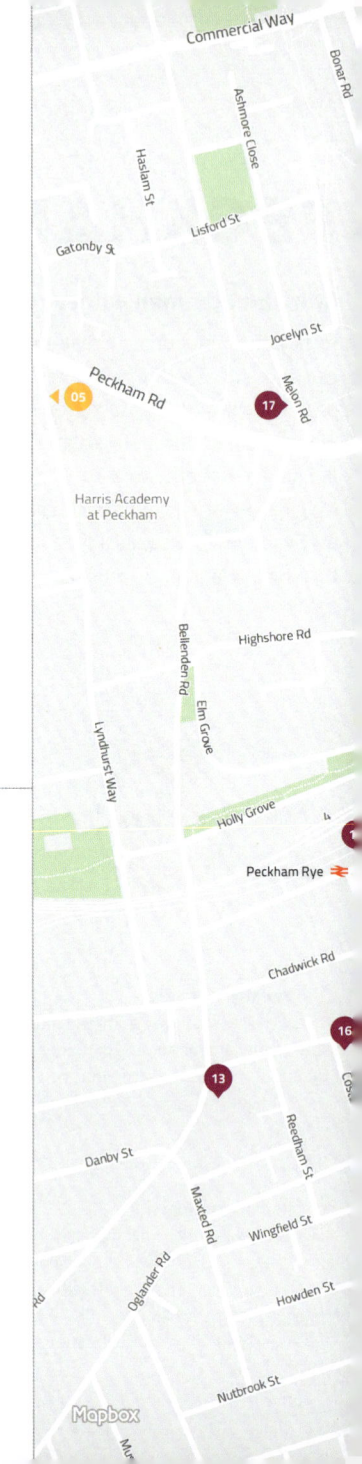

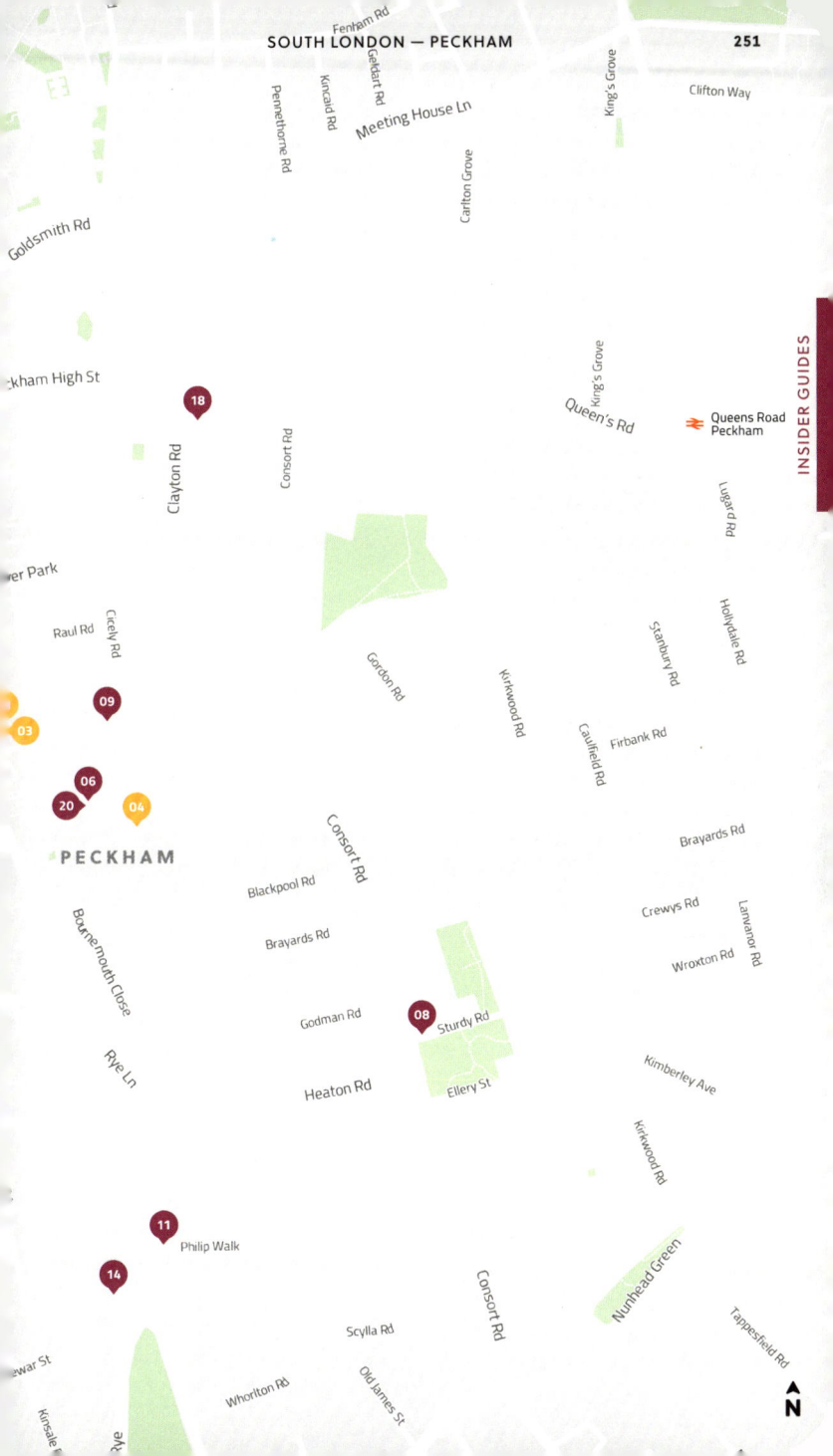

SOUTH LONDON — PECKHAM

251

INSIDER GUIDES

Queens Road Peckham

PECKHAM

N

SIGHT-SEEING

Auch wenn es in Peckham noch deutlich rauer zugeht als in den anderen Stadtteilen, so ist auch hier der Wandel in vollem Gange. Das wird vor allem an zwei Orten deutlich, die in unmittelbarer Nachbarschaft liegen: im [Peckham Levels] und im [Copeland Park & Bussey Building]. Früher lange ein verkommenes Parkhaus beziehungsweise brachliegende Fabrikgebäude, haben sich hier Künstler, Kreative und Foodies ein echtes Hipster-Paradies geschaffen. Egal ob moderne Kunst, Single-Origin Kaffee, vegane Leckerbissen oder coole Streetwear – hier findet ihr alles.

Beide Anlagen werden zudem von einer coolen Rooftop Bar mit sensationellem Fernblick getoppt: Der Klassiker seit nunmehr zehn Jahren ist dabei [Frank's Café] über den Peckham Levels, während die [Bussey Rooftop Bar] noch relativ frisch, aber schon ebenso beliebt ist. Spielt das Wetter nicht mit, oder packt euch die Laune nach einem Filmeabend, ist das in unmittelbarer Nähe gelegene [Peckhamplex] die richtige Adresse: Hier gibt es alle aktuellen Blockbuster zu jeder Vorführungszeit für unschlagbare 4,99 £. Damit es es das wohl günstigste Kino Londons. Aber erwartet nicht, dass es bei diesen Preisen gediegen zugeht!

Wollt ihr einfach ein bisschen bummeln und die Gegend auf euch wirken lassen, flaniert am besten die [Choumert Road] und [Bellenden Road] entlang. Hier findet ihr viele nette Independent-Shops und Cafés. Ebenfalls eine absolute Empfehlung, wenn auch etwas Fußmarsch entfernt vom Zentrum rund um Peckham Rye, ist die [South London Gallery]. Sie besteht schon seit über hundert Jahren und gilt als eine der wichtigsten Galerien für moderne und zeitgenössische Kunst in London.

MUSEEN

⭐ [South London Gallery]
Die South London Gallery ist dafür bekannt, den Finger stets am Puls der Zeit zu haben – und gilt deshalb als einer der wichtigsten Galerien für moderne Kunst in London. Auch Größen wie Gilbert and George oder Tracey Ermin haben hier bereits ihre Werke ausgestellt.
📍 *65–67 Peckham Rd*
🚇 *· Peckham Rye*

06 [Bosse & Baum]
Als die Kunstberatung, bei der Alexandra Warder und Lana Bountakidou arbeiteten, pleite ging, beschlossen sie kurzerhand, sich ihren Mädchentraum zu erfüllen – und gründeten ihre eigene Galerie. Bei ihren Ausstellungen im Bussey Building zeigen sie moderne Kunst von renommierten Namen aus der Londoner Szene – und feiern damit große Erfolge.
📍 *133 Rye Ln*
🚇 *· Peckham Rye*

07 [Hannah Barry Gallery]
Auch Hannah Barry startete ihre Karriere als Galeristin mit Ausstellungen im Bussey Building. Mittlerweile hat sie neue, feste Räumlichkeiten ganz in der Nähe bezogen und feiert dort ebenfalls große Erfolge.
📍 *4 Holly Grove*
🚇 *· Peckham Rye*

RESTAURANTS & CAFÉS

RESTAURANTS

08 [Peckham Bazaar] · ££
Wie ihr hierher findet? Am besten immer der Nase nach! Denn im Peckham Bazaar erwarten euch feinste Balkan-Gerichte vom Grill, die nicht nur köstlich duften. Im Zusammenspiel mit der entspannten Atmosphäre und der exzellenten Auswahl an Weinen ist eine gute Zeit hier garantiert.
119 Consort Rd
· Peckham Rye

09 [Wildflower] · £
Als »Vegetarische und vegane Kantine« beschreibt sich das Wildflower. Und wer der Meinung ist, Gemüse sei langweilig, wird hier endgültig eines Besseren belehrt! Zudem liegt der Laden auch noch im angesagten Peckham Levels und ist allein schon wegen dem durchgestylten Erscheinungsbild einen Besuch wert.
Peckham Levels Lv5, 95A Rye Ln
· Peckham Rye

10 [Miss Tapas] · £
In diesem Mini-Lokal kommen die beiden besten Seiten Andalusiens zusammen: Tapas und Sherry! Beides serviert in typischer Peckham-Atmosphäre mit Vintage-Tapeten und dunklen Holzmöbeln. Lasst euch auf keinen Fall die Tarta Santiago zum Dessert entgehen!
46 Choumert Rd
· Peckham Rye

11 [Mr. Bao] · £
Längst ist das Bao als Klassiker der taiwanesischen Küche auch an den europäischen Gaumen angekommen: Auch wir sind verrückt nach den fluffigen, kleinen Sandwiches, die asiatisch-deftig belegt sind. Bei Mr. Bao sind sie nicht nur besonders lecker, sondern auch größer als überall sonst. Zudem gibt es eine große Auswahl an asiatischen Bieren!
293 Rye Ln
· Peckham Rye

CAFÉS

12 [Small White Elephant] · £
Der »Swelephant« hat sich binnen kürzester Zeit zu einem der Lieblinge der Locals in Peckham gemausert. Denn neben leckerem Kaffee und herzlichem Service bekommt ihr hier auch echte Spezialitäten – frisch zubereitet beispielsweise mit Fleisch vom Metzger aus der Gegend oder nach den Familienrezepten der vietnamesischen Vermieter.
28 Choumert Rd
· Peckham Rye

13 [Anderson & Co.] · £
Das hübsche, in weiß gehaltene Café auf der angesagten Bellenden Road bietet euch nicht nur einen echten Wohlfühlfaktor, sondern auch viele frische Leckereien. Sitzt ihr im hinteren Bereich, könnt ihr sogar sehen, wie Tartes & Co. in der offenen Küche zubereitet werden!
139 Bellenden Rd
· Peckham Rye

14 [Old Spike Roastery] · £
Der kleine Coffeeshop mit blank liegenden Wänden war ursprünglich lediglich eine Rösterei, doch mittlerweile strömen Kaffee-Enthusiasten von überall hierher, um den saisonal wechselnden Single-Origin Kaffee zu genießen. Zudem ist ein Besuch eine gute Sache – denn hier bekommen Obdachlose mit einer Anstellung als Barista eine neue Chance!
54 Peckham Rye
· Peckham Rye

Peckham Levels

MEHR ÜBER DIESE SPOTS ERFAHREN: LLDN.DE/10082

PUBS

15 [Brick Brewery Tap Room] · £
Sein erstes Craft Beer braute Ian noch in seiner Gartenhütte – heute hat er eine eigene Micro-Brauerei in exponierter Lage Peckhams. Die Locals sind schon lange Fans – und auch ihr könnt euch im Tap Room bei einer Auswahl aus 20 Craft Beer-Typen von seinen Braukünsten überzeugen! Und dank Slow Ritchie's Bruder gibt es hier auch noch die besten Burger von Peckham!
◌ *Blenheim Grove*
⊖ · *Peckham Rye*

16 [The Montpelier] · ££
Unter den vielen netten Pubs in der Gegend fühlt sich The Montpelier besonders heimisch an. Vielleicht, weil hier der Aspekt »local« besonders groß geschrieben wird: So kommt das Fleisch für die leckeren Pub-Snacks vom Metzger um die Ecke und das Gemüse aus dem Garten der Nachbarin.
◌ *43 Choumert Rd*
⊖ · *Peckham Rye*

17 [The Hope] · £
Mit türkisem Anstrich und einem Deko-Mix aus zusammengewürfelten Spiegeln, riesigen Bücherregalen und Wandbildern von Napoleon strahlt The Hope seinen ganz eigen(willig)en Vintage-Charme aus. Kombiniert mit einer riesigen Auswahl an lokalen Bieren und guten Snacks ergibt sich eine solide Grundlage für einen gelungenen Abend.
◌ *3 Melon Rd*
⊖ · *Peckham Rye*

18 [Prince of Peckham] · £
»Von Südlondonern für Südlondoner« ist das Motto des Price of Peckham. Und dabei bekommen die Locals viel mehr geboten als nur einen simplen Pub: Auf der Karte stehen Spezialitäten von Jerk-Chicken bis zum karibischen Braten und auf dem Event-Kalender Veranstaltungen von Open Mic bis Disco-Yoga.
◌ *1 Clayton Rd*
⊖ · *Queens Rd Peckham*

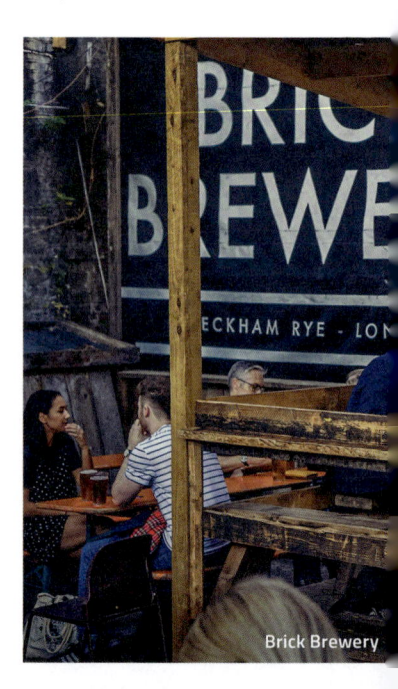

› INSIDER TIPP

VON LAURA

Peckham ist inzwischen eine tolle Alternative zum teuren Zentrum von London. Frank's Cafe bietet etwa die beste Aussicht auf die Londoner Skyline und macht einen der besten Aperol Spritz der Stadt. Leider nur im Sommer geöffnet.

Brick Brewery

Aperol & Bier in der Rooftop Bar

🍸 BARS

19 ⌈Bar Story⌉ · £
In einem Rundbogen unter den Bahngleisen der Overground-Station Peckham Rye findet ihr ein wahres Schmuckstück: Hier versprüht die Bar Story mit ihrem Shabby-Chic einen unfassbaren Charme. Dazu gibt es einen riesigen Biergarten, eine große Auswahl an Flaschenbieren und leckere Pizzen!
○ *213 Blenheim Grove*
⊖ · *Peckham Rye*

⭐ **⌈Frank's Cafe⌉** · £
Eine echte Institution in Peckham: Die oberste Etage des Parkhauses, in dem ihr auch die Peckham Levels findet, verwandelt sich seit 2009 jeden Sommer in eine der beliebtesten Dachterrassen Londons. Frank und sein Team servieren erstklassige Cocktails – dazu gibt es einen wirklich einmaligen Blick über die Stadt!
○ *95A Rye Ln*
⊖ · *Peckham Rye*

20 ⌈Bussey Rooftop Bar⌉ · £
Mit der Rooftop Bar auf dem Bussey Building hat Frank's Café kürzlich starke Konkurrenz bekommen: Pastellfarbene Holzmöbel, Palmen und gechillte Beats laden euch dazu ein, bei den letzten Sonnenstrahlen den Tag entspannt ausklingen zu lassen!
○ *133 Rye Ln*
⊖ · *Peckham Rye*

🛍 SHOPPING

Die **Bellenden Road** gilt nicht nur aus gastronomischer Sicht als beste Adresse Peckhams – auch shoppen und bummeln lässt sich hier wunderbar. Besonders empfehlen können wir euch dabei einen Besuch in der kleinen Buchhandlung ⌈**Review** · *131 Bellenden Rd*⌉ sowie bei ⌈**Form SE15** · *186 Bellenden Rd*⌉, wo ihr ausgefallene Mode ganz im Stil des »neuen« Peckhams findet. Für Musik- und Comics-Fans ist außerdem ⌈**Rye Wax Comics & Books** · *133 Rye Ln*⌉ ein absolutes Muss: In einem Keller mit wahnsinnig niedrigen Decken gelegen, wirkt der Laden zunächst nicht wirklich verlockend. Die riesige Auswahl an Comic-Heften und Schallplatten wird euch jedoch schnell eines Besseren belehren!

Book, Comic & Vinyl Store

INSIDER GUIDES

PECKHAM HAT DIR GEFALLEN? DANN SCHAU AUCH HIER VORBEI:

CENTRAL — South Bank & Bankside

SOUTH — Brixton

MEHR ÜBER DIESE SPOTS ERFAHREN: LLDN.DE/10083

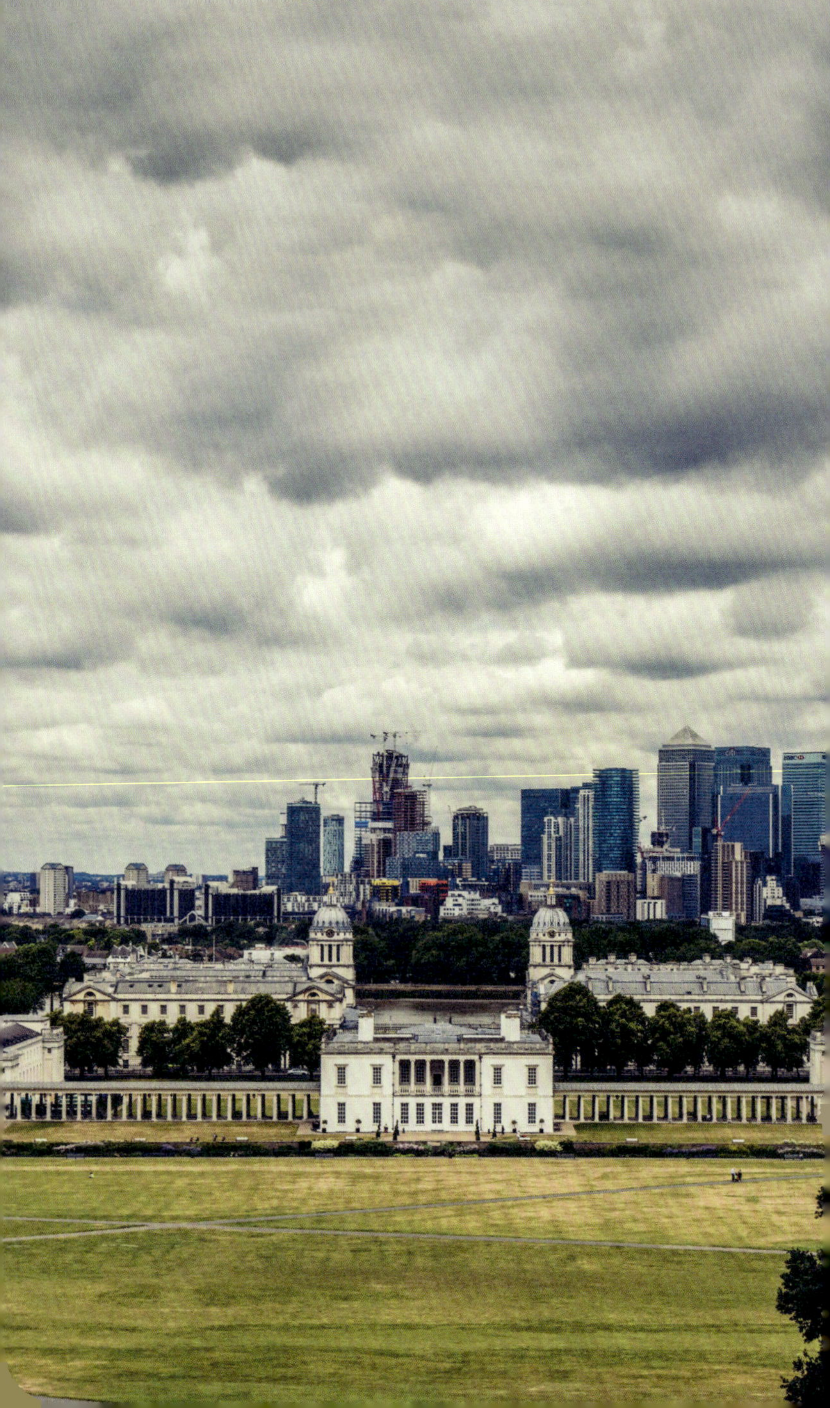

SOUTH LONDON

GREENWICH

Wo Ost und West aufeinander treffen

Seit über 130 Jahren stellt die ganze Welt ihre Uhren nach der »Greenwich Mean Time« – denn hier, am königlichen Observatorium im Greenwich Park, treffen östliche und westliche Hemisphäre aufeinander. Doch nicht nur der durch eine Messinglinie markierte Nullmeridian zeugt von der bedeutenden Geschichte Greenwichs: Die gesamte Parkanlage mit Observatorium und den Gebäuden rund um das National Maritime Museum und das Queen's House gehört seit 1997 zum UNESCO-Weltkulturerbe und lockt zahlreiche Besucher. Zudem warten spektakuläre Ausblicke auf die Stadt und viele urige Pubs!

INSIDER GUIDES

TOP 5 SIGHTS

1 [Greenwich Park]
Der über 74 Hektar große Park mit seinen Gebäuden ist seit über 20 Jahren UNESCO-Weltkulturerbe – und bietet eine majestätische Aussicht in Richtung Stadt.
- *London SE10 8XJ*
- *Southeastern, Thameslink · Greenwich*

2 [Royal Greenwich Observatory]
Das ehemalige königliche Observatorium diente als Bezugspunkt für die Festlegung des Nullmeridians – und somit auch für die Weltzeit »Greenwich Mean Time«.
- *Blackheath Ave*
- *Southeastern, Thameslink · Greenwich*

3 [National Maritime Museum]
Das größte Marinemuseum der Welt zeigt in seiner kostenlosen Dauerausstellung mit zahllosen historischen Stücken alles rund um die Geschichte der Seefahrt.
- *Park Row*
- *Southeastern, Thameslink · Greenwich*

4 [Greenwich Market]
Die überdachte, historische Markthalle im Herzen von Greenwich punktet mit einer Vielzahl an Ständen und Shops.
- *Greenwich Market*
- *Southeastern, Thameslink · Greenwich*

5 [Cutty Sark]
Die majestätische Cutty Sark ist eines der wenigen Segelschiffe aus dem 19. Jahrhundert, die bis heute nahezu vollständig erhalten blieben.
- *King William Walk*
- *Southeastern, Thameslink · Greenwich*

MEHR ÜBER DIESE SPOTS ERFAHREN: LLDN.DE/**10084**

GREENWICH

VON LAURA

Greenwich ist der perfekte Ort, um das echte, britische Leben zu entdecken – ohne weit aus dem Stadtzentrum von London fahren zu müssen. Ihr findet hier tolle, typisch britische Restaurants und Pubs und viele grüne Oasen zum Entspannen.

BEGIB DICH AUF ENTDECKUNGSTOUR!

Sights
- 01 · Greenwich Park
- 02 · Royal Greenwich Observatory
- 03 · National Maritime Museum
- 04 · Greenwich Market
- 05 · Cutty Sark
- 06 · Peter Harrison Planetarium
- 07 · Queen's House
- 08 · Goddards at Greenwich
- 09 · Heap's Sausage Café
- 10 · Champagne + Fromage
- 11 · Sticks'n'Sushi
- 12 · Green Pea
- 13 · Royal Teas
- 14 · The Green Cafe
- 15 · The Gipsy Moth
- 16 · Kings Arms
- 17 · Plume of Feathers
- 18 · The Prince of Greenwich
- 19 · The Sail Loft
- 20 · Oliver's Jazz Bar

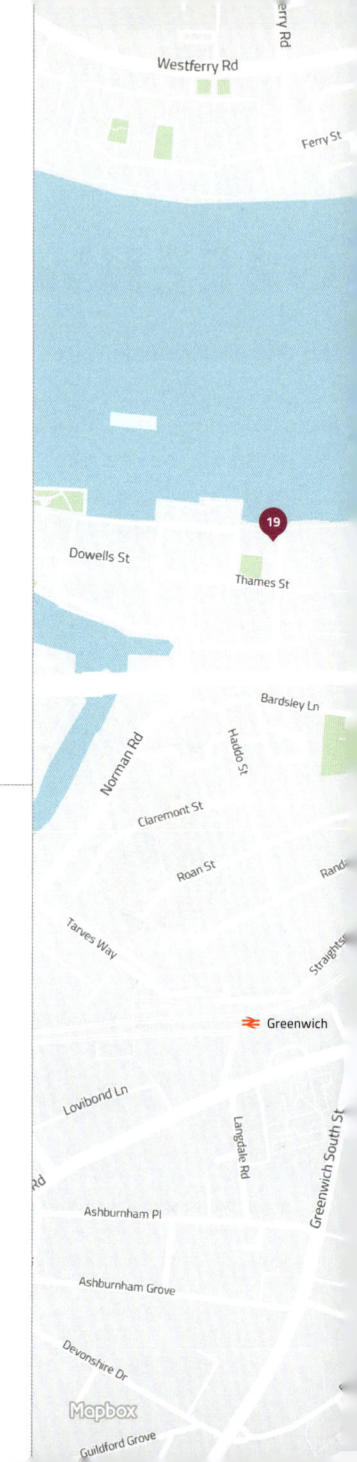

SOUTH LONDON — GREENWICH 259

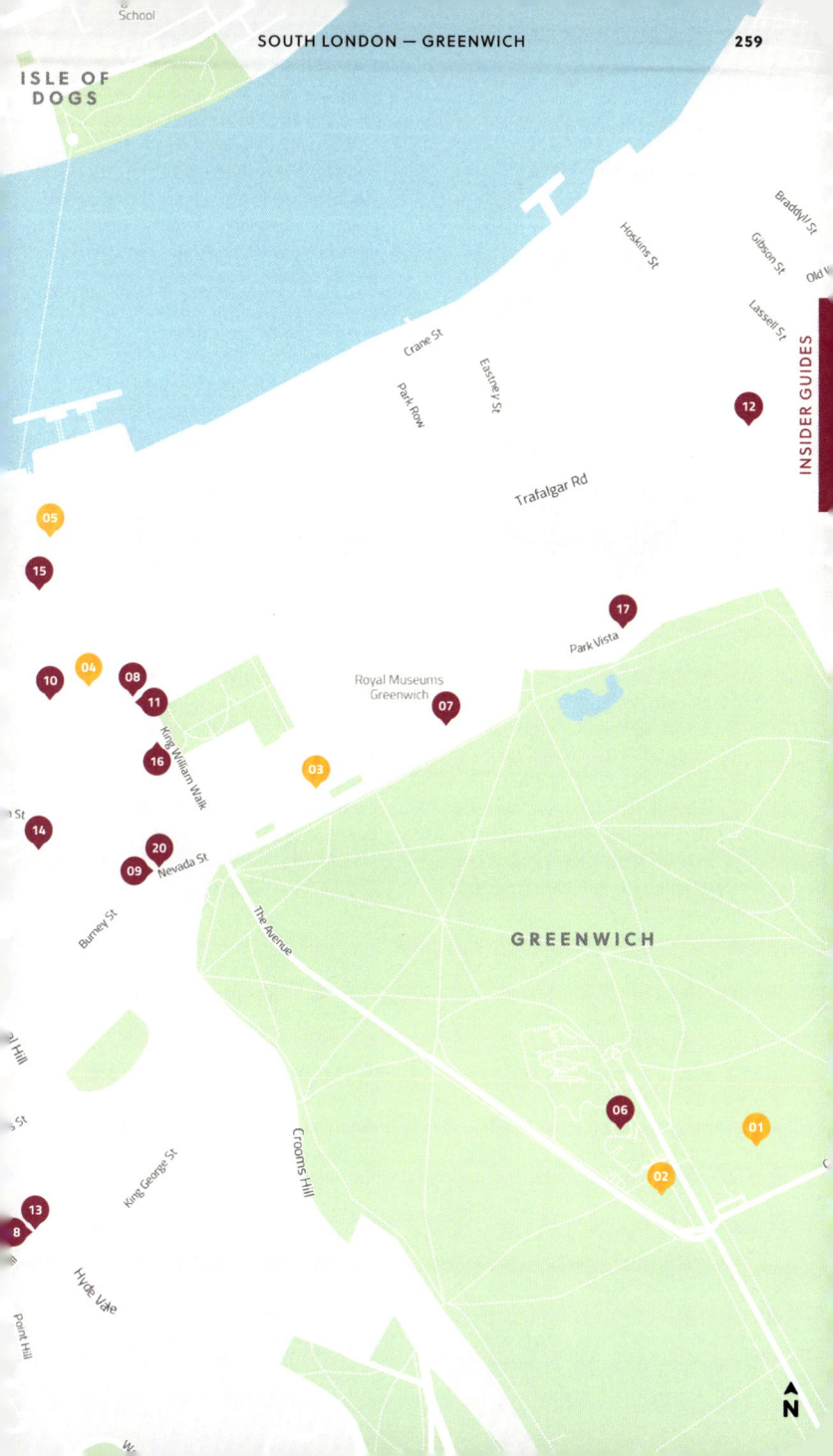

ISLE OF DOGS

Hoskins St
Bradgyll St
Gibson St
Old W
Lassell St
Crane St
Park Row
Eastney St

INSIDER GUIDES

Trafalgar Rd

Park Vista

Royal Museums Greenwich

King William Walk

Nevada St

Burney St

The Avenue

GREENWICH

Crooms Hill

King George St

Hyde Vale

Point Hill

N

SIGHT-SEEING

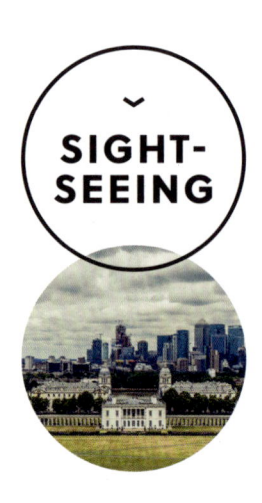

Im [Greenwich Park] genießt ihr einen der außergewöhnlichsten Ausblicke Londons: Von der Kuppel im Park überblickt ihr die Themse bis hin zu den Wolkenkratzern der City. Ein absolutes Muss! Aber auch der Park selbst hat jede Menge zu bieten – nicht nur alten, beeindruckenden Baumbestand, sondern zahlreiche geschichtsträchtige Gebäude, mit denen gemeinsam er sogar ein UNESCO-Weltkulturerbe darstellt.

Das für Besucher Interessanteste ist dabei wohl das [Royal Greenwich Observatory], das sowohl für die Festlegung der Weltzeit GMT als auch der Längengerade maßgebend war. Dabei zieht nicht nur das heute hier untergebrachte Museum die Besucher an – sondern vor allem der durch eine Messinglinie gekennzeichnete Nullmeridian im Innenhof, der ein beliebtes Fotomotiv darstellt. Auf dem Gelände findet ihr mit dem [Peter Harrison Planetarium], außerdem das einzige Planetarium Londons.

Am Fuße des Parks steht ein beeindruckendes Gebäude-Ensemble, welches auch das [National Maritime Museum] und das [Queen's House] umfasst. Das Museum ist das größte Marinemuseum der Welt und stellt mit zahllosen Exponaten eindrucksvoll die Geschichte und Bedeutung Greenwichs als Marine-Standort dar. Einige Gemälde aus dieser Zeit sind im zum Museumskomplex gehörenden Queen's House ausgestellt.

Von der Zeit der Seefahrer erzählt auch die [Cutty Sark]: Das einst schnellste Segelschiff der Welt liegt seit Mitte des 20. Jahrhunderts in einem eigens angelegten Museums-Trockendock an der Themse. Seine imposanten Ausmaße und die riesigen Masten werden euch voller Ehrfurcht an die Zeiten denken lassen, in denen die Handelswege noch über hohe See, vorbei an Kap Hoorn oder dem Kap der guten Hoffnung, führten.

Ebenfalls geschichtsträchtig ist der nahegelegene [Greenwich Market]. Die etwas versteckt inmitten eines rundum bebauten Häuserblocks gelegene Markthalle ist ein wahres Eldorado für Foodies und Vintage-Jäger! Durch den [Greenwich Foot Tunnel], könnt ihr zu Fuß unter der Themse laufen. Die über 100 Jahre alte und 370 Meter lange Verbindung zwischen Greenwich und der Isle of Dogs solltet ihr gesehen haben.

MUSEEN

⭐ [Royal Greenwich Observatory]
Lange stellte die Welt ihre Uhren nach der »Greenwich Mean Time« – denn das Teleskop des königlichen Observatoriums im Greenwich Park diente als Bezugspunkt zur Festlegung des Nullmeridians. Heute ist das Observatorium nicht mehr im Betrieb und in der Sternwarte ein Museum für Navigation und Zeitmessung untergebracht.
📍 *Blackheath Ave · im Greenwich Pk*
🚆 *Southeastern, Thameslink · Greenwich*

06 [Peter Harrison Planetarium]

Londons einziges Planetarium ist ebenfalls Bestandteil des Ensembles des Royal Greenwich Observatory – und mit seiner bronzeverkleideten Kuppel ein echter Blickfang. In von Astronomen geführten Vorführungen könnt ihr in die Weiten des Weltalls eintauchen – und dabei jede Menge lernen.

○ *Blackheath Ave · im Greenwich Pk*
≷ *Southeastern, Thameslink · Greenwich*

07 [Queen's House]

Das Queen's House gilt als eines der architektonisch bedeutendsten Gebäude Londons – denn es markiert die Einführung des palladianischen Stils in England. Heute sind hier neben maritimen Kunstsammlungen, die sich im Besitz des National Maritime Museums befinden, auch Porträts aus der Tudor- und Stuart-Dynastie zu sehen.

○ *Romney Rd*
≷ *Southeastern, Thameslink · Maze Hill*

⭐ [National Maritime Museum]

Kompasse und Sextanten aus dem 17. und 18. Jahrhundert, originale Admirals-Uniformen sowie eine große Ausstellung, die die grausame Geschichte der Sklaverei aufarbeitet: Das National Maritime Museum ist auch für Landratten ein echtes Highlight. Zudem ist der Eintritt zur Dauerausstellung kostenlos!

○ *Park Row*
≷ *Southeastern, Thameslink · Maze Hill*

› INSIDER TIPP

VON ISABELLE

Genießt die Aussicht vom Greenwich Observatory. Von hier habt ihr einen einzigartigen Blick auf die Themse und die Stadt von der City bis zur O2-Arena.

⭐ [Cutty Sark]

Die 150 Jahre alte Cutty Sark war einst das schnellste Segelschiff der Welt und transportierte Tee und Wolle auf den großen Handelsrouten des 19. und 20. Jahrhunderts. Seit 1957 kann es im eigens angelegten Trockendock besichtigt werden, wo es nach zwei folgenschweren Bränden und umfassenden Restaurierungen heute in neuem Glanz erstrahlt.

○ *King William Walk*
≷ *Southeastern, Thameslink · Greenwich*

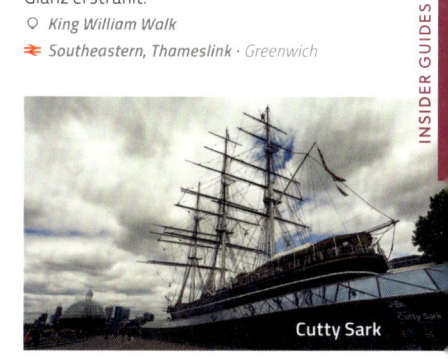

Cutty Sark

🍴 RESTAURANTS & CAFÉS

RESTAURANTS

08 [Goddards at Greenwich] · £

Pie & Mash ist einer der Klassiker der britischen Küche der Arbeiterklasse: Hackfleisch im Blätterteig mit Petersiliensoße und Kartoffelpüree. Und genau dafür ist das Goddards in London berühmt! In dem seit 1890 bestehenden Familienbetrieb bekommt ihr aber auch andere leckere Pie-Kreationen von deftig bis süß.

○ *22 King William Walk*
≷ *Southeastern, Thameslink · Greenwich*

09 [Heap's Sausage Café] · £

Wenn ihr die besten Würstchen Großbritanniens probieren wollt, seid ihr hier an der richtigen Adresse: Martin Heap ist für seine »Heap's Sausages« weit über die Grenzen Londons hinaus bekannt!

○ *8 Nevada St*
≷ *Southeastern, Thameslink · Greenwich*

MEHR ÜBER DIESE SPOTS ERFAHREN: LLDN.DE/**10085**

10 ⌈Champagne + Fromage⌉ · ££

Französischer Käse, soweit das Auge reicht: Über 50 verschiedene Sorten Hart- und Weichkäse hat das Champagne + Fromage im Angebot. Hinzu kommen nicht nur frische Tartines und Cassoulets, sondern auch 25 verschiedene Sorten Champagner.

○ *34 Greenwich Church St*
≥ *Southeastern, Thameslink · Greenwich*

11 ⌈Sticks'n'Sushi⌉ · ££

In diesem Sushi-Restaurant kommen nicht nur Fischfans auf ihre Kosten: Mit Sticks sind nämlich nicht die Essstäbchen gemeint, sondern die traditionellen japanischen Yakitori-Sticks vom Grill mit Hühnchen-, Schweine- oder Rindfleisch. Zusammen eine unschlagbare Combo!

○ *1 Nelson Rd*
≥ *Southeastern, Thameslink · Greenwich*

12 ⌈Green Pea⌉ · £

Das Green Pea versteckt sich, ganz unauffällig, im Hardy's Pub auf der Trafalgar Road. Habt ihr es gefunden, erwartet euch Gastgeber Tom mit einer kleinen, aber feinen Speisekarte, auf der mit einer Auswahl von Fish & Chips über Spargelrisotto bis hin zu Burgern wirklich jeder fündig wird.

○ *92 Trafalgar Rd*
≥ *Southeastern, Thameslink · Greenwich*

INSIDER TIPP

VON MATTHIAS

Perfekter Plan für alle Leichtmatrosen: Erst die Cutty Sark besichtigen, anschließend das Maritime Museum erkunden und zum Abschluss ein Bier mit Blick auf die Themse in der Sail Loft genießen.

CAFÉS

13 ⌈Royal Teas⌉ · £

In dem liebevoll gestalteten Café könnt ihr es euch auf zwei Etagen gemütlich machen. Serviert werden fast ausschließlich vegetarische Snacks wie Baguettes und Wraps, aber auch süße Backwaren. Außerdem ist alles hier hausgemacht!

○ *76 Royal Hill*
≥ *Southeastern, Thameslink · Greenwich*

14 ⌈The Green Cafe⌉ · £

Das kleine Café im Herzen Greenwichs ist bekannt für sein gutes Frühstück! Egal ob deftig und »Full English« oder süß mit leckeren Waffeln – schlemmen könnt ihr hier den ganzen Tag.

○ *285 Greenwich High Rd*
≥ *Southeastern, Thameslink · Greenwich*

PUBS

15 ⌈The Gipsy Moth⌉ · ££

Kaum zu verfehlen: Direkt am Trockendock der Cutty Sark findet ihr diesen tollen Pub. In dem großen Biergarten sitzt ihr unter zahllosen Blumenampeln mit Blick direkt auf die imposanten Masten des Schiffs. Dazu gibt es eine große Auswahl an Bier und leckere Pubsnacks zu angemessenen Preisen.

○ *60 Greenwich Church St*
≥ *Southeastern, Thameslink · Greenwich*

16 ⌈Kings Arms⌉ · £

Die Lage in unmittelbarer Nähe zum Greenwich Park und zum National Maritime Museum macht den schönen und familienfreundlichen Pub vor allem bei Touristen beliebt. Neben dem großen Biergarten ist vor allem die Quiz-Night jeden Mittwoch ein Highlight!

○ *16 King William Walk*
≥ *Southeastern, Thameslink · Greenwich*

17 [Plume of Feathers] · ££

Der Plume of Feathers ist mit seiner über 300-jährigen Geschichte nicht nur der älteste, sondern auch der wohl charmanteste Pub in Greenwich. Wer es urig und authentisch mag, ist hier genau richtig – denn obwohl der Pub unmittelbar am Park und in Sichtweite zum Marinemuseum liegt, ist er nicht von Touristen überrannt.

◯ *19 Park Vista*
⇌ *Southeastern, Thameslink · Maze Hill*

18 [The Prince of Greenwich] · ££

Ein Besuch in diesem Museumspub, in dem viel Herzblut des Besitzers steckt, ist eine kleine Zeitreise durch die Jahrhunderte: Er ist vollgestopft mit Antiquitäten, Trödel und Sonderbarem, von Perserteppichen über goldverziertes Geschirr bis hin zu Nashornschädeln an der Wand.

◯ *72 Royal Hill*
⇌ *Southeastern, Thameslink · Greenwich*

BARS

19 [The Sail Loft] · ££

Von außen wirkt der Glaskasten direkt an der Themse zunächst wenig einladend – doch im Inneren kommt die Überraschung: Dort erwartet euch ein moderner maritimer Stil mit viel Holz, türkisen Polstern und Leuchtern aus Tauwerk. Und Dank der Glasfassade könnt ihr den Blick auf die Stadt nicht nur von der Terrasse aus genießen!

◯ *11 Victoria Parade*
⇌ *Southeastern, Thameslink · Greenwich*

20 [Oliver's Jazz Bar] · £

Oliver's Jazz Bar ist eine der Top-Adressen für Musikliebhaber in Greenwich. Hier gibt es fast jeden Abend der Woche Live-Musik in entspannter, gemütlicher Atmosphäre mit einer guten Auswahl verschiedener Biere und Weine.

◯ *9 Nevada St*
⇌ *Southeastern, Thameslink · Greenwich*

SHOPPING

Auf dem **Greenwich Market** findet ihr alles, was das Herz begehrt. In den kleinen Galerien wie [**The Flood Gallery** · *8 Greenwich Market*] oder [**Greenwich Printmakers** · *1a Greenwich Market*] warten jede Menge Kunstwerke darauf, von euch entdeckt zu werden. Soll es nicht das große Meisterwerk, aber ein cooles Kunst-Souvenir sein, seid ihr bei [**Arty Globe** · *15 Greenwich Market*] an der richtigen Adresse! Neben Großdrucken findet ihr hier auch bedruckte Taschen, Shirts oder Kissen mit den Designs von Hartwig Braun. Bei [**CorkVille** · *17 Greenwich Market*] wiederum bekommt ihr hochwertige und individuelle Schuhe und Taschen aus Kork – und in unserer Lieblingsboutique [**Meet Bernard** · *23 Nelson Rd*] direkt gegenüber des Marktes hippe Damen- und Herrenmode.

The Sail Loft

GREENWICH HAT DIR GEFALLEN? DANN SCHAU AUCH HIER VORBEI:

Richmond, Kew & Wimbledon

Hampstead & Highgate

MEHR ÜBER DIESE SPOTS ERFAHREN: LLDN.DE/10086

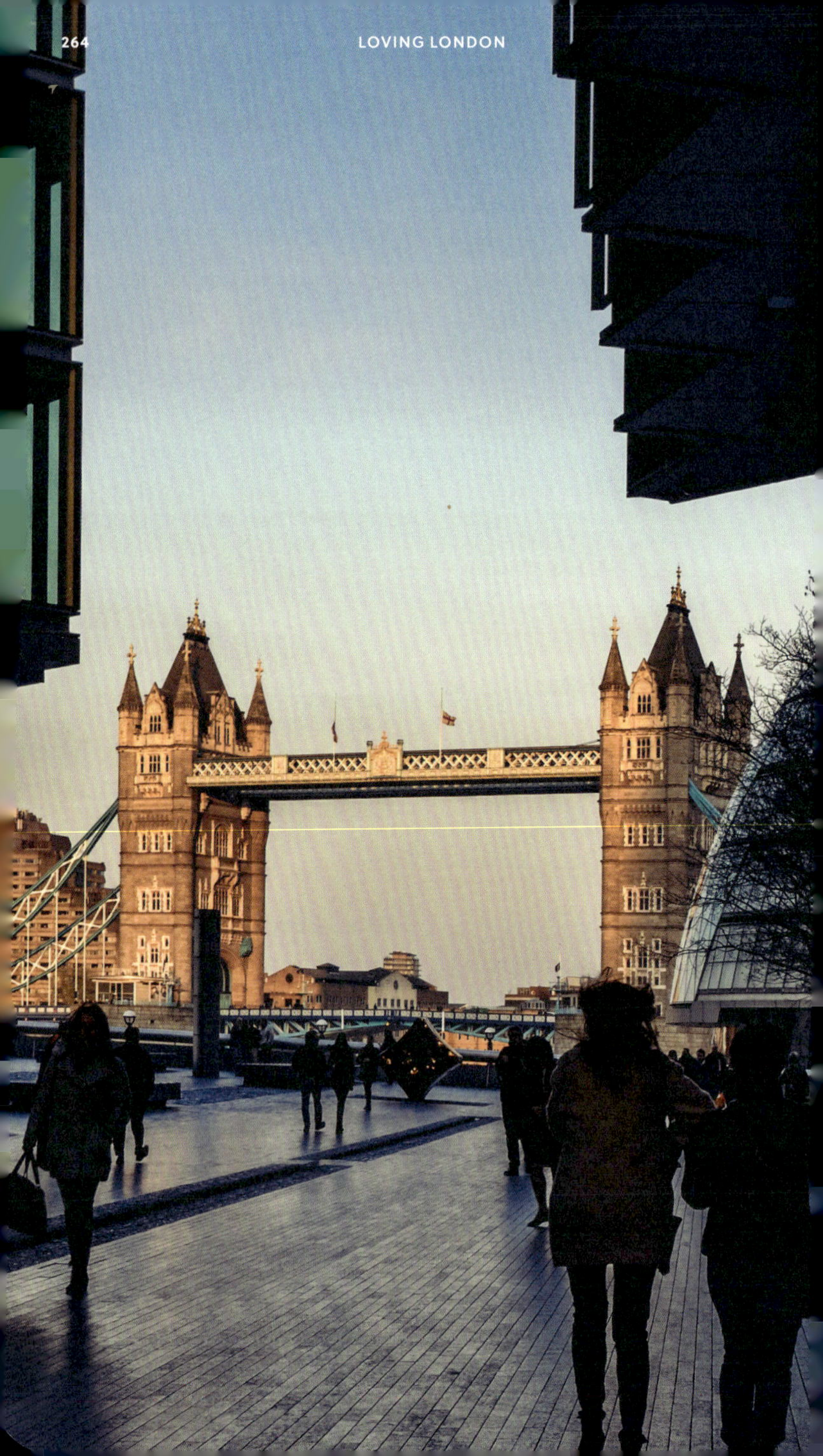

SEHENS-WÜRDIGKEITEN

In der Stadt vom Big Ben, der Royals und der roten Doppeldecker-Busse gibt es jede Menge zu entdecken. Ihr könnt nicht nur durch die Stadtteile schlendern, sondern auch das London Eye besteigen, die zahlreichen Museen erkunden oder in den sagenumwobenen Tower hineinblicken. Aber es gibt noch viel mehr Sehenswürdigkeiten auf unserer Liste in der Metropole von Schirm, Charme und Melone.

VIELE TOLLE INSIDERBERICHTE UND VIDEOS FINDET IHR UNTER:

> lovinglondon.de/highlights

DIE HIGHLIGHTS DER STADT AUF EINEN BLICK

London ist eine Metropole, die euch genau wie uns in ihren Bann ziehen wird. Doch bevor ihr aufbrecht, überlegt genau, was ihr sehen wollt und wie viel Zeit ihr zur Verfügung habt. Wir zeigen auf den nächsten Seiten, was ihr euch nicht entgehen lassen solltet – von der bewegten Geschichte des Towers über die glamourösen Royals bis hin zu den malerischen Parks ist zu Land, auf dem Wasser und hoch über den Dächern Londons alles dabei.

VON ISABELLE

Die meisten Sehenswürdigkeiten sind in den Pässen, wie dem London Pass oder Explorer Pass, enthalten. Mit dem Besitz des richtigen Passes müsst ihr also nichts extra buchen.

[Trafalgar Square]

Nicht nur der größte Platz Londons, sondern auch einer der beliebtesten Treffpunkte der Stadt und voller Geschichte – man muss den Trafalgar Square einfach lieben! Hier ist immer etwas los: Sowohl die Feierlichkeiten zum Chinese New Year, St Patrick's Day oder auch zum Pride finden hier statt.

Im Jahr 1812 gab König George der IV. – damals noch Prinzregent – die Neugestaltung des damals als Charing Cross bekannten Platzes in Auftrag, auf dem sich zu diesem Zeitpunkt das Wirrwarr der Königlichen Stallungen befand. Damals ahnte jedoch keiner, dass der Umbau sich bis zur Mitte des Jahrhunderts ziehen würde.

Der Platz ist dabei ein Symbol des Triumphs: 1805 schlug die britische Flotte unter Admiral Lord Nelson das Französisch-Spanische Bündnis bei der Seeschlacht von Trafalgar – und läutete damit das imperiale Jahrhundert ein. So thront über dem Platz auch die über 50 Meter hohe Säule mit der Statue Nelsons, der in der Schlacht sein Leben ließ.

Nicht verpassen solltet ihr auch einen Besuch in der National Gallery, die den Platz an der Nordseite überragt. Sie gilt als eine der bedeutendsten Kunstgalerien der Welt und beherbergt Werke von da Vinci, van Gogh, Monet oder auch Michelangelo.

◯ *Trafalgar Sq*
⊖ *Bakerloo, Northern · Charing Cross*

› **INSIDER TIPP**

VON LAURA

Vom Trafalgar Square habt ihr eine tolle Aussicht auf den Big Ben! Obwohl die Bauarbeiten ein paar Jahre dauern werden, lohnt sich der Blick über die Whitehall.

MEHR ÜBER DIESE SPOTS ERFAHREN: LLDN.DE/10087

2

[Westminster Abbey]
Die majestätische Westminster Abbey hat eine ganz besondere Bedeutung für die Monarchie: Denn traditionell werden hier die Könige und Königinnen gekrönt und auch beigesetzt. Ein Highlight ist hier deswegen auch der mittlerweile über 700 Jahre alte, hölzerne Krönungsstuhl, auf dem zuletzt 1953 die Queen Platz nahm.

Doch das gotische Meisterwerk ist auch Schauplatz anderer wichtiger Ereignisse im Königshaus: So wurden sowohl die bewegende Trauerfeier für Prinzessin Diana als auch die Hochzeit von William und Catherine von hier aus auf die Bildschirme in der ganzen Welt übertragen.
20 Deans Yd
Circle, District, Jubilee · Westminster

3

[Buckingham Palace]
Seit 1837 ist der Buckingham Palace die offizielle Residenz der britischen Monarchie. Das Heim von Queen Elizabeth II. hat in dieser Zeit viele historische Ereignisse erlebt – und zwei Monate im Jahr gibt es die Gelegenheit, diesem Stück Geschichte ein wenig näherzukommen.

Denn allein in den Sommermonaten kann der Palast auch von innen besichtigt werden. Dazu braucht ihr allerdings nicht nur eine gute Planung und viel Vorlaufzeit – sondern auch eine Portion Glück, denn die Tickets sind natürlich sehr begehrt. Das ganze Jahr über hingegen könnt ihr die weltberühmte Wachablösung vor dem Palast bestaunen!
Buckingham Palace
Circle, District · St James's Pk

[Big Ben]

Er ist DAS Wahrzeichen der Stadt: Der hoch emporragende Uhrenturm am Palace of Westminster, den wir alle nur als »Big Ben« kennen. Dabei können wir »Big Ben« eigentlich gar nicht sehen, sondern nur hören: Offiziell ist es lediglich der Name der mit stolzen 13,5 Tonnen Gewicht größten Glocke im Turm, der wiederum lange simpel »The Clock Tower« hieß. Zum 60. Thronjubiläum der Queen wurde er jedoch in »Elizabeth Tower« umgetauft.

Der 96,3 Meter hohe Riese hat bereits mehr als 150 Jahre auf dem Buckel – und die Instandhaltung ist eine Mammutaufgabe. Vier Mechaniker sind dafür zuständig, dass hier alles läuft. Zudem setzt der Bau der U-Bahn der Substanz sehr zu. So sackt der Turm schätzungsweise jedes Jahr um einen Millimeter ab und hat mittlerweile eine Schieflage von 0,26 Grad.

In 2017 waren die Sanierungsarbeiten unausweichlich: Big Ben verstummte – voraussichtlich bis 2021 – und der Turm verschwand hinter einem Baugerüst. Nur zu besonderen Anlässen soll es während der Bauphase noch läuten. Aber vielleicht ist gerade diese historische Pause umso mehr ein Grund, dem Riesen an der Themse einen Besuch abzustatten!

○ *Palace of Westminster*
⊖ *Circle, District, Jubilee* · *Westminster*

[Hyde Park]

Die grüne Oase im Herzen der Stadt umfasst zusammen mit den benachbarten Kensington Gardens eine Fläche von über 250 Hektar. Damit ist sie größer als das Fürstentum Monaco – und viel mehr als nur ein tolles Naherholungsgebiet!

Denn hier gibt es auch einiges zu entdecken: vom beeindruckenden Prinzessin-Diana-Gedenkbrunnen bis zur bekannten Speaker's Corner, in der Menschen zusammenkommen, um über die unterschiedlichsten, brisanten Themen zu diskutieren.

○ *Hyde Pk*
⊖ *Piccadilly* · *Hyde Park Corner*

MEHR ÜBER DIESE SPOTS ERFAHREN: LLDN.DE/10088

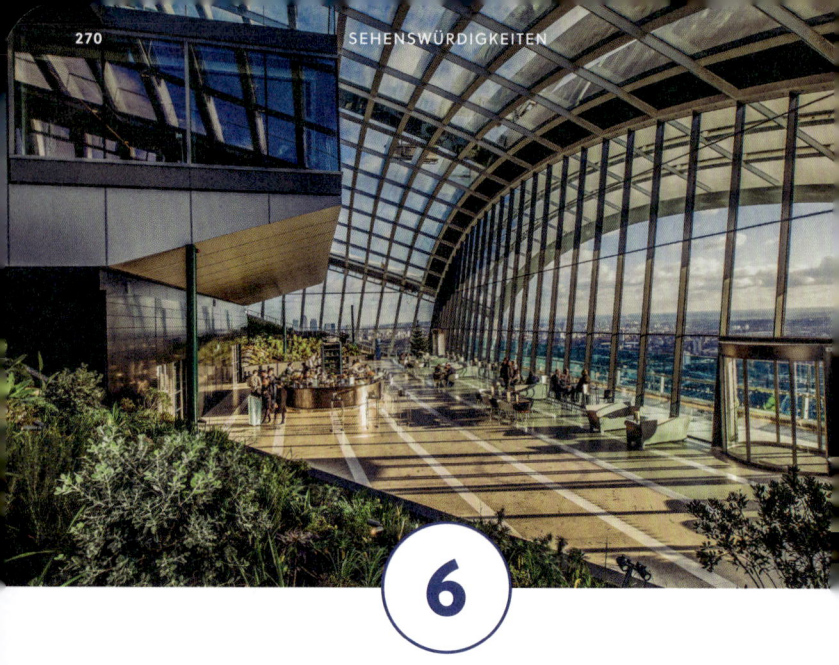

[Sky Garden]

Das Gebäude in der 20 Fenchurch Street ist eines der jüngsten Wahrzeichen der Londoner Skyline. Und schnell hatte es seinen Spitznamen weg: The Walkie Talkie. Wenn ihr den nach oben breiter werdenden, vom uruguayischen Star-Architekten Rafael Viñoly entworfenen Wolkenkratzer zum ersten Mal seht, wird sofort klar, woher der Name rührt.

Doch wenn ihr heute im 35. Stock aus dem Aufzug tretet, ist der Spott über die konkav geschwungene Fassade schnell vergessen. Denn hier oben bietet der Sky Garden die wohl spektakulärste Aussicht der Stadt. Auf drei offen gehaltenen, rundum verglasten Etagen mit zahllosen Pflanzen werdet ihr euch fühlen wie in einer grünen Oase.

Zahlreiche Sitzgelegenheiten laden dazu ein, bei der grandiosen Aussicht einen Moment zu verweilen. Wer gerne genauer hinschaut, findet auch Fernrohre, mit denen sogar die St Paul's Cathedral unter die Lupe genommen werden kann. Und ganz Mutige treten raus auf die riesige Terrasse!

Das Beste dabei: Der Sky Garden ist vollkommen umsonst! Alles was ihr tun müsst, ist rechtzeitig euer kostenloses Ticket zu einem bestimmten Zeitslot online zu buchen. Oder ihr reserviert einen Tisch in einer der je zwei Bars oder Restaurants. Damit umgeht ihr sogar die abendliche Sperrstunde und könnt den Ausblick bei Nacht genießen!

◉ *20 Fenchurch St*
⊖ *Circle, District · Monument*

INSIDER TIPP

VON MATTHIAS
Die Tickets solltet ihr vorab online reservieren und müsst schnell sein: Sie werden immer montags für die folgende Woche auf der Website freigeschaltet!

SEHENSWÜRDIGKEITEN

[Kensington Palace]

Als der Buckingham Palace zur offiziellen Residenz der Könige wurde, verlor der Kensington Palace lange zunehmend an Bedeutung. Spätestens aber, seitdem hier die junge Generation der Royals um William und Harry ihr Zuhause hat, ist er wieder in aller Munde.

Das liegt auch daran, dass der Kensington Palace ein Palast für's Volk ist – denn er ist im Rahmen von wechselnden Ausstellungen in weiten Teilen der Öffentlichkeit zugänglich.
◯ *Kensington Gardens*
⊖ *Central · Queensway*

(7)

(8)

[Piccadilly Circus]

Mit seinen bunt leuchtenden Werbetafeln ist der Piccadilly Circus vor allem nach Anbruch der Dunkelheit ein spektakulärer Anblick – und wird nicht umsonst mit dem Times Square in New York verglichen.

Er ist idealer Ausgangspunkt, um sich ins Nachtleben zu stürzen oder eine ausgedehnte Shoppingtour zu starten. Übrigens: »Circus« bezeichnet in der Architektur einen runden Platz, an dem sich eine Straßenkreuzung befindet – so wie am Piccadilly.
◯ *Piccadilly Circus*
⊖ *Bakerloo, Piccadilly · Piccadilly Circus*

MEHR ÜBER DIESE SPOTS ERFAHREN: LLDN.DE/**10089**

SEHENSWÜRDIGKEITEN

9

⸢St Paul's Cathedral⸥
Die gigantische Kuppel der 111 Meter hohen St Paul's Cathedral prägt die Londoner Skyline. Sie gilt als Meisterwerk des Astronomen und Architekten Sir Christopher Wren, der maßgeblich dafür verantwortlich ist, dass London nach dem großen Brand von 1666 so wieder aufgebaut wurde, wie wir es heute mit seinen charakteristischen Zügen kennen.

Innen wie außen ist die dem heiligen Paulus, dem Schutzpatron der Stadt, gewidmete Kathedrale vom klassizistischen Barockstil geprägt. Von oben genießt ihr einen spektakulären Ausblick – sobald ihr es geschafft habt, die rund 528 Stufen zu erklimmen.
- ○ *St Paul's Churchyard*
- ⊖ *Central · St Paul's*

10

⸢Tower of London⸥
Der Tower gilt als eine der bekanntesten Festungen der Welt – und diente in seiner fast tausendjährigen Geschichte als vieles: So war er nicht nur bis ins Jahr 1941 ein Gefängnis, sondern auch lange Zeit Waffenlager und sogar ein königlicher Zoo.

Diese bewegte Vergangenheit spiegelt sich auch in der Vielfalt an Ausstellungen wider, die ihr hier bestaunen könnt. Die imposanteste ist dabei wohl die der britischen Kronjuwelen! Die wertvolle Sammlung wurde lange in der Westminster Abbey aufbewahrt, liegt seit Charles II. aber sicher hinter den dicken Mauern der Festung.
- ○ *St Katharine's & Wapping*
- ⊖ *Circle, District · Tower Hill*

SEHENSWÜRDIGKEITEN

⌈London Eye⌉

Das London Eye ist zwar bei Weitem nicht so geschichtsträchtig wie der Big Ben oder die Tower Bridge – und doch kann sich keiner mehr die Skyline ohne das auch »Millennium Wheel« genannte Riesenrad vorstellen. Anlässlich der Jahrtausendwende eröffnet, sollte es eigentlich nur temporär die Touristen am Ufer der Themse begeistern. Doch aufgrund der großen Beliebtheit ist nicht geplant, das London Eye wieder abzubauen.

Dabei haftet am mit 135 Metern größten Riesenrad Europas völlig zu Unrecht der Ruf als Standard-Touri-Attraktion. Die Aussicht aus den gläsernen Gondeln ist nämlich einfach nur spektakulär. Und weil sich das Rad mit gerade einmal 0,26 Metern in der Sekunde sehr langsam dreht, habt ihr über eine halbe Stunde Zeit, den Blick in alle Richtungen entspannt und ausgiebig zu genießen.

Nach Einbruch der Dunkelheit wird aber auch das Rad selbst zum echten Hingucker – denn bei besonderen Anlässen erstrahlt es in bunten Farben. So leuchtet es beispielsweise am St Patrick's Day grün in den Nachthimmel! Am beeindruckendsten sind aber die Lichtershows zu Weihnachten und Silvester.

○ *Lambeth*
⊖ *Bakerloo, Jubilee, Northern, Waterloo & City · Waterloo*

⌈The Shard⌉

»Shard« bedeutet überse Scherbe – und schaut ihr Wolkenkratzer Londons g auch, woher dieser Name r. Glasscheiben wurden für die 306 Meter hohe, splitterartig abschließende Fassade verbaut.

In 244 Metern Höhe, in den Etagen 68 bis 72, findet ihr mit »The View from The Shard« auch eine der imposantesten Aussichtsplattformen der Stadt mit einem Weitblick von bis zu 64 Kilometern!

○ *32 London Bridge St*
⊖ *Jubilee, Northern · London Bridge*

⌈**MEHR ÜBER DIESE SPOTS ERFAHREN:**⌉   LLDN.DE/**10090**

SEHENSWÜRDIGKEITEN

[...n Town]

...rrücktesten Stadtteil Londons treffen
...terschiedlichste Kulturen und Charaktere
aufeinander. Das verleiht »Crazy Camden«
seinen ganz besonderen Charme! Ein Besuch
der bunten Märkte rund um die Camden
High Street gehört deswegen auch zu jedem
London-Trip dazu.

Hier kommt vom Vintage- bis zum Gothic-Liebhaber jeder auf seine Kosten! Aber denkt daran, genug Geld mitzunehmen: Hier ist nur Bares Wahres – und die Schlangen an den wenigen Geldautomaten entsprechend lang.

○ *Lock Pl*
⊖ ***Northern*** · *Camden Town*

(13)

(14)

[Greenwich Observatory]

Hier, am ehemaligen königlichen Observatorium im Süden Londons, hat die Weltzeit Greenwich Mean Time ihren Ursprung. Der Sprung über den mit einer Messinglinie auf dem Gelände gekennzeichneten Nullmeridian ist ein beliebtes Fotomotiv bei Touristen!

Aber nicht nur dafür lohnt sich der Besuch – sondern auch für eine Erkundungstour durch den umliegenden Park, der mit all seinen Gebäuden als Ensemble zum UNESCO-Erbe ernannt wurde.

○ *Blackheath Ave*
⇌ ***Southeastern, Thameslink*** · *Greenwich*

[Tower Bridge]

Direkt vor dem Tower of London spannt sich die wohl berühmteste Klappbrücke der Welt über die Themse: die Tower Bridge. Seit 1894 verbindet sie auf fast 2,5 Kilometern Länge die Tower Hamlets mit Southwark. Der Bau war seinerzeit ein echtes Mammutprojekt: Fünf Bauunternehmen mit 430 Arbeitern waren acht Jahre damit beschäftigt, die benötigten 11.000 Tonnen Stahl zu verarbeiten. Der Kalkstein ist nämlich lediglich schmucke Fassade!

Damals wollte man mit der neuen Verbindung die bereits sechs Millionen Einwohner zählende Metropole vor einem Verkehrsinfarkt bewahren. Das funktionierte zwar, jedoch gerieten die oberen Fußgängerstege der Brücke als Tummelplatz von Taschendieben und Prostituierten schnell in Verruf. Von 1910 bis 1982 blieben sie deswegen gesperrt.

Heute sind sie zwar nur mit Eintrittstickets zu begehen, bieten in 43 Metern Höhe dafür aber einen spektakulären Blick auf die Stadt. Teilweise sind sie sogar mit Glasboden versehen. Zudem könnt ihr das in den Türmen liegende Museum zur Geschichte der Brücke besuchen und euch im Maschinenraum ein Bild von der imposanten Hydraulik der Brücke machen. Und ganz umsonst anzusehen ist das Spektakel, wenn die Brücke aufklappt!

○ *Tower Bridge*
⊖ *Circle, District · Tower Hill*

INSIDER TIPP

VON ISABELLE
Abends ist die Tower Bridge wunderschön beleuchtet und bietet euch einen geradezu majestätischen Anblick.

MEHR ÜBER DIESE SPOTS ERFAHREN: LLDN.DE/10091

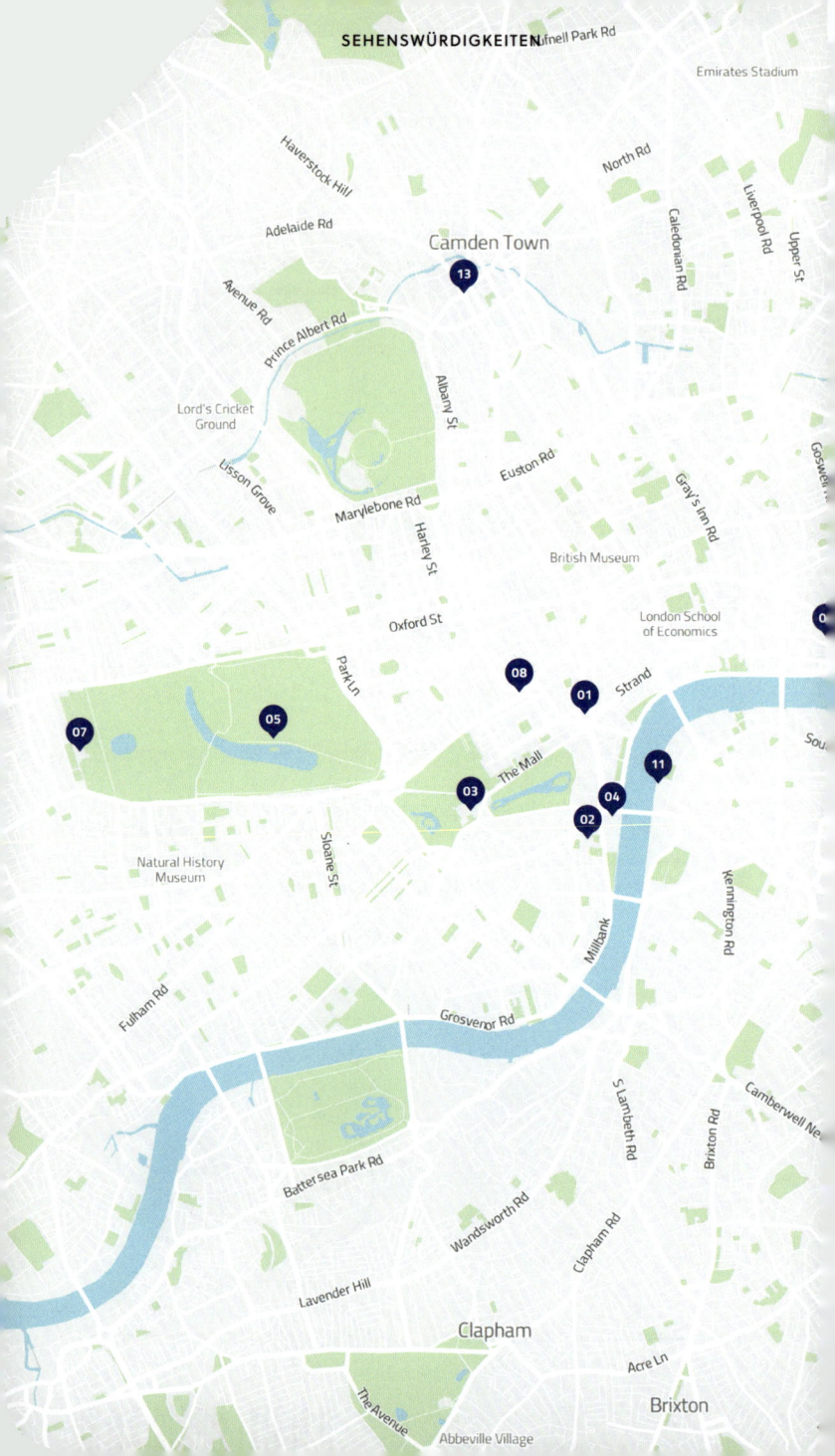

SEHENSWÜRDIGKEITEN

SEHENSWÜRDIGKEITEN

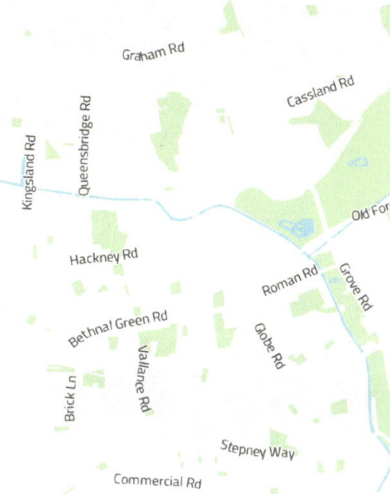

Top 15 Sights

01 Trafalgar Square
02 Westminster Abbey
03 Buckingham Palace
04 Big Ben
05 Hyde Park
06 Sky Garden
07 Kensington Palace
08 Piccadilly Circus
09 St Paul's Cathedral
10 Tower of London
11 London Eye
12 The Shard
13 Camden Town
14 Greenwich Observatory
15 Tower Bridge

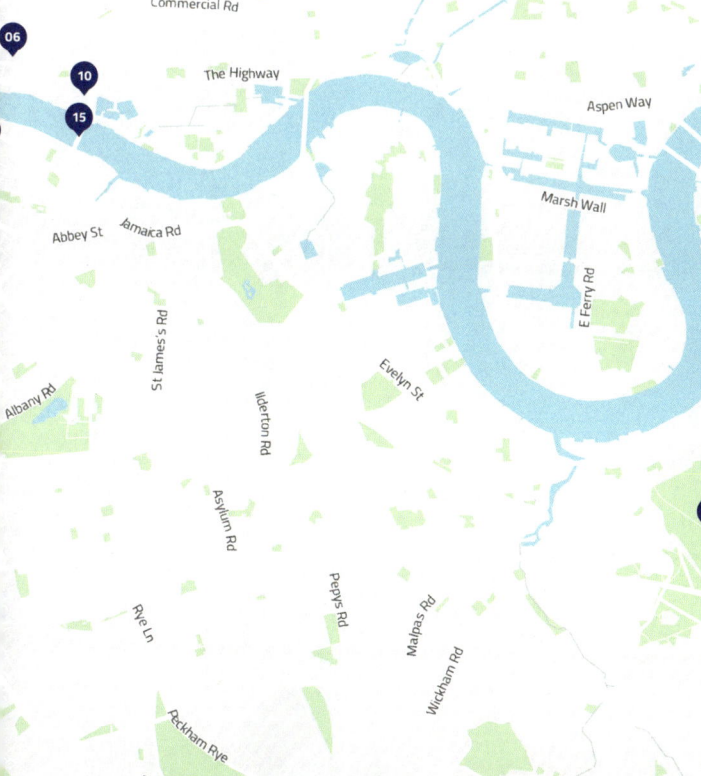

LOVING LONDON

VINYL SALE TODAY

HUGE VINTAGE CLOTHING MARKET DOWNSTAIRS ↓ TODAY!

SUNDAY 10-6PM

AKTIVITÄTEN

Am meisten fasziniert uns an London, dass es für jeden etwas zu bieten hat. Ihr könnt nicht nur im Pub sitzen und Bier trinken, sondern auch nach Wimbledon zum Tennis fahren, auf den Spuren Harry Potters wandeln oder ganz einfach ausgiebig shoppen. Und selbst für die Reise mit der ganzen Familie bietet London mehr als nur eine Alternative.

VIELE REISEBERICHTE UND VIDEOS VON TOUREN ODER AKTIVITÄTEN GIBT ES AUF:

> lovinglondon.de/aktivitaeten

DAS MÜSST IHR ERLEBT HABEN

Sightseeing ist selbst in London nicht alles. Gerade das kulturelle Leben bietet euch so viele Möglichkeiten, damit sich die müden Füße erholen können – allen voran im Theater oder in den zahlreichen Musicals im West End. Wenn's mehr Action sein soll, stürzt ihr euch ins Londoner Nachtleben oder entdeckt ganz andere Seiten von London bei einem Helikopter-Rundflug.

INSIDER TIPP

VON ISABELLE
Genau wie bei den Attraktionen gilt auch hier: Viele der Touren sind in den Londoner Sightseeing-Pässen enthalten und schonen eure Reisekasse. Welcher der richtige Pass für euch ist, verrät euch unser Passberater:
› *lovinglondon.de/passberater*

DIE WELT VON HARRY POTTER IN LONDON

Seit über 20 Jahren begeistern die Abenteuer von Zauberschüler [**Harry Potter**] alle Altersklassen. Die acht Filme nach den Romanvorlagen von Joanne K. Rowling sind, gemessen an den Einspielergebnissen, die erfolgreichste Filmreihe der Welt. Und: Zahlreiche Szenen aller Teile wurden in London gedreht.

Den meisten bekannt ist mittlerweile sicherlich der Gepäckwagen in der Eingangshalle des Bahnhofs [**King's Cross**], der am fiktiven Gleis 9¾ in die Wand rast. Immer noch ein absolutes Muss für alle Fans! Aber auch viele andere Orte werdet ihr aus den Filmen wiedererkennen – wie zum Beispiel das Reptilienhaus im Londoner Zoo, in welchem Harry im ersten Teil seine Kräfte entdeckt, oder den Leadenhall Market, der bei vielen Aufnahmen als Winkelgasse diente.

Auch nicht entgehen lassen sollten eingefleischte Fans sich die [**Warner Bros. Studio Tour**]. Hier könnt ihr nicht nur Drehorte wie die große Halle oder Hagrids Hütte besuchen, sondern auch über viele originale Requisiten staunen und das aus Hogsmeade bekannte Butterbier probieren!

Wer wirklich keinen der Spots verpassen möchte, bucht am besten eine geführte Tour. Dabei habt ihr die Wahl aus einem großen Angebot: Vom geführten Stadtrundgang über eine Privattour im original Londoner Taxi bis hin zum Rundum-Paket inklusive Besuch der Drehorte in Oxford und der Warner Bros. Studio Tour ist alles möglich.

Das größte Highlight ist aber wohl ein Besuch im Palace Theatre: Hier wird seit 2016 [**Harry Potter And The Cursed Child**] aufgeführt. Das mit Preisen regelrecht überhäufte Stück erzählt in zwei Teilen die Geschichte nach dem letzten Buch fort und macht dabei einen Sprung in die heutige Zeit. Bucht hier unbedingt im Voraus – die Karten sind nach wie vor heiß begehrt!

Warner Bros. Studio Tour

MEHR ÜBER DIESE SPOTS ERFAHREN: LLDN.DE/10092

HOP-ON HOP-OFF TOUREN PER BUS

Eine der besten Arten, London zu entdecken, ist mit dem [Hop-on Hop-off-Bus]. Mit einem Tagesticket für 32 £ könnt ihr euch einen super Überblick über die vielen Sehenswürdigkeiten der Stadt verschaffen. Ihr könnt einfach an den Stationen aussteigen, die euch gefallen (Hop-off) und an beliebigen Punkten wieder einsteigen (Hop-on), um die Tour weiterzuführen. Vor allem für Erstbesucher oder Familien ist solch eine Tour absolut empfehlenswert. Während der Fahrt erzählt euch ein Guide alles Wichtige über die Highlights auf der Strecke. Über ein Audiosystem könnt ihr ihm zuhören – Kopfhörer erhaltet ihr kostenlos (Sprachen u. a. in Deutsch und Englisch), ihr könnt aber natürlich auch eure eigenen benutzen.

Wenn euch 24 Stunden nicht genug sind, könnt ihr euch auch ein Ticket für 48 Stunden kaufen. Das absolut Beste: Eine Bootsfahrt auf der Themse ist immer inkludiert.

Die Busse sind in drei Routen aufgeteilt (Rot, Gelb und Blau) und fahren in einem Takt von ca. 15–20 Minuten. So müsst ihr nie lange auf den nächsten Bus warten. Wenn ihr die Tickets online kauft, könnt ihr euren Voucher im »Original Sightseeing Tour«-Besucherzentrum am Trafalgar Square einlösen – oder direkt am Bus an einem der folgenden Startpunkte: Piccadilly Circus, Trafalgar Square, Russell Square, Woburn Place, Victoria, Grosvenor Gardens sowie Marble Arch.

LONDON VON OBEN PER HELIKOPTERFLUG

Wenn ihr denkt, dass ihr schon alles von London gesehen habt und alles erlebt habt, ist ein [Helikopterflug] über London genau das Richtige für euch! Hier bekommt ihr einen ganz neuen Eindruck von der City, wenn ihr in ein paar Hundert Metern Höhe über die Themse fliegt und die Sehenswürdigkeiten unter und neben euch vorbeiziehen.

Ihr startet euren Flug am Heliport in Battersea und fliegt dann je nach Tour bis Canary Wharf, wo ihr umdreht und dann wieder Themse-aufwärts bis Fulham zurückfliegt. Lasst euch nicht von der niedrig erscheinenden Zeit von 12 Minuten abschrecken – das reicht völlig, um alles Wichtige zu sehen und kommt einem sogar viel länger vor. Und die tollen Eindrücke bleiben sowieso für immer!

› INSIDER TIPP

VON MATTHIAS
Ein Helikopterflug ist das perfekte Geschenk, wenn ihr z. B. etwas Besonderes in London feiern wollt. Die Überraschung ist riesig und die Erinnerung daran unvergesslich!

BOOTSTOUREN IN LONDON

Quer durch London schlängelt sich die Themse und es ist ein wirklich schönes Erlebnis, eine [Bootstour] zu machen und vom Wasser aus die Skyline Londons mit Sehenswürdigkeiten wie das London Eye, den Big Ben und die Tower Bridge zu bewundern.

Für alle Erstbesucher lohnt es sich, mit einem Bootstour-Hop-On-Hop-Off-Pass nach Lust und Laune über die Themse zu schippern und an jeder beliebigen Anlegestelle ein- und auszusteigen. Die Fahrten beginnen alle 40 Minuten vom Westminster-, Waterloo- (in der Nähe des London Eye), Tower- oder am Greenwich-Pier (in der Nähe von Cutty Sark). Die kürzeste Tour zwischen den Piers dauert dabei ca. 20 bis 30 Minuten. Für die gesamte Hin- und Rückfahrt solltet ihr euch etwa 2,5 Stunden Zeit einplanen. Ebenfalls sehr schön: Eine Schifffahrt inkl. London Eye Ticket. Das London Eye bietet nämlich Kombi-Tickets für ca. 30 £ an. Die London Eye River Cruises fahren von der Anlegestelle direkt am Fuß des Riesenrads ab und eignen sich daher ideal, um die beiden Aktivitäten zu verbinden. Die Tickets für die Touren könnt ihr ganz bequem online buchen – so müsst ihr nirgends lange anstehen und könnt direkt aufs Boot.

› **INSIDER TIPP**

VON LAURA

Besonders romantisch sind die Bootstouren bei Sonnenuntergang. Dafür solltet ihr euch ca. 2 Stunden Zeit einplanen. Die Fahrten finden Mittwoch bis Sonntag statt. Stellt sicher, dass ihr 15 Minuten vor Boarding am Pier seid, damit ihr rechtzeitig aufs Boot kommt.

Bootstour auf der Themse

MEHR ÜBER DIESE SPOTS ERFAHREN: LLDN.DE/10093

SPORT-EVENTS & STADIONFÜHRUNGEN

Für Sportbegeisterte aller Art bieten sich in London zahlreiche Großevents an. Jedem bekannt ist dabei wohl Wimbledon – das älteste und prestigeträchtigste **Tennisturnier** überhaupt. Tennisfans aus aller Welt träumen davon, hier bei einem Spiel live dabei zu sein. Entsprechend rar und kostspielig sind die Karten. Wer keine bekommen hat, kann außerhalb der beiden Turnierwochen im Juli zu jeder Zeit Führungen durch das Stadion buchen und dabei den Center Court und das Wimbledon Museum besuchen.

Zahlreiche Möglichkeiten bieten sich wiederum für **Fußballfans**: Mit etwas Glück könnt ihr vorab Tickets für ein Spiel von Chelsea, Arsenal oder Tottenham Hotspur im legendären Wembley-Stadion ergattern. Wenn ihr erst vor Ort auf Ticketsuche geht, kann es gut sein, dass die Spiele bereits ausverkauft sind. Kauft diese daher lieber vorab online. In jedem Fall bietet sich euch aber auch hier die Möglichkeit einer Stadiontour. Unser Spartipp: Im London-Pass sind Eintritt und Führung bei allen drei Stadien enthalten!

Aber auch andere ⌈Sportarten⌉ sind in London ganz groß: So habt ihr auch die Möglichkeit, einen der fünf **Londoner Rugby-Vereine** bei einem Spiel anzufeuern. Die beiden großen Ligen finden versetzt statt, sodass ganzjährig gespielt wird. Von April bis September könnt ihr euch zudem ein Bild davon machen, warum **Cricket** in Großbritannien so populär ist. Und für die Fans von **American Football** gibt es im Herbst ein echtes Highlight: Regelmäßig gastiert die NFL für einige wenige Spiele in Wembley!

MUSICALS & THEATER

Die ⌈Musical- und Theateraufführungen⌉ in London gehören zu den besten der Welt. Deswegen ist auch kein London-Trip komplett ohne einen Besuch im Theaterviertel: dem West End. Hier reiht sich ein prestigeträchtiges Theaterhaus an das nächste. Die Bandbreite der Aufführungen ist dabei so groß, dass für jeden Geschmack etwas dabei ist. Wer konkrete Vorstellungen hat, bucht seine Tickets am besten weit im Voraus, denn die guten Plätze bei den Publikumslieblingen sind schnell ausgebucht.

VON ISABELLE

Eine tolle Option sind die Kombi-Tickets für ein Abendessen mit anschließender Theater- oder Musicalaufführung. Mit dieser originellen Idee könnt ihr jede Menge Geld sparen!

> INSIDER TIPP

Wer sparen will und flexibel ist, kann sich aber auch kurzfristig Restplatzkarten sichern und bis zu fünfzig Prozent sparen. Ticketstände gibt es im West End praktisch an jeder Ecke, der namhafteste ist jedoch `TKTS` am Leicester Square. Hier könnt ihr günstige Tickets für den gleichen und die beiden kommenden Tage ergattern. Fragt dabei am besten nach, ob die Plätze eine Sichteinschränkung haben – und prüft, ob auf den eigentlichen Preis noch Gebühren aufgeschlagen werden.

Unsere drei Lieblingsstücke:

Der König der Löwen
Egal ob New York, Hamburg oder London: Die Geschichte des Löwenjungen Simba ist ein weltweiter Erfolg – und eines der beliebtesten Musicals überhaupt. Die tollen Kostüme und die liebevolle Inszenierung beeindrucken genauso wie die Musik, die einfach unter die Haut geht.

Les Misérables
Das Stück basiert auf dem Klassiker von Victor Hugo – und wurde bereits in 22 Sprachen übersetzt und in 44 Ländern aufgeführt. Die Geschichte eines ehemaligen Sträflings, der sich unter einer falschen Identität ein neues Leben aufbaut, zählt zu den besten Werken der Geschichte und ist ein absolutes Muss für euren London-Besuch!

Agatha Christie's: The Mousetrap
Kein Theaterstück in Großbritannien läuft länger: Seit 1952 wird The Mousetrap ohne Unterbrechung aufgeführt. In dem Stück im beeindruckenden St Martin's Theatre klären die acht Hauptprotagonisten einen mysteriösen Mord auf – mithilfe des Publikums.

AUSGEHEN & NIGHTLIFE

Egal an welchem Tag und zu welcher Zeit: In London ist immer etwas los. Wollt ihr euch ins **Nachtleben** stürzen, sind die Möglichkeiten schier unendlich. Für einen stilechten Abend ist einer der über 5.000 `Pubs` der Stadt immer eine sichere Bank. Was früher als schummrige Spelunke verrufen war, ist heute Synonym für urige Gemütlichkeit. Was gibt es Besseres, als mit Freunden bei einem Bier und deftigen Snacks zusammenzusitzen?

Wenn ihr es etwas nobler und außergewöhnlicher mögt, steuert ihr eine der vielen Cocktailbars an – oder im Sommer gleich eine der beliebten `Rooftop Bars`. Aber Achtung: Die spektakuläre Aussicht bei guten Drinks lässt sich oft erst ab 21 Jahren genießen. Zudem ist der Dresscode meist sehr streng – und viele Rooftop Bars sind überhaupt nur im Sommer geöffnet.

Natürlich solltet ihr euch auch auf keinen Fall einen Ausflug in die Londoner Clubszene entgehen lassen – denn die gehört zu den besten der Welt. Dank der vielen angesagten DJs kommen vor allem House-, Techno- und Electro-Fans auf ihre Kosten. Aber auch wenn ihr lieber zu Hip-Hop-Beats oder Punk und Rock feiert, findet ihr immer einen passenden Laden! Eine Übersicht der besten Clubs findet ihr auf › *Seite 306–307.*

Wenn ihr euch einfach durch die Nacht treiben lassen wollt, sind das hippe Soho sowie Islington und das alternative Camden Town immer ein guter Anlaufpunkt. Aber auch etwas außerhalb finden sich Hotspots – so ist zum Beispiel auch im aufstrebenden, multikulturellen Brixton südlich der Themse garantiert immer noch ein cooler Laden für euch offen.

MEHR ÜBER DIESE SPOTS ERFAHREN: LLDN.DE/10094

DIE BESTEN SHOPPING-SPOTS

In keiner anderen Stadt könnt ihr so gut shoppen wie in London. Die Metropole ist das Zentrum für die neuesten Modetrends und daher ist es kaum verwunderlich, dass die Fashion Week hier zweimal im Jahr stattfindet. London bietet zahlreiche Einkaufsmöglichkeiten – auch für den kleinen Geldbeutel.

Die beliebtesten Einkaufsviertel sind [Soho], [Covent Garden], [Shoreditch] und [Knightsbridge]. In Soho solltet ihr in der Carnaby Street beginnen, hier befinden sich viele tolle Läden sowie die Kingly Court Einkaufspassage mit ihren zahlreichen Geschäften, Bars und Restaurants. Soho punktet ebenfalls mit seinen zahlreichen Beauty Shops, wie Pixi, Benefit Cosmetics, Urban Decay oder Mac. Schuhliebhaber werden bei Dr. Martens, Vans, Onitsuka Tiger, Puma oder Axel Arigato definitiv fündig. Ein besonders toller Laden ist Maschine A in der Brewer Street. Hier gibt es die beste zeitgenössische Mode britischer und internationaler Designer zu kaufen. Die Stücke sind nicht ganz günstig, dafür aber sehr besonders.

In **Covent Garden** findet ihr namhafte Marken, aber auch günstige Shoppingmöglichkeiten sowie den bekannten [**Covent Garden Market**]. In der großen Markthalle herrscht ein reges Treiben und um den Markt herum unterhalten euch viele tolle Straßenkünstler. Wenn ihr gerne kleinere Boutiquen und Second Hand-Läden durchstöbert, dann ist **Shoreditch** die richtige Wahl. Die Pop-up-Stores des BoxPark sind ebenfalls ein Highlight. In Knightsbridge findet ihr das berühmte Kaufhaus Harrods und das schöne Harvey Nichols Einkaufszentrum. Wenn ihr auf der Suche nach Luxus-Boutiquen seid, solltet ihr unbedingt die Sloane Street besuchen. Hier warten exklusive Stores von Gucci, Chanel, Versace und Dior auf euch.

Die besten Einkaufsstraßen sind die [**Oxford & Regent Street**] sowie die [**Bond Street**]. In der Oxford Street gibt es über 300 Geschäfte und dementsprechend eine riesengroße Auswahl an Shoppingmöglichkeiten. So zum Beispiel Primark, Nike, Zara, River Island, Bershka, Urban Outfitters, Pull & Bear, Forever 21, Topshop und viele mehr. In der Regent Street findet ihr vor allem berühmte Modemarken wie Burberry, Calvin Klein und Mulberry. Aber auch Läden, wie Hollister Co., Mango, Zara und H&M. Parallel zur Regent Street und senkrecht zur Oxford Street befindet sich die New Bond Street. Diese ist eine der teuersten Einkaufsstraßen Londons.

Was wäre London ohne seine großartigen **Märkte**. In East London befindet sich unter anderem der Spitalfields-, Brick Lane- und Columbia Road Flower Market. Und der Norden Londons punktet mit dem Camden- sowie Broadway Market. Auf den Märkten findet ihr nicht nur tolle Vintage-Mode und Kleidung allgemein, sondern auch originelle Accessoires und Geschenkideen für Groß und Klein. Der [**Old Spitalfields Market**] ist einer unserer Lieblinge. Hier gibt es so viele schöne Boutiquen zu durchstöbern. Wir kaufen hier gerne Souvenirs, ausgefallene Geschenke und Dekoartikel. Shoppen tun wir auch gerne in den Läden von Inspitalfields, Bobbie Brown, Hackett London, Rag & Bone und Superga. Mehr zu unseren Lieblings-Märkten findet ihr hier: › *lovinglondon.de/maerkte*

LONDON MIT KINDERN ERLEBEN

Kaum zu glauben, aber die wuselige Großstadt ist auch ein toller Ort für Kinder und bietet für jedes Alter zahlreiche tolle Attraktionen und Aktivitäten.

Tiere sind ja immer faszinierend für Kinder und ihr könnt sie an vielen Orten in London erleben, etwa im **Londoner Zoo**. Am Rande des Regent's Park gelegen, erwartet euch eine atemberaubende Tierwelt. Und Kinder unter drei Jahren dürfen sogar kostenlos rein. Ebenso faszinierend ist das **SEA LIFE Aquarium**. Hier lernt ihr alles über die Unterwasserwelt – von Haien und Walen, bis hin zu kleinen Seepferdchen und Schildkröten könnt ihr alles live erleben. Ein kleiner Geheimtipp ist das **WWT London Wetland Centre**: Das Naturschutzgebiet, durch das ihr wandern könnt, ist eine urbane Oase für Tiere und Menschen. Tierischer Spaß erwartet euch auch in **Shrek's Adventure**! Erlebt die Welt von Shrek und seinen Freunden in lustigen Live-Shows und einer einzigartigen 4D-Fahrt.

Das weltberühmte Wachsfigurenkabinett von **Madame Tussauds**, erfreut die ganze Familie. Die lebensechten Wachsfiguren prominenter Personen sind in verschiedene Bereiche aufgeteilt und mit interaktiven Stationen kombiniert. Ob ihr nun großer Star Wars-Fan oder ein Verehrer der königlichen Familie seid, hier kann jeder seinem Star ganz nah sein.

Sofern keiner von euch Höhenangst hat, solltet ihr das **London Eye** besuchen. Vom Riesenrad habt ihr eine tolle Aussicht über die Stadt. Sehr interessant ist es auch auf dem **Royal Observatory Greenwich**. Hier lernt ihr alles über die Astronomie und den Nullmeridian. Es gibt auch ein Planetarium **Peter Harrison Planetarium**, welches sich für Kinder ab sieben Jahren eignet.

Für alle Museumsfans ist das **Natural History Museum** ein absolutes Muss. Vielfältige Exponate aus den Bereichen Ökologie und der Tierwelt werden auf kreative Art und Weise präsentiert. Zudem gibt es interaktive Stationen für Kinder. Absolutes Highlight ist unter anderem die Dinosaurier-Galerie. Der Eintritt ist frei.

London punktet natürlich mit seinen zahlreichen Shoppingmöglichkeiten. Auch Kinder kommen hier definitiv auf ihre Kosten, so zum Beispiel im riesigen **M&M's World** oder im **LEGO Store** am Leicester Square. Ein ganz toller Spielzeugladen ist auch **Hamleys** in der Regent Street. Es ist der älteste und größte Spielzeugladen der Welt und somit ein Paradies für Klein und Groß.

Viele der Parks haben tolle Spielplätze, auf denen sich eure Kinder mal so richtig austoben können. Im Queens Park, Diana Memorial Playground in Kensington Gardens, Duke Meadows Park sowie im Crystal Palace Park befinden sich unsere bevorzugten Spielflächen. Ein besonderer Spielplatz, der auch ein klein wenig Geld kostet, ist der **Magic Garden** am Hampton Court Palace. Kinder können hier auf Drachen herumklettern, im Wasser planschen und den richtigen Weg aus dem Labyrinth herausfinden.

Unser Tipp: Um alle Sehenswürdigkeiten von London mit Kindern entspannt zu erleben, empfehlen wir euch eine Hop-on Hop-off-Tour mit dem Bus. Die roten Doppeldeckerbusse fahren durch die ganze Stadt und ihr könnt bequem ein- und aussteigen, wo es euch gefällt. Oder auch einfach sitzen bleiben und die Aussicht genießen.

MEHR ÜBER DIESE SPOTS ERFAHREN: LLDN.DE/10095

WEST

BESTENLISTEN

Was dürft ihr auf gar keinen Fall verpassen? Wo findet ihr die coolste Cocktailbar, einen richtig guten Pub oder die besten Fish & Chips in London? All dies und noch viel mehr zeigen euch unsere Bestenlisten auf den ersten Blick. Aber psst – wir verraten euch auch unsere ganz persönlichen Geheimtipps – damit entdeckt ihr London *like a local*.

**IHR WOLLT NOCH MEHR HIGHLIGHTS?
KEIN PROBLEM – HIER KÖNNT IHR WEITERE ENTDECKEN:**

lovinglondon.de/bestenlisten

MUSEEN

Taucht ein in eine Welt rund um Kunst, Geschichte und Wissenschaft. In London befinden sich zahlreiche Museen – für jeden Geschmack ist garantiert etwas dabei.

1. [Tate Modern]
Die Dauerausstellung über zeitgenössische Kunst beherbergt derzeit eine der umfassendsten Sammlungen überhaupt und zeigt sowohl Objekte von einigen der bekanntesten Künstler, als auch Werke junger, aufstrebender Künstler.
Bankside · *Jubilee* · *Southwark*

2. [National Gallery]
Die National Gallery zeigt eine Sammlung von über 2.500 Gemälden von einigen der bekanntesten, europäischen Künstler der Jahre 1250 bis 1900. Werke von Leonardo da Vinci, Rembrandt und Van Gogh können hier bewundert werden.
Trafalgar Sq · *Bakerloo, Northern* · *Charing Cross*

3. [Natural History Museum]
Das Natural History Museum zeigt die naturgeschichtliche Entwicklung der Erde und bietet spektakuläre Exponate, wie zum Beispiel die größte Meteoritensammlung der Welt oder die Säugetier-Abteilung mit ihrem eindrucksvollen Modell eines Blauwals.
Cromwell Rd · *Circle, District, Piccadilly* · *South Kensington*

4. [British Museum]
Das British Museum besitzt eine der größten kulturgeschichtlichen Sammlungen, die es aktuell zu bestaunen gibt. Anhand bedeutender Exponate aus der ganzen Welt und verschiedenen Epochen lässt sich hier die kulturelle Entwicklung der Menschheit wunderbar nachvollziehen.
Great Russell St · *Central, Northern* · *Tottenham Court Rd*

5. [Victoria & Albert Museum]
Das Museum für Kunst und Design zeigt tolle Objekte aus den Bereichen Mode, Bildhauerei, Fotografie, Theater und vieles mehr. Über 2,3 Millionen kreative Kunstwerke sind hier ausgestellt.
Cromwell Rd · *Circle, District, Piccadilly* · *South Kensington*

6. [Design Museum]
Design bedeutet Innovation, Technologie, Kreativität und Handwerkskunst. Für all diese Bereiche gibt es eine Bandbreite an interessanten Ausstellungsstücken. Es gibt auch eine kostenfreie Ausstellung mit über 1.000 Objekten.
224–238 Kensington High St ⊖ *Circle, District* · *High Street Kensington*

7. [Tate Britain]
Das Tate Britain beherbergt die größte Sammlung britischer Kunst vom 16. bis zum 21. Jahrhundert. Hier befinden sich unter anderem Werke von Hogarth, Gainsborough und Turner. Das Café sowie das Restaurant im Museum sind sehr empfehlenswert.
Millbank ⊖ *Victoria* · *Pimlico*

8. [Science Museum]
Das Science Museum ist ein Spaß für die ganze Familie. Hier wird die Geschichte und Entwicklung der Wissenschaft beleuchtet. Das allererste Telefon, ein Teleskop von Galileo Galilei und eine weitere Vielzahl an hochinteressanten Exponaten sind im Museum ausgestellt.
Exhibition Rd ⊖ *Circle, District, Piccadilly* · *South Kensington*

9. [Museum of London]
Wer schon immer mal wissen wollte, wie London früher aussah, sollte diesem Museum einen Besuch abstatten. Die spannende Entwicklung der Stadt wird hier dokumentiert. Besonderes Highlight sind die nachgebauten Lustgärten und die Kutsche des Lord Mayor von 1757.
150 London Wall ⊖ *Circle, Hammersmith & City, Metropolitan* · *Barbican*

10. [Imperial War Museum]
Das Museum erzählt Geschichten von Menschen, deren Leben seit dem Ersten Weltkrieg von Konflikten geprägt sind. Zu sehen sind über 1.300 Objekte wie zum Beispiel Waffen, Panzer, Flugzeuge, Uniformen, Tagebücher, Erinnerungsstücke und vieles mehr.
Lambeth Rd ⊖ *Bakerloo* · *Lambeth N*

MEHR ÜBER DIESE SPOTS ERFAHREN: LLDN.DE/**10096**

VEGETARISCH & VEGAN

Wer sich fleischfrei ernährt, kommt in London definitiv nicht zu kurz. Wir haben eine Liste mit tollen vegetarischen & veganen Lokalen für euch zusammengetragen. Auch Nicht-Vegetarier werden begeistert sein!

1 **⸢Indian Veg⸥** · £
Probiert verschiedene vegane Currys vom All you can eat-Buffet. Es ist nicht nur super lecker, sondern auch noch günstig!
○ *92–93 Chapel Market*   ⊖ *Northern* · *Angel*

2 **⸢Just FaB⸥** · £
Das vegane Restaurant ist für seine sizilianischen Spezialitäten bekannt! Die Besonderheit: Das Lokal ist ein ausgemusterter roter Doppeldeckerbus – ziemlich stylisch.
○ *459, 455 Hackney Rd*   ⊖ *Central* · *Bethnal Green*

3 **⸢Borough Market⸥** · £–£££
Als einer der ältesten Lebensmittelmärkte Londons wird hier ein riesiges Angebot an leckeren veganen Speisen geboten. Perfekt zum Stöbern und Stärken!
○ *8 Southwark St*   ⊖ *Jubilee, Northern* · *London Bridge*

4 **⸢Farmacy⸥** · ££
Gesunde Bio-Lebensmittel, die Gutes für Körper und Seele tun! Naschkatzen sollten unbedingt die Chocolate Chip Warrior Waffles probieren!
○ *74 Westbourne Grove*   ⊖ *Circle, District* · *Bayswater*

5 **⸢Mildreds Soho⸥** · ££
An vier Standorten in London könnt ihr in besonders stylischem Ambiente das qualitative Angebot veganer und vegetarischer Speisen genießen. Die Location in Soho ist unser absoluter Favorit.
○ *45 Lexington St*   ⊖ *Bakerloo, Central, Victoria* · *Oxford Circus*

6. **[Norman's Coach & Horses]** · ££
Vegane Fish & Chips und mehr Deftiges im Veggie-Style bekommt ihr im ersten veganen Pub Londons, mitten in Soho.
29 Greek St, Soho · *Central, Northern* · *Tottenham Court Rd*

7. **[Kin Café]** · £
Jeden Tag könnt ihr zwischen drei Salaten, einem vegetarischen und veganen Sandwich, einer Suppe und einer Frittata oder Quiche wählen. Zudem gibt es immer noch das eine oder andere Special – auf jeden Fall schmeckt alles super lecker und frisch.
22 Foley · *Northern* · *Goodge St*

8. **[Ms. Cupcake]** · £
Die erste komplett vegane Bäckerei Londons, in der es richtig leckere Kuchen, Nussecken und natürlich Cupcakes gibt. Ein Besuch lohnt sich allemal!
408 Coldharbour Ln · *Victoria* · *Brixton*

9. **[Vanilla Black]** · £££
Hier erwartet euch eine vegetarische Geschmacksexplosion! Perfekt für einen schönen Ausgehabend mit Freunden oder ein romantisches Date.
17–18 Took's Court · *Central* · *Chancery Ln*

10. **[Itadaki Zen]** · ££
Es ist das erste japanische, vegane und gleichzeitig organische Restaurant Europas! Probiert unbedingt die gegrillten Frühlingsrollen mit Tofu-Füllung!
139 King's Cross Rd
Circle, Hammersmith & City, Metropolitan, Northern, Piccadilly, Victoria · *King's Cross*

MEHR ÜBER DIESE SPOTS ERFAHREN: LLDN.DE/10097

BURGER

Burger ist nicht gleich Burger. In London findet ihr unzählige Variationen des beliebten Fast Food-Essens. Wir haben die besten Locations für euch zusammengestellt.

1. **Patty & Bun** · £
Hochwertige American Burger und Drinks im stylishen Ambiente erwarten euch in den Londoner Filialen. Dazu gibt es wechselnde hausgemachte Limonaden und Milchshakes. Wir finden, hier gibt es zudem die besten Chicken Wings.
○ *22–23 Liverpool St* ⊖ *Central, Circle, Hammersmith & City, Metropolitan* · *Liverpool St*

2. **Mac & Wild** · ££
Das schottische Restaurant, unweit der Oxford Street, ist spezialisiert auf Fleisch. Auf der Karte stehen Burger, Steaks, schottische Spezialitäten aus den Highlands und schottischer Whisky. Die passende Einrichtung sorgt für ein modernes, rustikales Flair.
○ *65 Great Titchfield St* ⊖ *Bakerloo, Central, Victoria* · *Oxford Circus*

3. **Dip & Flip** · £
Burger verfeinern geht nicht? Doch, und zwar mit noch mehr Soße! Der Burger oder auch die Pommes werden gedippt und anschließend in den Mund geflippt. Testet es selbst aus, in einer der vier Londoner Filialen.
○ *87 Battersea Rise* ⊖ · *Rectory Rd*

4. **Stokey Bears** · £
Hier wird viel Wert auf lokale Zutaten gelegt. Die Rinder haben auf Weiden in East Sussex gegrast, bevor sie in die deliziösen Burger verwandelt wurden. Auf der Karte stehen auch Wings und vegane Alternativen.
○ *129 Stoke Newington High St*
⊖ · *Clapham Junction* ⇌ *Southern, South Western Railway, Thameslink* · *Clapham Junction*

5. **Haché** · £
Die edle Restaurantkette serviert Burger zu einem klasse Preis-Leistungs-Verhältnis. Es gibt auch Steak-Burger und wenn ihr gerne Low Carb esst, könnt ihr das Bun durch einen Salat ersetzen. Am Wochenende gibt es auch Brunch.
○ *147 Curtain Rd* ⊖ *Northern* · *Camden Town*

6 **⸢Bite Me Burger Co.⸥** · £
Nach dem Motto »making the world a burger place« ist der flippige Laden auf Burger spezialisiert. Zum Durchprobieren gibt es kleine Mini-Burger. Außerdem bekommt ihr weiteres Fast Food wie Hot Dogs, Pommes und Milchshakes.
◉ *1 Adelaide Rd*   ⊖ *Northern* · *Chalk Farm*

7 **⸢Bleecker Burger⸥** · £
An der coolen Location direkt unter der Hungerford Bridge könnt ihr leckere Streetfood-Burger draußen unter der Überdachung schlemmen. Es gibt eine super Auswahl an verschiedenen Fries, zum Beispiel mit Blue Cheese Sauce.
◉ *Under the Bridge, Riverside Level, Royal Festival Hall, The Queen's Walk*
⊖ *Bakerloo, Jubilee, Northern, Waterloo & City* · *Waterloo*

8 **⸢Honest Burger⸥** · £
Ursprünglich aus Brixton, sind die klassisch minimalistisch eingerichteten Filialen in ganz London verteilt. Trotzdem werden die Soßen und Fries selbst per Hand gemacht. Leckere Burger und auch Frühstück warten auf euch.
◉ *33 Southampton St*   ⊖ *Piccadilly* · *Covent Garden*

9 **⸢MEATliquor⸥** · £
Nicht nur Delikatessen für den Magen, sondern auch für die Augen bekommt ihr hier geboten. Das ausgefallene Design der Stores ist poppig und bunt. Es gibt eine große Auswahl an schmackhaften Burgern und Fries, auch für Veganer ist etwas dabei.
◉ *74 Welbeck St*   ⊖ *Central, Jubilee* · *Bond St*

10 **⸢Burger & Lobster⸥** · ££
Drei Schulfreunde eröffneten 2011 das Restaurant, das sich auf zwei Gerichte konzentriert: Burger und Hummer. Selbstverständlich gibt es auch einen super leckeren Hummer-Burger.
◉ *10 Wardour St*   ⊖ *Northern, Piccadilly* · *Leicester Sq*

MEHR ÜBER DIESE SPOTS ERFAHREN: LLDN.DE/**10098**

BRITISCH ESSEN

Der typisch britischen Küche eilt kein guter Ruf voraus – leider.
Denn die Briten haben sehr wohl eine Vielzahl an köstlichen Speisen,
wie zum Beispiel Fish & Chips, Roastbeef und Pie.

1

⌈Poppie's Fish & Chips⌉ · £
Das Poppie's in Spitalfields ist bekannt für seine authentischen Fish & Chips. Innen ist alles im Retro-Design – ganz im Stile der 40er- und 50er-Jahren. Der Fisch kommt direkt aus der Region und schmeckt immer lecker frisch.
📍 *6–8 Hanbury St*   🚇 *Central, Circle, Hammersmith & City, Metropolitan* · *Liverpool St*

2

⌈Blacklock Soho⌉ · ££
In einem Keller eines alten Bordells in Soho befindet sich das Blacklock. In toller Atmosphäre könnt ihr hier leckeres Roastbeef genießen. Dieses wird mit Yorkshire Pudding sowie Gemüse der Saison serviert.
📍 *24 Great Windmill St*   🚇 *Bakerloo, Piccadilly* · *Piccadilly Circus*

3

⌈MotherMash⌉ · £
Wie der Name schon verrät, gibt es hier Kartoffelpüree. Dieses wird mit traditioneller englischer Bratensoße und Würstchen oder alternativ mit einem Pie serviert. Die Würstchen stammen übrigens von Tieren aus Freilandhaltung und die Kartoffeln kommen aus der Umgebung.
📍 *26 Ganton St*   🚇 *Bakerloo, Central, Victoria* · *Oxford Circus*

4

⌈The Mall Tavern⌉ · ££
In dem viktorianischen Pub gibt es typisch britisches Essen, von Fish & Chips über köstliche Pies bis hin zum Sunday Roast. Und wie es sich für einen richtigen Pub gehört, gibt es auch eine reichliche Auswahl an Bieren.
📍 *71 Palace Gardens Terrace*   🚇 *Central, Circle, District* · *Notting Hill Gate*

5

⌈M Manze⌉ · £
Das Traditionslokal mit der grünen Markise wurde 1902 gegründet. Die Rezepte sind bis heute die gleichen geblieben, nur die Qualität der Speisen ist noch besser geworden. Hier gibt es vorwiegend Gerichte mit Pie und Kartoffelpüree. Das Essen bestellt ihr an der Theke.
📍 *87 Tower Bridge Rd*   🚇 *42, 78, 188* · *Grange Rd Caledonian Market (Stop L)*

6 — **The Harwood Arms** · £££
Etwas versteckt in einer kleinen Seitenstraße befindet sich das mit einem Michelin-Stern ausgezeichnete Lokal. Hier gibt es hauptsächlich Wild und als Beilage leckeren Pie.
Walham Grove ⊖ *District* · *Fulham Broadway*

7 — **Goddards at Greenwich** · £
Das Goddards in Greenwich ist ein Familienunternehmen, welches seit 1890 Pies und Mash, also Kartoffelpüree, anbietet. Sieben Tage die Woche könnt ihr hier schlemmen und die Pies in verschiedenen Geschmacksrichtungen, so unter anderem mit Käse, Zwiebeln, Chicken oder Beef, genießen.
22 King William Walk ⊖ · *Greenwich*

8 — **The Golden Hind** · ££
Seit 1914 befindet sich das Restaurant im Herzen der Marylebone High Street. In einer äußerst charmanten Atmosphäre könnt ihr leckere Fish & Chips genießen. Der Fisch wird täglich frisch gefangen und zubereitet. Nicht nur das Essen, sondern auch der Service ist einfach klasse.
71a–73 Marylebone Ln ⊖ *Central, Jubilee* · *Bond St*

9 — **Fish Lounge** · £
In der Fish Lounge erwarten euch verschiedene Fischgerichte. Die klassischen Fish & Chips sind ein wahrer Gaumenschmaus. Die Portionen sind ziemlich groß, satt werdet ihr hier also allemal.
99 Brixton Hill
⊖ *45, 59, 109, 118, 133, 159, 250, 333, N109, N133* · *Blenheim Gardens (Stop BC)*

10 — **Berners Tavern** · £££
Die Berners Tavern besitzt eine unglaublich beeindruckende Inneneinrichtung. Hier diniert ihr in einem prunkvollen, historischen Ambiente. Die exquisite britische Küche setzen dem Ganzen noch die Krone auf. Unbedingt vorab reservieren.
10 Berners St ⊖ *Central, Northern* · *Tottenham Court Rd*

MEHR ÜBER DIESE SPOTS ERFAHREN: LLDN.DE/10099

BREAKFAST & BRUNCH

Lecker frühstücken und brunchen könnt ihr in London eigentlich so gut wie an jeder Ecke. Für jeden Geschmack ist immer etwas dabei – angefangen vom typischen englischen Frühstück über herzhafte Speisen bis hin zu süßen Leckereien.

1 **[The Breakfast Club]** · ££
Das einzigartige und stylische Ambiente mit lässiger Musik ist das Markenzeichen der insgesamt acht belebten Cafés. Hier werden neben klassisch englischem Frühstück auch köstliche Alternativen und frische Säfte serviert.
○ *33 D'Arblay St* ⊖ *Bakerloo, Central, Victoria* · *Oxford Circus*

2 **[L'ETO]** · ££
In den fünf französischen Cafés könnt ihr bis 17 Uhr köstliches Frühstück genießen. Das Porridge mit Erdbeeren beispielsweise schmeckt himmlisch. Die Cafés sind außerdem eine super Adresse für individuelle Kuchen.
○ *155 Wardour St* ⊖ *Central, Northern* · *Tottenham Court Rd*

3 **[The Book Club]** · ££
Hier bekommt ihr alles, was es für ein gutes Frühstück braucht – auch das traditionelle englische Frühstück mit Baked Beans, Champignons und Würstchen.
○ *100–106 Leonard St* ⊖ *Northern* · *Old St*

4 **[Daisy Green]** · ££
Das kleine gemütliche Café serviert fast ausschließlich selbstgemachte australische Speisen, die ihr an der Frühstücksbar individuell zusammenstellen könnt.
○ *20 Seymour St* ⊖ *Central* · *Marble Arch*

5 **[The Monocle Café]** · £
Eine tolle Auswahl an Kaffee, Sandwiches und Gebäck könnt ihr hier in kunstvoller Atmosphäre genießen. Die aktuelle Ausgabe des Monocle Magazin liegt immer bereit.
○ *18 Chiltern St* ⊖ *Bakerloo, Circle, Hammersmith & City, Jubilee, Metropolitan* · *Baker St*

6 ⸢**26 Grains**⸥ · ££
Für Porridge-Liebhaber genau das Richtige: Liebevoll angerichtete süße und herzhafte Variationen befinden sich auf der Speisekarte des 26 Grains.
◯ *1 Neal's Yard* ⊖ *Piccadilly* · *Covent Garden*

7 ⸢**E Pellicci**⸥ · £
Das familiengeführte italienische Restaurant und Café existiert schon seit dem Jahr 1900 und ist ein Londoner Klassiker. Typisch englisches Frühstück und italienische Speisen stehen auf der Karte.
◯ *332 Bethnal Green Rd* ⊖ *Central* · *Bethnal Green*

8 ⸢**Coppa Club Tower Bridge**⸥ · ££
In dieser außergewöhnlichen Location könnt ihr bei gutem Wetter englisches Frühstück mit Blick auf die Themse genießen. In einem transparenten Iglu!
◯ *3 Quays Walk* ⊖ *Circle, District* · *Tower Hill*

9 ⸢**The Black Penny**⸥ · £
Ein Frühstück kostet hier etwas mehr als nur einen Penny, aber die Qualität der Speisen ist dementsprechend sehr gut. Besonders lecker sind die Baked Beans auf Sauerteigtoast mit Ricotta, Rucola und Ei.
◯ *34 Great Queen St* ⊖ *Central, Piccadilly* · *Holborn*

10 ⸢**Darwin Brasserie**⸥ · £££
Hoch oben im 36. Stock beginnt ihr den Tag mit einer tollen Aussicht über die Stadt und die Themse bei einem Frühstück im Sky Garden. Der Ausblick von der Rooftop Brasserie ist umwerfend und die Karte umfangreich. Hier solltet ihr unbedingt reservieren.
◯ *Level 36, Sky Garden, 20 Philpot Ln* ⊖ *Circle, District* · *Monument*

MEHR ÜBER DIESE SPOTS ERFAHREN: LLDN.DE/**10100**

TEA TIME

Ein Kännchen schwarzen Tee, Scones mit Marmelade, kleine Sandwiches mit Frischkäse und Lachs sowie leckeres süßes Gebäck – die Tea Time in London solltet ihr euch auf keinen Fall entgehen lassen.

1 **⌈Harrods⌉** · £££
Im obersten Stock des berühmten Einkaufszentrums befindet sich ein sehr schickes und stylisches Café. Das Beste sind die verschiedenen Etageren mit Sandwiches, Kuchen und Pralinen.
○ *87–135 Brompton Rd* ⊖ *Piccadilly* · Knightsbridge

2 **⌈Soho's Secret Tea Room⌉** · ££
Etwas versteckt über einem Pub befindet sich die gemütliche Teestube. Das Teeservice ist total niedlich – hauptsächlich aus Porzellan mit Blumenmotiven. Hier gibt es neben Kuchen, Scones und Sandwiches auch vegane Leckereien.
○ *29 Greek St* ⊖ *Central, Northern* · Tottenham Court Rd

3 **⌈The Berkeley⌉** · £££
Ihr liebt alles, was mit Mode zu tun hat? Dann ist diese Tea Time der etwas anderen Art genau das Richtige für euch: Inspiriert von den unterschiedlichen Farben und Trends der Modewelt werden die Köstlichkeiten serviert. So gibt es zum Beispiel Kuchen in Form von Handtaschen und Schuhen.
○ *Wilton Pl* ⊖ *Piccadilly* · Knightsbridge

4 **⌈Betty Blythe Vintage Tea Room⌉** · ££
Das Betty Blythe steht unter dem Vintage-Motto. Die Räume sind dementsprechend eingerichtet und viele kleine Details runden diesen Stil ab. Vor allem die Kuchen und Scones sind besonders lecker. Bei gutem Wetter könnt ihr auch draußen sitzen.
○ *73 Blythe Rd* ⊖ *District* · Kensington (Olympia)

5 **⌈Savoy Afternoon Tea⌉** · £££
Allein schon wegen der riesigen Glaskuppel inmitten des Cafés solltet ihr ins Savoy gehen. Ihr fühlt euch hier, als säßet ihr in einem sehr gemütlichen Wintergarten. Die klassische Tea Time mit Scones und Sandwiches ist absolut klasse.
○ *Strand (Savoy Hotel)* ⊖ *Circle, District* · Temple

6 · **⌈Albion⌉** · £
In der hauseigenen Bäckerei vom Albion wird tagtäglich frisch gebacken. Es gibt dementsprechend eine riesige Auswahl an Kuchen. Die Scones sind natürlich auch ein absoluter Gaumenschmaus. Ihr habt die Qual der Wahl.
 ♀ *2–4 Boundary St* ⊖ **Northern** · *Old St*

7 · **⌈Tea and Tattle⌉** · £
Im Untergeschoss eines Buchladens und gegenüber vom British Museum befindet sich die charmante Teestube. Nach einer Sightseeingtour könnt ihr euch hier eine Verschnaufpause gönnen. Allerdings solltet ihr vorab reservieren, da es nur sehr wenige Plätze gibt.
 ♀ *41 Great Russell St* ⊖ **Central, Northern** · *Tottenham Court Rd*

8 · **⌈Soho Hotel⌉** · ££
Im schicken Boutique-Hotel gibt es die Tea Time mal anders: Hendrick's G & Tea – einen von Gin inspirierten Afternoon Tea vom schottischen Schnapsbrenner Hendrick's. Auf zum Teil plüschigen Sofas könnt ihr euren Tee genüsslich zu euch nehmen.
 ♀ *4 Richmond Mews* ⊖ **Central, Northern** · *Tottenham Court Rd*

9 · **⌈The Dorchester⌉** · £££
Jeden Tag kreiert die Pâtisserie im Dorchester die verschiedensten Köstlichkeiten. In einer sehr gemütlichen Atmosphäre könnt ihr den Afternoon Tea voll und ganz genießen.
 ♀ *53 Park Ln* ⊖ **Jubilee, Piccadilly, Victoria** · *Green Pk*

10 · **⌈The Zetter Townhouse⌉** · £££
Im Zetter Townhouse sind vor allem die Etageren absolute Hingucker. Süßes und Herzhaftes, so weit das Auge reicht. Hier wird definitiv nicht an Leckereien gespart. Statt Tee könnt ihr euch auch einen leckeren Fruchtcocktail bestellen.
 ♀ *28–30 Seymour St* ⊖ **Central** · *Marble Arch*

MEHR ÜBER DIESE SPOTS ERFAHREN: LLDN.DE/**10101**

PUBS

Cheers! Feuchtfröhlich geht es in den Londoner Pubs zu. Ausgelassene Stimmung, beste Drinks und typisch britische Gerichte erwarten euch in den meist urigen Public Houses.

1

[The Dove] · ££
Bei gutem Wetter sitzt ihr hier am besten draußen auf der Terrasse und genießt ein leckeres Bier mit Blick auf die Themse. Der Pub ist nicht nur bei Einheimischen sehr beliebt, sondern auch bei Promis – eine Gästeliste hängt übrigens an der Bar.
19 Upper Mall ⊖ *33, 72, 209, 419, 485, 609* · *Hammersmith Bridge North Side*

2

[Lamb & Flag] · ££
Schon Charles Dickens soll in diesem Pub seinen Pint getrunken haben und im 19. Jahrhundert fanden hier sogar Bare-Knuckle-Boxkämpfe statt. Im Lamb & Flag ist damals wie heute ordentlich was los – aber keine Angst, alles läuft ganz harmonisch ab.
33 Rose St ⊖ *Northern, Piccadilly* · *Leicester Sq*

3

[The Mayflower] · £
The Mayflower befindet sich im Herzen von Rotherhithe, direkt an der Themse. Der Pub ist total gemütlich eingerichtet. Auf der Speisekarte stehen typisch britische Gerichte. Die Fish & Chips sind sehr zu empfehlen.
117 Rotherhithe St ⊖ · *Rotherhithe*

4

[Ye Olde Cheshire Cheese] · £
Das Ye Olde Cheshire Cheese soll der älteste Pub in London sein. Nach dem großen Brand von London wurde dieser im Jahr 1667 wieder aufgebaut – die verschiedenen Durchgänge und Räume sind geblieben. Das Essen und die Drinks sind köstlich.
145 Fleet St ⊖ *Circle, District* · *Blackfriars*

5

[The George Inn] · ££
The George Inn wurde im Jahr 1672 erbaut und verfügt als einziger Pub über eine Galerie. Im zweiten Stock könnt ihr, wie es auch Shakespeare gemacht haben soll, euren Drink genießen. Bei gutem Wetter könnt ihr auch gemütlich draußen im Innenhof sitzen und etwas trinken. An einem lauen Sommerabend gibt es nichts Besseres.
77 Borough High St ⊖ *Jubilee, Northern* · *London Bridge*

6 **[The Harp]** · £
Vor dem mit Blumen geschmückten Pub versammelt sich gerne eine Traube von Menschen. Aber keine Sorgen, drinnen ist auch genügend Platz. Das Angebot an Cider und Bier ist enorm. Für den kleinen Hunger ist auch gesorgt. Die Hot Dogs sind sehr lecker.
47 Chandos Pl · *Bakerloo, Northern* · *Charing Cross*

7 **[The Grenadier]** · ££
Wenn ihr keine Angst vor Geistern habt, dann seid ihr in diesem kultigen und historischen Pub genau richtig. Angeblich geschahen in dem Gebäude des Grenadiers in der Vergangenheit mehrere Morde. Die Londoner scheinen nicht abergläubisch zu sein, denn hier ist immer volles Haus.
18 Wilton Row · *Piccadilly* · *Hyde Park Corner*

8 **[Ye Olde Mitre Tavern]** · £
Ein wirklich schöner Pub voller Charm und Charakter. Wenn ihr durch die Türen spaziert, habt ihr das Gefühl, mit einer Zeitmaschine gereist zu sein. Der Pub diente auch schon als Kulisse für Kultfilme wie z. B. Snatch. Probiert unbedingt die Real Ales und die Sandwiches.
1 Ely Pl · *Central* · *Chancery Ln*

9 **[The Spaniards Inn]** · ££
Am Rande von Hampstead Heath gelegen, befindet sich der ikonische Pub. Zu jeder Tageszeit könnt ihr hier lecker essen und trinken. Die Auswahl an Fassbieren, Craft Bieren und Weinen ist riesig. Neben einem offenen Kamin gibt es hier auch einen wunderschönen Biergarten.
Spaniards Rd · *210, 613* · *The Spaniards Inn*

10 **[The French House]** · ££
Das French House ist der perfekte Ort für eine gesellige After Work-Runde bei erstklassigem Wein und Bier. Zu Stoßzeiten ist der Pub gerammelt voll und lässt einen automatisch mit den Londoner Locals in Kontakt treten.
49 Dean St · *Northern, Piccadilly* · *Leicester Sq*

MEHR ÜBER DIESE SPOTS ERFAHREN: LLDN.DE/**10102**

ROOFTOP BARS

Rooftop Bars besitzen einen ganz eigenen Charme – besonders bei schönem Wetter. In London haben viele dieser Bars nur im Sommer geöffnet, aber dafür gibt es eine grandiose Auswahl. Ob schick und elegant oder locker und entspannt – hier ist für jeden was dabei!

1 [Rumpus Room] · ££
Eine stylische Cocktailbar mit Innen- und Außenbereich. Draußen erwartet euch ein wunderbarer Ausblick auf die St Paul's Cathedral und für regnerische Tage gibt es einen gemütlichen Innenbereich.
○ *20 Upper Ground* ⊖ **Circle, District** · *Blackfriars*

2 [Piculpeper] · ££
Piculpeper bietet nicht nur einen grandiosen Ausblick, sondern auch die Möglichkeit, Lunch und Dinner zu genießen. Das Gemüse für die Gerichte und auch Smoothies wird direkt auf dem Dach angebaut.
○ *40 Commercial St* ⊖ **District, Hammersmith & City** · *Aldgate E*

3 [Frank's Cafe] · £
Nirgendwo sonst lässt sich ein Sonnenuntergang so genießen wie hier. Das Frank's ist im Sommer ein Geheimtipp unter den Locals und immer gut besucht. Die leckeren Campari-Cocktails werden euch begeistern!
○ *Peckham Multi-Story Carpark, 95A Rye Ln*
⊖ · *Peckham Rye* ⇌ **Southern, Southeastern, Thameslink** · *Peckham Rye*

4 [The Boundary Rooftop Bar & Grill] · ££
Hier gibt es nicht nur leckere Drinks, sondern auch ein hervorragendes Dinner. Mitten in Shoreditch gelegen, lockt das Boundary mit leckerer Küche, tollen Drinks und einer schönen Aussicht.
○ *2–4 Boundary St* ⊖ **Northern** · *Old St*

5 [Dalston Roof Park] · £
Diese tolle Bar liegt zwar etwas außerhalb des Zentrums, lohnt sich aber auf jeden Fall. In entspannter Atmosphäre gibt es hier regelmäßig legendäre Partys mit Live-Musik oder DJs. Die Drinks sind auch lecker und vergleichsweise etwas erschwinglicher.
○ *18 Ashwin St* ⊖ · *Dalston Junction*

6 [Aviary] · £££
Eine elegante und luxuriöse Rooftop Bar: In stilvoller Atmosphäre lockt die Aviary Bar nicht nur mit den besten Cocktails und einem grandiosem Ausblick, sondern auch mit einem tollen Dinner-Menü.
22–25 Finsbury Sq · *Circle, Hammersmith & City, Metropolitan, Northern* · *Moorgate*

7 [Netil 360] · £
Ein absolut coole Bar in Hackney. Es gibt keine Gästeliste, Reservierungen werden in der Regel auch nicht angenommen und Hunde sind herzlich willkommen.
1 Westgate St · *London Fields*

8 [Bar Elba] · ££
Exile in Paradise: Wie Napoleon auf Elba fühlt ihr euch an einem lauen Sommerabend in dieser rustikalen, aber charmanten Rooftop Bar, wie im Paradies. Neben guten Cocktails gibt's auch leckere Burger.
109–117 Waterloo Rd · *Bakerloo, Jubilee, Northern, Waterloo & City* · *Waterloo*

9 [Madison] · £££
Ganzjährig geöffnet, habt ihr von der Dachterrasse des Madison einen einmaligen Blick auf die St Paul's Cathedral. Die netten Bedienungen und das Ambiente machen die Atmosphäre perfekt.
One New Change, St Paul's · *Central* · *St Paul's*

10 [Aqua Spirit] · ££
Luxus und Service der Extraklasse erwarten euch im Aqua. Der Ausblick ist genial und wird nur von den Cocktails übertroffen. Schicke Kleidung ist allerdings Pflicht, um reingelassen zu werden.
240 Regent St · *Bakerloo, Central, Victoria* · *Oxford Circus*

MEHR ÜBER DIESE SPOTS ERFAHREN: LLDN.DE/**10103**

CLUBS

Das Londoner Nachtleben ist eines der coolsten überhaupt. Die angesagtesten DJs legen in den besten Clubs der Stadt auf und bringen die Menge zum Toben.

1 ⟦**Fabric**⟧ · *House, Techno, Electro & Disco*
Der Club gehört zu den besten der Welt und verfügt über eine sagenhafte Fläche von 25.000 Quadratmetern. Es gibt drei Dancefloors und in einem Raum den sogenannten »bodysonic dancefloor« – dieser vibriert. Größen wie Adam Beyer, Eddie Richards und Jamie Jones legen hier regelmäßig auf.
  ◯ *77A Charterhouse St*   ⊖ *Circle, Hammersmith & City, Metropolitan* · *Barbican*

2 ⟦**Corsica**⟧ · *Studio House & Techno*
Unter zwei Eisenbahnbögen befindet sich der tolle Club mit einem phänomenalen Soundsystem. Hier legen super DJs auf, ihr könnt die ganze Nacht feiern und die Stimmung ist ausgelassen.
  ◯ *4/5 Elephant Rd*   ⊖ *Bakerloo, Northern* · *Elephant & Castle*

3 ⟦**Ministry of Sound**⟧ · *House, Techno & Electro*
Einzigartige Soundanlage, Lasershows und Nebelmaschinen – das Ministry of Sound ist ein absolutes Highlight in der Clubszene. Auf vier verschiedenen Tanzflächen könnt ihr ordentlich feiern.
  ◯ *103 Gaunt St*   ⊖ *Bakerloo, Northern* · *Elephant & Castle*

4 ⟦**CLF Art Cafe**⟧ · *House, Deep Techno & Disco*
Im Bussey Building befindet sich das CLF Art Cafe. Hier finden viele tolle Musikveranstaltungen und legendäre Partys statt. Die Stimmung im Club ist super.
  ◯ *Block A, Bussey Building, 133 Rye Ln*
  ⊖ · *Peckham Rye*   ⇌ *Southern, Southeastern, Thameslink* · *Peckham Rye*

5 ⟦**Phonox**⟧ · *Underground, House & Techno*
Die Musik, das Personal und die Stimmung sind im Phonox absolut grandios. Die riesige Diskokugel an der Decke ist ein absoluter Hingucker. Die Locals gehen hier übrigens auch gerne feiern.
  ◯ *418 Brixton Rd*   ⊖ *Victoria* · *Brixton*

6 · **[Borderline]** · *Indie, Punk, Rock, Heavy Metal & Dance*
Der Club befindet sich im Keller und es wird vorwiegend Live-Musik gespielt. Hier bekommen auch junge Talente die Möglichkeit, mit ihrer Musik durchzustarten. Maximal 275 Besucher haben hier Platz, es kann also eng werden. Das tut der grandiosen Stimmung aber keinen Abbruch.
📍 *Orange Yd, Manette St* · 🚇 ***Central, Northern*** · *Tottenham Court Rd*

7 · **[XOYO]** · *House, Dicso, Techno & Hip Hop*
Jedes Wochenende strömen Hunderte von Feierwütigen in den angesagten Club XOYO, um auf zwei Stockwerken mit den besten DJs zu feiern.
📍 *32–37 Cowper St* · 🚇 ***Northern*** · *Old St*

8 · **[The Nest]** · *Electro & Disco*
Tolle Partystimmung, gute Drinks, kleine Lounges und erstklassige Musik machen den Club aus. Die Tanzfläche ist nicht sonderlich groß, ihr solltet euch also nicht vor Körperkontakt scheuen.
📍 *36 Stoke Newington Rd* · 🚌 ***67, 76, 149, 243*** · *Shacklewell Lane Dalston (Stop V)*

9 · **[Egg LDN]** · *House & Techno*
Das Egg verfügt über drei Ebenen und eine Open-Air-Terrasse, die hauptsächlich im Sommer geöffnet ist. Samstags legen hier internationale DJs auf. Der Club ist bei Studenten, Londonern und Touristen gleichermaßen beliebt.
📍 *200 York Way* · 🚌 ***390*** · *Vale Royal (Stop P)*

10 · **[Oval Space]** · *Techno, Electro & Hip Hop*
Am Fuße eines stillgelegten Gaswerks an der Hackney Road befindet sich der Nachtclub. Die Fläche gilt als eine der innovativsten Veranstaltungsorte für Events und Partys. Im Sommer ist die Terrasse ebenfalls geöffnet.
📍 *29–32 The Oval* · 🚇 · *Cambridge Heath*

MEHR ÜBER DIESE SPOTS ERFAHREN: LLDN.DE/**10104**

MÄRKTE

Lebensmittel aus aller Welt, frische Blumen, stylische Mode und tolle Antiquitäten – jeder Londoner Markt ist ein Highlight für sich und bietet eine tolle Atmosphäre.

1 ⟦**Borough Market**⟧
Der Borough Market ist einer der ältesten Lebensmittelmärkte Londons und gilt als Feinschmecker-Treffpunkt Nummer 1.
○ *8 Southwark St* ⊖ *Jubilee, Northern · London Bridge*

2 ⟦**Camden Market**⟧
Auf diesem etwas verrückten London Market in Camden Town treffen verschiedene Kulturen und unterschiedliche Charaktere aufeinander. Wenn ihr euch ein Tattoo stechen lassen wollt, dann seid ihr hier genau richtig.
○ *Camden Lock Pl* ⊖ *Northern · Camden Town*

3 ⟦**Portobello Road Market**⟧
Dieser Markt erstreckt sich über zwei Kilometer und ist mit über 100 verschiedenen Ständen der größte Antiquitätenmarkt der Welt!
○ *192A Portobello Rd* ⊖ *Circle, Hammersmith & City · Ladbroke Grove*

4 ⟦**Brick Lane Market**⟧
Obwohl der Straßenmarkt am Sonntag als Brick Lane Market bezeichnet wird, sind es in Wirklichkeit viele verschiedene Märkte, die teilweise Vintage-Mode, tolle Deko-Artikel und leckeres Essen anbieten.
○ *91 Brick Ln* ⊖ *District, Hammersmith & City · Whitechapel*

5 ⟦**Spitalfields Market**⟧
Der überdachte Markt im Zentrum Londons ist einer der ältesten Märkte der Stadt und hat jeden Tag unter der Woche geöffnet. Hier gibt es neben tollen Vintage-Läden und Kunsthandwerk-Geschäften auch schicke Boutiquen.
○ *16 Horner Sq* ⊖ *Central, Circle, Hammersmith & City, Metropolitan · Liverpool St*

6 [Broadway Market]
Streetfood, Mode, Malerei und Kunsthandwerk findet ihr im Herzen von Hackney, im Osten von London. In der kleinen Shoppingstraße findet ihr wirklich alles.
○ *Broadway Market* ⊖ · *London Fields*

7 [Greenwich Market]
Zahlreiche Essensstände, Kunstausstellungen und Antikhändler, die Vintage-Mode und Kuriositäten im Angebot haben: Die perfekte Kombi würden wir sagen, oder?
○ *5B Greenwich Market* ⊖ · *Cutty Shark*

8 [Columbia Road Flower Market]
Der gesamte Markt ist ein einziges Blütenmeer, das intensiv nach frischen Blumen duftet und mit einer umwerfenden Farbenpracht glänzt!
○ *Columbia Rd* ⊖ **Central** · *Bethnal Green*

9 [Maltby Street Market]
Abwechslungsreiche Stände, großartiger Kaffee und freundliche Händler. Bei dem Markt in der kleinen Gasse merkt man, dass Herzblut dahinter steckt!
○ *41 Maltby St* ⊖ **Jubilee** · *Bermondsey*

10 [Covent Garden Market]
Auf dem ehemaligen Obst- und Gemüsemarkt in der großen Markthalle gibt es neben Lebensmitteln allerhand Schmuck und Kleidung zu kaufen.
○ *21 The Market* ⊖ **Piccadilly** · *Covent Garden*

MEHR ÜBER DIESE SPOTS ERFAHREN: LLDN.DE/**10105**

PARKS

Eine Großstadt lebt nicht nur von ihren Wolkenkratzern, sondern auch von ihren Grünflächen. Und davon hat London ein paar besonders schöne zu bieten, die sich perfekt zum Entspannen eignen und manches Highlight bieten.

1 ⌈**Hyde Park & Kensington Garden**⌉
Die grüne Lunge Londons verfügt über eine größere Fläche als Monaco! Hier bekommt ihr alles geboten: von Sehenswürdigkeiten wie dem Mable Arch über Tretboot fahren bis zum absoluten Highlight, dem Kensington Palace.
W Carriage Dr ⊖ *Piccadilly · Hyde Park Corner*

2 ⌈**St James's Park**⌉
Zwischen Buckingham Palace und Horse Guards gelegen, lädt der Park zum Verweilen und Ausruhen von all dem royalen Trubel ein – etwa nach der Changing of the Guard-Zeremonie.
Horse Guard Rd ⊖ *Circle, District · St James's Pk*

3 ⌈**Kew Gardens**⌉
Etwas außerhalb gelegen, gibt es in Londons Botanischem Garten bereits im 19. Jahrhundert erbaute Gewächshäuser. Der Baumwipfel-Pfad in 18 Metern Höhe sorgt für eine ganz neue Perspektive.
Royal Botanic Gardens, Richmond ⊖ *District · Kew Gardens*

4 ⌈**Regent's Park & Primrose Hill**⌉
Der Regent's Park beheimatet sowohl über 12.000 Rosen in den Queen Mary's Gardens als auch den London Zoo. Die Aussicht von Primrose Hill auf die City ist zudem gigantisch und im Sommer habt ihr die Chance, zum Open-Air-Theater zu gehen.
Chester Rd ⊖ *Bakerloo, Circle, Hammersmith & City, Jubilee, Metropolitan · Baker St*

5 ⌈**Richmond Park**⌉
Im Südwesten Londons gelegen, findet ihr hier ein riesengroßes Reservat mit Rehen, seltenen Vögeln, Fledermäusen, Blumen und Pilzen. Perfekt für einen Tagestrip raus in die Natur.
Kings Rd ⊖ *District · Richmond*

6 ⌈Victoria Park⌋
Ein wunderschöner kleiner Park, der mit einem Café inmitten von Bäumen und Vogelgezwitscher besticht. Der Markt am Sonntag ist immer einen Besuch wert.
Victoria Park Rd — *Central, District, Hammersmith & City · Mile End*

7 ⌈Greenwich Park⌋
Von hier habt ihr nicht nur eine tolle Aussicht auf die Londoner Skyline, im Royal Greenwich Observatory bekommt ihr auch eine besondere Sicht auf das Weltall.
The Ave — *· Cutty Shark*

8 ⌈Battersea Park⌋
Südlich der Themse gelegen, habt ihr von hier einen tollen Ausblick auf die Themse. Neben einer Kunstausstellung und einem Zoo gibt es eine buddhistische Pagode, in der ein Mönch wohnt.
Battersea Pk — *· Battersea Pk* — *Southern · Battersea Pk*

9 ⌈Hampstead Heath Park⌋
Durch die Lage im Norden Londons ist hier nicht nur die Luft besser, im (ungeheizten) Freibad Parliament Hill Lido könnt ihr euch auch sportlich betätigen.
Highgate Rd — *Northern · Hampstead*

10 ⌈Holland Park⌋
Umgeben von viktorianischen Gebäuden findet ihr in diesem Park den Gegensatz eines verwachsenen Waldes und den akkurat gepflegten Kyoto Gardens. Für Familien ist der Spielplatz mit vielen Klettergerüsten nur zu empfehlen.
Holland Park Ave — *Central · Holland Pk*

MEHR ÜBER DIESE SPOTS ERFAHREN: LLDN.DE/10106

PALÄSTE & BURGEN

London ist die Hochburg toller Paläste und Burgen.
Nirgendwo sonst ist der Einfluss des monarchisch geprägten Landes
so stark zu spüren wie in der Hauptstadt und Umgebung.

1 **⸢Buckingham Palace⸥**
In diesem weltberühmten Palast residiert seit 1837 die Spitze der britischen Königsfamilie. Hier werden die königlichen Staatsempfänge abgehalten. Ein besonderes Highlight ist die Wachablösung vor dem Buckingham Palast.
○ *Westminster* ⊖ *Circle, District* · *St James's Pk*

2 **⸢Kensington Palace⸥**
Der königliche Palast dient den Mitgliedern der britischen Königsfamilie seit Jahrhunderten als Rückzugsort und war unter anderem die bevorzugte Residenz für Prinzessin Diana.
○ *Kensington Gardens* ⊖ *Central, Circle, District* · *Notting Hill Gate*

3 **⸢Tower of London⸥**
Die über 800 Jahre alte Festungsanlage diente den englischen bzw. britischen Königen als Residenz, Garnison und Waffenkammer. Inzwischen beherbergt der Tower eine tolle Ausstellung – unter anderem können hier die britischen Kronjuwelen bewundert werden.
○ *St Katharine's & Wapping* ⊖ *Circle, District* · *Tower Hill*

4 **⸢The Banqueting House⸥**
Als einziges noch existierendes Gebäude des sagenhaften Whitehall-Palastes zeigt das Banqueting House die prunkvolle Einrichtung des Königshauses im 17. Jahrhundert.
○ *Whitehall, Westminster* ⊖ *Circle, District, Jubilee* · *Westminster*

5 **⸢Kew Palace⸥**
Oberhalb der Themse liegt der herrschaftliche Kew Palace inmitten des wunderschönen königlichen Botanischen Gartens. Der vergleichsweise kleine Palast beeindruckt mit seiner prunkvollen Inneneinrichtung.
○ *Royal Botanic Gardens, Richmond* ⊖ *District* · *Richmond*

6. ⸢Hampton Court Palace⸥
Der südwestlich von London gelegene königliche Palast war besonders im 16. und 17. Jahrhundert eine beliebte Residenz der Königsfamilie. Seine imposante Größe machte ihn zu einem beliebten Veranstaltungsort für königliche Hochzeiten.
Molesey, East Molesey ⇌ · *Hampton Court*

7. ⸢Windsor Castle⸥
Das beeindruckende Schloss Windsor diente dem britischen Königshaus als Wochenendresidenz. Es ist eines der ältesten, größten und beliebtesten Gebäudekomplexe der Royal Collection.
Windsor ⇌ · *Windsor & Eton Riverside*

8. ⸢Blenheim Palace⸥
Der Blenheim Palace ist eines der größten Schlösser Englands. Das Anwesen wurde im 18. Jahrhundert als Belohnung für militärischen Erfolge von John Churchill errichtet. Dem berühmtesten Zögling der Churchill-Familie, Winston, wurde eine eigene Ausstellung gewidmet.
Woodstock ⇌ · *Oxford & Oxford Pkwy*

9. ⸢Warwick Castle⸥
Die mittelalterliche Burg wurde vor fast 1.000 Jahren von Wilhelm dem Eroberer errichtet. Sie liegt inmitten wunderschöner Natur und zählt zu den beliebtesten Ausflugszielen Londons.
Warwick ⇌ · *Warwick*

10. ⸢Leeds Castle⸥
Mit seinen Parkanlagen und Gärten ist das schöne Wasserschloss Leeds Castle ein beliebter Erholungsort. Es existiert schon seit dem frühen Mittelalter.
Maidstone ⇌ · *Bearsted*

MEHR ÜBER DIESE SPOTS ERFAHREN: LLDN.DE/**10107**

TAGESAUSFLÜGE

London ist umgeben von vielen sehenswerten Städten und Reisezielen. Eindrucksvolle Natur, steile Küsten, majestätische Schlösser und imposante Kathedralen warten auf euch. Ein Ausflug ins Umland lohnt sich allemal.

1 **⌈Stonehenge⌋**
Die Herkunft und Bedeutung des mysteriösen Konstruktes ist noch immer nicht vollständig geklärt. Forscher gehen davon aus, dass es nur ein sichtbarer Teil einer viel größeren megalithischen Struktur ist. Macht euch am besten selbst ein Bild.

2 **⌈Oxford⌋**
Eine Reise nach Oxford führt euch zu filigranen Kirchen, uralten Theatern mit Türmchen, palladianischen Bauten und zur renommierten Oxford University mit ihren einzigartigen Bibliotheken. Dazwischen verstecken sich gepflegte englische Grünanlagen.

3 **⌈Bath⌋**
Die malerische Kurstadt der wohlhabenden Bevölkerung ist bekannt für ihre römischen Thermen. Viele historische Gebäude aus der georgianischen Epoche sind erhalten geblieben und prägen das Stadtbild.

4 **⌈Warner Bros. Studio Tour⌋**
Ein aufregendes Abenteuer für alle Hexen, Zauberer und Muggel wartet in den Warner Bros. Studios. Seit Ende der Dreharbeiten zu den Harry Potter-Filmen könnt ihr die original Filmkulissen auf eigene Faust entdecken. Probiert unbedingt das Butterbier.

5 **⌈Windsor Castle⌋**
Unweit von London, auf Schloss Windsor, könnt ihr die königlichen Gemächer der Monarchen aus vergangenen Zeiten besichtigen. Das größte durchgängig bewohnte Schloss der Welt ist heute der überwiegende Aufenthaltsort von Queen Elizabeth II.

6 [Canterbury]

Das Zentrum der anglikanischen Kirche in England ist reich an historischen Sehenswürdigkeiten und Wallfahrtsorten. Geprägt wird das Stadtbild von Kirchen, Klöstern und der prächtigen Canterbury Kathedrale. Die Krypta ist schon knapp 1.000 Jahre alt.

7 [Dover]

Einer der schönsten Flecken in Großbritannien befindet sich nur ca. zwei Stunden Fahrt von London entfernt. Die Kreidefelsen bieten einen spektakulären Anblick. Den Blick Richtung Meer könnt ihr bei einem Spaziergang an der Klippe oder auf Dover Castle genießen.

8 [Salisbury]

Den höchsten Kirchturm in England findet ihr in Salisbury, er ist 123 Meter hoch und gehört zur imposanten gotischen Salisbury Cathedral. Außerdem ist dort eines von vier Original-Exemplaren der Magna Charta von 1215 ausgestellt, ein Meilenstein des europäischen Verfassungsrechts.

9 [Lacock]

Geschichtsträchtig ist das kleine Dorf in vielerlei Hinsicht: Das bildschöne Kloster Lacock Abbey ist heute ein Museum. Es diente als Kulisse in mehreren Teilen von Harry Potter. Und William Henry Fox Talbot erfand dort im Jahr 1835 die Negativ-Fotografie.

10 [Edinburgh]

Ein Ausflug in die schottische Hauptstadt dauert mit dem Zug ca. vier Stunden. So habt ihr noch genug Zeit, um die Altstadt von der Edinburgh Castle aus zu überblicken und die St Giles' Kathedrale zu bewundern. Macht unbedingt auch einen Spaziergang über die Royal Mile, die Hauptachse der Altstadt.

MEHR ÜBER DIESE SPOTS ERFAHREN: LLDN.DE/**10108**

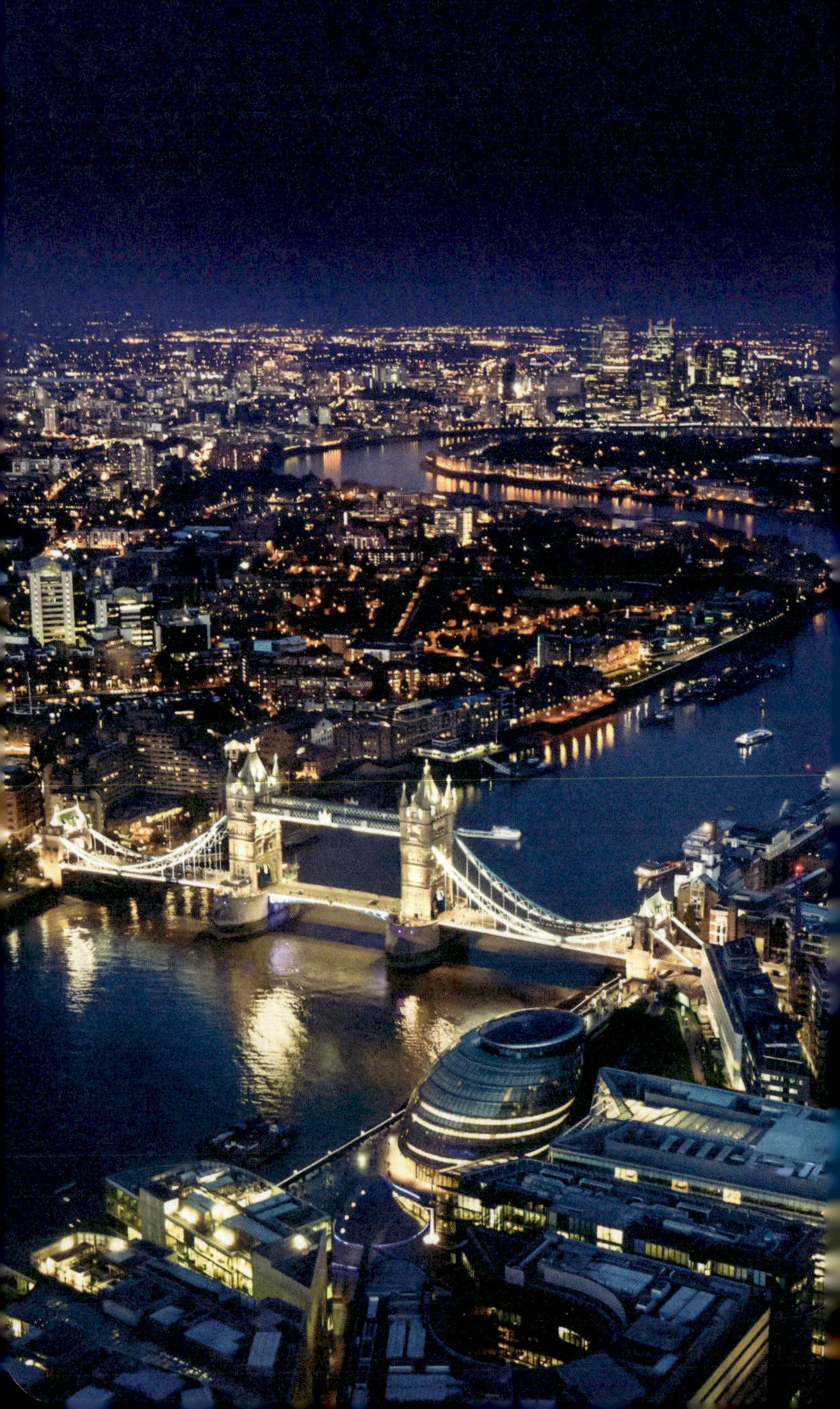

BUDGET TIPPS

London kann – wie so viele Metropolen – das Reisebudget schnell schmälern. Wir geben euch Tipps, wie ihr nicht nur am besten sparen, sondern auch das Meiste aus eurem Trip herausholen könnt. So wird eure London-Reise garantiert ein unvergessliches Erlebnis.

AM BESTEN SPART ES SICH MIT UNSEREM LONDON-PASSBERATER. DIESER ERRECHNET EUCH IMMER DIE ALLERGÜNSTIGSTE VARIANTE. HIER KÖNNT IHR DEN PASSBERATER AUSPROBIEREN:

> lovinglondon.de/passberater

UNSERE TIPPS FÜR DIE BUCHUNG VON HOTELS

Um euch angenehmes Wetter und einen guten Preis zu sichern, reist am besten Ende März an und beginnt im Januar mit der Planung. Ende September und Anfang Oktober ist auch eine gute Zeit, um London zu besuchen. Wir buchen *immer* online und nutzen Online-Vergleichsportale. Wenn ihr außerdem dazu bereit seid, ohne Stornierungsmöglichkeit zu buchen, könnt ihr einige Euros sparen. In einer so touristisch geprägten Stadt wie London gibt es natürlich unzählige Übernachtungsmöglichkeiten. Für jeden Geschmack und Geldbeutel ist garantiert etwas dabei. Schaut euch daher auch gerne unsere Lieblingshotels auf ›*lovinglondon.de/hotels* an.

› INSIDER TIPP

VON MATTHIAS
Wir buchen unsere Hotels meist immer zwei Monate vor Reiseantritt online, um die besten Deals zu ergattern.

Die Lage

Außerhalb von London findet ihr in der Regel günstigere Hotelpreise. Aber Vorsicht: Rechnet ihr noch die höheren Fahrtkosten für die größere Entfernung dazu, ist der vermeintliche Preisvorteil gar nicht mehr so groß – ganz abgesehen davon, dass ihr natürlich jede Menge Zeit verliert, die bei einem Städtetrip meist sowieso knapp bemessen ist.

Bei schmalem Budget empfehlen wir euch daher eher, eine Low-Budget-Hotelkette zu suchen, wie Z Hotels, Point A Hotels oder Premier Inn. Die bieten generell eher kleine, dafür aber moderne Zimmer an. Allerdings könnt ihr nur bei letzterer Option eure Buchung im Vorfeld wieder stornieren.

Wenn euer Budget etwas größer ist, schaut euch mal die Citizen M-Hotels an: Es gibt drei in London, sie zählen zu den besten Hotels der Stadt und bieten dennoch ein tolles Preis-Leistungs-Verhältnis. Egal ob in Shoreditch, Bankside oder der Bestseller am Tower of London – diese Hotels sind ohne jede Einschränkung empfehlenswert.

Soll es günstiger sein, gibt es noch die Hostels. Besonders bei jungen Reisenden beliebt, bieten sie faire Preise und sind meist in guter Lage. Und wenn ihr alleine reist, lernt ihr dort garantiert neue Leute kennen, mit denen ihr gemeinsam auf Entdeckungstour gehen könnt!

Der beste Zeitpunkt

Es ist schwer zu sagen, wann der beste Zeitpunkt ist, um ein Hotel zu buchen. Die guten und günstigen Deals sind zwei Monate vor Reiseantritt zu finden, danach wird es schwieriger. Vor allem in der Hauptsaison solltet ihr nicht zu lange warten.

Die Preise sind ohnehin stark saisonabhängig. Die Hauptpreiszeiten in London sind Weihnachten und die Sommermonate von Mai bis September. Wenn ihr Budget sparen wollt, dann plant eure Reise am besten in der Nebensaison!

Unsere Hotelempfehlungen

Günstig definiert jeder anders. Deshalb haben wir eine Liste mit den unserer Meinung nach besten Preis-Leistungs-Hotels für jede Kategorie aufgesetzt. Es soll euch als Orientierungshilfe dienen. Im Endeffekt sind 5-Sterne-Hotels auch nicht immer gleich teuer, oder?

⭐ 5

⌜5-Sterne-Hotels⌝
Batty Langley's
Me London By Melia
The Ned

⭐ 4

⌜4-Sterne-Hotels⌝
Citizen M
The Hoxton Holborn
The Nadler Soho

⭐ 3

⌜3-Sterne- oder Budget-Hotels⌝
Premier Inn Hotels
Motel One London Tower Hill
Z Hotels

⭐ H

⌜Hostels⌝
SoHostel
Wombat's City Hostel
Clink78
Generator Hostel

MEHR ÜBER DIESE SPOTS ERFAHREN: LLDN.DE/10109

LONDON-REISETIPPS, UM GELD ZU SPAREN

Der Tipp klingt ganz einfach – und das ist er auch: Profitiert von den Sightseeing-Pässen und spart dabei richtig viel Geld! Die Touristen-Pässe funktionieren alle ähnlich: Ihr bezahlt einmalig einen festen Betrag und könnt dann über 80 Sehenswürdigkeiten ansehen bzw. Touren machen. Im Vergleich zu den Einzelpreisen für die Tickets könnt ihr mit den Pässen bis zu 50 % sparen!

Wir selbst nutzen die Pässe regelmäßig auf unseren Reisen nach London. Ihr habt damit nicht nur eine entspannte Zeit vor Ort (es ist ja alles schon bezahlt), sondern könnt auch an vielen Warteschlangen vorbeigehen und spart euch nervenaufreibendes Anstehen. Viele Attraktionen haben sogar einen separaten Eingang für Besucher mit Touristen-Pässen.

Welcher Pass für euch am besten geeignet ist, könnt ihr mit dem Passberater auf unserer Website ganz einfach herausfinden. Wählt einfach die Attraktionen aus, die ihr besuchen möchtet und schon erfahrt ihr, welcher Pass für euch der Beste ist! Den Passberater findet ihr unter:
> *lovinglondon.de/passberater*

LONDON PASS

Der [**London Pass**] eignet sich besonders für diejenigen, die richtig viel erleben wollen. Über 80 Attraktionen stehen zur freien Auswahl. Je nachdem, für welche Variante ihr euch entscheidet, könnt ihr den Pass entweder für 1, 2, 3, 6 oder 10 Tage nutzen – inklusive der Klassiker wie Hop-on Hop-off-Bustour, Tower of London und Bootsfahrt auf der Themse soviel ansehen, wie ihr wollt und schafft.

LONDON EXPLORER PASS

Ideal für alle, die zeitlich flexibel bleiben möchten, ist der [**Explorer Pass**]. Innerhalb von 30 Tagen nach der ersten Nutzung könnt ihr entweder 3, 5 oder 7 Highlights aus einer Liste von über 20 Sehenswürdigkeiten besuchen. Je nach Variante spart ihr so bis zu 40 % der herkömmlichen Eintrittspreise. Und das London Eye ist natürlich auch mit dabei!

MERLIN PASS

Mit dem [**Merlin Pass**] erhaltet ihr Zugang zu entweder 5 oder 6 von Londons Top-Familien-Attraktionen. Der Spaß-Pass hat eine Gültigkeit von drei Monaten und beinhaltet das berühmte London Eye, Madame Tussauds, das SEA LIFE Aquarium, Shrek's Adventure, London Dungeon bzw. eine Bootsfahrt auf der Themse – perfekt für Urlaub mit Kindern.

> **Mehr dazu auf: lovinglondon.de/london-paesse**

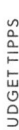

MEHR ÜBER DIESE SPOTS ERFAHREN: LLDN.DE/**10110**

UNSERE SPARTIPPS FÜR LONDON

WAS LAURA, MATTHIAS UND ISABELLE EUCH UNBEDINGT EMPFEHLEN

London ist zwar teuer, aber mit den richtigen Tipps und Tricks könnt ihr die Metropole auch mit wenig Geld in vollen Zügen genießen.

Der richtige Zeitpunkt und die kluge Kombination entscheiden über die besten Ticketpreise und darüber, wie ihr am meisten für euer Geld bekommt. Außerdem haben wir für euch einmal die heißesten Geheimtipps für supergünstiges Essen in der britischen Metropole zusammengefasst.

› INSIDER TIPPS

1. Pässe und Kombi-Tickets
Ob London Pass, London Explorer Pass oder Merlin Pass – ihr spart euch eine Menge Geld, indem ihr einen einmaligen Betrag bezahlt und damit bis zu 70 Sehenswürdigkeiten oder Touren ansehen bzw. machen könnt. Im Vergleich zum Einzelverkauf könnt ihr damit bis zu 50 % sparen – das ist natürlich nicht nur für Familien mit Kindern spannend!

2. Reserviert im Voraus
Manche Attraktionen sind um einiges günstiger, wenn ihr vor der Abreise oder dem Besuch online bucht, zum Beispiel The Shard. Hier könnt ihr online bis zu 20 % sparen! Zudem könnt ihr online natürlich sehen, ob Tickets für die Attraktionen überhaupt verfügbar sind.

3. Die besten Museen von London sind gratis
Wozu zahlen, wenn's auch gratis geht? Ihr habt die Wahl zwischen mehr als 23 kostenlosen Museen und Galerien in London, darunter unter anderem das British Museum, das Natural History Museum oder die National Gallery. Informiert euch einfach online über die vielen kostenlosen Attraktionen von London!

4. Mittags-Deal bei Tesco
In den größeren Supermärkten in London wie z. B. bei Tesco gibt es die sogenannten Meal Deals. Diese kosten zwischen 3 und 5 £ und beinhalten drei Produkte für eine kleine Mahlzeit. Als Hauptspeise könnt ihr im Meal Deal etwa zwischen einem Sandwich, einem Wrap oder einem Salat wählen. Dazu gibt es ein 0,33l Getränk (Saft, Wasser, Cola, Fanta) und zum Nachtisch kann man zwischen einer kleinen Tüte Chips, Kuchen, einem kleinen Fruchtsalat oder einem Joghurt auswählen.

5. Esst auf Food Markets
Wenn ihr mit einem knappen Budget verreist, empfehlen wir euch die zahlreichen Food Markets in London, so zum Beispiel Borough Market und Camden Market.

6. Gratis-Bier in Londoner Pubs
Wer hätte es gedacht! Die Pubs bieten oft ein Bier gratis an. In den Genuss des Gratis-Biers kommt ihr, wenn ihr euch zum Newsletter anmeldet oder im Tausch mit einer Visitenkarte. Einfach vor Ort nachfragen!

BUDGET TIPPS

BUDGET TIPPS

INDEX KATEGORISCH

ATTRAKTIONEN

ArcelorMittal Orbit	**185**, 188
Bootsfahrt	98, **283**
Criterion Theatre	46
Electric Cinema	133, **136**
Globe Theatre	106, **107**
Hampton Court Palace	149, 152, 153, **313**
Hippodrome Casino, The	**69**, 72
HMS Belfast	107
London Dungeon	106
London Eye	103, 106, **273**, 283, 287
Lyric Hammersmith	141
Madame Tussauds	54, **55**, 287
National Theatre	106
O2, The	221, **224**
Old Vic	106
Oval, The	**233**, 236
Peckham Levels	249, **252**
Peckhamplex	249, **252**
Purcell Room	106
Ritzy Cinema and Bar	241, **244**
Royal Festival Hall	106
Royal Greenwich Observatory	257, **260**
Royal Opera House	**77**, 80
Screen on the Green	169, **172**
SEA LIFE Aquarium	**106**, 287
Shakespeare's Globe	107
Shard, The	103, 106, **273**
Sky Garden	95, 98, 99, **271**
Soho Theatre	**59**, 62
St Paul's Cathedral	95, 98, **272**
Stamford Bridge Stadium	117, **120**
Theatre Royal	80
Tower of London	95, 98, **272**, 312
Union Chapel	169, **172**

BARS

Alchemist, The	101
American Bar, The	32
Artesian Bar	57
Bar Kick	218
Bar Story	255
Bar Termini	66
Bar With No Name	174
Barts	41
Beefeater Distillery	233, **236**
Big Chill House	93
Blind Pig	66
Bloomsbury Club, The	92
Booking Office, The	93
Bounce Old Street	219
Bussey Rooftop Bar	252, **255**
Cable Cafe	239
Cahoots	66
Call Me Mr. Lucky	110
Calloch Callay	219
Connaught Bar	49
Covent Garden Cocktail Club, The	84
Culpeper, The	202
Demon, Wise & Partners	101
Discount Suit Company	202
Evans & Peel – Detective Agency	131
Evans & Peel Pharmacy	146, **147**
Experimental Cocktail Club	75
Fifty Five Bar	167
First Aid Box and Blinder	246
Four Sisters Bar	175
Four Sisters Townhouse, The	101
Frank's Cafe	252, **255**, 304
Freud Bar	84
Gallery	183
Garage	172, **174**
George Tavern, The	211
Grow	188, **191**
K Bar	41
Knowhere Special	183
Kona Kai	123
Kosmopol	123
Ku Gay Bar	75
Ladies and Gentlemen	183
Light Lounge, The	75
Little Bird	147
Loft Wimbledon	155
Lucky Pig, The	92
Mayor of Scaredy Cat Town, The	202
Mr. Fogg's Residence	49
Nine Lives	110
Old Street Records	219
Oliver Conquest, The	211
Oliver's Jazz Bar	263
Opium	75
Piano Kensington	131
Portobello Star	138
Purl	57
Ralph's Coffee & Bar	49
Rivoli Bar (Ritz Hotel)	32
Rum Lounge at Big Easy	227
S11 Bar	246
Sail Loft, The	263
Seymour's Parlour	57
Shrub and Shutter, The	246
So Bar Richmond	155
Swift	60, **66**
Trailer Happiness	138

CAFÉS

640 East	226
Allpress Espresso Bar	217
Alpino	174
Anderson & Co.	253
Antipode	146
Attendant	92
Bear + Wolf	182
Beigel Bake	202
Black Penny, The	82, 299
Black Sheep Coffee	100
Book Club, The	**218**, 298
Breakfast Club, The	**201**, 298
Briki	172, 174
Bubblewrap Waffle	73
Cafe Phillies	130
Café Plum	122
Candella Tea Room	130
Cereal Killer Cafe	166
Chairs & Coffee	122
Change Please	226
Coffee Island	82
Coffee Jar	166
Coffeeology	100
Curators Coffee Studio	100
Daisy Green	54, **56**, 298
Darcie & May Green	56
Department of Coffee and Social Affairs	200, **201**
Espresso Room, The	82
Everbean	48
Federation Coffee	245
Fields Beneath, The	182
Golden Gate Cake Shop	73
Green Cafe, The	262
Hatch	190
Host Cafe	100
L'ETO	**40**, 298
La Crêperie de Hampstead	181
La Farola Cafe and Bistro	173
London Review Cake Shop	92
Maitre Choix	40
Mike's Cafe	138
Monmouth Coffee Company	108
Monocle Café, The	**56**, 298
Newens »The Original Maids of Honour«	154
Old Spike Roastery	253
Over under Coffee	130
Palm Vaults	190
Paper and Cup	218
Pastry Parlour, The	209
Pavilion Café	190
Petersham Nurseries	155
Rapha Cycle Club	64
Regency Cafe	30
Rooftop Kitchen	57
Royal Teas	262
Scooter Caffe	108
Senzala Creperie	245
Sidecar Coffee Bar	238
Small White Elephant	253
Stir Coffee Brixton	246
Sugar Pot	238
Sunday Café	174
Tamp Coffee	146
Tap Coffee	64
Taylor St Baristas	48
Urban Baristas	210
Urban Pantry	146
Vanilla Black Coffee and Books	238
Waterside Cafe	52, **56**
White Mulberries	208, **210**

CLUBS

Corsica Studios	239, 306
Electric Brixton	247
Hootananny	247
KOKO	167
Ministry of Sound	**239**, 306
Phonox	247, 306
XXL LONDON	111

MÄRKTE

Artworks Elephant, The	233, **236**
Borough Market	103, **106**, 111, 292, 308
Brick Lane Sunday Market	197, 200, **203**
Brick Lane Backyard Market	203

Brick Lane Food Hall, The	197, **200**
Brixton Village Market	241
Broadway Market	185, **188**, 309
Camden Market	161, **164**, 167, 308, 323
Chelsea Farmers Market	123
Columbia Road Flower Market	213, **216**, 286, 309
Covent Garden Market	**77**, 80, 85, 286, 308
Duck Pond Market	155
Flat Iron Square Market	108
Greenwich Market	257, **260**, 263, 309
Inverness Street Market	167
Islington Farmer's Market	175
Old Spitalfields Market	197, 200, 203, **286**
Old Truman Brewery, The	197, **200**, 202, 203
Pop Brixton	241, **247**
Portobello Road	133, 136, **138**, 308

MUSEEN

18 Stafford Terrace	129
Alexander Fleming Museum	54
Arsenal Museum	169, **172**
Bank of England Museum	99
Bankside Gallery	106, **107**
Banqueting House	28, **29**, 312
Black Cultural Archives	241, **244**
Bosse and Baum	252
Brick Lane Gallery, The	201
British Library	90
British Museum	87, **90**, 290, 323
Burgh House & Hampstead Museum	181
Camden Arts Centre	177, **181**
Carlyle's House	120, **121**
Charles Dickens Museum	87, 90, **91**
Churchill War Rooms	29
Cinema Museum	237
Cutty Sark	252, **260**, 261, 262
Dennis Severs' House	200
Design Museum	125, 128, **129**, 291
Estorick Collection of Modern Italian Art	173
Faraday Museum	47
Flood Gallery, The	263
Freud Museum London	181
Fuller, Smith & Turner Brauerei	141, **144**
Greenwich Printmakers	263
Guildhall Art Gallery	99
Hackney Museum	189
Ham House and Garden	152
Handel & Hendrix in London	47
Hannah Barry Gallery	252
Hogarth's House	145
House of MinaLima	63
Household Cavalry Museum	28
Imperial War Museum	107, 233, **236**, 291
Jack The Ripper Museum	208, **209**
Jealous Gallery	216
Jewish Museum London	165
Keats House	180, **181**
Kenwood House	180, **183**
Leighton House Museum	125, **128**, 129
London Canal Museum	91
London Film Museum	80
London Mithraeum	98
London Museum of Water and Steam	145
London Transport Museum	80
Museum of Brands, Packaging and Advertising	137
Museum of London	98, **290**
Museum of London Docklands	221, 224, **225**
Museum of Richmond	153
National Army Museum	120, **121**
National Gallery	28, **29**, 267, 290, 322
National Maritime Museum	257, **260**, **261**
National Portrait Gallery	29
Natural History Museum	35, 38, **39**, 287, 290, 323
Newport Street Gallery	236
Peter Harrison Planetarium	260, **261**, 287
Petrie Museum of Egyptian Archaeology	90
Photographers Gallery, The	62, 63
Postal Museum, The	169, **173**
Queen's Gallery, The	28, 30
Queen's House	260, **261**
Royal Academy of Arts	43, 46, **47**
Royal Hospital Museum	121
Royal Mews	28, **30**
Saatchi Gallery	117, 120, **121**
Science Museum	38, **39**, 291
Serpentine Gallery	38
Sherlock Holmes Museum, The	51, **55**
Sir John Soane's Museum	99
South London Gallery	**249**, 252
Studio 73 Art Gallery	247
Syon House	150, **152**
Tabernacle Notting Hill	137
Tate Britain	**29**, 291
Tate Modern	103, 106, **107**, 290
Trinity Buoy Wharf	225

V&A Museum of Childhood	213, **217**
Victoria & Albert Museum	**39**, 290
Victoria Miro Gallery	217
Viktor Wynd Museum of Curiosities, Fine Art and Natural History, The	189
Village Underground	213, **216**
Wallace Collection	55
Wellcome Collection	87, **91**
White Cube	107
Whitechapel Gallery	205, 208, **209**
Wimbledon Lawn Tennis Museum	149, 152, **153**
Zabludowicz Collection	165

PARKS

Bishops Park	**117**, 120
Chelsea Physic Garden	**117**, 120
Chiswick House and Gardens	**141**, 144
Crossrail Place Roof Gardens	221, **224**
Green Park	28
Greenwich Park	257, **260**, 310
Hampstead Heath	177, **180**, 311
Highgate Cemetery	177, **180**
Hill Garden & Pergola	177
Holland Park	125, **128**, 311
Hyde Park	35, 38, **128**, 269, 310
Kensington Gardens	35, 38, **269**, 287, **310**
Kew Gardens	149, **152**, 310
London Zoo	**164**, 165, 281, 287
Primrose Hill	161, **164**, **310**
Queen Elizabeth Olympic Park	**185**, 188
Regent's Park	161, **164**, **310**
Richmond Park	149, 152, **310**
Royal Hospital Chelsea and Ranelagh Gardens	**117**, 120
St James's Park	25, 26, 28, **310**
St James's Park	**25**, 28, 310
Victoria Park	185, **188**, 311
WWT London Wetland Centre	147, **141**

PUBS

Argyll Arms, The	48
Beehive, The	239
Bell & Crown	146
Blue Posts, The	74
Brick Brewery Tap Room	250, **254**
Camden Town Brewery	167
Canopy Beer Co	246
Captain Kidd, The	210
Cask & Glass	31
Chesham Arms	190
Churchill Arms	130
Clarence Whitehall, The	31
Coach & Horses	65, **293**
Cock & Bottle	138
Constitution	167
Cross Keys, The	83
Crown and Shuttle, The	218
De Hemns	74
Dove, The	141, **146**, 302
Earl of Essex	174
Elgin	138
Exmouth Arms	170, 172, **174**
Fitzroy Tavern	87, **92**
Fox & Grapes	154
French House, The	**65**, 303
George and Vulture, The	218
George IV, The	146
George, The	226
Gipsy Moth, The	262
Grenadier, The	38, **40**, 303
Gun, The	226
Hansom Cab	130
Harp, The	**83**, 303
Harwood Arms	120, **122**, 297
Hereford Arms, The	40
Holly Bush	183
Hoop & Grapes, The	210
Hope, The	254
Jerusalem Tavern, The	100
Kenton	190
Kings Arms, The	109, 262
Ladbroke Arms	138
Lamb & Flag	**83**, 302
Larrik, The	56
Lord Nelson	109
Lyric, The	65
Market Porter, The	109
Montpelier, The	254
Mr. Fogg's Tavern	83
Old Red Lion	238
People's Park Tavern	188, **190**
Pineapple	182
Plume of Feathers	263
Pride of Spitalfields, The	202
Prince of Greenwich, The	263
Prince of Peckham	254
Prospect of Whitby	208, **210**

Punchbowl, The	48
Queen's Head, The	92
Queens Head, The	65
Roebuck, The	154
Royal Oak, The	216, **218**
Scarsdale Tavern	130
Scottish Stores, The	92
Sherlock Holmes Pub	31
Simmons Bar	161, **166**
Southampton Arms	182
Spaniards Inn, The	**183**, 302
Speaker, The	31
Star Tavern, The	40
Tap Tavern Richmond	154
Ten Bells, The	202
Trinity Arms	246
Victoria, The	56
Volunteer, The	56
Waxy O'Connor's	74
Wheatsheaf Borough Market	109
White Bear Pub	238
White Hart Brew Pub, The	210
White Horse	122
Williams Ale and Cider House, The	202
Ye Grapes	48
Ye Olde Cheshire Cheese	100, **302**
Ye Olde Mitre	**100**, 303

RESTAURANTS

10 Greek Street	64
Abingdon	129
Annie's	146
Arancini Brothers Factory	166
Arments Pie & Mash	237
Bala Baya	108
Balthazar	82
BAO Fitzrovia	91
Bar Boulud	38, **39**
Barbary, The	81
Barrafina	81
Bella Cosa	225
Berners Tavern	**91**, 297
Bird in Hand	145
Bistrotheque	189
Blue Boat	145
Blues Kitchen	165
Boyds Grill & Wine Bar	30
Bravas Tapas	208, **209**
BrewDog Camden	165
Brompton Food Market	39
Brunswick House	238
BungaTINI	82
Burger & Lobster	**225**, 295
Caravan King's Cross	91
Carioca	245
Ceviche Soho	63
Champagne + Fromage	262
Chez Antoinette	81
Cinnamon Club, The	30
City Câphê	99
Clink, The	245
Coq d'Argent	100
COYA Mayfair	47
Crate Brewery & Pizzeria	185, **188**, 189
Dalston Superstore	172, **173**
Dinings	55
Dip & Flip	**154**, 294
Duck & Waffle	99
Duck Duck Goose	244, **245**
El Ganso	190
Electric Diner	137
Essential Vegan Café	217
Farmacy	**137**, 292
Fish, Wings and Tings	245
Fishers Fish & Chips	122
Flat Iron, The	82
Food Room	182
Galvin La Chapelle	201
Gaucho	153
Goddards at Greenwich	**261**, 297
Good Egg	173
Goodman Steak House Restaurant	99
Granger & Co.	137
Grazing Goat, The	55
Green Pea	262
Gunpowder	201
Gymkhana	48
Haché	**165**, 294
Heap's Sausage Café	261
Hereford Road	137
Honest Burgers	201
Hook	166
HotBox	209
Il Bordello	209
Ivy Chelsea Garden, The	122
Jamie Oliver's Fifteen	217
Kanada-Ya	73
Kingly Court	**59**, 62, 286
L'ETO	40, **298**
Le Hanoi	73
Ledbury, The	137
Louie Louie	238
Lure Fish Kitchen	181
Lyle's	217
Manjal Indian Restaurant	225
Mari Vanna	40
MEATliquor	**173**, 295
Mercato Metropolitano	233, **236**, 237
Mildreds Camden	166
Miss Tapas	253
MotherMash	64
Mr Bao	253
Naughty Piglets	245
No197 Chiswick Fire Station	145
Number 90	189
Orrery	55
Oslo	189
OXO Tower Brasserie	108
Padella	108
Palomar, The	73
Patty & Bun	64
Peckham Bazaar	253
Pentolina	145
Petite Corée	182
Pilpel	209
Pitt Cue	201
Poppie's Fish & Chips	197, 200, **201**
Q Verde	154
Quality Fish Restaurant	154
Rabbit	121
Restaurant Gordon Ramsey	120, **121**
Rocca	39
ROKA Mayfair	47
Romulo Café	129
Rossella	181
Salut	173
Shed, The	130
Shoryu Ramen	30
Shuang Shuang	73
Sipping Room, The	225
Smith's Brasserie Wapping	209
Smokehouse	173
Smoking Goat	217
Social Eating House	63
Sticks'n'Sushi	262
Stokey Bears	172, **173**, 294
StreetXO	47
SUSHISAMBA	100
Temper	64
Temple of Seitan	189
Tom's Kitchen (Chelsea)	122
Tom's Kitchen (Isle of Dogs)	225
Tombo	39
Toulouse Lautrec	237
White Onion	153
White Swan Richmond	154
Wildflower	253
Xu	73
Zaika	130

ROOFTOP BARS

Aqua Spirit	**66**, 305
Bōkan	227
Capeesh Sky Bar	227
Elba Rooftop Bar	110
Golden Bee	219
GŎNG at the Shard	110
Lyric Bar & Gril	147
Netil 360	**191**, 205
Radio Rooftop Bar	84
Rooftop St James's, The	32
Rumpus Room Rooftop Bar	110
Savage Garden	101
Skylight Rooftop Bar	205, 208, **211**

SEHENSWÜRDIGKEITEN

10 Downing Street	28
280 Westbourne Park	**133**, 136
Abbey Road Studios	161
Baker Street	**51**, 54
Bedford Square	90
Bellenden Road	252, **255**
Big Ben & Houses of Parliament	**25**, 28, 269
Bloomsbury Square	90
BT Tower	90
Buckingham Palace	25, 28, 31, **268**, 312
Canary Wharf	**221**, 222, 224, 282
Choumert Road	252
City Hall	103, **106**
Copeland Park and Bussey Building	249, **252**
David Bowie's Mural	241
Dean Street	**59**, 62
Denbigh Terrace	**133**, 136
Gerrard Street	**69**, 70, 72

Granary Square	90
Horse Guards Parade	28
Hoxton Square	213, **216**
John Lennon House	54
Kensington Palace	38, 125, **128**, 271, 312
King's Cross Station	87, **90**
Lambeth Palace	236
Lancaster House	28
Leadenhall Market	**95**, 281
Leicester Square	**69**, 72, 75
Little Venice	51, 54
Marble Arch	**38**, 46
Millenium Bridge	98
Millwall Dock	221
Neal's Yard	**77**, 80, 85
Paddington Basin	51, 54
Paddington Bear	54
Paddington Station	51, 54
Piccadilly Circus	**43**, 46
Prinzessin Diana Gedenkbrunnen	**38**, 269
Queen's Tower	38
Royal Albert Hall	38
Russells Square	90
Schweizer Glockenspiel	**69**, 72
Seven Dials	**77**, 80
Shadwell Basin	205, **208**
Shaftesbury Avenue	46, **69**, 72
Shaftesbury Memorial Fountain	46
Soho Square	62
Somerset House	**77**, 78, 80, 81
Speakers' Corner	35
St Katharine Docks	125, **128**
St Mary Abbots Church	54
St James's Roman Catholic Church	54
St Paul's Church	80
Strand, The	80, **85**
Thin House	38
Three Sisters & Sea Lark, The	**205**, 208
Tower Bridge	95, 98, 106, 206, **275**
Trafalgar Square	**25**, 28, 267
University of London	90
Walkie Talkie	98, **270**
Westminster Abbey	**25**, 28, 268

SHOPPING

Absolute Vintage	203
Alfies Antique Market	57
Algerian Coffee Stores	67
Apple	**49**, 85
Art & Vintage	183
Arty Globe	263
Axel Arigato	67
BabyGAP	147
Benjamin Pollock's Toyshop	85
Berwick Street Market	67
Blackout 2	85
Bond Street	49, **286**
Book Mongers	247
Bookcase	147
Boxpark	213, **216**, 219, 286
Broadway Shopping Centre	147
Brompton Road	38, **41**
Brunswick Shopping Centre	93
Burberry Outlet	191
Burlington Arcade	**43**, 46, 49
Bushwacker Wholefoods	147
Camden High Street	167
Canary Wharf Shopping Centre	227
Carnaby Street	**59**, 62, 67, 286
Cass Art	175
Centre Court	152, **155**
Chinatown Gate	**10**, 72
Chinese New Year's Parade	72
Church Street Book Shop	175
Conran Shop	57
Conran Shop 81	41
CorkVille	263
Couverture & The Garbstore	139
Cyberdog	167
Deli Downstairs	191
Dover Street Market	75
Duke of York Square	123
Exmouth Market	169, 172, **175**
Experimental Perfume Club	191
Flask Walk, The	183
Form SE15	255
Fortnum & Mason	33
Foster Books	147
Gabriel's Wharf	111
Goodhood	219
Hamleys	49, **287**
Harrods	35, 38, 40, **41**, 286, 300
Harvey Nichols	**41**, 286
Honest Jon's Records	139
House of Fraser	101
HUB	175
India Jane	131
Inspitalfields	**203**, 286
Jubilee Market	80, **85**
Judd Books	93
Kings Mall Shopping Centre	147
La Fromagerie	57
Lamb's Conduit Street	93
Langham Gallery	93
Lazy Ones, The	203
LEGO Store	**75**, 287
Liberty	**59**, 62, 65, 67
Lock & Co. Hatters	33
London Review Book shop	93
M&M's World	**75**, 287
Machine A	67
Marks & Spencer	49
Mary's Living and Giving Shop for Save the Children	147
Marylebone Farmers Market	57
Marylebone High Street	54, **57**
Meet Bernard	263
Menier Chocolate Factory	106
Monologue	219
Morleys	247
Mosaiqe	167
Movie Poster Art Gallery, The	93
Neal's Yard Dairy	85
Neptune	147
Nike Town	49
Notting Hill Bookshop, The	**136**, 139
October Gallery	93
Oliver Bonas	131
Oxford Street	43, 46, 49, 286
Paperchase	147
Paxton & Whitfield	33
Pembridge Road	133
Persephone Books	93
Peter Jones Department Store	123
Philip Normal	247
Piccadilly Arcade	33
Portobello Print and Map Shop	138
Prep	175
Present	219
Print Club London	191
Rachel and Malika's	247
Regent Street	43, 46, 49, 286
Review	255
Rose and Thorn	247
Rough Trade	139
Royal Exchange, The	101
Rye Wax Comics & Books	255
SeeWoo	75
Selfridges	49
Shop at Bluebird, The	123
Sister Ray Ace	219
Skoob Books	93
Sloane Street	**41**, 286
Sneakersnstuff	219
Snowden Flood	111
Southbank Centre Book Market	111
Southbank Centre Shop	111
Southbank Printmakers	111
Souvenir	183
Stanfords	85
Sweaty Betty	183
Tintin Shop	85
Topshop	**49**, 227, 286
Turpentine, The	247
twentytwentyone	175
United80	247
W12 Shopping Centre	147
Waterstones	147
Westbourne Grove	139
Westfield Stratford City	191
Wolf & Badger	139

INDEX ALPHABETISCH

#

10 Downing Street	28
10 Greek Street	64
18 Stafford Terrace	129
280 Westbourne Park	**133**, 136
640 East	226

A

Abbey Road Studios	161
Abingdon	129
Absolute Vintage	203
Alchemist, The	101

330 ANHANG

Alexander Fleming Museum	54	Bubblewrap Waffle	73
Alfies Antique Market	57	Buckingham Palace	25, 28, 31, **268**, 312
Algerian Coffee Stores	67	BungaTINI	82
Allpress Espresso Bar	217	Burberry Outlet	191
Alpino	174	Burger & Lobster	**225**, 295
American Bar, The	32	Burgh House & Hampstead Museum	181
Anderson & Co.	253	Burlington Arcade	43, 46, 49
Annie's	146	Bushwacker Wholefoods	**147**
Antipode	146	Bussey Rooftop Bar	252, **255**
Apple	**49**, 85		
Aqua Spirit	**66**, 305	**C**	
Arancini Brothers Factory	166	Cable Cafe	239
ArcelorMittal Orbit	**185**, 188	Cafe Phillies	130
Argyll Arms, The	48	Café Plum	122
Arments Pie & Mash	237	Cahoots	66
Arsenal Museum	169, **172**	Call Me Mr. Lucky	110
Art & Vintage	183	Callooh Callay	219
Artesian Bar	57	Camden Arts Centre	177, **181**
Artworks Elephant, The	233, **236**	Camden High Street	167
Arty Globe	263	Camden Market	161, **164**, 167, 308, 323
Attendant	92	Camden Town Brewery	167
Axel Arigato	67	Canary Wharf	**221**, 222, 224, 282
		Canary Wharf Shopping Centre	227
B		Candella Tea Room	130
BabyGAP	147	Canopy Beer Co	246
Baker Street	**51**, 54	Capeesh Sky Bar	227
Bala Baya	108	Captain Kidd, The	210
Balthazar	82	Caravan King's Cross	91
Bank of England Museum	99	Carioca	245
Bankside Gallery	106, 107	Carlyle's House	120, **121**
Banqueting House	28, **29**, **312**	Carnaby Street	**59**, 62, 67, 286
BAO Fitzrovia	91	Cask & Glass	31
Bar Boulud	38, **39**	Cass Art	175
Bar Kick	218	Centre Court	152, **155**
Bar Story	255	Cereal Killer Cafe	166
Bar Termini	66	Ceviche Soho	63
Bar With No Name	174	Chairs & Coffee	122
Barbary, The	81	Champagne + Fromage	262
Barrafina	81	Change Please	226
Barts	41	Charles Dickens Museum	87, 90, **91**
Bear + Wolf	182	Chelsea Farmers Market	123
Bedford Square	90	Chelsea Physic Garden	**117**, 120
Beefeater Distillery	233, **236**	Chesham Arms	190
Beehive, The	239	Chez Antoinette	81
Beigel Bake	202	Chinatown Gate	72
Bell & Crown	146	Chinese New Year's Parade	**10**, 72
Bella Cosa	225	Chiswick House and Gardens	**141**, 144
Bellenden Road	252, **255**	Choumert Road	252
Benjamin Pollock's Toyshop	85	Church Street Book Shop	175
Berners Tavern	**91**, 297	Churchill Arms	130
Berwick Street Market	67	Churchill War Rooms	29
Big Ben & Houses of Parliament	**25**, 28, 269	Cinema Museum	237
Big Chill House	93	Cinnamon Club, The	30
Bird in Hand	145	City Càphê	99
Bishops Park	**117**, 120	City Hall	103, **106**
Bistrotheque	189	Clarence Whitehall, The	31
Black Cultural Archives	241, **244**	Clink, The	245
Black Penny, The	82, 299	Coach & Horses	65, **293**
Black Sheep Coffee	100	Cock & Bottle	138
Blackout 2	85	Coffee Island	82
Blind Pig	66	Coffee Jar	166
Bloomsbury Club, The	92	Coffeeology	154
Bloomsbury Square	90	Columbia Road Flower Market	213, **216**, 286, 309
Blue Boat	145	Connaught Bar	49
Blue Posts, The	74	Conran Shop	57
Blues Kitchen	165	Conran Shop 81	41
Bōkan	227	Constitution	167
Bond Street	49, **286**	Copeland Park and Bussey Building	249, **252**
Book Club, The	**218**, 298	Coq d'Argent	100
Book Mongers	247	CorkVille	263
Bookcase	147	Corsica Studios	239
Booking Office, The	93	Couverture & The Garbstore	139
Bootsfahrt	98, **283**	Covent Garden Cocktail Club, The	84
Borough Market	103, **106**, 111, 292, 308	Covent Garden Market	**77**, 80, 85, 286, 308
Bosse and Baum	252	COYA Mayfair	47
Bounce Old Street	219	Crate Brewery & Pizzeria	185, **188**, 189
Boxpark	213, **216**, 219, 286	Criterion Theatre	46
Boyds Grill & Wine Bar	30	Cross Keys, The	83
Bravas Tapas	208, **209**	Crossrail Place Roof Gardens	221, **224**
Breakfast Club, The	**201**, 298	Crown and Shuttle, The	218
BrewDog Camden	165	Culpeper, The	202
Brick Brewery Tap Room	250, **254**	Curators Coffee Studio	100
Brick Lane Sunday Market	197, 200, **203**	Cutty Sark	252, **260**, 261, 262
Brick Lane Backyard Market	203	Cyberdog	167
Brick Lane Food Hall, The	197, **200**		
Brick Lane Gallery, The	201	**D**	
Briki	172, 174	Daisy Green	54, **56**, 298
British Library	90	Dalston Superstore	172, **173**
British Museum	87, **90**, 290, 323	Darcie & May Green	56
Brixton Village Market	241	David Bowie's Mural	241
Broadway Market	185, **188**, 309	De Hemns	74
Broadway Shopping Centre	147	Dean Street	**59**, 62
Brompton Food Market	39	Deli Downstairs	191
Brompton Road	38, **41**	Demon, Wise & Partners	101
Brunswick House	238	Denbigh Terrace	**133**, 136
Brunswick Shopping Centre	93	Dennis Severs' House	200
BT Tower	90	Department of Coffee and Social Affairs	200, **201**

Design Museum	125, 128, **129**, 291
Dinings	55
Dip & Flip	**154**, 294
Discount Suit Company	202
Dove, The	141, 146, 302
Dover Street Market	75
Duck & Waffle	99
Duck Duck Goose	244, **245**
Duck Pond Market	155
Duke of York Square	123

E

Earl of Essex	174
El Ganso	190
Elba Rooftop Bar	110
Electric Brixton	247
Electric Cinema	133, **136**
Electric Diner	137
Elgin	138
Espresso Room, The	82
Essential Vegan Café	217
Estorick Collection of Modern Italian Art	173
Evans & Peel – Detective Agency	131
Evans & Peel Pharmacy	146, **147**
Everbean	48
Exmouth Arms	170, 172, **174**
Exmouth Market	169, 172, **175**
Experimental Cocktail Club	75
Experimental Perfume Club	191

F

Faraday Museum	47
Farmacy	**137**, 292
Federation Coffee	245
Fields Beneath, The	182
Fifty Five Bar	167
First Aid Box and Blinder	246
Fish, Wings and Tings	245
Fishers Fish & Chips	122
Fitzroy Tavern	87, **92**
Flask Walk, The	183
Flat Iron Square Market	108
Flat Iron, The	82
Flood Gallery, The	263
Food Room	182
Form SE15	255
Fortnum & Mason	33
Foster Books	147
Four Sisters Bar	175
Four Sisters Townhouse, The	101
Fox & Grapes	154
Frank's Cafe	252, **255**, 304
French House, The	**65**, 303
Freud Bar	84
Freud Museum London	181
Fuller, Smith & Turner Brauerei	141, **144**

G

Gabriel's Wharf	111
Gallery	183
Galvin La Chapelle	201
Garage	172, **174**
Gaucho	153
George and Vulture, The	218
George IV, The	146
George Tavern, The	211
George, The	226
Gerrard Street	**69**, 70, 72
Gipsy Moth, The	262
Globe Theatre	106, **107**
Goddards at Greenwich	**261**, 297
Golden Bee	219
Golden Gate Cake Shop	73
GŎNG at the Shard	110
Good Egg	173
Goodhood	219
Goodman Steak House Restaurant	99
Granary Square	90
Granger & Co.	137
Grazing Goat, The	55
Green Cafe, The	262
Green Park	28
Green Pea	262
Greenwich Market	257, **260**, 263, 309
Greenwich Park	257, **260**, 310
Greenwich Printmakers	263
Grenadier, The	38, **40**, 303
Grow	188, **191**
Guildhall Art Gallery	99
Gun, The	226
Gunpowder	201
Gymkhana	48

H

Haché	**165**, 294
Hackney Museum	189
Ham House and Garden	152
Hamleys	49, **287**
Hampstead Heath	177, **180**, 311
Hampton Court Palace	149, 152, 153, **313**
Handel & Hendrix in London	47
Hannah Barry Gallery	252
Hansom Cab	130
Harp, The	**83**, 303
Harrods	35, 38, 40, **41**, 286, 300
Harvey Nichols	**41**, 286
Harwood Arms	120, **122**, 297
Hatch	190
Heap's Sausage Café	261
Hereford Arms, The	40
Hereford Road	137
Highgate Cemetery	177, **180**
Hill Garden & Pergola	177
Hippodrome Casino, The	**69**, 72
HMS Belfast	107
Hogarth's House	145
Holland Park	125, **128**, 311,
Holly Bush	183
Honest Burgers	201
Honest Jon's Records	139
Hook	166
Hoop & Grapes, The	210
Hootananny	247
Hope, The	254
Horse Guards Parade	28
Host Cafe	100
HotBox	209
House of Fraser	101
House of MinaLima	63
Household Cavalry Museum	28
Hoxton Square	213, **216**
HUB	175
Hyde Park	35, 38, 128, **269**, 310

I

Il Bordello	209
Imperial War Museum	107, 233, **236**, 291
India Jane	131
Inspitalfields	**203**, 286
Inverness Street Market	167
Islington Farmer's Market	175
Ivy Chelsea Garden, The	122

J

Jack The Ripper Museum	208, **209**
Jamie Oliver's Fifteen	217
Jealous Gallery	216
Jerusalem Tavern, The	100
Jewish Museum London	165
John Lennon House	54
Jubilee Market	80, **85**
Judd Books	93

K

K Bar	41
Kanada-Ya	73
Keats House	180, **181**
Kensington Gardens	35, 38, 269, 287, **310**
Kensington Palace	38, 125, **128**, 271, 312
Kenton	190
Kenwood House	180, **183**
Kew Gardens	149, **152**, 310
King's Cross Station	87, **90**
Kingly Court	**59**, 62, 286
Kings Arms, The	109, 262
Kings Mall Shopping Centre	147
Knowhere Special	183
KOKO	167
Kona Kai	123
Kosmopol	123
Ku Gay Bar	75

L

L'ETO	**40**, 298
La Crêperie de Hampstead	181
La Farola Cafe and Bistro	173
La Fromagerie	57
Ladbroke Arms	138
Ladies and Gentlemen	183
Lamb & Flag	**83**, 302
Lamb's Conduit Street	93
Lambeth Palace	236
Lancaster House	28
Langham Gallery	93
Larrik, The	56
Lazy Ones, The	203
Le Hanoi	73
Leadenhall Market	**95**, 281
Ledbury, The	137
LEGO Store	**75**, 287
Leicester Square	**69**, 72, 75
Leighton House Museum	125, **128**, 129
Liberty	**59**, 62, 65, 67
Light Lounge, The	75

Little Bird	147	Oliver's Jazz Bar	263
Little Venice	**51**, 54	Opium	75
Lock & Co. Hatters	33	Orrery	55
Loft Wimbledon	155	Oslo	189
London Canal Museum	91	Oval, The	**233**, 236
London Dungeon	106	Over under Coffee	130
London Eye	103, 106, **273**, 283, 287	Oxford Street	43, 46, 49, 286
London Film Museum	80	OXO Tower Brasserie	108
London Mithraeum	98		
London Museum of Water and Steam	145	**P**	
London Review Book shop	93	Paddington Basin	**51**, 54
London Review Cake Shop	92	Paddington Bear	54
London Transport Museum	80	Paddington Station	**51**, 54
London Zoo	**164**, 165, 281, 287	Padella	108
Lord Nelson	109	Palm Vaults	190
Louie Louie	238	Palomar, The	73
Lucky Pig, The	92	Paper and Cup	218
Lure Fish Kitchen	181	Paperchase	147
Lyle's	217	Pastry Parlour, The	209
Lyric Bar & Gril	147	Patty & Bun	64
Lyric Hammersmith	141	Pavilion Café	190
Lyric, The	65	Paxton & Whitfield	33
		Peckham Bazaar	253
M		Peckham Levels	249, **252**
M&M's World	**75**, 287	Peckhamplex	249, **252**
Machine A	67	Pembridge Road	133
Madame Tussauds	54, **55**, 287	Pentolina	145
Maitre Choix	40	People's Park Tavern	188, **190**
Manjal Indian Restaurant	225	Persephone Books	93
Marble Arch	**38**, 46	Peter Harrison Planetarium	260, **261**, 287
Mari Vanna	40	Peter Jones Department Store	123
Market Porter, The	109	Petersham Nurseries	155
Marks & Spencer	49	Petite Corée	182
Mary's Living and Giving Shop for Save the Children	147	Petrie Museum of Egyptian Archaeology	90
Marylebone Farmers Market	57	Philip Normal	247
Marylebone High Street	54, **57**	Phonox	247
Mayor of Scaredy Cat Town, The	202	Photographers Gallery, The	62, 63
MEATliquor	**173**, 295	Piäno Kensington	131
Meet Bernard	263	Piccadilly Arcade	33
Menier Chocolate Factory	106	Piccadilly Circus	**43**, 46
Mercato Metropolitano	233, **236**, 237	Pilpel	209
Mike's Cafe	138	Pineapple	182
Mildreds Camden	166	Pitt Cue	201
Millenium Bridge	98	Plume of Feathers	263
Millwall Dock	221	Pop Brixton	241, **247**
Ministry of Sound	**239**, 306	Poppie's Fish & Chips	197, 200, **201**
Miss Tapas	253	Portobello Print and Map Shop	138
Monmouth Coffee Company	108	Portobello Road	133, 136, **138**, 308
Monocle Café, The	**56**, 298	Portobello Star	138
Monologue	219	Postal Museum, The	169, **173**
Montpelier, The	254	Prep	175
Morleys	247	Present	219
Mosaiqe	167	Pride of Spitalfields, The	202
MotherMash	64	Primrose Hill	161, 164, **310**
Movie Poster Art Gallery, The	93	Prince of Greenwich, The	263
Mr Bao	253	Prince of Peckham	254
Mr. Fogg's Residence	49	Print Club London	191
Mr. Fogg's Tavern	83	Prinzessin Diana Gedenkbrunnen	**38**, 269
Museum of Brands, Packaging and Advertising	137	Prospect of Whitby	208, **210**
		Punchbowl, The	48
Museum of London	98, **290**	Purcell Room	106
Museum of London Docklands	221, 224, **225**	Purl	57
Museum of Richmond	153		
		Q	
N		Q Verde	154
National Army Museum	120, **121**	Quality Fish Restaurant	154
National Gallery	28, **29**, 267, 290, 322	Queen Elizabeth Olympic Park	**185**, 188
National Maritime Museum	257, 260, **261**	Queen's Gallery, The	28, **30**
National Portrait Gallery	29	Queen's Head, The	92
National Theatre	106	Queen's House	260, **261**
Natural History Museum	35, 38, **39**, 287, 290, 323	Queen's Tower	38
Naughty Piglets	245	Queens Head, The	65
Neal's Yard	**77**, 80, 85		
Neal's Yard Dairy	85	**R**	
Neptune	147	Rabbit	121
Netil 360	**191**, 205	Rachel and Malika's	247
Newens »The Original Maids of Honour«	154	Radio Rooftop Bar	84
Newport Street Gallery	236	Ralph's Coffee & Bar	49
Nike Town	49	Rapha Cycle Club	64
Nine Lives	110	Regency Cafe	30
No197 Chiswick Fire Station	145	Regent Street	**43**, 46, 49, 286
Notting Hill Bookshop, The	**136**, 139	Regent's Park	161, 164, **310**
Number 90	189	Restaurant Gordon Ramsey	120, **121**
		Review	255
O		Richmond Park	149, 152, **310**
O2, The	221, **224**	Ritzy Cinema and Bar	241, **244**
October Gallery	93	Rivoli Bar (Ritz Hotel)	32
Old Red Lion	238	Rocca	39
Old Spike Roastery	253	Roebuck, The	154
Old Spitalfields Market	197, 200, 203, **286**	ROKA Mayfair	47
Old Street Records	219	Romulo Café	129
Old Truman Brewery, The	197, **200**, 202, 203	Rooftop Kitchen	57
Old Vic	106	Rooftop St James's, The	32
Oliver Bonas	131	Rose and Thorn	247
Oliver Conquest, The	211	Rossella	181
		Rough Trade	139
		Royal Academy of Arts	43, 46, **47**

Royal Albert Hall	38
Royal Exchange, The	101
Royal Festival Hall	106
Royal Greenwich Observatory	257, **260**
Royal Hospital Chelsea and Ranelagh Gardens	**117**, 120
Royal Hospital Museum	121
Royal Mews	28, **30**
Royal Oak, The	216, **218**
Royal Opera House	**77**, 80
Royal Teas	262
Rum Lounge at Big Easy	227
Rumpus Room Rooftop Bar	110
Russells Square	90
Rye Wax Comics & Books	255

S

S11 Bar	246
Saatchi Gallery	117, 120, **121**
Sail Loft, The	263
Salut	173
Savage Garden	101
Scarsdale Tavern	130
Schweizer Glockenspiel	**69**, 72
Science Museum	38, **39**, 291
Scooter Caffe	108
Scottish Stores, The	92
Screen on the Green	169, **172**
SEA LIFE Aquarium	**106**, 287
SeeWoo	75
Selfridges	49
Senzala Creperie	245
Serpentine Gallery	38
Seven Dials	**77**, 80
Seymour's Parlour	57
Shadwell Basin	205, **208**
Shaftesbury Avenue	46, **69**, 72
Shaftesbury Memorial Fountain	46
Shakespeare's Globe	107
Shard, The	103, 106, **273**
Shed, The	130
Sherlock Holmes Museum, The	51, **55**
Sherlock Holmes Pub	31
Shop at Bluebird, The	123
Shoryu Ramen	30
Shrub and Shutter, The	246
Shuang Shuang	73
Sidecar Coffee Bar	238
Simmons Bar	161, **166**
Sipping Room, The	225
Sir John Soane's Museum	99
Sister Ray Ace	219
Skoob Books	93
Sky Garden	95, 98, 99, **271**
Skylight Rooftop Bar	205, 208, **211**
Sloane Street	**41**, 286
Small White Elephant	253
Smith's Brasserie Wapping	209
Smokehouse	173
Smoking Goat	217
Sneakersnstuff	219
Snowden Flood	111
So Bar Richmond	155
Social Eating House	63
Soho Square	62
Soho Theatre	**59**, 62
Somerset House	**77**, 78, 80, 81
South London Gallery	**249**, 252
Southampton Arms	182
Southbank Centre Book Market	111
Southbank Centre Shop	111
Southbank Printmakers	111
Souvenir	183
Spaniards Inn, The	**183**, 302
Speaker, The	31
Speakers' Corner	35
St James's Park	25, 26, 28, **310**
St Katharine Docks	**205**, 208
St Mary Abbots Church	125, **128**
St James's Roman Church	54
St Paul's Cathedral	95, 98, **272**
St Paul's Church	80
St James's Park	**25**, 28, 310
Stamford Bridge Stadium	117, **120**
Stanfords	85
Star Tavern, The	40
Sticks'n'Sushi	262
Stir Coffee Brixton	246
Stokey Bears	172, **173**, 294
Strand, The	80, **85**
StreetXO	47
Studio 73 Art Gallery	247
Sugar Pot	238
Sunday Café	174
SUSHISAMBA	100
Sweaty Betty	183
Swift	60, **66**

T

Syon House	150, **152**
Tabernacle Notting Hill	137
Tamp Coffee	146
Tap Coffee	64
Tap Tavern Richmond	154
Tate Britain	**29**, 291
Tate Modern	103, 106, **107**, 290
Taylor St Baristas	48
Temper	64
Temple of Seitan	189
Ten Bells, The	202
Theatre Royal	80
Thin House	38
Three Sisters & Sea Lark, The	**205**, 208
Tintin Shop	85
Tom's Kitchen	122, 225
Tombo	39
Topshop	**49**, 227, 286
Toulouse Lautrec	237
Tower Bridge	95, 98, 106, 206, **275**
Tower of London	95, 98, **272**, 312
Trafalgar Square	**25**, 28, 267
Trailer Happiness	138
Trinity Arms	246
Trinity Buoy Wharf	225
Turpentine, The	247
twentytwentyone	175

U

Union Chapel	169, **172**
United80	247
University of London	90
Urban Baristas	210
Urban Pantry	146

V

V&A Museum of Childhood	213, **217**
Vanilla Black Coffee and Books	238
Victoria & Albert Museum	**39**, 290
Victoria Miro Gallery	217
Victoria Park	185, **188**, 311
Victoria, The	56
Viktor Wynd Museum of Curiosities, Fine Art and Natural History, The	189
Village Underground	213, **216**
Volunteer, The	56

W

W12 Shopping Centre	147
Walkie Talkie	98, **270**
Wallace Collection	55
Waterside Cafe	52, **56**
Waterstones	147
Waxy O'Connor's	74
Wellcome Collection	87, **91**
Westbourne Grove	139
Westfield Stratford City	191
Westminster Abbey	**25**, 28, 268
Wheatsheaf Borough Market	109
White Bear Pub	238
White Cube	107
White Hart Brew Pub, The	210
White Horse	122
White Mulberries	208, **210**
White Onion	153
White Swan Richmond	154
Whitechapel Gallery	205, 208, **209**
Wildflower	253
Williams Ale and Cider House, The	202
Wimbledon Lawn Tennis Museum	149, 152, **153**
Wolf & Badger	139
WWT London Wetland Centre	147, **141**

X

Xu	73
XXL LONDON	111

Y

Ye Grapes	48
Ye Olde Cheshire Cheese	100, **302**
Ye Olde Mitre	**100**, 303

Z

Zabludowicz Collection	165
Zaika	130

BILDNACHWEISE

SEITE	CREDIT
	Umschlag © Mark Yuill / Adobe Stock
6	**U-Bahn Map** © Sandor Kacso / Adobe Stock
20 / 23	**Big Ben** © Elenathewise / Adobe Stock
31	**Cask & Glass Pub** © AlexF76 / Adobe Stock
32	**Rooftop St James** © The Rooftop St James / Presse
40	**L'ETO** © letocaffe.co.uk / Presse
41	**L'ETO** © letocaffe.co.uk / Presse
56	**The Monocle Café** © Monocle / Presse
57	**Alfies Antique Market** © Alfies Antique Market / Presse
63	**Ceviche** © Paul Winch Furness / Presse
82	**The Black Penny** © George Notley / Presse
82	**Balthazar** © David Loftus / Presse
84	**Radio Rooftop Bar** © Radio Rooftop London / Presse
102	**The Shard & City Hall** © Vojtech Herout / Adobe Stock
110	**Nine Lives** © Tom Yau, Addie Chinn / Presse
112 / 115	**Chelsea, London** © andersphoto / Adobe Stock
122	**Kosmopol** Presse
145	**Chiswich Park Greenhouse** © Anthony Shaw / Adobe Stock
165	**Blues Kitchen** Presse
176	**Hampstead Park** © progat / Adobe Stock
181	**Kenwood House** © I-Wei Huang / Adobe Stock
182	**Pineapple Pub** © Martin Behrman Photography / Presse
211	**The George Tavern** © The George Tavern Archieves / Presse
226	**Change Please** © Change Please / Presse
228 / 231	**City view from Peckham** © drimafilm / Adobe Stock
238	**Brunswick House** © Brunswick House / Presse
239	**Corsica Studios** © Troublevision / Presse
245	**Breakfast Crêpe** © M.studio / Adobe Stock
254	**Brick Brewery Tap Room** © Nic Crilly-Hargrave / Presse
255	**Book, Comic & Vinyl Store** © sirylok / Adobe Stock
263	**The Sail Loft** Presse
270	**Sky Garden** © Sky Garden / Presse
288	**Tea Time** © The Zetter Townhouse / Presse
316	**London** © Iakov Kalinin / Adobe Stock
	Loving New York Titel © blvdone / Shutterstock

ABKÜRZUNGEN

Ave	Avenue
Blvd	Boulevard
E	East
Ln	Lane
N	North
Pk	Park
Pkwy	Parkway
Pl	Place
Rd	Road
S	South
St	Saint, Street
Sq	Square
V. i. S. d. P.	Verantwortlich im Sinne des Presserechts
W	West
zw.	zwischen

HINWEIS

Die Angaben in diesem Reiseführer wurden mit größtmöglicher Sorgfalt geprüft. Gleichwohl nach dem Produkthaftungsrecht betont werden muss, dass inhaltliche sowie sachliche Fehler nicht auszuschließen sind. Daher erfolgen alle Angaben ohne Garantie der Autoren. Die Autoren übernehmen keine Verantwortung und Haftung für inhaltliche sowie sachliche Fehler. Wir haben aber natürlich alles daran gesetzt, euch richtige und aktuelle Informationen mit auf die Reise nach London zu geben.

DANKE

An dieser Stelle möchten wir uns bei unserem großartigen Team bedanken, welches uns jederzeit tatkräftig bei der Erstellung des Reiseführers unterstützt hat. In dem Reiseführer stecken über acht Monate Arbeit und daher sind wir besonders stolz, dass ihr euch für diesen entschieden habt. Dass wir unsere Erfahrungen mit der großartigen Stadt London mit euch teilen dürfen, freut uns sehr. Die Spots haben wir mit Liebe ausgewählt und haben so gut wie alles selbst fotografiert. Ein großer Dank gilt hier Moritz, der mit uns nach London geflogen ist und uns dabei unterstützt hat, die Stadt aus unterschiedlichen Blickwinkeln zu fotografieren.

Vielen Dank an Steffen und Tino, die uns ermöglicht haben, unseren Traum vom eigenen Buch zu verwirklichen.

Dass der Reiseführer auch mit unserem Reiseplaner myLDN und unserer App Hand in Hand geht, wurde durch Silke, Till, Steffen und Nicolas möglich – danke für euren Einsatz. Danke auch für euren Support beim kreativen Schreiben und Prüfen der Spots an Yannic, Lisa, AC, Laura, Maureen, Silke und Emmanuel. Ohne euch wären wir wirklich aufgeschmissen.

Für das tolle Design hat Sherpa gesorgt – tausend Dank an Thilo, der gefühlt zu jeder Tages- und Nachtzeit daran gearbeitet hat.

Zu guter Letzt möchten wir uns bei Julia für das Lektorat innerhalb kürzester Zeit bedanken.

Wenn wir jemanden vergessen haben sollten, den bitten wir, uns das nachzusehen!

Vielen lieben Dank!
Laura, Matthias & Isabelle

Herausgeber
Loving London
c/o melting elements gmbh
Fuhlsbüttler Straße 405
22309 Hamburg

Chefredaktion
Laura Haig, Isabelle Thoele (V.i.S.d.P.)

Redaktion
Matthias Lehming, Emmanuel Losch, Silke Oberbeck,
Ann-Christine Ritter, Laura Schulze, Maureen Steinert,
Yannic Stock, Lisa Wiegand

Eigenes Bildmaterial
Moritz Fack, Laura Haig, Matthias Lehming,
Isabelle Thoele

Portrait-Aufnahmen
Insa Cordes, Moritz Fack

Design
Sherpa Design GmbH
Altonaer Poststraße 9 B
22767 Hamburg
www.sherpa-design.de

Druck
Beisner Druck GmbH & Co. KG
Müllerstraße 6
21244 Buchholz in der Nordheide
www.beisner-druck.de

Karten
© Mapbox

Kontakt
reisefuehrer@lovinglondon.de
www.lovinglondon.de

Dieser Reiseführer ist urheberrechtlich geschützt. Es dürfen keine Vervielfältigungen sowie Übersetzungen getätigt werden. Die Übertragung der Daten in elektronische Systeme ist ebenso unzulässig und strafbar.

ISBN 978-3-9819534-3-5
1. Auflage, November 2018

Printed in Germany